政协委员文库

寻源问道

王文章◎著

中国文史出版社

王文章（2014年）

辑三　撷英镌华

辑四　文林会心

辑一

艺海揆真

中国艺术学的当代建构

中国现代意义上的艺术学，经过近三十年的探索，已经基本确立了自己的专有研究对象领域，开始勾画出比较清晰的理论框架体系，并且逐渐形成自身知识体系追求和学科建设追求的学术自觉。这样一种发展趋向，对于我们从艺术学学科的角度去对艺术现象做整体性、系统性的把握，从而深入研究作为一种社会历史现象和文化现象客观存在的人类艺术活动，具有前所未有的意义。这种意义首先是推动了研究视野的开拓与方法的创新，同时更重要的是顺应了新的时代艺术实践对理论变革和理论创新的内在要求。新的时代对艺术的研究，要揭示以精神领域的创造活动为主体的人类艺术活动这种社会实践的呈现形态，以及它与人类其他社会实践的联系，阐明其特殊的内部规律与外部规律。无疑，艺术学知识体系的完善，将会使当代艺术理论的研究呈现新的天地；同时，艺术学学科体系的确立，也会为我国当代艺术教育进入更高境界奠定坚实的基础。

一

今天我国现代意义上的艺术学的建构，发轫于广义的艺术学渐进积累的过程。一般认为，德国美术史家、艺术理论家康拉德·费德勒（Konrad Fiedler，1841—1895）首先从理论上对美和艺术作出划分，虽然他没有提出"艺术学"一词，却被人尊为"艺术学之祖"[1]。德国艺术史家、社会学家恩斯特·格罗塞（Ernst Grosse，1862—1927）较早将"艺术学"一词作为学科名称使用。他在《艺术的起源》（1894）和《艺术学研究》（1900）中以不同于

---

[1] 竹内敏雄主编：《美学百科词典》，池学镇译，黑龙江人民出版社1987年版，第68页。

美学研究的对象和方法的研究（如指出原始艺术的功利目的），显示艺术研究与传统哲学美学的分离。德国学者玛克斯·德索（Max Dessoir，1867—1947）于1906年出版的《美学与一般艺术学》和创办的《美学与一般艺术学杂志》，倡导了艺术研究与对美和美的知觉的研究的学科区分，主张艺术研究要以"艺术的本质研究"作为根本，但要着眼于艺术的一般事实发生的全部领域，对艺术的各个方面做综合的研究，并强调一般艺术学要作为与美学并列的一门学问来研究。在德索的倡导下，不少学者也指出艺术是一种文化现象，要在广阔的文化史背景中考察艺术的发展。以此为标志，脱胎于美学的艺术学应运而生，它开始成为一门拥有专门名称和专有研究对象领域的独立学科。但是，此后在艺术学研究领域，标志其学科体系整体特征的研究成果并不多，尽管它的方法论被广泛采用，而形成其完整体系的研究却一直处于探索之中。因此，我仍将它称为广义艺术学。

中国广义的艺术学的酝酿，始于19世纪末20世纪初西风东渐背景下现代意义上的艺术概念和艺术体系形成的过程。据现有资料，"艺术学"的学科名称，在我国初始出现于1922年商务印书馆出版的俞寄凡译日本黑田鹏信的《艺术学纲要》一书，此后中国一些学者相继在文章著述中使用"艺术学"这一学科称谓。

如宗白华从德国留学回国，即曾以"艺术学"为题在大学讲课，并留下讲稿①。此后，张泽厚于1933年由光华书局出版了《艺术学大纲》；陈中凡1943年9月在《大学月刊》发表《艺术科学的起源、发展及其派别》的论文，阐述作为学科的艺术学和艺术科学。尽管他们对艺术学研究的方法论等提出了一些有价值的意见，但主要是以国外艺术学的基本话语体系做演绎，没有对中国艺术学本身的体系建构、研究对象领域提出多少创见。其间应当提到的是蔡仪1942年出版的《新艺术论》，他以现实主义艺术理论体系的建构，显示了我国艺术学基础理论研究的一个重要成果。可以说，从20世纪20年代起的三十多年内，从广义的艺术学角度讲，有不少学者从这一学科的视角对艺术这一人类独特的社会实践活动进行研究并取得了些许成果。

---

① 《宗白华全集》第一卷共收录两篇《艺术学》讲稿。一为《艺术学》（见第495—541页），二为《艺术学（讲稿）》（见第542—582页）。两篇不尽相同，详见《宗白华全集》第一卷，安徽教育出版社1994年版。

今天，当我们以国际的视野来看艺术学研究的当代进展时，不能不注意到一个问题，那就是诞生一百多年的作为一个独立学科的艺术学的研究，与艺术自身多样化形态的迅猛发展相比，无论是从具有创新性的艺术学研究成果、代表性的理论大师还是从推动这一学科递进发展的理论等方面来看，都相对逊色得多，尚没有形成具有整体性的比较完整的研究体系。近一百多年来，在艺术的学术领域与艺术学相伴而起有时甚至是并用的一个词是"艺术科学"。黑格尔1817—1829年在德国海德尔堡大学讲演"美学"，第一讲就提出"艺术的科学在今日比往日更加需要，往日单是艺术本身就完全可以使人满足，今日艺术却邀请我们对它进行思考，目的不再是把它展现出来，而在用科学的方式去认识它究竟是什么"[①]。格罗塞在他的《艺术的起源》中，详细阐述了"艺术科学的目的"与"艺术科学的方法"，并将其命题定义为"艺术史和艺术哲学合起来，就成为现在的所谓艺术科学"[②]。从19世纪的德语国家建立起的"艺术科学"（Kunstwissenschaft），旨在将艺术研究变成对客观事物的本质及其规律作出反映的像自然科学那样有规律可循的系统科学。"艺术科学"这一概念，也被引入了中国的艺术研究领域，像前面谈到的陈中凡《艺术科学的起源、发展及其派别》即指出："艺术科学（science of art），或简称艺术学，是对于艺术作科学的研究。"几十年来，"艺术科学"一词一直被我国的一些学者在艺术研究领域中使用。但是在世界范围内，从第二次世界大战以后，尤其是20世纪60年代以来，作为构成"艺术科学"的最重要的分支"艺术史"基本上取代了"艺术科学"的内容，各大学研究艺术的系科大都名为"艺术史系"（Department of Art History）。同时，由于艺术史首先在德国，其后在西方一些国家逐步学科化，许多学者不断创造性地扩展艺术史的研究视野和探索跨学科的研究方法，西方艺术史研究带来的一系列重要成果的影响，基本上冲淡了"艺术科学"一词。与此相联系，也使得艺术学作为一门独立学科的整体认知显得无足轻重。

在我国，由于艺术学及其体系本来就是从西方引进，诸多探索也还没有与中国传统的具有独特审美理想和评价标准的艺术理论交融和对接。由于尚不具本土生命力且自身理论基础薄弱，到20世纪40年代末，我国艺术学作为独立

[①] 黑格尔：《美学》第一卷，朱光潜译，商务印书馆1979年版，第15页。
[②] 格罗塞：《艺术的起源》，蔡慕晖译，商务印书馆1984年版，第1页。

学科的自身知识体系的建构陷入沉寂。及至新中国成立，虽然以一批重要的艺术理论家、美学家为代表的学者，在艺术理论研究、艺术评论和美学研究领域收获了不少优异的成果，但由于政治上"左"的影响，特别是"文革"中"文艺为政治服务"的极端化，反映艺术规律和体现科学方法的整体性的艺术学研究根本无从谈起。中国进入改革开放新时期后的80年代以来，不少学者才开始致力于中国艺术学的研究并呼吁确立艺术学的学科地位。

二

新时期以来中国艺术学学科地位的确立，首先从教育体制中的学科体系设置架构的变化上反映出来。1990年和1997年，国务院学位委员会、国家教委颁布和修订重新颁布《授予博士、硕士学位和培养研究生的学科、专业目录》，两次颁布的"目录"中，都将"艺术学"作为一级学科隶属于"文学"这一大的学科门类之下。对于这一归属，国务院学位委员会艺术学科评议组的成员和艺术学界的专家学者，从新世纪之初就比较集中地提出意见，要求将艺术学科从文学隶属下独立出来列为单独的学科门类，文化艺术界的不少政协委员也提出了相同的观点。2011年2月13日，国务院学位委员会接受这一意见，正式决定将艺术学从文学门类中独立出来成为具有独立学科门类的艺术学科。

此前的2004年，国务院学位委员会批准中国艺术研究院为我国第一个隶属于"文学"这一大的学科门类之下的"艺术学一级学科"单位，使得中国艺术研究院拥有艺术学全部8个二级学科的博士学位授予权，并全面开始包括二级学科的艺术学在内的8个二级学科的博士研究生培养。此后，北京大学、清华大学、中国传媒大学、北京师范大学和南京艺术学院陆续被确定为艺术学一级学科单位，拥有艺术学博士学位授予权。中国艺术研究院在1978年经国家批准获得戏曲、音乐、美术三个专业的硕士学位授予权，1981年又获得三个专业的博士学位授予权，并分别在当时开始正式招收戏曲、音乐、美术三个专业的硕士、博士研究生。之后，中央音乐学院、中央美术学院等专业艺术院校也开始招收本专业的硕士、博士研究生。1994年6月，东南大学成立了我国综合性大学中第一个艺术学系，并获得二级学科艺术学的博士学位授予权，之后开始艺术学博士研究生的培养。此后，从北京大学、浙江大学、武汉大学、河北大学等开始，各大学艺术学系（院）如雨后春笋般发展起来。从艺术教育体制开始的对艺术学学科体系的逐步确立，以及我国艺术教育的快速发展，进一步推动了对艺术学知识体系的学理探讨。在这样的背景下，新时期艺术学学术研究受到空前重视并取得明显进展，它从1990年之后涌现的艺术学学术研究的一批成果和艺术学自身理论框架体系探索（元艺术学研究）的成果上体现了出来。而且重要的是，这些研究大都是建立在现代意义上的艺术学自觉基础上的研究，已同以往广义艺术学的研究有了根本性的区分。

在看到新时期以来我国艺术学学科地位确立和学术研究取得重要进展的同时，也必须看到，艺术学学术框架体系的建构尚待展开，体现其知识体系建设的成果还不多。在《授予博士、硕士学位和培养研究生的学科、专业目录》（1997）中，在艺术学下的8个二级学科分别为艺术学、音乐学、美术学、设计艺术学、戏剧戏曲学、电影学、广播电视艺术学、舞蹈学。这样的架构，应是从我国艺术教育机构设置实际情况出发的一种艺术学科体系的设计，而并非是从艺术学学术研究出发的知识体系的建构。在目前，对艺术学自身学术框架体系建构的研究中，学者们已经注意到这一点，开始努力从艺术学本体知识体系的要求去讨论学科体系的建构问题。

中华文明源远流长，艺术门类众多，异彩纷呈。同时，艺术发展的过程中，也积累了丰富的艺术理论成果。在艺术创作论、作品赏评及艺术发展演变等方面都有庞杂的艺术思想和艺术理论的积累，其中不乏精辟、深刻的理论见解。宗白华先生指出："中国各门传统艺术（诗文、绘画、戏剧、音乐、书法、建筑）不但都有自己独特的体系，而且各门传统艺术之间，往往互相影响，在审美观方面，往往可以找到许多相同之处或相通之处。"[①]在这样艺术品种和艺术形态万千差别而又有着内在普遍规律的中国传统艺术的基础上，进行中国艺术学学科体系的科学建构，自然是一件复杂的事情。关于艺术学学科体系的建构，不少著名学者都有独特的见解。从知识体系着眼的艺术学学科体系的建构，以艺术形态、艺术功能及艺术本体与外部世界的关系等不同角度切入，显然会有不同方向的设计。一般认为，以艺术理论研究的历史路径为基础做扩展性的设计，兼及现行教育体制下的艺术学学科体系实际需要，艺术学

---

① 宗白华：《美学与意境》，人民出版社1987年版，第378页。

的研究可以分为艺术原理、艺术史和艺术批评三个部分。艺术原理主要是研究艺术活动的一般规律和基本理论及其各门类的本质、特征、形态、功能，即对艺术本体的研究和阐释。《中国艺术学大系》以"论"称谓的各分卷，即指艺术原理，它不等同于包括对艺术本体研究和艺术同其他意识形态（如宗教）和经济等关系研究的狭义的艺术理论。所以以"论"称谓，是基于艺术原理虽然相对稳定，但在当代文化情境下，它发展变化的动态性已成为突出的特征。因之，期望艺术原理各分卷以更具开放性、动态性和当代性的揭示，更贴近艺术原理的本质。艺术史是历史地、具体地对艺术及其各门类的发生发展的演变过程及规律的考察、叙述和阐释；艺术批评是对一定社会历史时期的艺术作品、艺术家和艺术现象包括艺术流派、艺术思潮的分析和评价。这三个组成部分作为艺术学中各自独立的分支学科，又可细分为不同艺术门类的具体范畴。这样的构成，基本上可以把我们面对的艺术世界概括为一个有内在统一性的既显示各艺术门类个性特征，又可把握其共同规律的作为艺术学研究对象的系统整体。

但是，从艺术与人类其他社会实践的联系来看，这样一个系统整体尚缺少与外部的统一性。它在研究指向上，主要是"内部研究"。其"外部研究"，如艺术的时代背景、时代环境、发展的外因，特别是它与构成其发展有不可分割的重要作用的艺术经济、艺术管理、艺术市场等非本体因素的关系，都应该是在今天的艺术学研究中不可或缺的内容。艺术是一个具有活态流变性的范畴，从历时性与共时性因素来看，尤其如此。因此，除了艺术学体系中艺术原理、艺术史和艺术批评三个组成部分之外，另一个重要组成部分应是"艺术经营"的内容。这四个组成部分，共同构成从知识体系着眼的现代意义上的艺术学学科体系的基本内涵。

同时，我们还要看到，以多元化为主要特征的艺术的形态演变，及由此带来的其本体特质的某些变化，使得艺术本体与其外部产生更多向度的联系，即它与人类其他社会实践的联系出现更多交叉。艺术形态及其本体特质的变化，必然带来理论研究的创新性提示。我们或许可以从中找出它们的同一性，而将其归入艺术基本原理或艺术史、艺术批评的范畴，从而与明确属于"艺术经营"范畴的内容一起，构成上述艺术学学科知识体系。理论的科学概括，必须以社会实践和客观事实为依据，艺术学的研究尽可能以令人信服的概括去说明艺术现象，并以规律性的揭示指导新的社会实践，但不必为了建立所谓完整的框架体系而做硬性的归纳。因此，一些学者从艺术形态、艺术功能以及艺术术体与外部世界的关系等不同角度切入，而提出的艺术学学科体系的不同设计，只要言之成理，就有一定的合理性。我认为，除了以艺术原理、艺术史、艺术批评与艺术经营构成艺术学学科框架体系之外，基于传统的思路，从对艺术本体的研究与它同相关领域关系研究比较清晰地区分的角度考虑，从学理上，我们也可以将艺术学的研究分为艺术原理、艺术外延理论、艺术史、艺术批评四个部分。另外，作为完整系统的艺术学学科建构，特别是在初始的建构阶段，把对于艺术学自身的观念、方法、体系的研究与阐释的内容，也纳入艺术学体系或许更有必要，这一部分可称作元艺术学。元艺术学作为艺术学领域的"科学学"研究，是对于艺术学自身的认识和阐释，是艺术学中距离艺术实践最远的部分，它包括了诸如艺术研究方法论、艺术史学史、艺术批评史等。

《中国艺术学大系》的分卷，是立足于从艺术原理、艺术史、艺术批评和艺术经营四个组成部分的学理规范，并以此构成整个艺术学学科体系的整体研究成果。同时，本大系也可以看作是从艺术原理、艺术外延理论、艺术史、艺术批评、元艺术学着眼构成的艺术学整体内涵。本大系各分卷的撰写，对于在艺术学学科体系框架下相对独立而又相互联系的各分支学科之间的边界，力求做出比较清晰的区分，如艺术原理的阐发，不能与艺术史等的阐述重叠，但对于可视作艺术外延理论的下一层次分支，不做严格的归类，可视作艺术经营的内容，也可视作其他分支下的内容。这样的考虑，不影响本大系的写作和艺术学学科体系框架的整体构成。正像艺术实践不会停滞一样，艺术学各分支学科内涵的科学归纳也是开放性的，可待不断地研究逐步明晰、逐步完善。

三

中国民族艺术以独特的创造法则和审美取向在世界艺术之林中独树一帜。艺术创造的多样性和精粹性，艺术认知的深刻性和审美思想闪耀的光辉，都可与世界上任何国家、民族媲美。但不能否认的是，以现代学术眼光来看，我们缺乏对自己艺术具有严密逻辑论证和系统理论体系建构的系统性、体系性的研究和把握，从历史的纵向上来看尤其是如此。比方讲以梅兰芳大师为代表的中国戏曲艺术表演体系的研究，至今没有显示出重要的成果，这些都不能不说是很大的遗憾。当代中国艺术的研究，要改变传统的非学理性的感性体悟式研究方式，不能再停留在无须确定学科边界的"广谱研究"。艺术学学科体系的建构无疑为我们改变这一艺术研究的状况提供了一种可能性。

艺术学在中国作为独立学科虽然已经确立，但仍处在学科建设的初始探索发展阶段。首先要明确我们建立的是中国的艺术学，它已不完全等同于西方学者提出这一概念时的内涵。建构和发展艺术学"本土化"的学科体系，核心是"中国艺术"的。它包含了两个主要内容，一是"民族性"，二是"当代性"。建构中国的艺术学，要在对中国艺术本体及其呈现形态（不同样式、种类、体裁及风格）内部规律的揭示中，表达独特的中华民族文化艺术特性，同时，要注意概括社会发展进程中呈现的艺术的时代特征。在艺术的分析中，要尽可能运用传统艺术概念和语言方式，运用中国人喜闻乐见的艺术形态去阐释艺术现象及论证艺术观念。另一方面，今天艺术的多元化形态及构成，已远远扩展了多少年来我们固守的艺术认识论的价值标准。这些也都需要我们在艺术学体系建构中表达民族性的同时，还要以理论创新的眼光为中国艺术学体系赋予鲜明的当代性。这种当代性既蕴含着对外来优秀艺术理论成果的吸纳，也体现着对新的艺术实践进行理论概括的时代要求，同时，在我们的理论叙述中，也要真实地表达社会主义核心价值观对当代的艺术发展已经和正在产生的重要影响。

建构中国艺术学知识体系，要观照它与哲学、美学等知识体系的内在联系，同时要以具有国际学术视野的坐标来审视中国艺术学体系的建构，比如不应改变多少年来持有偏见的"西方艺术中心论"而偏移为"东方艺术中心论"。有了正确的坐标，才会有"美美与共"的学术眼光。在这样的基础上，我们首先需要面对的是中国传统艺术理论资源的转化与发展。如果不能做到在这样一个深厚的"中国特色"的基础上对中国学术传统的继承与发扬，我们就很难建立起"中国的艺术学"。同时也必须认识到，今天努力建构具有中国特色的艺术学学科体系，开掘其蕴含的人文历史价值，弘扬中华民族优秀文化，既有着历史的必然性，也是中华民族文化复兴和在新的时代文化崛起的必然要求。在中国艺术学学科体系框架下梳理中国传统艺术理论资源，首先要正确认识和评价整体的中国艺术理论这样一个博大精深的独特的知识范畴。它集中地体现了中华民族的审美观念和审美理想，其中折射出中国哲学思想、文化精神、中华民族气质、生活方式乃至风俗习惯；它体现了中国历代艺术家相近的艺术理念和创作方式，诠释了灿烂的中华艺术的民族品格和共同的艺术特征。它是中国文化中最瑰丽、最生动、最活跃又最普遍的一部分。

早在先秦时代，中国古代先贤就开始了对艺术的思考并有所论述。或许由于夏商周三代提倡"礼乐"而乐舞兴盛的缘故，先秦诸子几乎都阐发过自己的音乐思想。荀子写出了《乐论》这样专门论述音乐的著作，《吕氏春秋》专设《大乐》《侈音》《适音》《古乐》《音律》《音初》《制乐》等论述音乐的篇目。它们可谓最早的中国艺术理论著述。当时的诸子百家各持其说，对于各门类艺术提出不相同的看法，不过，其中影响较大的观点则是以儒家学说为代表的强调艺术风化道德的理论。例如"乐以安德""致乐以致心"的音乐理论，"善恶之状，兴废之戒焉"的绘画理论等。中国艺术理论在这一时期尚处于滥觞和发展阶段。汉末魏晋南北朝时期，在多元文化兴起的背景下，人们的思想空前活跃。这一时期，又产生了《非草书》《笔论》《笔阵图》《书论》等一批论书专著；产生了《画山水序》《魏晋胜流画赞》《古画品录》等画论、画史以及绘画品评的专门著述；产生了《声无哀乐论》等一批重要的音乐论著。几个主要艺术门类都出现了专门的史论著述，并提出一些命题，为某些门类艺术创作及批评确立了一些基本的法度和原则。如果说，在此以前的中国艺术理论尚有重善轻美的倾向，还较多关注于艺术同政教及日用的外在联系的话，在这一时期则转向了对艺术自身的性质和特征的重视，艺术理论研究指向了艺术本体。这些著述也大体上确立了中国艺术理论偏重于感悟，善用类比，史、论与品评互融，重视技艺表现，不追求严整的理论体系等思维方式和表述方式。可以说，这一时期中国艺术理论达到了某种意义上的成熟和自觉。

在此基础上，中国的艺术经过盛唐时代的全面发展，尤其对多民族艺术的广泛吸收，有些艺术门类已经达到成熟的水平。中国艺术在与文学的交融发展中渐入佳境。以唐诗、宋词、元曲，唐宋以来的文学，宋元以来的文人画，宋元杂剧，明清传奇，清代地方戏曲等为标志的文学艺术蔚为大观。中国艺术在与文学交融的发展环境中，逐渐形成了自己独特的审美原则与评判标准。对中国传统艺术特质、理想与精神的阐发、概括和总结，一直是中国美学和艺术理论研究的核心问题。近代以来，王国维的"境界"说、宗白华的"错采镂金"与"芙蓉出水"说等，都可看作是一种艺术本体论的描述。中国传统艺术兼容并包，但具有整体的艺术精神。中国艺术理论的知识范畴是一个如阔大的海洋一样的宝库，它代表了中国古代艺术理论的最高成就，丰富地阐释了中国艺术的特征、价值和标准。

20世纪以来，中国艺术理论的发展进入新的阶段。20世纪是中国社会性质发生根本变化的百年，也是中国艺术形态演变最剧烈的百年，从而艺术史论研究也发生了重大的转变。随着艺术形态的转型，随着西学东渐，近代以来的艺术史论研究逐渐从概念向体系靠近，从拓展范围到专门划分，从史到论再到批评，无论是思维方式还是表述方式，都发生了重大变化。如前所述，自20世纪初开始，便出现了参照西方艺术研究知识体系的不同于以往古典研究形态的艺术学著作和艺术史论著述。它们以白话文代替文言文，重逻辑，重理性，并以史、论和批评的不同形式，取代了原来三者一体的模式。新中国成立后，马克思主义唯物史观和辩证方法给艺术研究者提供了科学的观点和方法，20世纪50年代中期到60年代初期，艺术理论研究一度有了长足发展。但是，由于"左"的思潮的影响，艺术史论研究和艺术批评长期受到困扰，不能正常进行。进入改革开放新时期以后，艺术研究出现了蓬勃发展的局面。改革开放为学术的发展开创了良好条件，艺术创作的繁荣和多元化格局提供了研究的现实基础。艺术批评的活跃，在更新艺术观念促进创作健康发展及活跃艺术思想方面都发挥了积极的作用。这一时期艺术理论研究在广泛的艺术领域里展开，各种艺术史、论及批评的著作一部部相继问世。

中国艺术理论从先秦诸子开端，逐步形成了它的一些基本原则和著述的基本形态，从唐代以后一千几百年的时间里，不断深化和完备。20世纪以来，中国艺术研究开始从传统的古典形态向现代形态转型。这一转型没有完成，但方兴未艾。

从以上的简要分析可以看出，我国极为丰富的传统艺术理论资源，为建构中国当代艺术学奠定了全面而坚实的历史基础。当然不可能把它照搬入当代艺术学体系，而要以创建性的消化、吸收与转换，探索传统经验型研究与西方体系型研究的有机融合，并进而形成创新的理论研究的观念、视角、方式与途径。实际上，我们只要做一些深入的分析，就可以清楚地看到，近五十多年来，特别是改革开放三十多年来，我国艺术研究的一大批著作及有影响的论文，已经比较明显地疏离传统的古典艺术理论研究方式，试图以理性分析的方法解析艺术本体及艺术现象，甚至不少学者将外来的新的综合性研究方法作为自己艺术研究的方法论基础。但是，照搬和演绎都不会形成学术创见。中国艺术学的建设应该从中国艺术实际出发，在中国与西方两类学术传统的基础上，探索创造新的知识体系和研究方法，而且还需要我们一方面加强学科基础建设，一方面不断拓展边缘学科，实现整个学科体系的开放与活跃，并在这种开放性、活跃性中实现艺术学学科建设的跨越式发展。

四

丰富多彩、生动活泼的艺术实践是艺术学兴起与发展的源头活水和现实依据。从20世纪初以来，随着中国社会性质的转变，中国艺术也开始了从古代形态向现代形态的转型。20世纪50年代至60年代前期，出现了一大批优秀的现实主义艺术作品，成为新中国红色艺术的经典。近三十多年以来，中国艺术有了越来越好的创作环境，从艺术观念到艺术表现形式，出现不断突破和开拓的趋势，百花齐放，百家争鸣，艺术形态呈现多元化的发展局面。现代艺术为越来越多的人所接受。高雅艺术、民族民间艺术繁荣发展，大众通俗艺术也更加普及。从某种意义上说，艺术同生活更加接近与融合。近十多年来，数字艺术快速发展。在网络化、信息化时代，大众参与艺术的方式丰富多样。虽然人们对公共艺术的定义和范围仍存争议，但公共艺术的广泛参与性已是不争的事实。近六十年来特别是改革开放新时期以来，我国艺术创造的重大成就，以及近二三十年来我国艺术形态、艺术个性、艺术境界令人耳目一新的变化和与之相关联的艺术观念变革和审美取向的演变，都为艺术理论研究创新提供了现实的依据。同时，近五六十年来随着大量文物出土，特别是像秦始皇兵马俑、曾侯乙编钟、三星堆等重要文物与大遗址的发现，不断充实、丰富了中国艺术史原有的内容，修正甚至颠覆了其中某些成说定论。考古学的成果，将把艺术学特别是艺术史的研究提升到一个新的发展阶段。此外，全球化的信息时代，可以使我们借助现代科技手段，迅速获得国际视野内艺术学研究包括文字、图片、声音和影像在内的最前沿信息。借他山之石，可以使我们在参考、借鉴外来研究成果和方法的基础上进行自己的创新研究。在这样的情况下，建构当代中国艺术学，编撰一部体现今天中国艺术学研究整体面貌的书系，已是艺术学学科发展的必然。

正是因为当代艺术现象、艺术观念已经和正在发生着的重大变化以及新的史料包括地下文物的发现，许多学者形成了以上这样一种共识。2001年年初，著名美学家、中国艺术研究院原副院长王朝闻先生向我提出，在这样一个新的时期，希望由我来牵头主编《中国艺术学大系》，集中国艺术研究院内外学者的共同努力，以新的学术观念和方法论，拿出实实在在的创新研究的成果，为建构中国艺术学学术体系奠定基础。我深知这一学术工程理论探索的难度和复杂性，我尊重先生，但不能从命，提出希望由他主持，开始这一实际上是由新的时代提出的学术任务。但先生坚决不同意，坚持由我担任主编，并决意推动开始此一工作。他亲自邀了欧阳中石先生等若干位著名学者包括中青年专家来讨论策划编撰问题。到了2003年，先生又郑重提出要由我主编完成此事，并说这是一种责任。他还吟诵白居易的诗："千里始足下，高山起微尘，吾道亦如此，行之贵日新。"意在要我们以渐进的积累，去努力建构当代学术大厦。我请先生把诗句写下来，他写下诗句并题"应文章同志嘱画符，借唐人见识表我对既有趣又艰苦之艺术研究之期待"。他还说自己要抓紧修改及重写《审美谈》《审美心态》两书以纳入"大系"之中。《中国艺术学大系》的编撰筹备工作从2001年10月启动，2005年至2006年开始确定各卷作者。令人惋惜的是，王朝闻先生2004年11月11日逝世，他在去世的当月仍在修改着列入"大系"的《审美基础》。他的书桌上没有合上的是这本书的修改稿。先生最后一次住院期间，我去看他，仍然与我讨论大系的编撰问题。先生念兹在兹，令人感动。我真切体会到前辈学者对后来者承担学术使命的深切期望，再没有理由不承担起这一责任。写作"大系"总序，忆及此情此景，心中难过，但也更坚定倾力用心完成"大系"的信念。此间，欧阳中石先生除承担中国书法史、论的撰写，也一直关心"大系"的编撰，多次给予指导性意见。中国艺术研究院内外的学者非常热心地参与这一学术工程，以严谨的学风和继承、创新的学术态度完成着各自承担的编撰任务。像青年学者张谦，为人朴实，学识、才气俱佳，他以坚韧的毅力抱病写作，真是与生命赛跑，去世前为自己最后的专著画上句号。

五

《中国艺术学大系》试图以新的学术理念和方法重新叙述中国传统艺术及其当代新的演变形态，并阐发和概括新的艺术形态和艺术现象，包括已经民族化的外来的艺术门类，如电影、电视、摄影等等。"大系"既不是对艺术门类和整体艺术古老历史的过程回顾，也不是简单采用西方艺术学理念来解构中国艺术的文化整合，而是在深入研究、准确把握中国传统艺术法则、规律、审美原则，汲取、融合西方艺术学精髓，总结当今时代新的艺术形态特征的基础上，以适用于中国特色艺术学本质特点的科学的方法论，在中国艺术学体系建设的整体框架内，对中国艺术学科在新起点上的系统总结与概括。

把握和运用科学的方法论，是中国艺术学研究的基础。在艺术学的研究中，方法论的探索与它的本体研究一样，也属于核心问题之一。马克思曾经说过："不仅探讨的结果应当是合乎真理的，而且引向结果的途径也应当是合乎真理的。真理探讨本身应当是合乎真理的，合乎真理的探讨就是扩展了的真理。这种真理的各个分散环节最终都相互结合在一起。"①正确把握本质规律的学术自觉表现在正确的方法论上。艺术本身和艺术学研究的变化，产生了这一领域新的形态并出现了新的观念及概念。这就需要在运用人文科学等传统的艺术学研究方法的同时，融合吸收那些能够有助于更好地掌握艺术活动的现实过程，有助于理论分析和艺术解释的技术性方法，以丰富和扩展艺术学研究的理论工具。

文化学者陈寅恪先生在《王静安先生遗书序》中，曾总结王国维学术研究的方法特点："一曰取地下之实物与纸上之异文互相释证，凡属于考古学及上古史之作，如《殷卜辞中所见先公先王考》及《鬼方昆夷狁考》等是也。二曰取异族之故书与吾国之旧籍互相补正，凡属于辽金元史事及边疆地理之作，如《萌古考》及《元朝秘史之主因亦儿坚考》等是也。三曰取外来之观念与固有之材料互相参证，凡属于文艺批评及小说戏曲之作，如《红楼梦评论》及

---

① 马克思：《评普鲁士最近的书报检查令》，《马克思恩格斯全集》第1卷，人民出版社1956年版，第8页。

《宋元戏曲考》《唐宋大曲考》等是也。"①这一总结，实际上以王国维著述做案例，概括了20世纪以来各个学科的学术中坚人物共同具有的治学方法和特点。今天的艺术研究方法当然已更加丰富，特别是在精密科学的方法引进及跨学科与更多元视野的研究方法普遍采用之后，今天我们的研究，已与前人只能凭借古籍文献和有限的传世遗存进行研究的局限不可同日而语。我们今天来看，前人这种研究方法的单薄明显可见，但前人这种基本的治学方法的精神和原则，特别是它体现的学术严谨性依然不过时。艺术学学术体系的研究，更有其相应的方法论要求，可是前人这种治学方法的精神和原则，仍然可以学习。另一方面，我们还应看到，在艺术学术研究中，就像前后时序中的艺术，不能以"落后""先进"区分一样，"新""旧"艺术理论之间，也不存在绝对的界限。"新"对"旧"的梳理过程，是一个学术对话过程，在这种对话中完成的整合，特别是在此整合基础上对现实艺术活动的观照，往往是具有原创性研究成果的孕育过程。当今中国艺术学研究领域中，有意识自觉地如此治学并且具备这种知识结构能够如此治学的学者越来越多。只有具备了当代学术理念，秉承严谨的治学精神，在梳理传统艺术理论资源、考察艺术史新的考古发现及审视当代艺术现象和深入研究艺术本体时，才有可能从中阐发出独特的学术见解与具有深度的学术观点。

近代以来，中国向西方学习，一些人包括不少著名学者以中国艺术去对应和攀比西方艺术，用西方的价值、范式、标准衡量中国艺术，甚至根本否定像戏曲、中国画等中国主体传统艺术，由此很大程度上影响了对中国艺术的价值判断，也影响到它的传承发展。新中国成立后特别是改革开放以来综合国力迅速提升，今天中国人开始以国际性的眼光重新审视世界，也重新认识自我。在自觉学习国外优秀文化的同时，当代学人以一种文化自信和文化自觉，开始以个人的认知去创新性地表达民族和国家的文化意识，已经逐步地脱开了那种以中国实例解释西方理念的路径，觉得西方有个什么中国就非要也有个什么才是先进的学术观念已经被抛弃。这种学术研究理念的解放，预示着当代中国在世界平台上建构自身艺术评判标准和艺术价值体系的开始。

今天的艺术理论研究越来越反对宏大叙述，试图以一种理论解释全部艺

---

① 陈寅恪：《王静安先生遗书序》，《金明馆丛稿二编》，生活·读书·新知三联书店2001年版，第247页。

术世界各种复杂现象的努力，被无数个例外击碎了。学界已经认识到世界上存在各种文化现实性以及不同解说的可能性。在这样的时代背景下还有没有整体性地总结中国艺术特征的必要？我们并不要求作者的宏大叙述，只要在基本理念上总结本学科的基本规律，全面反映所属领域的最新研究成果，并在某些方面提出独特见解，让大家在母题叙述中找到共感，就是我们的理想。从某种意义上说，接受与叙述、阐发新理念的过程，就是展示民族文化自省的过程，也是唤起民族文化自信和勇于创新以达民族文化自强的过程，同时，也是通过与外来文化理念交融、在一系列概念叙述中展现文化自我创新的过程。著名学者费孝通先生曾经说过："各美其美，美人之美，美美与共，天下大同。"[1]在继承自身传统和学习外来文化的基础上，立足当下，总结阐发中华民族艺术的独特理论体系，为中外艺术的对话、交流与融合，为保持世界文化的多样性，努力作出我们探索性的努力。这就是我和所有参与"大系"编撰同人的共同信念。

我们希望《中国艺术学大系》能够聚起一片新的绿丛。

（原载于《读书》2011年第6期；《文艺研究》2011年第6期；

《新华文摘》2011年第16期转载）

---

[1] 费孝通：《东方文明和二十一世纪和平》，《费孝通文集》第十四卷，群言出版社1999年版，第6页。

惛惛之事　赫赫之功

　　汉唐乐府——南管古乐团于1982年5月12日在台北创立，至今已近二十年的时间了。时光荏苒，二十年只是一瞬。但这二十年中，汉唐乐府——南管古乐团暨后成立的梨园舞坊，以自己整理、演奏的南管古曲和创作排演的《艳歌行——梨园乐舞》《丽人行——梨园乐舞》《荔镜奇缘》《梨园幽梦》（与法国合作）、《韩熙载夜宴图》，先后巡演于美国、日本、英国、荷兰、比利时、德国、法国、奥地利、泰国、马来西亚、新加坡等二十多个国家和中国台湾、香港及北京、上海、西安、厦门等地，以其艺术表现的独特风采令人赞叹；这二十年中，它还录制了《中国千年古乐——南管》《南管赏析入门》，出版了《南管指谱大曲全集》（1、2），在南管音乐的推广、人才的培养方面做了大量实实在在的事情。汉唐乐府的创办人、弦管专家陈美娥女士，在进行艺术管理、参与表演的同时，还致力于南管音乐历史的探源，出版了《中原古乐史》，发表了不少论文，学术上颇有创见。二十年中，汉唐乐府平地起家，面对人才缺乏、资金不足，而能坚持忘我奋斗，筚路蓝缕，在演出、学术、推广方面竟产生了世界性影响，不能不说是一个奇迹。

　　奇迹的产生，首先是因为汉唐乐府的创办人陈美娥女士和她的哥哥陈守俊先生，有一种执着的弘扬中华优秀文化的精神。陈美娥女士1973年在台南承名师启蒙教授南管，后有七年时间频赴当时南管演唱最活跃、保存形态最传统的菲律宾，执弟子礼遍请名师授艺。1976年以后，到大陆拜访南音耆宿诸大师学习，并得览南音名家所藏谱曲专辑。多年研习，终悟南管精妙。陈美娥女士说："有幸成为这音乐的传人，我以使命感来演奏音乐，以布道、传教的心情来表演。""要爱它是有责任的，你要保有它、提倡它、尊重它，要不然只是一种私爱而已。"心中有至高的目标，至上的热爱，才有至诚的追求。陈氏兄妹孜孜寻求的不仅是汉唐乐府海外知名，更把广为传播中国传统的音乐，弘扬中华文化作为第一目标。于此，才不渝心志，消磨坎坷和困难，走过这二十年的道路。

奇迹的产生，也有赖于陈美娥女士在透彻领悟艺术真谛基础上的艺术创造。她以超凡的艺术再创能力，把南管古曲音乐与梨园戏舞蹈和谐地结合起来，创造了梨园乐舞。南管是闽南语系里特有的音乐，在大陆称"南音"。南管起源何时，尚无定论，有研究者以南管的演奏形态以及乐曲结构保存有汉代相和歌及汉唐大曲的遗风，谓可溯至汉唐。南管古乐清丽、高雅，今天听来，的确似来自遥远天际的远古神籁。陈美娥以南音音乐演唱，以南戏的活化石梨园戏中的古代舞蹈形式为基础，撷其神韵，使二者结合，创造出了典雅的"汉唐乐舞"。汉唐鼎盛时期，是中国历史上文化繁荣昌盛的时代，乐舞也表现出恢宏的气势和非凡的气度。不言而喻，那时代的乐舞风格肯定绚丽缤纷，像《旧唐书·音乐志》记载的歌颂唐太宗李世民武功的乐舞《破阵乐》，音乐粗犷雄壮，表演声势浩大，所谓"发扬蹈厉，声韵慷慨"，即是一种风格。而梨园乐舞传达的是另一种风格，丽婉、优雅、庄重、华贵，也同样传神地表达了汉唐盛世的非凡气度。艺术的最高境界是得神韵。我们观看《艳歌行——梨园乐舞》《韩熙载夜宴图》等时，台上那古乐萦绕的浅吟低唱和细步款移的翩翩起舞，以及人物表演的舞台调度、表情行止，不由人不联想起宫乐图卷中唐代乐舞表演的情景。南管与梨园舞韵的融合，是得汉唐乐舞神韵的。更可贵的是，这种神韵是从南管古乐和梨园舞韵的原始形态上生发出来的。终古长传一曲歌，得其精髓，因之才显淳朴、醇厚，意味隽永。这正如陈美娥女士所言："要想完整重现两千年前的音乐是不可能的，但我们掌握了这门艺术的精髓。这也是汉唐乐府立足传统、再造传统的艺术宗旨。"

陈美娥女士的可贵之处，还在于她对艺术不渝的自觉追求上。南管古乐的学术提升是她心中的目标。她在《南管在欧美——看中国音乐前途》一文中指出："如果南管是娱乐大众的表演艺术，获得掌声，便是最高的成绩无疑；如果南管是一门未定型的新兴文化，获得喝彩便是最大的鼓励无疑。假如南管是荷负着一个民族的文化精神与传统感情的历史声音，那么它的价值绝非掌声与喝彩所能衡量。它需要的不是通俗阶级的赞美；它需要的是知识阶层的尊重。"她的深切反思，是基于欧美有的学者认为中国音乐自唐以后已经断代的说法。陈美娥女士对此耿耿于心，从1981年起，即致力于南管音乐历史的探源。她的著作《中原古乐史》以及我所看到的《南管古典之美解析》《南管在欧美——看中国音乐前途》等专论，都有灼见。她总结的南管的架构之美、合乐之美、声歌之美，可说洞见了南管的美学精髓。同时，她在钻研史籍记载及田野考察的基础上，指出：南管的"古老性远在明、清戏曲之前，唐、宋大曲之先，甚至汉魏清商之上"。音乐史研究的任何学术观点，都需要翔实的史料佐证。对此看法，人们可以因为史料的确凿与否而见仁见智，但对陈美娥女士独具的学术发现的眼光不能不肯定。著名音乐史家黄翔鹏先生曾在为她的《中原古乐史》作的序中指出："她虽然不是史家，但对古乐却常常另有见地，而能说出史家之所未言。"并说："我看她断言周代已有'清商三调'的说法，可能倒是对的。"而汉唐乐府的演出，以独特的鲜明风格为世人公认为"华夏正声"，谁又能说这与陈美娥女士对南管古乐史的寻根溯源没有联系呢？

汉唐乐府——南管古乐团1986年在洛杉矶加州大学音乐会上演出后，加州大学艺术学院院长Robert Grof博士致辞，他说，当今时代走向现代化的同时，却出现了一个很大的危机，这就是"当我们专注于高科技的追求时，往往忽视了艺术的延续，今天，我们听到的南管古乐，它能使人类整个历史活化，汉唐乐府的音乐家演奏技巧如此高妙，将中国上千年前的音乐非常完美地呈现在我们面前，使我们惊叹、陶醉不已。我们要特别感谢这些优雅的艺术家"。汉唐乐府——南管古乐团的贡献，已经得到了世人的承认。Robert Grof博士表达的正是看过他们的演出以及了解他们奋斗历程的人们的共同心声。

汉唐乐府——南管古乐团暨梨园舞坊延续华夏正声，维系民族文化精神的作为，是今天中华儿女对于创造中华灿烂文明的先人的回馈，也是对保护世界人类文化遗产做出的一个贡献。

人一生能做出一两件对社会、对历史有所贡献的事情并不容易，这是因为那句老话："非知之难，惟行之艰。"很多事情都在进行的困难中停止了。世间之事，没有勤恳辛劳，埋头苦干，是不会有所成就的，正如中国古代思想家荀子所言："无惛惛之事者，无赫赫之功。"而陈美娥女士和她的汉唐乐府，正是以执着坚忍的精神，努力前行，才卓有建树。汉唐乐府回顾自己走过的近二十年的道路，编印画册进行总结，陈美娥女士要我作序，正是基于对她们精神和意志的钦佩，我欣然写了以上的感言。

是为序。

（原载于《中国文化报》2002年第19、20期合刊；

《绝代风华》，汉唐乐府2002年版）

相声：应在继承与创新中展现深沉幽默

相声是语言的艺术，它的表演要求语言精练流畅、活泼犀利而又幽默含蓄。它的语言是艺术化的口语，又是生活化的文学语言。相声是一种让人发笑的艺术，但不是引发人们肤浅无奈的笑。它是一种深沉的幽默，使人听来有捧腹之乐，并且回味无穷。现在相声表演用的是普通话，人人听得懂。所以，还没有哪一种艺术形式拥有相声这样广泛的观众群。

但是，今天相声的观众群正在消解。许多观众在离相声而去的时候，却仍有一种深深的期待，多么盼望像曾经听过的那些脍炙人口、意味隽永的优秀相声段子一样的优秀作品能够继续涌现。目前，优秀的相声作品确实寥若晨星。人们从创作主体和受众及创作环境等方面寻找着形成这种状况的诸多原因，但这种状况依然难以改变。倒是由此而引发的人们对相声发展的理论探讨，与创作相映照，形成了一个热潮。也许，这种探讨对今后相声创作的重新崛起，会是一种铺垫。不管怎么说，这种现象，表明了社会对相声摆脱目前发展弱势的一种关切。

人们需要相声，人们不会忘记相声。今年初，文化艺术出版社出版了我主编的《侯宝林表演相声精品集》，首印6000册，很快销售一空。侯宝林先生是我国杰出的一代相声艺术大师，他创作表演的相声独具风范，以其广博的知识性和幽默智慧、生动感人的艺术魅力，为观众所喜闻乐见。他表演的相声作品出版，读者喜爱是自然的。他以继承、改革、创新的不懈探索，特别是对相声语言的提炼与净化，使相声这种旧时代艺人在地摊、坊间混饭吃的玩意儿，脱胎革面，以新的品格和韵味，走进了艺术的境界，从而为各个社会阶层、各种文化层次、各个年龄阶段的人们所喜爱，真正是雅俗共赏。侯宝林先生整理、创作、表演的《关公战秦琼》《改行》《婚姻与迷信》《戏剧杂谈》《戏剧与方言》《卖布头》《醉酒》《夜行记》等上百个段子，都使人百听不厌。当然，侯宝林先生作为我国相声艺术的代表人物，其艺术创造是作为一个时代的集体成就被社会被群众肯定的。相声艺术宝库琳琅满目，是侯宝林和他之前及同时代以及他之后的众多相声艺术家共同创造的结晶。像清末民初的马麻子、朱绍文（艺名"穷不怕"）和继起的李德锡（艺名"万人迷"）、焦德海、张寿臣、马三立，以及近三十年来涌现的许多受到观众欢迎的相声演员，都以自己的创作、表演，为观众奉献了一大批优秀相声作品。《侯宝林表演相声精品集》的选编远不能把许多优秀的相声作品奉献给读者。因此，文化艺术出版社总编辑丁亚平提出，希望我在《侯宝林表演相声精品集》的基础上，主编一套当代相声名家的表演精品。这也正是我的想法。因此，便有了这一套当代相声名家表演精品丛书。

相声是产生于北京一带的"平民艺术"，至今已经发展了一百多年的时间。它的艺术元素可以追溯到周秦时代的俳优，但形成"说、学、逗、唱"兼备的艺术形式，则是近代艺人的创造。它以"说"为主要表现功能，以"抖包袱儿"为主要艺术手段的表演，是直接抓住观众的法宝。其所以具有旺盛的生命力，根本原因是深深地植根于广大人民生活的土壤之中，表现他们的喜怒哀乐、理想愿望，这就为表演抓住观众奠定了深厚的生活基础。我们读名家的表演精品，会深刻地感受到这一点。

也正是因为相声艺术与人民群众的密切联系，相声演员在观众的直接反应中，不断加工锤炼观众喜爱的作品，才使之成为百听不厌的经典作品。这些作品，是支撑相声艺术延续发展和保持其审美特性的基础。今天，这些作品不仅仍然可以为观众带来喜悦，它也滋养着相声艺术不断延续的长河。只有重视优秀传统，才能使创新更醇厚、更鲜活。

我认为，相声艺术要有新的发展和它在发展中仍然得到观众的喜爱，从创作方面而言，坚持以下三个方面是重要的：一是重视继承借鉴相声艺术的宝贵遗产，坚持演出优秀的传统保留节目。一个优秀的演员，能够演出100个传统的保留段子，应该是不算太高的要求。二是继续发掘、整理和改编菁芜并存的传统段子，正所谓"一遍拆选一遍新"，保留其表演的精粹，赋予其积极的思想意义。三是鼓励创作反映现实生活的相声作品，要扩展题材，走宽路子，切忌贫嘴和油滑。马季、姜昆、杨振华的一些作品是成功的例证。今天社会发展的波澜壮阔，社会生活的丰富多彩，为相声艺术充分发展其诙谐和讽刺的本质特征提供了取之不竭的生动素材。

　　当代相声名家表演精品丛书的编选出版，或可给喜欢相声的读者带来欢乐，也可为相声艺术创作的继承带来宝贵的借鉴。

2003年6月16日

（原载于《当代相声名家表演精品集》，

文化艺术出版社2003年版）

评论的声音缘何失真

文艺评论需要发出真实的声音。而这种真实的声音，是通过对作品的整体概括或具体分析，基于阅读或欣赏感受，忠实于文艺评论家的真切感悟而作出的对文艺作品的审美分析。这种评论是充满科学精神的艺术批评，是对文艺作品思想性、艺术性的准确揭示。

现在文艺评论发出的真实的声音减弱了。盲目褒扬、庸俗肤浅，以及批评标准的随意性和批评脱离作品的非文本化，都使文艺批评丧失了引领作家艺术家创作自觉和对读者（观众）欣赏趣味的导向性，文艺评论的价值随之弱化。

搞好文艺评论，首先要求一种认真求实的态度。评论家要坚持自身的品格，敢于将自己真实的艺术感受表达出来。种种原因形成的唱赞歌式的文艺评论和其他不切合作品实际的评论，已远离文艺作品的艺术性、审美性，也造成不少文艺作品在读者（观众）面前失信。文艺评论的这种境遇，使不少评论者也以漫不经心的态度对待评论。在一些座谈会上，有的评论者发言中首先申明自己没有来得及看作品，但却仍以泛化的感想侃侃而谈。这样的评论发表出来，当然不会起到应有的作用。

文艺评论发出真实的声音，要建立在评论家深刻认知自身道义责任和具有清醒社会良知的基础上。文艺评论家要真正认识文艺繁荣发展的深刻根源在人民创造历史的活动之中，关注和体验人民群众在当代社会发展进程中的生存状态，以及他们的喜、怒、悲、欢。对当前文艺创作中的问题，对文艺事业的发展和纷纭的文艺现象也要予以关注，并作出客观、准确的理性分析和判断。同时，要深入认识、准确把握文艺创造的基本原则和文艺发展的规律，特别是各个艺术门类独特的规律和美学品格。

只有如此，文艺评论才能尊重文艺规律，尊重作家艺术家富有个性的创造性劳动。通过对作品的审美分析，准确揭示作品的思想蕴涵、创作风格、人物塑造、语言艺术，以及作家艺术家对艺术本体的把握等等，以评论家独特的审美眼光和对作品的深刻感悟，显示正确的批评导向的魅力。那么，文艺评论价值的体现则是不言而喻的。

（原载于《人民日报》2006年5月26日）

艺术规律的诗意表达

柳城老师托人送我他新出版的线装古色古香的《电影电视三字经》。接书疑惑：影、视这新兴的艺术形式与这些古意的"三字经"有什么联系？打开书来看，"为电视　拍电影　为电影　添品种"……一气呵成的丝丝妙语，音韵和谐，巧思独到，竟吸引人一气读了下来。读毕，原来是一篇叙说影视艺术创作体验的文字。以"三字经"的形式来描述这样的内容，理过其辞，淡乎寡味，应是很难避免。但作者竟写得这般诗情词采并茂，表意说理畅达，丝毫不见雕琢拘泥之痕。词采给人以文学之美，辨析给人以启迪感悟，不由人不携卷诵之。

细细品味，《电影电视三字经》是一本影、视艺术创作的完整的教科书。它从影、视艺术的构成、"编导演""摄美录"乃至文字编辑和制作人的策划统筹，都有真正行家的精妙揭示。以编剧而言，"曰剧作戏之本"是定位，然后讲"讲故事""写人物""设情节""立结构""选题材""重愉悦""讲风格"……一剧之本的构成，讲来铺排有致，跌宕曲折，言简意明，真是字字珠玑。尤其作者以比拟的手法来说明编剧的构成，如"写人物一棵树　枝叶繁根须固""立结构　如安家　园中水　庭前花"等等，以奇妙的想象，把读者带入形象的联想之中，由此，既可丰富而又完整地把握一种创作的境界。还有，作者关于影、视艺术创作技巧的描述，也使人不能忘记。"著此文　非彼文　时三分　叩人心　时六分　起波澜　凡九分　出看点。"影、视创作要抓住观众，这是创作的最紧要处，作者以三、六、九分的时间量化作技术上的要求，我不知道这是不是影、视艺术的一个基本规律，但从这一点去做创作技巧的要求，我们可以体会到作者对影、视的深切用心。《电影电视三字经》未止于此，它对影、视艺术创作规律的概括和阐发也入情入理，引人共鸣。"或叙事　或言情　或呐喊　或鼓动　或现代　或传统　或大众　或小众

黄金律　不可变　拍佳片　要好看"，言语平实，但具有说服力、感染力。

《电影电视三字经》真知灼见，不弄玄虚，叙事明理，文采斐然。以凝结为900字的三字之经，概括可写一部大书的广博内涵；以平实而形象的诗的语言，准确表达影、视艺术创作的科学规律，写来举重若轻。

80年代初，我在北京电影学院读书，那时柳城老师执教于电影学院，后来他工作几经变动，但对影视艺术的追求却是勿止勿忘。这些工作变动，更使他从宏观到微观，从局部到整体，对影视艺术创作有了更完整的观察与把握。"三字经"并不完全局限于影视艺术创作本身，与它相联系的策划、制片及诗外功夫、艺德修养，讲叙无不透彻明晰，而充满诗情画意。作者把握影视艺术功力之深厚，语言之形象生动，文风之质朴，以及作者本身"唯赤爱　唯忠诚　靠投入　靠激情　轻荣辱　耐枯荣　漫漫路　踽踽行"献身于影视事业的执着精神，也洋溢于字里行间，读之，体味之，使人感佩。

（原载于《当代电影》2007年第1期）

当代舞台艺术的壮丽画卷

——2002—2003 年度国家舞台艺术精品工程入选剧目述评

时代的变革和社会的前进，为我国舞台艺术的发展灌注着新鲜的创造活力。2002—2003 年度国家舞台艺术精品工程入选的十台剧目揭晓，这些剧目，正是当代艺术家敏锐地感受时代气息和时代脉搏，把握舞台艺术创造的自身规律，以对时代生活的深刻理解和认识，去开掘表现题材，塑造人物形象，色彩缤纷地反映社会生活，揭示多样化题材蕴含的丰实深厚的历史内容和具有真理力量的时代精神的精心之作。这些剧目，以较高的艺术性及其揭示的深刻思想内涵和呈现的观赏性，为广大观众所充分肯定，并基本上反映了我国目前舞台艺术创造的整体水平。

入选国家舞台精品工程的大多数剧目，无论是革命历史题材，还是古代题材及近现代题材，其所表现的思想内涵，无不与今天的时代有着贯通的联系，体现了时代的精神和追求。其所表达的思想情感，以对现实世界、历史与人生的真知灼见，给人以荡气回肠的艺术震撼力。这是这些剧目能够在观众中引起热烈反响的重要原因。

京剧现代戏《华子良》和舞剧《红梅赞》，是表现革命历史题材的两部优秀作品。在今天社会主义市场经济深刻影响人们价值观的情况下，革命历史题材和革命战士的形象会不会与今天的观众产生共鸣？共产党人本来就不是不食人间烟火的神仙，也不是感情冷漠的理想主义者，而是有豪迈理想、坚定信念，勇于追求理想目标，舍生忘死的热血男儿、巾帼英雄，而他们追求的目标，与人民群众的愿望、理想是一致的。在《华子良》和《红梅赞》中，华子良与江姐是英雄，但也是普通人。华子良在特定的渣滓洞非人生存状态下，装疯卖傻，面对敌人不能恨，面对战友不能亲，面对亲子不能认，面对老妻不能爱；敌人监视，战友唾斥，父子误会，夫妻含悲。孤独和屈辱，对战士而言，何如浴血沙场，慷慨赴死！但华子良为了战友的生存，在虎口里与敌人周旋，他对战友的情，对妻儿的爱，在忍辱负重的付出中做了深切的表达。剧中可看作华子良艺术符号的石榴树，是华子良的形象写照。华子良在奉命脱离牢狱时，爱抚着那棵与他心灵相扶走过十多年的石榴树，唱的大段【反二黄】，苍凉悲切，撼人心魄，抒发的正是他压抑在胸中的千种滋味、万般豪情。观众与华子良产生共鸣，甚至为之泣下，既有他为革命舍生忘死的献身精神，也有他对战友、对亲人的时时牵挂，英雄和普通人，在他身上统一为真实的共产党人的形象。这样的人物形象，给我们的感染和心灵的洗礼，怎能不会是长久的呢？

《红梅赞》脱胎于经典民族歌剧《江姐》，以独特生动、极具个性表现力的舞蹈语汇，艺术地再现了重庆渣滓洞死难烈士为革命理想不屈不挠的斗争精神。江姐和华子良都同样是从小说《红岩》中走出来的人物，在《红岩》出版四十多年以来，有多少不同的艺术体裁和形式对江姐这个人物作了艺术表现。作为优秀的共产党人，她的理想追求、思想情感，在特殊环境中经历磨难的人生态度，无疑都给人以激励。但同样的问题是，今天舞剧的艺术表现，会不会像过去一样使江姐的形象给人以震撼魂魄的艺术感染？为此，舞剧《红梅赞》的创作人员提出"为时代而舞"。丰富、激越、自由的现代舞蹈语汇，优美而又具冲击力的音乐，极具视觉联想的舞台美术，演员娴熟的表演技巧的运用，使江姐的形象更增添了动人的艺术魅力。从现代舞剧的表现特点出发，不重叙述故事情节，而是通过几个联结的点：江姐受刑、叛徒指认、小萝卜头慰藉独囚的江姐、牢友和即将遇难的小萝卜头母子与蝴蝶嬉戏、革命者从容赴死、婴儿与五星红旗艰难诞生……去表现忠贞与背叛、生命与死亡、高尚与卑下、善良与残酷、正义与邪恶的强烈对比，不仅使人鲜明地感受到共产党人和革命志士泣鬼神、惊天地的英雄壮举和九死不悔的革命气节，同时，这些艺术对比中蕴含的对具有普通意义的人性、人情、人道心性的呼唤和升华，都深化了这一传统革命历史题材的主题，给人以更多的心灵的浸润。应当说这是抱着"为时代而舞"创作精神的艺术家以更深刻的思考追问历史，作出了具有新的深度的题材开掘。

在舞台艺术创作中，上下几千年，纵横数万里，历史题材领域一直是艺术家们表现的热点。历史与现实之间总有某种内在的物质和精神的联系，而在历史题材的创作中，使观众能够感知这种联系，是历史剧同今天的观众产生共鸣的关键。京剧《宰相刘罗锅》《贞观盛事》，闽剧《贬官记》，越剧《陆游与唐琬》，话剧《商鞅》等都不是局限于仅仅描写历史事件或历史人物本身，在努力表现一定历史条件下的社会关系丰富形态的同时，这些作品都立足于社会的现实土壤，在历史境域中揭示历史与现实的精神联系，使今天的观众得到思想、艺术感染力的震撼。

《宰相刘罗锅》以连台本戏的形式，将民间演义故事呈现于京剧舞台。对这类题材的艺术表现，一般很难洗刷其庸俗之气。但《宰相刘罗锅》不见庸俗之痕，题材的喜剧性、观赏性更得到充分强化，京剧本身形式美的价值也得到充分张扬。戏中"博弈"入赘六王府到审放乾隆、因诗获罪等一系列亦庄亦谐环环相扣的情节发展，都会使观众产生与现实思考对应的心灵呼应，不由你不作出是非褒贬的评判。引人品味的戏剧内核和它具有强烈喜剧性、观赏性的表达，自然会使人连看不厌。闽剧《贬官记》演的是"不知哪朝哪代"的一个故事：四品知府边一笑因娶青楼女子为妻，被巡按崔云龙贬为七品县令。戏以边一笑审案和崔云龙察人两条线索结构一系列喜剧情节。崔云龙识得边一笑，边一笑却不知崔云龙，由此产生的二人互代审案、吃回心饭、喝悔过酒等精彩纷呈的情节，都使人在忍俊不禁中得到识人不易的领悟。该戏导演吕忠文曾在"导演构思"中写道：这个戏"把时间、人物、事件推得很远，而把思想内涵拉得很近"。不知哪朝哪代、何年何月的故事，揭示的思想认识的隔膜，今人也需要穿越。

京剧《贞观盛事》、话剧《商鞅》都是具有思想、艺术震撼的力作。《贞观盛事》以历史镜鉴观照现实。唐太宗胸怀博大，从善如流，却也对魏征的犯颜直谏、不屈不挠恼怒不已。然而，盛唐时代确有雄阔之气，李世民毕竟是一位励精图治的英主，最终还是作出了克私欲、纳忠谏的抉择。贤臣明君，直谏纳谏，需要刚正和宽容，《贞观盛事》揭示了历史上一个独具风采的伟大时代的政治底蕴。《商鞅》以商鞅推行变法作为戏剧的中心事件，在话剧舞台上再现商鞅义无反顾与反对派的殊死斗争。但该剧没有把笔触停留在变法事件的表层描述，而是通过对历史人物的剖析来倾听历史的回声和启示。商鞅的改革历程壮烈，人生结局惨烈，该剧有着豪放遒劲、慷慨悲壮的艺术效果。

戏剧反映近现代社会生活，川剧《金子》无疑是一部杰作。改编自《原野》，但却是以新的艺术视角、新的艺术观念所作的创造性改编。该剧中的金子与《原野》中的金子有所不同，她成为结构情节、演进戏剧矛盾的主要人物，作者以人性关怀和人文关怀的笔触，从人的本性阐释人的情感，金子是火与水的融汇，她有"野叉叉"的野性，内心却充溢着善良未泯的宽善。尽管《金子》的结局仍然重复的是虎子复仇的故事，但金子人生挣扎所展示的女人的苦难，使改编后的金子形象表达了更深刻的反封建的人性呼唤。改编使金子与今天更多的观众结缘。

　　这些剧目与观众的联系，对时代精神的表达，主要是通过它们塑造的栩栩如生的人物形象展现出来的。正像前面谈到的《华子良》中的华子良、《红梅赞》中的江姐、《宰相刘罗锅》中的刘罗锅、《贞观盛事》中的魏征与唐太宗、《商鞅》中的商鞅、《金子》中的金子，都以人物形象的独特性，或更准确地说是人物的独特个性，给人以深刻印象，而剧目思想深度的揭示，大都与这些人物形象个性塑造的独特性相一致。在人物形象塑造方面，精品提名剧目中的一些人物形象也都以其独特性而令人不忘。像粤剧《驼哥的旗》中的驼哥，是抗日战争相持阶段生活在岭南山区的身有残疾的小百姓，为保命，日本人来了举起膏药旗，国民党军队来了举起青天白日旗，满腹心酸无奈，时时惊怕不安。但在一场生与死的经历中，他终究醒悟：只有共产党和人民军队才是救星。驼哥从委曲求全欲生不能到奋起反抗的心路历程，充分说明只有小人物的觉醒，才是全民族的最终觉醒，而这样的民族是不可战胜的。驼哥生动鲜活的舞台艺术形象，给人的深切感受是冲击心灵的。话剧《爱尔纳·突击》中的许三多，由父亲的拳脚造成的懦弱而内向的特有气质与性格，使之在与群体的融合中多有曲折，但他以执着、坚忍向前的吃苦精神，最终在军营的大熔炉中锻造成钢。许三多的经历是传奇的，这一舞台人物形象在军营冶炼历程中展露的内心世界和个性，同众多的这类人物形象相比，也是毫不雷同的。儿童剧《一二三，起步走》，是一台已演出三千多场的优秀剧目。戏中15岁的山村女孩安小花跟随苏老师来苏州城参加少年语文提高班学习，苏老师急病住院，安小花为了减轻老师住院的经济负担，毅然去做钟点工赚钱。由此而引发的安小花与城里孩子孙发发等同龄人，以及师生之间和父母与子女的思想、行为、道德上的碰撞，带来人们在青少年一代教育问题上的沉思。安小花以超乎其年龄的责任感，以坚强乐观、勇于向上的品性，以银铃般的笑声，也以率真的意气面对周围那些关爱她或歧视她的人。最终美好的人间真情融合了剧中的大人和孩子，安小花的形象使现实生活中的家长和孩子都会得到完善自我的启示。但这些启示不是平面的灌输，是戏中安小花泼辣性格行为的自然流露。驼哥、许三多、安小花以其艺术形象的生动性、独特性，在当代舞台艺术创造的人物画廊上都会占有令人注目的位置。这些具有鲜明个性的人物形象，会让观众多年后都不会忘记。就人物塑造达到的整体艺术性而言，这些剧目与入选的十部精品工程剧目相比，也是毫不逊色的。

入选舞台艺术精品工程的剧目及不少提名剧目，还有一个共同的特点，就是舞台艺术的整体性达到了比较高的程度。首先，它们比较注意立足本剧种特点，比较注意吸纳传统表演艺术形式的精粹，比较注意营造鲜明的民族特色和浓郁的地域色彩，比较注意以创新的艺术手法表现新的生活。比如京剧《宰相刘罗锅》，在音乐、唱腔、表演等方面使形式美的价值得到充分体现，但又不拘泥于传统，化装更自然，表演更洒脱，写实写意融会一体，吸收借鉴相得益彰，扩大了京剧表现的形式内涵，使京剧表演增添了清新的艺术气息。河北梆子《钟馗》以"独特、讲究、美"的艺术定位，发挥剧种慷慨激昂的音乐风格，唱、念、做、打、舞的综合艺术表现，使一个独特的捉鬼大神的艺术形象跃然于舞台。破车、瘦驴、鬼卒相随嫁妹路上，钟馗悲喜交集，表演上唱、念、做、打，髯口功、腿功、扇子功和女武生钟馗与众小鬼"高、飘、难"的跟头活儿，把一个钟馗的气韵神通，表现得淋漓尽致；把一个捉鬼大神身上的人性内容，揭示得丰富多彩！《宰相刘罗锅》《钟馗》等传统题材的剧目，在表现形式上既立足传统，又吸收创新；既增强了艺术表现力，又使舞台呈现增添了艺术的清新气息。

越剧《陆游与唐琬》，表现南宋诗人陆游的坎坷仕途和令人扼腕慨叹的不幸婚姻。以不断的艺术革新成果令人瞩目的浙江小百花越剧团，在该剧的演出中，更以艺术革新的呈现给人以清新之感。比如横亘舞台的"白墙黑瓦"，与变幻的灯光等构成的写意、抽象的沈园，给人以对比强烈的鲜明视觉冲击；类似电影蒙太奇式的舞台时空变换，陆游表演动作的虚拟性夸张，都以清新的表演带给人形式的意味。该剧唯美的追求和人性挖掘的深度，特别是唱腔的优美，带给观众深切的思考和真切的艺术享受。戏中的唱段"浪迹天涯三长载"，文采、情感斐然，旋律优美，更是被不少越剧观众广泛传唱。新编剧目的唱段自然流播，这是剧目艺术革新与观众审美趣味和谐的一个标志。就艺术革新的追求来说，不能不谈到芭蕾舞《大红灯笼高高挂》。尽管从剧中人物行为的合理性以及舞蹈语汇的运用等方面，都可以谈出不尽如人意之处，但是从新创的芭蕾舞剧目的整体水平去衡量，这无疑是一部值得充分肯定的力作。并且，它在调动舞台综合艺术手段特别是舞美，来渲染舞台氛围、表达内心情感等方面，都表现了匠心的独特。

入选剧目追求舞台艺术整体性的另一个方面，是努力调动表演、音乐、舞美等综合艺术手段，创造恢宏精致的舞台呈现。歌剧《苍原》给人鲜明视觉感受力的恢宏场景，极具表现力的舞台灯光，重唱、合唱、宣叙调、咏叹调的音乐冲击力，都为史诗般悲壮的土尔扈特部落回归祖国的英雄故事，增添了震撼人们心灵的艺术感染力。尽管剧中的主要人物舍楞因娜仁高娃之死、渥巴锡在紧要关头让位舍楞，都使人对这两个人物的坦荡胸襟产生质疑，但该剧宏大精美的舞台制作给人的视觉冲击，整体舞台氛围给人的艺术震撼，竟使人多少忘却了对主要人物形象的思考。舞剧《大梦敦煌》、儿童剧《鹿回头》等剧目，也以舞台艺术追求的完整性和艺术手段的创新，给观众留下深刻印象。

杂技歌舞《依依山水情》是入选剧目中以艺术创新为突出特色的一台演出。它创造了一个童话世界，精灵、女神、火焰、水珠、蚂蚁、萤火虫、奇花异草……它们无忧无虑地嬉戏、玩耍、繁衍、生长……舞蹈与杂技结合，成为表现童话世界精灵的手段。杂技、歌舞的技巧之美，赋予了神秘的魔幻色彩，观众由单纯技巧的欣赏，感受到优美意境中惊险、奇特的艺术魅力，这台晚会的音乐、舞美、服装、造型、灯光共同创造的高远意境，使人如置身其中。而晚会对童话世界精灵的表现，试图揭示的是人性内涵，启发人们去感受美好的大自然，以善良和同情心，去善待生态环境，去善待人以外的生命。这台晚会以充满激情的艺术创新，拓展了杂技的艺术空间。

由于篇幅限制，本文主要围绕入选国家舞台艺术精品工程的十台剧目作一简要的评述。从入选剧目和当前舞台艺术创作的情况来看，应当特别指出的是，关注现实，表现现实生活特别是改革开放和现代化建设波澜壮阔社会生活的艺术创作，仍然是薄弱环节。其次，舞台艺术创作中形式大于内容、概念大于形象的作品比较多见。这两方面的现象，都与缺乏对生活的观察、体验有关。生活是创作的唯一源泉，仍然是我们应该遵循的一条不过时的原则。茁壮的幼芽，萌发于肥沃的土壤，只有扎根于人民群众之中，真正贴近群众、贴近时代、贴近生活，才有可能创作出洋溢着时代精神的优秀之作。

（原载于《2002—2003年度国家舞台艺术精品工程入选剧目》，
文化艺术出版社2004年版）

寻源问道　继承创新

在当今时代，各艺术门类在相互的影响中交融并淡化着自身的界限，同一艺术门类也因此扩展、丰富着自身的呈现形态。但这种演变的趋向并不能抹杀艺术家创作个性的追求，而正相反，独特鲜明的艺术个性和高格调的文化品格，正是构成一个成熟的艺术家的主要标志。艺术个性的彰显和文化内涵的厚度，帮助一个艺术家的作品与当代观众产生内在情感与精神境界的紧密联系。因此，对当代艺术家而言，执着的艺术理想的追求仍然是不可或缺的。中国艺术研究院中国油画院筹划的"寻源问道——油画研究展"，除了展示我国油画艺术家代表当代整体水准的创作以外，他们努力追求自身艺术目标的执着，探寻体现自身鲜明艺术个性和艺术格调的认真，也是值得人们看重的。

百余年来，作为外来画种的油画在中国的传播过程中，不断被中国艺术家们所选择、认识、认可，并在其中融入了中华文化的艺术认知方式和观念，逐渐形成了富有技法特色和风格面貌的中国油画，使之成为中国艺术的重要组成部分。油画的传统技法与表现中国本土面貌相融合而呈现于创作，一直是中国油画家的执着追求。与传统中国画不同，油画以其材料、工具和技法的特殊性而另具独特的艺术表现力，在我国当代的艺术创作特别是在重大题材的表现方面与中国画相互补充、相得益彰，发挥了其特有的功能。同时，油画在反映日常生活、表现人物、表达自然魅力诸方面，又具有不同于其他画种的审美特点，深得我国众多艺术家和广大群众喜爱。

近半个世纪以来，中国油画在20世纪前半叶成就的基础上不断发展，取得了令世人瞩目的重要成果，油画研究与教育不断深化与提升，创作队伍不断壮大，优秀作品大量涌现。在此过程中，老一辈油画艺术家以自己对艺术的挚爱和炽热的创作激情，投身于表现新时代的创作之中，用自己的画笔及时讴歌和反映社会主义革命和建设的伟大成就，展现人民生活和精神的崭新面貌，传达艺术家的审美认知，体现人们的审美需求，创作了大批堪称经典的优秀作品，充实和丰富了新中国的文化艺术宝库。在此进程中，由于"文化大革命"的极左影响，压制了艺术家的创造，也压抑了油画艺术民族化的探索。改革开放新时期以来，油画艺术的发展呈现新貌。著名的油画艺术家们，特别是很多中青年油画家继承传统，并积极探索油画艺术的语言特性和表现规律，不断创新，使油画艺术的本体语言更加丰富，精神内涵不断拓展。特别是在油画民族化的发展道路上，能不断从中国传统艺术中汲取营养，在油画创作中探索和发掘中国传统的审美认知方式和表现方式，使中国油画不离外来传统而又具有了更加丰富和鲜明的中华民族艺术特色。

创立于2007年的中国艺术研究院中国油画院，在建院过程中吸纳了一大批当代中国油画界的著名艺术家，致力于中国油画的创作与研究，并在油画创作后备人才的培养上积极探索，努力开辟中国油画继承、创新、发展的新纪元，已取得了丰硕的成果。由中国艺术研究院主办，中国油画院承办的"寻源问道——油画研究展"，是中国油画院成立以来所组织的中国油画艺术家们创作成果的又一次集中展示。这次展览旨在通过油画艺术传承本体之"源"和油画艺术精神与法则之"道"的探寻，交流与探索中国油画在新的历史时期如何进一步体现中国民族艺术特色，如何建立中国油画艺术的评价体系，如何体现艺术的核心价值，以及如何在科学发展观的方针指引下，以艺术的方式表现和谐社会发展的新面貌和人的内心世界，将进一步展现中国油画创作洋溢的民族文化自信和艺术魅力。我想，参展艺术家的精心之作，定会使这些想法得到充分的体现。

（原载于《中国艺术研究院中国油画院油画研究》，

吉林美术出版社2009年版）

"写实画派"的价值

写实画派自2004年成立以来已经走过了五年的历程。由原创之初的13位画家，发展到现在的30位画家，写实画派逐渐汇集了一大批当代中国油画领域具有相当学术影响力的艺术家，而写实画派也因其队伍的不断壮大、作品的不断推出、影响力的不断加强，成为当代中国油画创作的一支中坚力量，引起了社会各界越来越广泛的关注。

画家以画派的方式合作结社并发表宣言，是绘画艺术界一种新的现象。写实画派以宣言的方式强调了他们尊重艺术语言、尊重传统、崇尚对于自然的体验。在创作上，写实画派的总体面貌归于写实，但每位艺术家又有不同的风格；在艺术呈现上，他们具有强烈的东方色彩。尽管从造型意识和表现方式的角度来看，写实画派并不否认油画的西方根源，但同时又力图将几代中国艺术家对西方油画的继承发扬，转化为油画家对于本土情感的精心描摹、对中国式情趣的准确捕捉和对审美的民族化改造。写实画派以自己的风格追求与不懈努力，得到了社会承认；在写实画派的影响下，之后又成立了一些新的画派，也从一个侧面彰显了写实画派作为一个重要艺术流派的存在价值。

然而，写实画派又绝不仅仅是创作方法与风格上的称谓，其最根本之处，在于写实画派的精神。事实上，在社会生活无限丰富的今天，艺术观念的更新、艺术创作手法的多样、艺术表现形式的自由，已经极大地拓展了艺术的表现疆域，甚至完全打破了艺术的原有界限。艺术创作本应有不同流派、不同风格甚至不同观念，但另一方面，观念泛滥、物欲横流，传统的价值观给予精神的影响已经逐渐微弱，许多原有的是非标准也渐趋模糊。"艺术"的概念不断拓展、迁移，以至于一些所谓的艺术创作丧失了精神指向，也让许多人陷入了无所适从的境地。艺术何为？艺术的标准是什么？写实画派作为一个画家群体，重新高扬起尊崇真善美的旗帜，并以清晰的方式表述了自己的精神诉求，他们昭示的不仅是对于艺术理念的选择，更是一种价值观的确认，一种敢于判断是非美丑的责任与勇气。也因此，在2008年5月汶川地震举国震惊之际，写实画派的艺术家们以难以抑制的激情，率先集体创作了巨幅作品《热血五月》，并将义卖募得的巨额善款捐给灾区人民，表现出艺术家们的深厚人文关怀与强烈社会责任感。无论历史和观念怎样行进，人类追求真善美的理想亘古不变，写实画派的艺术追求由此具有了信念的力量。

写实画派成立以来，每年都成功举办一次展览，画派的艺术家仍然在时光的推演里手不辍笔、辛勤耕耘。画派的影响力日益增进，作为个体艺术家的艺术成就也在不断升华，然而五年时间对于一个画派而言毕竟短暂。写实画派的更高成就，应当在于超越对具体物象的技术性描摹，发现现实生活中动人的一瞬，进而达到挖掘现实生活本质的真实，从而获得艺术的永恒价值；写实画派的艺术家们，在秉持共同的艺术理念的同时，也要更为主动地追求自己的独特个性与创新性，才能使整个画派保持艺术的新鲜气息和植根于独创性的艺术感染力。

迄今，春秋五易，写实画派也迎来了五周年汇展。这次展览是写实画派五年来成就的总结和回顾，是个人业绩的展示，也是志同道合的整体结晶。祝愿写实画派全体艺术家创作出更好的作品，也希望真善美的精神长存于人的信念之中。

（原载于《中国文化报》2009年10月29日；《中国写实画派五周年典藏》，吉林美术出版社2009年版）

艺术管理概论

艺术管理学在我国是一门崭新的学科，对于艺术管理理论和实践的研究还处在探索阶段。我们谈艺术管理更多地需要从实际出发，将管理理论应用到实际工作中去。艺术管理毕竟是一个新的课题，我们需要不断地进行理论的总结，才能使艺术管理理论得到不断的创新发展和更好的实际应用。

管理和管理学概述

自从人类开始共同生活、共同劳动，管理就一直伴随其中。从历史来看，任何团体、任何组织、任何有组织的活动都需要管理。为什么要管理呢？因为在社会中，完全由一个人完成的事情是不多的，一个人做不成的事情，就需要由一个以上的人来完成，而在这一过程当中，就需要进行协调，这种协调实际上就是管理。什么是管理？管理从哪儿入手？对这些问题的看法并不一样。对这些问题的认识是随着对管理本身的认识不断地深化的。

国内外的许多管理学家，都阐述过管理的概念，并都试图构建管理理论体系。这些管理理论从不同的侧面、不同的角度，指出了管理的职能，或者管理的本质。尽管侧重或中心点不同，所解释的职能或本质有差异，但是都符合管理的规律，都从不同的侧面阐明了什么是管理。管理学对管理最简明的表述，就是认为管理是由一个或更多的人来协调他人的活动，以便收到个人单独活动所不能收到的效果。我们可以认为，管理的过程就是一个人或多个人去协调他人的活动，目的就是达到一个人做不到的这种效果。这就是管理的过程和管理的目的。综合起来看，管理有几个要素：就是做什么，怎么做，以及如何实现管理的有效性。这三个要素是不能少的。

我国国内的管理学理论一般是直接从管理人员的职责入手来论述管理问

题，就是管理人员是什么，他的职责是什么。尽管在讨论管理者的管理活动中，看法不太一样，但是有一点认识是很一致的，大家都认为管理人员最终负责协调他人所从事的专门活动，以达到工作的有效性。

从这点出发，一般认为管理人员有以下几项职责：

第一，是通过预测调研，提出一个管理工作的目标。第二，是制定具体目标、战略、程序，包括经费的预算。第三，任何管理都离不开有效管理组织的控制措施，这个控制措施不是我们一般说的控制什么东西的控制，这种控制实际上是一种协调。协调是有效管理的保证，在制定具体的目标和接下来的程序中，必须通过有效的协调来组织这个部门的工作，通过协调人们的活动来达到目标。协调人们的活动非常重要，我们看管理是不是有效，实际上是看组织是否有效地协调人们的活动。在一个管理的组织之内，要想达到组织长远的目标，或者短期的目标，对人的协调的有效性是第一位的。人都不听指挥，或者人各想各的，各干各的，是不可能实现目标的。所以协调人，把人协调好，是最重要的。第四，是在实现目标的过程中，或者实现这个目标之后，还要提出新的目标。一个组织的管理，不是一件事情的管理，一件事情的管理在事情结束之后也就结束了，而我们谈的管理是一个组织的管理。实现一个目标之后或还在实施这个目标之中，就要想第二个目标要怎么来具体实现，组织总体的目标怎么实现，总体的阶段性目标实施之中或完成之后，又要设想下一个目标是什么。只有不断地设定目标，组织才能得到长期的发展。第五，是在管理的过程中，要达到大家思想的一致，或者是行动的一致。同时，为了大家思想和行动的一致，需要经常地指导和培训下属。指导和培训是非常重要的。第六，在管理过程中要及时地总结经验，创新管理实践。我们经常能够看到，很多组织的管理者，并没有完全按照管理学教科书上的规定去进行管理，而他们同样取得了事业的成功。这并不是说书上的理论不可用。成功的管理者懂得将书本上的知识和理论灵活地应用到实际工作中去，并在工作中不断地修正自己的行为，总结自己的管理经验，从而进一步丰富和提高管理理论的内涵和深度。这就是创造性。

总的看来，管理人员工作职责的本质，第一项是调整人际关系。在一个组织里面，作为管理者或领导者，必须要协调人际关系，这是做好管理的基础。只有很好地协调人际关系，并努力建立起生产性人际关系，以生产作为协调人际关系的中心，不是庸俗的人际关系，使人们都能愉快地工作，才能使组织的工作更好更快地推进。

第二项是引领组织的工作方向。这指的是对一个组织或一个群体中的人的愿望的了解，对他们追求的了解、对他们状态的了解。这很重要，管理者必须很准确地掌握这个群体的人的想法，他们的愿望和他们的追求，并对群体的人作出正确的评价和判断。这些都是在不断变化着的，管理者必须对他们的这些变化随时能够了解和把握，把它作为组织运行的一个必需环节来给予高度的重视。这样，才有正确决策的依据。

第三项就是正确决策。管理者必须要决策。在一个组织里面就是要拿主意，要出主意，你是管理者，或者是领导，就靠你来做主要的决策的时候，你没有决策，没有主意，不能提出目标，不能提出怎么做，那当然就不行了。作为一名管理者，在对组织的发展目标和工作程序有了清晰的认识和把握的基础上，根据实际情况，根据人和组织发展的进程的一些问题，作出正确的决策。正确决策注意把握的一个重要环节是调查研究，善于倾听各种意见并吸收正确的意见，不能情况不明决意大，心中无数主意多。决策的基础就是管理者清醒的认识和大胆的判断。这三个方面是管理者职责的本质，也是管理者必须承担的责任和义务。

简单地说，管理工作一般就是对人、财、物的管理。当然随着对管理认识的深化和对其他职能认识的深化，人、财、物的内涵得到了很大的扩展，如现代信息、技术资源，就是不可见的"物"的资源，而应该受到极大的重视。又如人作为一种资源，对人的资源的把握，也不是一般地像以前传统的管理那样管人，而是增加了许多新的含义。人力资源中的智力资源凸显，其所处的地位远远超出人力资源中的劳动力资源。

管理一般分为五项职能。一是计划；二是组织和人员的配备；三是指挥和指导；四是协调；五是控制。这五项职能所产生的效果就是管理的有效性。一个管理者，应该时刻追求的，也是管理的最高的一个境界，就是有效性。

管理工作本身的目标，用系统论的观点来看，就在于把管理系统中主要因素的功能协调起来，从总体上予以放大，使整体的功能大于各部分功能之和。就是要取得一个集体的和群体的功效，这就是管理。

管理学又有以下几个特点：第一，管理学是一个独立的学科。第二，管理学有两重性，就是它的科学性和它的局限性。第三，管理学是一个非常完整的系统的学科，它有它的系统性和完整性。第四，它是一门历史性的学科。所有历史性的学科都是动态的，前面讲的对管理的定义的变化，以及从不同的角度去看管理，得到的结论不同，都说明管理学是一个动态的学科。从古典管理理论，到行为科学理论，到社会系统理论，到全面管理理论，到经理角色理论，到经验管理学派……都在变化。这个变化过程首先是注重于物，或者注重于把人看成物来管理，然后感到人是一个非常重要的管理的主体，从而产生对人的行为、对人自身的需要的关注。第五，管理学是一个综合性的学科。管理注重技巧，注重人，注重物，注重人的精神，人作为主体，从对人的精神了解、把握，从对人的关注到管理有效性的追求。在这些过程中需要人们对管理涉及的其他学科的理论进行掌握，才能对管理学有科学的认识和了解。

在当代，越来越多的管理学者开始把一个组织或一个机构等看成是一个技术—社会—心理的多元系统，对管理已由单一学科的描述，进化为管理学、科学学、心理学、教育学、领导学、社会学、系统学、运筹学、文化学等多学科的综合。所以美国管理学者P.德鲁克认为：管理不只是一门学问，还应是一种"文化"，它有自己的价值观、信仰、工具和语言。所以，他说，管理是"艺术的艺术。因为它是智慧的组织者"。

在管理学研究中有一种普遍的现象，是把管理理论分成两部分，一部分是研究管理的原理和原则的纯理论（又称领导理论）；另一部分是管理艺术，这是在具体的管理经验基础上形成的，反映的是千变万化的具体管理过程中运用技能的生动的艺术。两者研究的对象是同一个，即整体的、系统的、具体的社会管理现象，只是方法不同。一个把研究对象作为原则系统来表现，把管理看作是规律性起作用的领域；另一个则以案例（范例、个例）形式来表现，把管理看作是发挥创造性、积极性的领域。其实，两部分反映的是研究对象的统一性，即以基础理论和实用理论的整体来构成管理理论。

我认为，随着社会的发展，即便是那些已成定论的具有普遍性的管理理论，也不可能永远涵盖当代管理的实践；同时，由于管理过程的复杂性，决定了人们不可能一下子便十分清晰、透彻地掌握管理这门科学的一切规律，也不可能制定出解决一切复杂问题或具体问题的万应对策。所以，管理又作为一门艺术，为人们提供了一个发挥创造性即实践的天地。人们的管理实践是难有止境的，管理的概念和基本内涵也很难形成"公认"的定论。

什么是艺术管理

现在要谈到艺术管理。在掌握艺术管理的概念之前，首先要了解什么是艺术。艺术是指用语言、动作、线条、色彩、音像等不同的手段及物质材料构成形象，以反映社会生活，并表达作家、艺术家的思想感情的一种社会意识形态。我们一般是给艺术这么一个概念。而管理者为了一定的目的，对艺术创造活动的生产全过程和艺术事业的总体发展所进行的管理就是艺术管理。艺术管理实际上就是协调和组织一个以上的群体，进行艺术生产，这种艺术生产不同于一般的物质生产，它主要是精神领域的创造活动，它有它的复杂性，所以艺术管理跟一般的企业和事业管理是不同的。

"艺术管理"分为"宏观管理"和"微观管理"两个方面。宏观管理就是对艺术事业的总体发展的管理；微观管理主要是指艺术表演团体等的管理。艺术管理这个词一产生的时候，就是专门指艺术表演团体的管理。为什么艺术管理专门指艺术表演团体的管理呢？电影及绘画等造型艺术当然都在艺术的范畴之内，但因为电影的制作较之舞台艺术更具商业性和技术性，所以人们在研究电影的制作与发行时，是把它作为一个独立的管理领域来对待的；而绘画等造型艺术，因为艺术创造中更多的个体性，就管理角度而言，往往是"无为而治"。因之，艺术表演团体的管理主要呈现为协调和组织群体来进行艺术生产，靠任何一个单一的环节都不能完成整体的艺术创造，甚至舞台艺术产品的构成，还包括了观众的要素。在艺术领域中被人们普遍引用的"艺术管理"一词，实际上是专指舞台艺术生产的管理。

但随着时代的发展，其他门类艺术的管理开始不断地推动扩展艺术管理的新领域，使得现在的艺术管理呈现出新的特征。

首先，从20世纪60年代以来，就是从后现代艺术开始延伸发展之后，应该说艺术成为一个扩展的概念。原先传统的艺术形态被改变了，艺术创作的形式和方法有了很大变化。比如，我们现在说的艺术，包括观念艺术、行为艺术等。行为艺术，实际上就是人的表演，但又不同于舞台的表演。它就是在生活中的特定情境中的表演，这样一些构成艺术的媒介和材料及呈现的新形态，扩展了艺术的概念。有的艺术家爬到树上去，在树上住十多天，他说这就是一种艺术（行为艺术）。所以，我们现在看艺术的时候就需要一个新的观念：过去说什么是艺术，现在则问什么不是艺术。艺术管理就要首先明确现在的艺术概念，才可以进行有针对性的管理。

其次，市场经济条件下，艺术作为进入市场流通的商品，可以被人们购买。绘画等艺术也主要通过商品的形式，被收藏或者被传播。由此绘画等艺术需要一些像画廊，包括拍卖行等的中介，这些中介过程的复杂性，就构成了艺术的商业化和产业化，从而形成了一种新的艺术管理形式。

凡是需要通过协调和组织来完成的艺术创作的过程都需要艺术管理，那个住到树上去的行为艺术也是有组织策划的。所以，新时代环境下的艺术管理不仅是艺术表演团体，其他艺术形态的管理有不少也呈现为一个综合的、复杂的系统管理。我们要发现因艺术形态的变化而带来的艺术管理的拓展和特殊性，确立艺术管理的整体原则，这是艺术管理学的主旨。

当然传统的艺术表演团体管理现在仍然是艺术管理的重要领域。为了以明确的指向来论述艺术管理，我今天仍然以艺术表演团体的管理为例来讲艺术管理。

艺术管理作为一个系统，其组织实施管理活动的全过程，包括宏观管理和微观管理两方面。宏观管理的主要目标应是为艺术生产创造正常发展的客观条件（即外部环境条件，如精神环境和物质环境）。一般来说，宏观管理主要是对艺术事业的总体规划及方针、政策、法规的制定和颁布，以及实施其他间接的协调、控制等手段。艺术管理的微观管理，主要是指对具体的艺术生产过程（包括演出）的有效管理。艺术表演团体管理主要是从事微观管理。

当前，我国艺术管理的宏观管理和微观管理的共同目标是，尽快确立艺术表演团体相对独立的社会主义艺术生产的经营实体地位。同时，宏观管理要通过深化体制改革，形成主要以文艺方针指导和以实施完备的艺术经济政策等间接手段为主促进艺术发展的宏观调控体系；微观管理的目标是形成艺术表演团体依法自主经营、自我发展、自我约束、自觉追求整体效益（社会效益、经济效益）的良性机制。

（一）宏观管理的基本思路

1. 在努力扶植办好代表国家和民族最高艺术水平的优秀表演团体和某些

具有试验性、示范性以及具有独特保留价值的艺术表演团体的同时，鼓励大力兴办民营艺术表演团体，以多种所有制形式和多种经营方式发展社会办团。

2. 制定实施完备的艺术经济政策——主要是对国有院团实行基本保障性补贴，包括演职员工资、设备购置、房屋修缮、重点剧目投入等专项费用。同时，对所有艺术表演团体实行政策性（项目性）补贴及奖励性资助。

3. 制定并颁布文艺法和完善、实施保护优秀艺术表演团体和作家的著作权法、版权法。要在保护知识产权方面健全立法。这里要特别强调国家对重点院团的经济投入，是实现社会整体发展目标，建设社会主义先进文化的必然要求，是我们坚持社会主义艺术生产的根本目的和弘扬发展民族优秀文化的需要；同时，从艺术本身发展规律来说，艺术的许多形态要通过市场成长，但却不是所有艺术都听任市场摆布，自生自灭。日本和欧洲的一些学者都指出，对一部分传统文化等就有必要在市场之外创造某种适合其发展的公共环境。我们只有对那些具有独特价值的艺术表演团体和坚持"二为"方向显著的艺术表演团体实行扶助的经济政策，才能使它们在文化市场的竞争中与其他艺术表演团体处在平等的地位。

此外，从文化产业发展的角度来谈，"艺术是与其他行业同样需要实际投资的产业"。慕尼黑伊福经济研究所对文化、艺术范畴创造经济价值的一份调查报告指出，艺术不是消耗国家资金的部门，而是起重要作用的经济因素。美国约翰·耐斯比特、帕特里夏·阿伯丁所著的《2000年大趋势》一书中也曾指出："艺术既是文化财富，同时又是经济资源。投资艺术将对一个地方的整体经济产生影响，它有着乘数效应。"所以该书认为发展艺术行业也需要投入，即"艺术是与其他行业同样需要实际投资的产业"（政府部门不应孤立地看待艺术表演团体的效益问题，要从精神价值和社会整体经济的角度去认识并发挥其作用）。

（二）艺术表演团体管理（微观管理）的一般原理

艺术表演团体的管理是指管理者按照预定目标，对有从事艺术表演创造活动兴趣的人所组成的集体（艺术表演团体）中的人、财、物，通过合理分配和有效使用，即对管理职能因素的实施，围绕艺术生产全过程所进行的一系列活动。艺术表演团体的管理要求科学性与艺术性的统一。科学性是指必须符合艺术表演团体管理自身固有的客观规律，绝不能以主观随意性为之。科学有效的管理是共性和个性的统一。共性即管理的一般原理（如系统整体性原理、要素有用性原理、动态相关性原理、时空变化性原理、信息传递性原理、控制反馈性原理、人的能动性原理、规律效应原理等）和一般原则（机构设置原则、激励原则等），个性即它涉及的艺术、经济等方面的个别的规律。只有把共性与个性有机结合起来，才有可能实现完整意义上的艺术表演团体管理的科学化。

艺术表演团体管理的艺术性，主要是指管理要体现符合艺术生产规律的管理技巧。艺术表演团体从事的艺术生产与物质生产部门相比，虽有共同点：都要有生产者，都要有一个生产过程，都要出产品，并且在艺术产品主要以商品的形式流通方面也与物质产品有共性；但是，艺术生产更多的并起关键作用的是一种精神生产过程，即艺术创造。演员要以体现剧本中表达的剧作家的思想感情、愿望、理想为基础，把自己的思想和感情体验渗透到艺术形象创造的全过程中，要将自己独特的创造个性和风格体现在产品中，这就决定了艺术产品的独创性、多样性特征及演员创造的自由性。艺术产品最终在舞台上主要是以演员的身体作为物质材料来完成，所以马克思说，演员对于自己的企业来讲，是生产工人，对观众来说，是艺术家，他从事的是一种生产，但"产品同生产行为不能分离"，"不是作为物而是作为活动提供服务"。因此，艺术表演团体管理的主要对象——人，带有这样的特征：主要是以自己的思想、情感和身体进行艺术生产活动。这就决定了这种生产带有很强的不确定性（如主演不能上场全团就要停演）。对这样一种艺术创造活动的管理，决定了艺术表演团体的管理是一种特殊的管理，可以说，它是一切管理学中最富有创造性最讲求艺术性的一门专业学科。一位团长曾对我说，剧团管理应让演员的每根神经都兴奋起来，才能演得好。我想，确应如此。

艺术表演团体管理的科学性与艺术性的统一，应是每一个从事艺术管理者努力追求的目标。对艺术表演团体实行科学的管理，首先要科学地确定它的性质与任务。社会主义的艺术表演团体，是由艺术工作者组成的，以从事艺术创作和表演活动为主体，用精神产品来为社会公众服务的相对独立的社会主义艺术生产的经营实体。它的方针任务是：坚持为人民服务、为社会主义服务的方向和百花齐放、百家争鸣、推陈出新、古为今用、洋为中用的方针，发挥各种艺术形式的特点，努力创作和演出好的剧目、节目，满足人们多方面的艺术爱好及审美需求，为中国特色社会主义文化建设作出贡献。除此以外，艺术表演团体还担负着继承和发展我国的民族艺术，以及进行国际艺术交流等任务。简单地说，艺术表演团体的任务就是出人出戏，通过演出，最大限度地满足广大观众多方面的欣赏需求。

对艺术表演团体的管理，应该通过管理职能的实施，最充分地体现它的性质，很好地完成它担负的任务。但是，由于多年来逐渐形成的国家对艺术表演团体统管的体制，实际上艺术表演团体难以充分体现它的性质，难以全面完成它的任务。在计划经济体制下，往往要求艺术表演团体服从政府管理部门的意志，影响和削弱了自身的积极性创造性。特别是在"左"的影响下，在社会主义建设时期，仍然简单地要求艺术表演团体直接为政治服务，艺术生产密切配合政治任务和中心工作，把本来应是"绝对保证有个人创造性和个人爱好的更为广阔的天地，有思想和幻想、形式和内容的更为广阔的天地"的艺术生产领域扼制得失去生机。本来应是由艺术工作者组成的相对独立的艺术生产的经营实体，却成了主管部门的附属团体。管理权很大程度上集中在国家手中，形成了单一的公有制形式和单一的经营方式。国营艺术表演团体本应是指所有制形式的全民所有，却成了地地道道的"国家经营"。在经济上对艺术表演团体统包统管，没有了竞争和流动，更促成了艺术表演团体运行机制的僵滞。所以，确立艺术表演团体应具有的相对独立的社会主义艺术生产的经营实体地位，确立艺术生产者作为以演出经营活动收入为主的、在契约规范下自由流动的艺术从业人员的地位，是实行艺术表演团体科学管理的关键所在。同时也只有通过深化体制改革和完善管理，艺术表演团体的性质、地位才会得到真正的确认和科学的体现，从而使艺术管理在符合自身规律的基础上进行。

我们应该充分认识到，管理是一种与有形的物质资源并存的无形的资源，用于开发管理资源的投资是一种投入少产出多的高效益投资，不仅在现代经济中如此，在艺术生产中也同样如此。只有通过科学的艺术管理，才能把院团中各种活态的和静态的生产力要素联结起来，使可能的生产力变成现实的生产力。强调艺术表演团体出剧（节）目、出人才和效益是对的，但产生剧（节）目、人才和效益的基础是管理。

（三）艺术表演团体的特点

艺术表演团体有着不同于其他生产部门的特点，艺术表演团体的管理，只有符合它的特点和内在客观规律，才能行之有效。

1. 从生产方式看，艺术表演团体的艺术生产有不可分割的综合性和集体性。例如戏剧是一种多种艺术形式综合在一起的艺术形式，仅靠某一艺术门类的创造是不够的，需要编剧、导演、表演、舞美、音乐等不同艺术专业的共同协作。戏剧以外的其他艺术形式，如音乐，即便是独奏，有时也要有他种乐器的协奏配合。舞台表演艺术的综合性，决定了排练和演出都要由群体的人来完成。在当代，离开了集体，任何个人都不能完成舞台艺术生产活动的全过程。所以，艺术表演团体的艺术生产又是集体性的。认识这种生产的综合性和集体性，才能重视各类专业人员的配备和艺术素质的提高，才能重视形成全团人员的团结协作精神，从而提高整体的舞台艺术质量。

2. 从生产过程的范畴来看，艺术表演团体的艺术生产，主体是精神领域的感情活动。但这种精神领域的创造是通过物质材料体现出来的，而艺术生产依靠的物质材料，除了财、物外，最重要的是表演人员的身体。表演水平的高低，主要决定于表演人员形象思维能力的高低和形体表现技巧的高低。因此，首先要为艺术人员精神领域的艺术活动创造一个良好的思想、政治环境，保证从内容到形式创造的独特性、自由性、多样性。同时，要为艺术生产寻求和提供必需的财、物等物质材料保证，并采取措施，严格进行演员表演技巧的训练。

3. 从艺术产品属性来看，艺术表演团体的艺术产品，既是精神产品，同时又具有商品属性。社会主义艺术表演团体的根本目的，决定了它应该按照艺术生产本身的规律去创造精神产品。但是，社会效益的实现，首先要有观众通过经济方式与演出见面，艺术产品得到观众的承认，票房是直接媒介。所以票房价值虽然不是衡量艺术产品精神价值的唯一尺度，但在很大程度上反映了艺术生产的一种效果。艺术表演团体要适应观众审美要求的变化，努力开拓演出市场，艺术产品要与市场、与观众紧密结合。

4. 从艺术表演团体艺术产品的存在特征看，它不像物质产品那样，一经产出，即成为另一种区别于原材料存在形态的独立于人的意识之外的客观实在（如茶杯、影碟机），而是依赖于演员的舞台表演而存在。演员一旦停止表演，便不复存在，这个产品就没有了，面对观众的表演存在着，产品就存在着。舞台艺术产品的产生，可以说在全过程中都必须具有创造性。舞台艺术产品的这种不确定性，决定了演员的艺术创造活动对外界如生活、工作环境、人际关系等的冲击干扰极为敏感。外来因素的冲击如较强烈时，即通过演员的思想波动而影响艺术创造过程中的情感体验，从而影响演出质量。

5. 从艺术表演团体艺术生产的开放性来看，艺术生产是开放性的，它的开放是面对观众的。排练可以是封闭的，但是真正的演出都是面对观众的，没有不面对观众的生产过程。产品的艺术质量很重要，有远见的团体管理者都把演出质量看作剧团的生命，这样他就重视从每一个生产的环节上提高质量。因为表演的开放性，演员良好的职业道德的树立也是非常重要的。

6. 艺术表演团体进行艺术生产的时间的不确定性和流动性很大，这样来看，就要重视演员的后顾之忧。有时候上午演出，有时候晚上演出，节假日还要演出，有时一天要演几场。这就需要对演员的生活给予照顾，对他们的辛苦予以理解，尽量为他们解除后顾之忧。

7. 从艺术表演团体人员构成的成分来看，艺术表演团体是艺术家占比例很高的一个群体，他们在每个方面都有专长，或者是表演、导演、编剧、音乐、作曲，或者是舞美专长。但是，他们在艺术方面虽然有专长，而整体的文化基础又不是很全面。这样，就要注意提高他们全面的文化素质、政治素质、业务素质，这个也是非常重要的。同时艺术表演团体的人员，因为他是艺术家，把艺术追求看得高于一切，他们愿意独立思考，坚持己见，富有个性。他们不会原谅一些对管理漫不经心的管理者。这也是艺术表演团体管理的复杂之处。

8. 艺术表演团体在社会上、观众中影响力的大小，主要取决于本团体主要演员的艺术水平和叫得响的剧（节）目，因此，要重视打得出去的拳头产品的创作，重视积累保留剧目，像北京人艺、河北大厂回族自治县评剧团那样。除此以外，我们应该看到，主要演员是艺术表演团体艺术活动和艺术创造的中心，是剧团艺术生产的主体。每一个艺术表演团体都应造就自己的尖子演员。造就，既指培养和使用，也指宣传等扩大社会影响、提高演员知名度的其他必不可少的手段。同时，调动和发挥主要演员的积极性、创造性，处理好主要演员同艺术表演团体的关系，也是艺术表演团体管理的重要内容之一。

9. 从艺术表演团体生产岗位的劳动量来看，艺术人员的劳动量存在着突出的差异性和不确定性。一台戏的主演和一般演员之间，付出的劳动量有时相差几倍甚至更多；另外，有的演员在一台戏中担任主角，在另一台戏中又可能担任劳动量较少的配角。从演员之间劳动量的突出差异性和一个演员在演出中劳动量的不确定性看，这都不像从事物质生产的职工那样在同类劳动岗位上付出的劳动量差别不大。同时，扮演同一角色的演员，也因艺术造诣的差异，形成艺术创造质量的高下之分。从按劳取酬的角度着眼，还有一个重要方面是，艺术表演人才成才早，青年时期是舞台艺术创造的高峰期，他们的工资报酬等应同成才早和一般艺术高峰期短的特点相符合。在艺术表演团体，更应重视打破分配上的平均主义，实行多劳多得，并注意合理安排使用全团人力。

（四）艺术表演团体管理的主要内容

1. 人才管理。人才是艺术表演团体最宝贵的财富和最重要的资源，是体现艺术水平的重要保证。人才问题，关系到艺术表演团体的存亡盛衰。对以人为核心的动态系统实现创造最佳效益的整体控制，是现代管理的实质内容。对人才的培养、发现、使用、爱护是管理者第一位的责任。艺术表演团体各类专业人才集中，首先要为他们创造一个可以充分施展自己才能的客观物质环境与主观心理环境。前者包括尽一切力量和可能解决他们生活、学习、排练、演出中的各种实际困难和后顾之忧；后者包括对他们的信任、友谊、使用、关心、爱护，等等。艺术生产更多的是精神领域的创造活动，艺术人才的感情因素对其发挥艺术创造的作用尤为明显。因此要特别重视创造人才需要的主观心理环境。人才资源的管理是多层次的综合性很强的工作，要在可能的范围内通过多种可行的方式，形成人才竞争、人才流动的环境、充满机会的环境、激发创造力的环境，使人尽其才，才尽其用。人才管理的目的不是限制而是开发，要把人才管理的重点放到激发人的潜能上。

应强调一点，艺术表演团体人才的开发、使用，除各类艺术专业人才外，一个重要的方面是经营管理人才。随着艺术表演团体成为独立的艺术生产的经营实体，选用和培养一大批懂得艺术生产规律、懂得经营管理的艺术管理专家，是一项迫切的任务。把一个艺术表演团体的艺术潜力和人才潜力转化为舞台演出的整体优势，从而产生好的社会效益和经济效益，艺术经营管理人才往往起着不可忽视的作用。

2. 剧目管理。艺术表演团体在社会上、观众中影响力的大小，除了主要演员的艺术水平外，还取决于叫得响的剧（节）目。艺术表演团体要按照艺生产的规律创造精神产品。剧（节）目只有被观众接受后，才能产生联动效应。否则，再有思想意义的剧（节）目，观众不理睬，只完成了制作过程而没有完成艺术生产过程，有什么效益可言？在当今艺术的多元化和观众选择的多样化面前，艺术表演团体选择上演剧（节）目时，首先要把思想、艺术因素与文化市场的制约结合起来考虑。这里关键是要寻求思想、艺术价值与群众需求之间的契合点。另外，剧（节）目的创作题材领域应当是广阔的，内容应是丰富的，形式应是多样的，既可继承传统，又可进行多种形式的现代艺术探索。但具体到每一个艺术表演团体，都做到这些又是不大可能的。因此，要根据不同的宗旨任务，从本院团的艺术力量、资财能力的实际出发，创作演出独具特色的适应某一层次观众的剧（节）目。雅俗共赏的作品不是没有，但有一种情况似应引起思考：按照适应多种层次观众的要求去选择上演的剧（节）目，演出时往往是哪一个层次的观众都不欢迎。当然，无论适应何种观众层次，剧（节）目在保证艺术质量上的要求是共同的。艺术质量是艺术表演团体的生命，要从创作、排练、演出的每一个环节落实提高艺术质量的措施。粗制滥造是在断送艺术表演团体的艺术发展前程。

一个艺术表演团体，要有一种艺术风格，这应该是艺术表演团体通过上演剧（节）目努力实现的艺术追求。要把艺术表演团体办好，就必须把剧（节）目的开发战略作为经营管理的中心环节来抓。打得响的剧（节）目不仅能产生很好的社会效益和经济效益，它还是使艺术表演团体产生强大凝聚力的最有效手段。

3. 演出管理。艺术表演团体经营成败的因素很多，其中重要一点是能否与观众建立最密切的联系及根据观众的欣赏需求作出灵敏的反应。这除了靠剧（节）目的适销对路，还要靠演出市场的开拓。演出管理不再是单纯的联系剧场，坐等观众买票的时代已经过去。想方设法主动争取和扩大观众群，已成为演出管理更主要的工作内容。多年来，在统包统管的体制下，"推销"二字不可能出现在我们的思维之中，精神产品的圣洁也使我们羞于说"推销"二字。今天是认真思考艺术市场学的内容并付诸演出管理实践的时候了。一台演出从排练之初，就应通过可能的方式进行宣传，利用各种方式组织观众，例如除网络售票外，对厂矿、企业、机关、学校、社会团体、村镇上门售票，联系包场，或采用电话、邮寄、委托代售机构预售以及优惠售票等方式，或通过扩大社会联系，如建立经济文化联合体、组织票友协会等手段，开拓演出市场。

各级艺术表演团体都应重视选任和培养演出管理专门人才。他们除担负剧（节）目的演出推销外，还应从观众调查和剧（节）目售票记录入手，分析研究观众的成分、文化、年龄、职业结构及欣赏需求、对上演剧（节）目的反应等，从而为本院团选择上演剧（节）目及调整演出计划提供决策参考。

4. 劳动管理。目前不少艺术表演团体存在人浮于事、纪律松弛、艺术生产效益低的问题，这些都是管理水平低的集中表现。所以，加强劳动管理是建立正常艺术生产秩序的关键。要通过劳动优化组合，院、团内演出团体与非演出实体人员分离及聘任合同制，建立责、权、利相统一的多种形式的责任制以及健全的规章制度，但核心是实行责任制，进一步建立起相应的符合客观规律要求的人人必须共同遵守的准则和秩序。

加强劳动管理要注意几个问题：第一，加强劳动管理，仅靠强调无条件遵守劳动纪律是不行的，要同思想政治工作、职业道德教育和改革不合理的体制、制度结合起来。第二，艺术生产是一种精神生产，显然不能用一般劳动管理的手段、方法来管理。管理条例的制定，要注意与其创造性劳动的特点相适应。第三，传统管理是以"事"或"物"为中心的，而现代管理则是以"人"为中心的。没有演职员的支持配合，任何严格的管理都难以奏效。要充分调动演职人员的积极性和创造精神，在健全院团长负责制的体制下，通过演职员代表会议等有效方式，使演职员参与民主决策、民主管理、民主监督，变消极的被动管理者为自觉主动的管理者。

5. 财务管理。首先是根据生产经营活动的需要，有计划地筹措资金和合理安排资金的使用。艺术产品要通过商品的形式来流通，因此在排练制作及演出中必须贯彻"少投入，多产出"的原则，严格艺术生产过程中的经济核算，使资金使用合理并产生最大效益。其次，除国家经费补贴的收入外，要根据本院团的实际情况和可能开辟演出收入以外的多种经费来源渠道。艺术表演团体的管理是一个动态系统，在实践中应考虑管理的整体性，使以上几个方面的管理协调发展，但不是平面推进，没有重点。每一个艺术表演团体都要从自己的实际出发，在某一时期有所侧重。我要强调，管理中三个核心问题一定要把握好。第一，任何一个团体，必须要有规章制度。第二，就是物质利益原则，要体现物质利益原则。第三，就是必要的思想政治工作。这三者是统一的。规章制度是一个组织正常运行的保证。而物质利益原则是激励人们工作的最根本的原则，如果不能很好地体现物质利益原则，这将逐渐演变成为管理中的大问题。同时，物质利益原则也是对人的基本的劳动的尊重。思想政治工作也是组织管理的重要环节，是保证组织全体成员团结协作的基础。

加强管理，要解决好与改革之间的关系。艺术表演团体的经营管理是直接谋取艺术活动效益的社会实践，改革是为经营管理开辟道路、创造条件的社会实践，改革与管理应当有机地结合起来，处理好变革与稳定之间的矛盾。体制改革与管理机制的完善如同一只鸟的两翼，任何一翼不能扬起，艺术表演团体都不能起飞。企望"改革一抓就灵"，或在不改革体制的情况下去抓管理，都不可能长远解决问题。

艺术表演团体院、团长（管理者）的素质与能力

院、团长能否体现出良好的组织管理能力，是实现艺术管理有效性的基础。

现在我们来探讨艺术表演团体的院、团长应该具备的素质和能力。管理者的素质是他的素养、品质、思想、作风和管理能力的总称。主要包括管理者的专业素质、先天素质，受社会环境影响而形成的个性，或者形成的特性，对于外界刺激作出相应反应的能力。艺术表演团体管理者必须具备以下素质：一是政治思想素质。应该有远大的理想，有高度的革命事业心和工作责任心。第二，能够正确贯彻执行党和国家的各项方针政策。第三，实事求是，一切从实际出发，对于正确的敢于坚持，对于错误的敢于批评。第四，坚持改革开放，勇于创新。第五，作风民主，密切联系群众。除了政治思想素质，管理者还应具备的品德素质：第一是实干。第二是无私。第三是容忍。第四是勇于承担责任。第五是政治思想过硬。第六是热情、真诚。第七是坚韧、进取、忍耐。第八是公正。第九是谦虚。第十是敬业精神和献身精神。

作为艺术表演团体的管理者，还必须具备各种能力。

第一，是经营决策的能力。善于决策的院、团长，通常都是把日常纷繁的行政性的事务，纳入健全的规章制度的范围去解决。这样就把决策的注意力，放在关系到院团生存发展的大问题和决策的有效性上。一个有效的管理

者，往往是不做许多决策的，也不把大部分时间用在决策上。很多决策是体现在工作中，在工作过程中，有时候有很多决策自然就形成了。但是在两种情况之下，必须要慎重而又及时地决策：第一种就是面临生存发展的困境时。你管理这个团体，面临生存发展困境的时候，你再不拿主意，什么时候拿主意呢？所以这个时候，必须要有决策，要有摆脱困境、走出困境的决策，这个是很重要的。第二种就是面临可能的、新的发展机遇的时候，你必须要决策，就是抓住机遇。你感到这个团体的发展，面临新的发展机遇的时候，必须要作出决策。这两点是非常重要的。在决策过程中，要有民主决策、程序决策的能力。这个决策不是一个人说了算，你要符合实际，必须是听取大家的意见，集思广益。没有完全出自一个人的决策，正确的决策都是符合实际，都是集思广益，积极采纳各种利益群体的人的意见基础上的决断。将这些集合之后，才能拿出一个适度的决策，这个是非常重要的，这就是集思广益的能力。另外，就是在有效决策的实施过程中，面临风险和反对时，绝不妥协和半途而废。除非因为某些非可预见性的变化而必须调整或改变决策（一般讲来，正确的决策自会避免此种情况的发生）。你的决策出来之后，要得到实施和贯彻，半途而废是不行的。任何的决策都可能是利益调整的过程，都是要涉及利益的，支持的也有，反对的也有。说反对，不是再听一听，再等一等，就是再改一改，这样就把你正确的决策，改得支离破碎，最后一事无成，避免这个是非常重要的。

第二，是解决实际问题的能力。解决实际问题的能力，主要表现在以较少的时间，以最佳的方式，达到最好的效果，力求高效率和彻底地解决实际问题。这就是一个优秀的管理者应该具备的解决实际问题的能力。即便是一些不大的问题，也不要推来推去的。有些简单的，可以一次性解决的，就不要进行两次。当然，解决实际问题，不是事无巨细都要包揽，这里边有一个授权的原则。另外解决实际问题的能力，还要从善于实践表现出来。我们看近二十年以来几乎每一部管理学的书，基本上都谈实践的问题，就是管理者怎么做都得有实践，这个"实践"非常重要！

第三，是艺术知觉的能力。艺术表演团体的管理，很大程度上就是艺术知觉的能力问题。作为一个艺术表演团体的院、团长，在剧目的选择和剧目的评价上，必须具有强烈的艺术知觉。一个剧本拿到手中，要凭借敏锐的艺术知觉能力感知和判断。对剧本或剧目的艺术水平和质量有清醒的认识和了解。艺术知觉的能力，是做好一个院、团长最重要的前提表现。一个好剧本，有市场潜力的，一个院、团长却看着不行，这个就是要误己误事的。艺术知觉是在感觉的基础上形成的，是多种感觉相互联系和综合活动的结果。而且这个感觉，又是建立在已有的知识基础上的，正所谓"观千剑而后识剑"，所以实践经验的积累是非常重要的。这个地方，还应该强调一点，虽然说院、团长的艺术知觉能力高低是建立在个人艺术爱好和兴趣上面，但是，作为一个团体管理者，这种艺术知觉，或者是对业务主体的判断，还要更多地建立在这个团体的实际生产需要方面，个人兴趣和团体的需要两者是结合的。比方说院、团长，可以对一个剧目有个人的看法，但是作为院、团长在选择院、团上演剧目时，你的这种评判，更要从团体本身的职能，或者团体本身的演出，或市场上去判断。要结合起来，不能以个人的审美喜好，代替团体的上演剧目选择。所以，艺术表演团体建立艺术生产的民主决策机制是重要的。

第四，是组织指挥和协调的能力。就是按照效益原则，把人、财、物和艺术生产经营过程中的各个环节有效地组织起来，并对生产过程中出现的矛盾和问题进行协调。使这个单位所有的部门都要在整体的目标下生产、组织活动，能够非常和谐，这是非常重要的。这样就能实现最佳的管理绩效了。组织指挥和协调能力，就是尽可能地使这个团体在任何时候，都能够保持一个充满活力的机制，能够预见性地尽早发现问题和解决问题。在一个团体里面，作为管理者，要能够尽早地发现问题和解决问题，使这个团体经常保持活力。

第五，是用人的能力。无论是专业知识还是管理知识，都是无限的，任何管理者都不可能精通每一个专业，这是必须要明确的一点。在一个需要管理的团体里面，管理者就专业方面，往往不是这个团体里面最突出、最优秀的。何况管理学有一个定义，或者是一个原则，就是在任何团体里面，都有比最高的管理者优秀的人才，作为管理者必须有这么一个清醒的认识。对人才价值的发现和人才能力的发挥是一个管理者成败的关键。所以，优秀的管理者不在于自己是不是一个精通所有专业的内行，而在于能使组织的人员作用发挥得更大。

第六，是思想政治工作的能力。前面讲过，一个团体、机构的管理，是物质利益原则、规章制度和思想政治工作的统一，缺一不可。思想政治工作，协调、沟通是非常重要的。靠一些规章制度，或者是行政的力量所做不到的，通过思想政治工作，通过沟通协调往往能够做好。

第七，是公关的能力。公关的能力是非常重要的。有的管理学者认为，一个团体的绩效，它的效能、效益，这个公共关系的作用能够占到30%，实际上公共关系价值的发挥也可能更大。在某些时候，可能起到一个非常巨大的、决定性的作用。当然一般来说，还是团体本身，它的自身能力的发挥是主要的，但是公共关系的能力，作为管理者来说也是非常重要的。因为任何生产，特别是艺术表演团体的生产，都不是孤立的和封闭的，所以只要跟社会发生联系的管理，都有公共关系，这是管理者最重要的职能之一。

管理需要创造性，需要管理者创新的能力。"创新"实际上就是能够发现资源，同时把这些资源调动和组织起来产生效能。比方说，我们看到路边有一块石头，其貌不扬，实际上却是一块玉石，一般的人可能就把它看成一块普通的石头，没有用处。但同样是这块石头，一个内行的专家却能发现，它原来是一块玉石。他为什么能发现呢？他有这个内行的眼光。所以管理者，也需要有一种眼光，如果没有眼光的话，就会把玉石等同于普通的石头而忽视了它的价值，对人才的评价是同样的道理，不能正确地认识人才，也就是忽视了人才的价值。所以管理者要有一种独特的眼光和创新的能力，这种创新就是能够发现资源的价值。这种价值从管理上来讲，主要是指经济价值。发现它的价值，并且把这种价值组合起来，产生你想达到的那种目标、那种效果，那你就是有创新的能力了。创新的前提是发现，你要是发现不了资源的价值，怎么创新啊？管理就在于创新，真正创新的能力在于发现，发现之后，把那些资源怎么调动和组合？这个是非常重要的。我们经常说起的"文化创意产业"，实际上"文化产业"的灵魂就是"创意"。有一位日本学者说，文化产业就是把"文化"做成品牌，并把它推销出去。这话说得很好。

现代艺术管理的核心就在"创意"，而且随着艺术概念的延伸，带来艺术管理的延伸。很多艺术管理的范畴或者是领域，都需要有一种"创新"和"发现"的眼光去审视。还需要"发现"之后把各种元素有机地组合，成为品牌，或者说达不到品牌的话，成为一种有效益的生产过程。这样之后，管理就有效了。一个社会组织，不仅是艺术表演团体，任何团体的管理，有效性目标的确定都非常重要。有一句话讲"知道什么是最好的，但只做可能的"，即说明了做事情要追求有效性。

我们研究管理，研究艺术管理，有一个思考方法的问题。管理是动态的，不是僵化的。对管理的认识，管理本身的实践都是动态的，都是发展的，不是静止的。因为管理不是按照书上写的来照搬照做的，是充分发挥主观能动性和创造性的一种社会实践，这种认识对研究管理和管理实践是非常重要的。任何教科书和任何管理的课，都不可能讲清楚管理，管理只有在我们的学习和实践中，才能够成为我们自己的创造，才能形成管理的成功个案和范例。

（原载于《艺术评论》2009年第7期）

反思与发展

——纪念《文艺研究》创刊 30 周年

  《文艺研究》创刊于1979年5月，伴随着新时期改革开放事业走过了整整30年。30年来，《文艺研究》坚持正确的办刊宗旨，始终以马克思主义为指导，认真贯彻"双百"方针，奉行"五湖四海"、学术平等的原则，在美学、文艺学、艺术学和各门类艺术研究中，既着眼于学术建设，又注意解决文艺实践中出现的新问题，为我国社会主义文艺事业做出了重要的贡献。《文艺研究》在党的十一届三中全会的春风中诞生，创刊伊始，就对所谓"文艺黑线专政论"进行清算，发表了毛泽东、周恩来、陈毅、邓小平等党和国家领导人关于文艺问题的多篇谈话和报告，成为新时期文艺思想领域拨乱反正的重要理论依据。与此同时，《文艺研究》组织"文革"后重返文坛的老一辈学者、作家、艺术家，会同一批优秀的中青年学者，就"文艺与政治""人性、人道主义、人情味及共同美""形象思维""西方现代派文艺"等理论问题，展开深入系统的讨论。这些讨论突破了过去极左路线设置的种种"禁区"，以实事求是的态度探索文艺发展的客观规律，对文艺界的思想解放和新时期文学艺术的繁荣产生了深远的影响。在讨论中，《文艺研究》秉持开放、开明、稳健、包容的精神，提倡求真务实的学风，鼓励不同学术观点的交流与对话，树立了刊物的基本形象。这种精神，在以后关于"现实主义与现代主义""文艺的意识形态性"等一系列讨论中，得到了进一步弘扬，成为刊物至今保持的一个良好的传统。

  在完成文艺思想界拨乱反正的历史任务之后，《文艺研究》把注意力转向当代文艺思想的建设方面，从理论和批评的角度探索文艺的一般规律与现实问题，积极推进文学艺术学科的发展，涵盖了文学艺术的综合研究，文学、美术、戏剧、影视、音乐、舞蹈等门类艺术理论和创作实践研究，以及中外文艺理论、文艺思潮、文艺流派的研究等，逐渐成为各文艺学科展示优秀成果的重要平台。纵览《文艺研究》历年关注的问题和积累的学术成果，可以清晰地发现我国新时期文学艺术研究的发展轨迹和丰硕收获。可以说，三十年来，《文艺研究》从思想文化建设的角度参与到改革开放和社会主义现代化建设事业中，见证了中国社会的历史性巨变。《文艺研究》是文化部主管、中国艺术研究院主办的综合性文艺理论刊物。创刊以来，张庚、林元、王波云、柏柳同志曾先后担任主编，他们为刊物的发展、为推动我国文艺理论建设和文艺创作的繁荣，做出了重要贡献。在进入21世纪的这十年里，《文艺研究》继承、保持和发扬了老一辈专家创刊、办刊的优秀传统，同时积极探索社会主义市场经济条件下人文学术刊物的发展之道。2005年，中国艺术研究院研究决定，《文艺研究》正式由双月刊改为月刊，刊物的面貌和内容也有较大调整，既牢牢地把握时代的脉搏，关注现实问题，又使整体学术质量大大提高。这次改刊，在学术理论界和期刊界引起较大反响。作为在国内具有重要影响的学术理论刊物，《文艺研究》的改刊之举是成功的，其经验值得认真总结。

学术刊物编辑是一件平凡而崇高的工作，需要眼光、责任心、耐力和奉献精神。《文艺研究》在不断发展的过程中，坚持解放思想，以创新的勇气锐意进取，在市场经济环境下不为浮躁、急功近利的社会风气所动，把独立思考放在首位，以沉着、冷静和犀利的态度办刊，以兼容并包的精神来对待学术发展，使刊物保持高格调、高品质，受到同行的广泛赞誉。编辑部人员纪律严格，业务素质精良，任劳任怨，无论在何种条件下，始终保持旺盛的工作热情，从事高效率的学术期刊编发，这是难能可贵的。

在此，我希望《文艺研究》以创刊三十周年为契机，继续坚持以传播社会主义先进文化为己任，以科学发展观为指导，认真总结经验，在继续保证学术质量和学术地位的同时，大力探索新的发展路径，开拓创新，为文艺理论研究注入新的活力，推出更多的优秀栏目，赢得读者、赢得市场，在新的历史时期再创辉煌！

（原载于《文艺研究》2009年第7期）

遵循艺术规律　繁荣舞台创作

——关于国家艺术院团艺术生产问题的思考

我们所说的国家艺术院团，实际上指的是文化部直属的艺术院团。艺术表演团体的艺术地位和社会影响，既不是以隶属部门的高低也不是以自身的行政级别决定的。文化部直属的艺术院团称为国家艺术院团，是因为其组建初始的动议、发展的目标、发展的战略，以及人才的汇集、经费的支持和组织领导，大都是中央直接确定和关注的。这些艺术院团应该代表国家的最高艺术水平，在国家的文化艺术发展中，应该起到示范性、引领性的作用，这是这些艺术院团发展的定位，也是社会的共识。无疑，地方的许多艺术院团在艺术的创造中，也具备了这样的影响。所以，从本质上来说，艺术表演团体不是靠其隶属部门或自身行政级别划分层级，在社会主义市场经济体制下尤是如此。文化部直属艺术院团仍可称为国家艺术院团，我想，这首先是对其提出的发展目标和标准的要求。其所处的地位，要求这些艺术院团必须达到代表国家和民族当代最高艺术水平的标准，在我国当代的舞台艺术创造中起到示范和引领的作用。

因此，文化部直属艺术院团发挥自身优势，不断推出思想蕴涵丰厚、具有强烈艺术感染力的舞台艺术作品，就成为一个基本的要求。要做到这一点有几个问题需要思考。

第一，关于遵循艺术规律。

这是一个老生常谈的问题，甚至是一个最简朴最基本的常识性问题，但是真正在艺术创作中切实做到充分尊重艺术规律、严格按照艺术规律办事，却并不是一件容易的事情。

什么是艺术规律？这当然不是几句话可以说清楚的问题。我们要从舞台艺术的创造过程和艺术构成元素的相互关系的辩证发展中寻求艺术规律。艺术规律是赖以构成每一个艺术品种特质的本质规律。简言之，就是艺术创造的基本原则。它的内涵很多，如典型性、独特性、形象性和综合性等都构成舞台艺术创造的基本规律，而具体到某一种艺术形式，也都有它特殊的规律，京剧、芭蕾舞、交响乐等的艺术规律都有特殊性，它们掌握世界的方式与理论的、宗教的等方式相比，这些不同的艺术形式有艺术的共性，但它们自身之间相比，又有不同艺术形式的特殊性。寻求艺术规律既要注意其共性，更要注意其特殊性。

在戏剧类的舞台艺术创作中，首先，剧本是重要的基础。按照艺术规律，剧本是一剧之本，是剧目成功的关键。在剧目的创意策划阶段，要十分注重剧本的创作。但是，我们在剧本创作方面，往往对这个基础环节重视不够，没有花力气、花时间，针对本艺术品种的要求和本院团艺术资源的情况，提出剧本创作的规划和要求。其次，没有建立良好的剧本来源、推荐、审读、管理机制。有的好剧本路过我们国家艺术院团没有被重视，流到地方院团去，排演出来成为优秀剧目。由于缺乏优秀剧本，缺乏好的现实题材剧本，就出现了缺乏现实题材作品的状况。我们要采取有力措施，扎扎实实抓好剧本创作工作。一方面鼓励原创，不断拓展和挖掘题材领域，从无限丰富的社会生活中汲取素材，"题材无禁区"，需要把握的是通过题材选择和创作所传达的时代精神和思想内涵；另一方面，鼓励改编、移植其他艺术品种成功的作品，在借鉴其成功因素的基础上注意结合本艺术品种的特质，达到艺术创造的新境界。

再比如，创作排演是表演艺术非常重要的二度创作阶段，导演、音乐、舞美等创作人员的选择和使用尤为重要。国家艺术院团不仅要有能够吸引人才的舞台，更要有能够"人尽其才，才尽其用"的良好机制，要通过制度规范，避免主创满天飞、蜻蜓点水式的创作现象，不能全身心投入，不可能出好作品。选择真正适合剧目创作的人才，给他们充分的尊重和支持，并提出规范和要求，使创作人员静下心来投入到创作中去，才能使优秀的剧本达到良好的舞台呈现。而我们目前的一些做法，并没有做到选择最好的适合的人员来进行创作演出，这其中虽然有很多因素，但最主要的是不遵循艺术规律，不按艺术规律办事，而是按照人情、商业化甚至"潜规则"来做，这样创作出来的作品不可能是一流的。

还有一个问题，也是大家都深有体会的，就是作品立在舞台上，对于艺术创作环节而言只是完成一半。艺术作品的修改和完善以及最终价值的呈现都要依靠面对观众的演出和市场营销。观众和市场的反应是作品不断修改提高的重要指针。因此，剧目要在演出过程中关注观众的意见和反应，观众鼓掌的地方一定是好的，应该根据观众的反应对剧目不断进行修改和提高。但是，目前国家艺术院团排出的剧目却很难再进行修改，一公演就定型了，不重视继续修改加工，这样怎么能不断提高作品的质量和水平？我们常说，戏是改出来的。这是经过很多人总结出的规律，而我们却做不到。

舞台艺术特别是像戏剧等表演艺术是以演员的表演为中心，在舞台艺术的创作中，导演、音乐、舞美都必须服务于演员的表演，剧本也要符合舞台艺术规律的要求。当代舞台艺术为了追求艺术的整体性，往往限制了演员表演创造性的发挥，这是流派和表演艺术大家难以产生的原因之一。因此，舞台艺术创作中，尊重演员特别是著名艺术家表演创造性的充分发挥，也是当前舞台艺术创作应当注意的。

尊重艺术规律不是为了限制创作、为艺术生产设置障碍，而是为了能够推出真正优秀的艺术作品。我们在今后的创作生产中务必十分重视遵循艺术规律问题，务必严格按照艺术规律办事，让艺术规律保障我们的创作生产有序有效开展。

第二，关于努力打造国家艺术院团的品牌。

国家艺术院团拥有雄厚的资源优势，拥有丰厚的艺术品牌资源。我们应该是名副其实代表国家水平的艺术院团。但是，必须看到，目前国家艺术院团的创作与自身的地位和职责要求有差距。国家艺术院团要维护自己的品牌，就必须借助优秀的艺术作品来维护和凸显自身的地位；拿不出优秀剧目，国家艺术院团就是徒有虚名。国家艺术院团的优秀剧目应该能够在"五个一工程"、国家舞台艺术精品工程、文华奖等重要评选中，显示出自己的水准和实力，通过优秀的艺术作品成为国内艺术创作和演出市场的主力军，真正发挥国家艺术院团导向性、代表性和示范性的作用。但从目前这些评选项目来看，我们的作品确实存在差距，入选剧目数量少，影响也比较小，没有展示出国家艺术院团很强的艺术实力。据艺术司的统计，国家舞台艺术精品工程实施五年，推出50部精品剧目，国家艺术院团只有3部作品。也许有同志认为这不是唯一标准，但起码在这些国家级评选中有专家投票，有市场指标，说明我们的参评剧目在专家认可度和市场营销方面还是有差距的。就好比奥运比赛中国国家队不能揽金夺银，这恐怕很难交代。

因此，要认真思考国家艺术院团的地位与作用，十分珍惜国家艺术院团的品牌和荣誉，要以最优秀的作品展示国家艺术院团的实力与能力。实际上，仅靠"国家院团"的地位是不大可能建立品牌影响的。国家艺术院团要通过自己优秀的舞台艺术创造建立起品牌。舞台艺术要成为品牌，其核心是通过艺术质量、品格形成的持久性的影响。比如说北京人艺的话剧、苏州昆曲剧院的青春版《牡丹亭》，这些都是当代中国艺术的品牌。一个剧院、剧团要以艺术质量和品格形成持久性的影响，也就是形成自己的艺术品牌，最重要的是院团要建立常态的演出机制，不是靠一时明星走穴式的轰动。现在不少院团一年新创作的剧目有好几个，但是能演十年的剧目很少，大部分剧目能演20场、30场就不错了，有的甚至演出几场就"刀枪入库"。这是时间、资源的极大浪费。艺术的粗制滥造加大了中国艺术创新的时间成本，这是我们在艺术创新和艺术生产中必须正视和重视的一个问题。国家艺术院团要建立起一整套有利于推出优秀作品的艺术创作生产机制，包括决策机制、用人机制、稿酬制度、投资体制等，特别是用人的问题，是非常重要的问题。优秀剧目的创作演出归根结底还是要依靠大量的优秀艺术人才。国家院团要懂得充分发挥人才品牌的效益，不仅要让人才"为我所有"，更要"为我所用"。在这方面，一定要充分发挥本院团优秀艺术人才的作用，调动他们的积极性。我们很多优秀的艺术人才都是地方竞相邀请的对象，他们也确实创作出很多好作品，但是却常常在国家艺术院团自己的舞台上没有佳作，这是值得我们院、团长们认真思考的问题。我们的艺术院团不仅要为人才提供施展才华的舞台和学习成长的机会，更要激发他们充分发挥自身的价值，为院团的艺术创作作出贡献。

第三，关于加强国家艺术院团创作的科学决策。

科学决策问题是艺术院团抓好艺术生产的前提。科学决策首先要抓机制，如建立艺术委员会和创作室以及健全艺术委员会的评审制度，等等。无论是成立艺术委员会，还是建立和完善院团创作室的工作机制，都是院团能够通过有效的工作机制保证决策的科学性，以减少由于决策不当或失误，使创作剧目难以排演，并造成资源损失和浪费的措施。目前，国家艺术院团中有的设立了创作室或类似的职能部门，有些还没有。很多院团对于创作人才选择了"不为我所有只为我所用"的方式。但是作为国家艺术院团，我认为，还必须同时拥有一批有创造力的创作人员，必须拥有实力强大的创作班底，才能保证国家艺术院团创作水准的稳定性，为院团艺术创作的长足发展提供源源不断的推动力。相对于地方艺术院团而言，国家艺术院团已经拥有的创作资源非常丰富，关键在于如何将这些资源整合利用。就这个意义而言，建立健全艺术创作室，就不仅是艺术院团设立一个与院团内外创作人员在艺术创作方面沟通联络的办事机构，更重要的是通过艺术创作室集中专业创作人才，进行艺术创作及策划和创意，帮助修改加工提高上演剧目，并为推出优秀剧目出谋划策，为院团艺术创作提出规划和建议。

目前在国家艺术院团中有健全的艺术委员会制度的还比较少。建立艺术委员会机制，并不是简单请几个专家坐下说好话的一个模式，而是要通过论证和评议对院团艺术创作生产提供决策咨询和建议，以及对选择上演剧目的评审等。首先，就艺术委员会的人员构成来讲，必须体现权威性、代表性和广泛性的特点，不能局限于本院团内，甚至可以考虑突破地域和艺术品种的限制。其次，艺术委员会要有清晰明确的职责任务，建立严格的行之有效的工作程序。艺术委员会应该为院团领导的决策提供专业的意见和建议，对于作品从题材选择、创作构思到排练演出、修改完善的每一个环节，艺术委员会都要参与其中，并发挥决定性作用。比如剧目上演决策，可以由艺术委员会投票表决，改变由一两个人决策的局面。各艺术院团尽快建立健全艺术委员会制度，是推动舞台艺术创作走上良性可持续发展的基础。

第四，关于建立保留剧目上演制度。

建立并推广国家艺术院团保留剧目上演制度，不但有利于优秀剧目的打磨，而且对艺术院团长远建设、文化市场整体繁荣都起着重要作用，是我们当前必须做好的一项重要工作。保留剧目上演制度的建立，将为优秀剧目的长期上演提供稳定平台，通过连续的直接的观众反应，作品将在不断修改中完善，获得更加长久的艺术生命力；保留剧目上演制度的建立，也有利于打造经典力作的品牌效应，提升票房收入，增强院团艺术创作实力和人才培养力度；保留剧目上演制度的建立，更有利于增加精品力作与广大人民群众的接触机会，满足大众日益提高的审美需求，提升先进文化的影响力。

1998年我到文化部艺术司任司长后，即提出要在全国艺术表演团体中建立和推广保留剧目上演制度，但没有得到有效实施。2009年我又提出建立保留剧目制度问题，得到文化部部长蔡武同志的认同、肯定和支持。去年，文化部举办了首届全国保留剧目大奖的评选，有18台演出超过400场且至今仍在舞台上不断演出的优秀剧目荣获大奖，每台剧目奖励100万元。保留剧目大奖的评选在文艺界和社会上引起热烈反响，得到艺术院团和著名艺术家的高度肯定。无疑，建立优秀保留剧目上演制度，对于文化积累，对于降低生产成本和推广高质量的剧目都有重要意义。

为能进一步发挥保留剧目上演制度的积极作用，我们计划于今年10月前后举办"国家艺术院团优秀剧目展演"活动，该活动将集中展示国家艺术院团的优秀剧目，包括传统保留剧目和新创作剧目。以此为国家艺术院团优秀剧目提供展示平台，展示国家艺术院团的优秀成果，促进艺术交流，丰富人民群众精神文化生活。我们将以此次展演为契机，将国家艺术院团保留剧目上演制度建立起来，推广开来，以全面带动我国舞台艺术创作的发展与繁荣。

第五，关于创作专项资金的使用和管理。

国家艺术院团的发展，不仅是院团自身的责任，也是文化部的责任。长期以来，文化部一直非常关心国家院团艺术创作，仅在重点剧目创作扶持资金方面，每年投入便达到了4000万元，虽然也取得了很大成效，但距离我们期望的目标还有一定差距，如何更好地使用这4000万元创作资金，不但是在座的院、团长应该深刻思考的，也是有关资金管理部门应该进行深入研究的一个课题。

在政府资金的使用方面，我举一个法国政府扶持本国电影艺术发展的例子。对于在法国本土拍摄的、表现法国本土题材的电影，法国政府会在其上映后从影院发行、电视播映、音像市场所产生的税金中返还相应金额，用于资助制作人或导演拍摄下一部影片时使用，最高偿还额可达50%。这里值得我们借鉴的至少有三点的：第一，资助对象是针对表现法国本土题材的创作，对推动本国文化发展具有积极意义；第二，资助金额返还是在电影投放市场之后，是针对成型作品而言的；第三，所得资助必须用于下一部电影的制作费用，具有明确的资金使用指向。这个案例告诉我们一个道理，政府对文化事业的资金支持必须具有明确的指导方向、完善的流通环节和严密的监督机制，才有可能将有限的资金真正用在刀刃上，发挥最大的产出效益。

借鉴这样的思路，国家艺术院团创作专项资金管理办法应该认真总结过去的经验和教训，改变以往那种平均分配、遍撒"芝麻盐"的传统做法，应采用压缩创作启动经费、重奖优秀成功剧目的"两步走"方针。加强对剧目艺术创作和资金使用两方面的督导力度，充分发挥专家作用，严格资金审计程序，防止违背艺术规律的大制作和抬高成本的行为，鼓励院团更加尊重艺术创作本体规律，充分发挥艺术本体表现优势，创作出真正具有艺术表现力的优秀作品。待剧目投放市场后，根据观众反馈信息、市场认可程度和演出情况来决定是否继续投入资金。对于那些演出效果不好、观众不满意，或在一定时间内未达到规定演出场次的剧目，将不再予以资金支持。对于真正具有市场潜力、受到广大人民群众好评的优秀剧作，予以重点扶持，继续投入资金打磨修改，使其焕发出更加璀璨的艺术魅力。

我们正处在推动社会主义文化大发展大繁荣，兴起社会主义文化建设新高潮的新的历史时期，国家艺术院团在其中承担着重要的责任。要承担起这样的责任，主要的就表现在出一流的人才，出一流的作品，促进艺术生产的繁荣和事业发展上。在这里，应该要强调的是，有效的艺术生产机制是建立在科学有效的艺术体制和经营管理机制之上的。国家艺术院团目前仍然不同程度地存在着体制机制严重制约艺术创作、生产发展的问题。解决这些问题，一方面是政府主管部门要建立起以间接管理为主的宏观调控体系，另一方面是院团要建立起以全员聘任制和岗位责任制为主要内容的完善的内部管理机制及有效的经营机制。否则，连队伍都不能很好地调动起来，怎么能组织好群体性的艺术生产？我们抓艺术创作，要重视从体制机制上把基础打好。因此，抓舞台艺术生产的一个重要的着眼点，就政府管理部门而言，是以有效的宏观调控提供有力的扶持；就艺术院团而言，是以深化改革建立起组织艺术生产的有效机制。

2010年2月26日

（原载于《艺术评论》2010年第4期）

重视扶持发展民营艺术院团

民营艺术院团是社会主义文化事业的重要组成部分，是我国舞台艺术发展的重要力量。据不完全统计，2009年，全国现有文化部门主办的各类艺术表演团体2494家，每个院团平均每年演出169场，共演出42万场，观众为4.31亿人次，全国平均每人每年还看不上半场演出。这一方面说明国有文艺院团的发展与人民群众精神文化需求不相适应，不能完全满足人民群众的观赏需求，边远山区、农牧区、厂矿基层、农村外出务工人员的文化生活还相当贫乏，文化空白点还比较多，伴随着文化体制改革的不断深化，民营艺术院团紧紧抓住历史机遇，走出了一条面向基层、面向群众、面向市场的繁荣发展之路。它们与国有院团互为补充，成为繁荣我国舞台艺术、丰富人民群众文化生活的重要力量。据不完全统计，当前全国民营艺术院团已超过6800家，为繁荣基层演出市场、丰富群众文化生活、继承优秀文化传统、满足人民多样化文化需求发挥了重要作用。

民营艺术院团在发展过程中逐渐形成了以下几个鲜明的特点：

一是体制机制上灵活，充满了竞争活力。民营艺术表演团体自主经营、自主决策、自负盈亏、自我发展，开始比较普遍地建立了比较完善的、符合市场经济要求的劳动人事、收入分配、社会保障等制度。民营艺术院团以新型市场主体的身份主动投身市场竞争，积极开拓演出市场，在市场中求生存，在演出中求效益，在面向市场、服务群众的过程中逐步发展壮大。

二是坚持文艺的"二为"方向，常年扎根基层、服务百姓。民营艺术院团来自于民间、成长于民间、服务于民间，是繁荣城乡基层文化市场的生力军。比如即将参加首届全国民营艺术院团优秀剧目展演的河南小皇后豫剧团，建团之初就把演出市场定位在基层，17年来，他们在河南、山西、河北等省的广大农村和基层工矿巡回演出6000余场。山西清徐嫦娥文化艺术有限公司立足基层、面向农村，将创作与市场开拓、服务农民结合起来，也演出了6000多场，足迹遍及山西、陕西、河北、内蒙古、河南五个省区几十个县、近千个村落。很多的民营艺术院团为活跃基层演出市场，丰富人民群众精神文化生活作出了很大贡献。这种扎根基层、开拓市场、服务人民的精神十分可贵。

三是注重艺术质量，在艺术创作上追求思想性、艺术性、观赏性的统一，积极适应观众需求，市场反应快速敏捷。民营艺术院团常年在基层演出，为了让观众看得高兴，民营艺术院团千方百计地适应百姓的欣赏需求，积极排演优秀传统剧目，在继承传统的基础上勇于创新，充分考虑和尊重观众的感受，努力探索老百姓喜闻乐见、易于接受的演出方式，给优秀传统剧目增添了现代感，找到了优秀传统剧目适应现代社会要求、适应老百姓观赏习惯的途径。同时，民营艺术院团还广泛调动演职人员的积极性、主动性和创造性，不断推出优秀新创剧目，接受市场和观众检验。如山西清徐嫦娥文化艺术有限公司的大型新编历史剧《龙兴晋阳》，就是一部可喜的新创剧目，荣获了第十一届中国戏剧节优秀剧目奖；河南小皇后豫剧团的《铡刀下的红梅》是本团新创作的剧目，深受观众欢迎，并获得中宣部"五个一工程"剧目奖、"全国舞台艺术精品工程十大精品剧目"奖等殊荣；还有参加本次展演的动漫歌舞剧《魔幻仙踪》、音乐剧《蝶》等都在形式上别开生面，一经上演就深受观众好评。民营艺术院团这种坚持艺术追求、不断探索创新的精神值得充分肯定。

目前，全国文艺院团正在深化体制机制改革，国家在进一步完善经济政策，扶持国有艺术院团的同时，要大力推进民营艺术院团的发展。为此，国家出台了一系列扶持措施。2005年9月，国务院以国务院令的形式公布了《营业性演出管理条例》，发布了《国务院关于非公有资本进入文化产业的若干规定》，鼓励社会资本以个体、独资、合伙、股份等形式投资兴办民营艺术表演团体，扶持农民和民间艺人自筹资金组建民营艺术表演团体。2005年11月，文化部、财政部、人事部、国家税务总局四部委出台了《关于鼓励发展民营文艺表演团体的意见》，对民营院团发展提出了多项扶持措施。去年6月，文化部出台了《关于促进民营文艺表演团体发展的若干意见》。在今后的工作中，文化部将积极地把这些扶持和优惠措施努力落到实处。

我国民营文艺表演团体发展取得了重要的成就，但民营文艺表演团体还普遍存在着人才、奖金缺乏，管理粗放，艺术水准偏低等困难和问题，特别是个别团体违规活动时有发生，这些问题在很大程度上影响了民营艺术表演团体的影响力和信誉度，制约了民营艺术表演团体的进一步发展。还有，一些地方对民营院团的发展不够重视，对民营院团的认识还停留在"业余剧团""草台班子"的层面上。解决这些问题，既要靠民营艺术表演团体自身的努力，也要靠政府部门的扶持和引导。在社会主义市场经济体制下，在国家和文化部及有关部门的重视和支持下，要逐步形成以政府指导、市场主导、民营院团自我发展、社会关心支持的良好发展格局，民营艺术院团必将在自我完善中取得更大的发展，为社会主义文化事业的大发展大繁荣作出应有的贡献。

（原载于《中国文化报》2010年6月18日）

确立符合社会发展方向的文艺的当代性

今年是改革开放三十周年。三十年来，我国经济、政治、社会、文化各个方面都取得了举世瞩目的成就。新时期之初，文学艺术成为思想解放运动的先锋，为社会主义现代化建设事业的开展发挥了不可替代的作用。当时，在政治思想界拨乱反正的背景下，人文学术领域兴起了"美学热""方法论热"，大量长期隔绝的域外思想（特别是当代西方的哲学、美学、文艺思想）被译介、引进过来，中国传统文化观念和"五四"以来的现代文化观念重新得到发掘和认识；在文学艺术领域，具有社会思潮性质的创作活动相继出现，如"伤痕文艺""反思文艺""寻根文艺""先锋文艺"等等，与此同时，中国现代文艺的多样性传统逐渐受到尊重，欧美现代文艺的风格、样式、表现手法被大量借用，围绕"人性论"和"人道主义"、"现实主义"与"现代主义"、"关注现实"与"自我表现"等产生了具有广泛社会影响的争论……这些构成了20世纪80年代的精神氛围。整个80年代的文化，尽管存在许多问题和矛盾，其中有的在今天仍然没有很好地解决，但是，它代表了一个民族在经历政治磨难之后重新认知自己和世界、确立民族文化身份的努力。在这个过程中，广大文艺工作者紧跟改革开放的步伐，自觉成为社会变革的见证者和时代精神的表达者，具备鲜明的当代品格。

20世纪90年代以来，随着社会主义市场经济的进一步拓展，我国社会发生了广泛、深刻的变化，文化发展面临着前所未有的机遇和挑战。就文学艺术而言，它从过去社会关注的中心退回到特殊意义的生产领域。这对于文艺实践，包括创作、批评、理论，提出了双重问题：一方面是如何重新看待自身的地位、价值、功能，获得持久的创造力；另一方面，如何应对不断变化的外部环境。90年代关于"人文精神"的讨论，关于文艺的商品属性与审美属性的讨论，关于"大众文化"与"精英文化"的讨论，典型地反映了这些问题所引发的忧虑，同时也显示了文艺活动内部分化的迹象。文艺生产方式、传播方式、影响方式的多样化是一个社会走向开放过程中必定会出现的现象。这种变化，既对已有的文艺思想形成冲击，促使其重新调整、确立方向，又会催生新的文艺观念和文艺实践。这些年来，我们在创作方面收获了大量不同层次、不同样式的优秀作品，在批评和理论方面产生了一批富有创见的学术成果；同时，出现的问题也不少，如创作中的"私人化""庸俗化"，批评精神的缺失，理论的现实感和问题意识淡漠，这在一定程度上背离了文艺应有的积极介入社会现实的当代品格。

因此，把改革开放三十年的文艺实践作为一个整体，系统反思、总结其经验和规律，从理论上审视和解决当前文艺中存在的复杂问题，是一项迫切的工作。改革开放，是中国实现现代化的转折点，其30年的理论与实践值得我们认真地回顾与总结。

改革开放的重要标志是思想解放。"实践是检验真理的唯一标准"的大讨论，为新时期的政治、经济和文化发展提供了不竭的源泉和动力。因此，以一种面向未来的眼光，实事求是地回顾与总结改革开放30年文艺创作和批评、理论的发展历史，认真研究今天文艺面临的各种问题，确立符合社会发展方向的文艺的当代性，具有重要的理论和现实意义。

（原载于《文艺研究》2008年第12期）

中国当代艺术需要建构自身的当代性

在过去三十多年的改革开放中，我国在政治、经济、文化等方面的现代化进程都取得了举世瞩目的成就。伴随着中国改革开放及全球化的历史进程，中国当代艺术应运而生。就当下的发展而言，中国当代艺术已形成自身的特点：

一、正因为当代艺术是在我国社会走向现代化进程中产生和兴起的一种艺术样式，所以它有着鲜明的当代性。当代艺术反映了中国社会加速现代化、社会转型和社会矛盾变化，以及人们审美情趣趋向多元化的现实。不能否认，中国当代艺术的"前卫"和"当代性"，在一个时期内和一定程度上，是以西方艺术的价值取向为衡量标准的。也应该看到，目前，中国当代艺术已开始注意体现表达中国艺术审美价值观和中国文化个性的当代性。"主体性的表达"，已成为不少艺术家有意识的追求。他们努力使自己的作品能成为过去三十年来社会、政治、文化发展的表征，希冀从一个侧面凸显特定时期的时代特征、社会思潮、价值观念、文化取向和审美追求。

二、开始形成积极的、健康的当代艺术多元化发展格局。中国当代艺术曾经过分关切自身所表达的文化身份和政治意义，这在一定程度上是受到西方对它的"非艺术性"的意识形态解读的影响。由此，削弱甚至丧失了自身在内容与形式上的前卫性与创造意义，一些作品成为符号化和简单化的标本。本土文化精神和当代主流文化发展的影响以及中国国际地位和国家形象的提升，促使不少艺术家以一种建立在文化自省基础上的文化自觉，去努力创造具有当代中国品格的优秀作品。他们以独具的艺术个性，以观念和形式的新颖及表现的深刻性令人耳目一新。他们在汲取中华民族传统文化的基础上，立足于本土的社会、文化现实，尤其是在当下全球化的语境中，以独特性的艺术表达，创作出具有广泛影响力的作品，开始建立有别于西方现当代美术史的艺术发展谱系。

三、已逐步形成一支以自己有代表性的有影响力的作品为标志的艺术家队伍。他们有的在艺术院校，有的在艺术创作、研究机构，还有的作为体制外的自由职业艺术家，这些都不妨碍他们艺术语言创新、艺术形式实验、艺术观念探索的前卫和独创性的表达。其中不少有眼光的艺术家，以自己的创作或同时以理论的方式，对于当代艺术表现中流于简单的政治讽刺和玩世不恭、缺乏应有的人文深度和自我批判性，欠缺对中国传统和当代文化精神的深度把握、艺术表现的肤浅和表面化，特别是歪曲性地反讽政治、丑化中国形象等作出疏离和批判。他们反映当代中国形象和揭示时代精神、表达多元审美取向的具有艺术冲击力的作品，成为我们这个时代艺术创新的标志之一。

中国当代艺术的价值取向不是单一的，而是多元的，它既表现在人文价值的追求中，也体现于艺术本体的建构中。不过，它的核心价值同时源于艺术家如何在文化、美学领域彰显其承载的当代性。我们知道，从20世纪70年代末、80年代初期开始，文化成为思想解放运动的先锋，为改革开放和社会主义现代化建设事业的发展发挥了不可替代的作用。当时，在政治思想"拨乱反正"的背景下，人文学术领域兴起了"美学热""方法论热"，大量长期隔绝的域外思想（特别是当代西方的哲学、美学、文艺思想）被译介、引进过来，同时，中国传统文化观念和"五四"以来的现代文化观念重新得到发掘和认识；在文学艺术领域，具有社会思潮性质的创作活动相继出现，如"伤痕文艺""反思文艺""寻根文艺""先锋文艺"等等，中国现代文艺的多样性传统逐渐受到尊重，欧美现代文艺的风格、样式、表现手法被大量借用，在理论上，围绕"人性论"和"人道主义"、"现实主义"与"现代主义"、"关注现实"与"自我表现"等争论也产生了广泛的社会影响。这些构成了20世纪80年代的精神氛围，也成了中国当代艺术发展早期的文化语境。尽管整个80年代的文学艺术存在许多问题和矛盾，其中有的在今天仍然没有很好地解决，但是，它代表了一个民族在经历政治磨难之后对自己和世界的重新认知。在这个过程中，文学艺术家紧跟改革开放的步伐，自觉成为社会变革的见证者和时代精神的表达者。

20世纪90年代以来，随着社会主义市场经济的进一步发展，我国社会发生了进一步深刻的变化，在艺术领域，中国艺术的当代创新成为摆在广大艺术家面前的一道重要课题：1. 如何在全球化的语境中体现艺术的当代性，即如何在本土与国际、民族与世界、东方与西方的语境中发展中国的艺术，确立自身的文化身份；2. 如何面对商业文化的冲击而保持文化艺术的独立品格？这里涉及如何重新评价、思考文化艺术具有的地位、价值、意义、功能等问题；3. 文化艺术应该与现实社会保持什么样的关系，如何建立适合艺术发展的社会机制，以及如何从艺术的传播、欣赏、收藏等角度思考艺术发展战略，等等。在现代化和社会主义市场经济体制下，必然呈现艺术的多元化。社会转型期文艺当代性的追求，因为社会经济环境、人们审美取向的多元需求和艺术家秉持艺术观念与各自艺术背景差异的诸多综合因素，催生了创作题材、体裁、样式、风格、流派如雨后春笋，竞相展示的百花齐放的璀璨景观。当代中国各种风格流派的艺术探索都在艺术的当代性探索中以赫然的艺术成就做出了自己的贡献。中国当代艺术，作为一个与中国20世纪80年代以来新潮美术相连的流派或风格概念，它逐渐集合起的一批艺术家，也作为当代中国艺术在当代性探索中的一支劲旅，在当下的艺术创作中占有了它的地位。尽管如前所述，不可否认它受西方艺术影响而成长的背景，但它的本土根源内在于我国三十年来改革开放的社会现实当中，其精神诉求，则始终指向艺术当代性探索的追求。

艺术当代性的追求，永远是艺术与历史相生相伴的灵魂。但中国当代艺术，并不因为它标示"当代"而具有天然的当代性，比如那种丑陋怪异、趣味庸俗及解构政治和中国形象，伤害民族自尊的图式化符号表现，以及血腥、暴力的渲染，都只是一种主观概念的肤浅演绎，不仅与当代性没有关联，而且也与个性表达和艺术创新的实验性探求无缘。尽管当代艺术的构成材料和呈现方式多样化，但其仍然需要品格和源于其本体表现的内涵的深刻性。中国当代艺术的追求，应当紧紧把握中国当代社会发展进程的脉搏，关心当代人的生存状态和精神诉求；紧紧把握文化艺术自身的发展趋向和人们审美趣味的发展变化，以独创性的表达和独特的艺术语言形式以及深刻的思想、观念揭示，顺应时代和人民的要求，正确表达对时代前进的关注和对这个时代中人的命运的关切，用作品的丰厚蕴涵、直指心灵的震撼力量和艺术魅力赢得观众，不断以作品观念和形式的创新，为当代中国艺术的创新增添亮色。

由此，中国当代艺术作为中国特色社会主义文化的一个组成部分，占有不可忽视的位置。在全球化趋势面前，中国当代社会和时代在发展变化，艺术的内涵和外延也在嬗变、衍生、发展之中，以什么样的文化身份，以什么样的艺术面貌，以什么样的文化价值立场，建立起自身面对世界的文化话语权，建立起立足于中国自身的艺术评价标准和体系，仍然是一个需要不断探索的过程。为此，中国艺术研究院以四年的时间筹备，于今年11月13日正式揭牌成立以著名艺术家罗中立为院长的中国当代艺术院。相信由这一平台集合起的中国当代具有旺盛创造活力的艺术家群体，会以他们立足当代中国社会生活的个人独特体验为基础，以其勃发的生命力和自由自主的艺术创作与艺术探讨以及理论研究和国际性的艺术交流，推动具有当代中国精神气象的当代艺术走上一个新境界。

（原载于《艺术评论》2010年第2期；

《新华文摘》2010年第4期转载）

舞台艺术如何引领时代

艺术创作生产的根本目的是满足人民群众日益增长的精神文化需求和促进人的全面发展。"十一五"期间，我国戏曲、话剧、音乐、舞蹈、曲艺、杂技等门类舞台艺术的创作生产异彩纷呈，硕果累累；一大批优秀的编、导、音、美，特别是表演艺术人才脱颖而出，以精湛的艺术创造赢得了观众的喜爱。同时，舞台艺术面向群众、服务群众的演出机制逐步形成，全国艺术表演团体总演出场次和观众人次都达到了改革开放三十多年来的最高点。

舞台艺术的繁荣在我国当代文化创新发展和满足人民群众精神文化生活需求中占有主体性的地位。当代的艺术形态越来越多样化，但舞台艺术仍然是所有艺术形式中最能充分体现艺术与观众内心情感对应关系的艺术方式，看演出也仍然是广大观众特别是农村观众最重要的一种艺术欣赏方式。向人民群众提供什么样的舞台艺术作品，是值得我们广大文艺工作者深入考虑的一个问题。人们文化生活需求的多样性，决定了文化市场在趋利的动因下，其生产的首先选择是满足大众性需求的娱乐性，在这种市场导向下，更多的文化产品生产者必然去生产那些更有经济效益的产品。舞台艺术生产整体上属于精神领域的创造活动，真正有独创性的艺术精品反而有可能受到文化市场的挤压。当前艺术表演团体面临的创作演出困境，也正说明了这一点。

伟大的时代需要有反映这个时代并与这个时代的变革精神相称的标志性艺术作品，在一般性文化产品越来越丰富的时候，特别是电视越来越普及的情况下，我们更应努力以具有深刻思想蕴涵和强烈艺术魅力的作品，来引领时代和满足观众的需求。多出艺术精品，更好地服务人民群众，是时代对我们的要求。

多出精品，首先要不断创作具有新的时代内容和审美追求的优秀剧目。表现现实生活，是作家艺术家不能放弃的责任。当代社会生活为舞台艺术创作的题材、主题、内容提供了广阔的表现空间，<u>塑造站在时代前列的新人形象</u>，关注处于各种境况中的人们的生存状态和精神情感，对贪腐、愚昧、丑恶和损害人尊严的行为的揭露和批判，都应该成为当代舞台艺术创作的主题。表现现实生活之外，对历史题材的开掘，对历史人物的表现，也同样需要作家艺术家追求艺术视角和创作观念的独特性和新颖性。作家艺术家要不断拓展生活的视野，敞开热烈的人生情怀，以大胆的审美想象、精妙的艺术构思和独特的艺术表现，创作出思想性、艺术性、观赏性统一的舞台艺术作品。舞台艺术中的传统保留剧（节）目也要不断修改提高，常演常新，以其精粹性赢得观众。

以舞台艺术精品服务人民群众，市场演出和公益性演出两种主要方式都要做好。注意以多种方式宣传、营销，以便捷的售票方式使观众方便走进剧场。优秀剧目和优秀艺术家形成的艺术质量是文艺院团的生命所在，院团要通过建立保留剧目上演制度和演出季、演出月制度，以及自身原创的优秀新剧目，形成有影响的艺术品牌。为人民大众服务，核心是让他们欣赏到最好的剧目。

当代舞台艺术以精品力作服务人民大众，离不开国家的扶植和支持，特别是对下基层演出等公益性演出的扶持。在目前全国艺术表演团体普遍存在经费困难和设施薄弱的情况下，国家通过基本保障性补贴、政策性补贴及奖励性补贴的方式，保障不断增强艺术表演团体创作生产和服务人民群众的能力是十分重要的。另外，在国有艺术表演团体演出剧目和场次都远远不能满足观众需要的情况下，必须以有力措施扶植民营艺术表演团体，对它们要一视同仁，支持其以优质的剧目和演出在服务人民群众中不断发展。

（原载于《人民日报》2011年3月25日）

戏曲影片艺术规律初探

戏曲影片在我国影片生产中占有显著地位，它对满足广大人民群众特别是农村群众的文化生活需要起着重要的作用，对我国独特、优美的戏曲艺术的传播和发展创新也有重要的影响。戏曲片是我国电影最早的片种之一，中国电影在襁褓期就与戏曲结下了不解之缘。特别是在新中国成立以后，经过广大电影、戏曲工作者的辛勤努力和坚持不懈的探索，三十多年来不仅使50多个剧种的近250个戏曲剧目（包括折子戏）走上银幕，其中近200部与观众见面，而且，由新中国成立前早期戏曲片多属对舞台演出的记录性质，发展到既能保持戏曲艺术特性，又能发挥电影艺术特长，戏曲、电影合璧而成为富于艺术美的统一体，成为一个风格多样化的自觉的电影品种。

然而，也必须承认，戏曲片的具体发展水平是很不平衡的，有的甚至走上了违背片种艺术规律的歧路。出现这种现象的原因，与我们对戏曲片艺术规律的探索、总结远远落后于戏曲片的艺术实践不无关系。在50年代中期，老一辈的戏曲电影工作者曾就戏曲片的艺术规律展开过争鸣、探讨，但那时戏曲片的艺术实践尚未提供理论探讨的充足条件。所以，当时对戏曲片艺术规律的探讨、争鸣很快就停了下来。此后多年来，戏曲片一直很少得到评论界富有指导意义的评论，更没有展开对戏曲片艺术规律的探讨，评论界的冷漠同戏曲电影观众的热烈反应形成了鲜明对照。戏曲片的生产基本上是在一种导演、摄影、美工等艺术创作人员"自行其是"的状况下进行的。因此，戏曲片艺术水平的不平衡，甚至出现走弯路的趋向是毫不奇怪的。三十多年来，广大戏曲片导演、摄影、美工等创作人员通过艺术实践，已经积累了极其丰富的经验，在认真总结、研究这些经验的同时，对众多的戏曲片成功和失败的艺术探索加以深入的分析，找出戏曲片应该遵循的艺术规律，这是摆在广大电影、戏曲理论工作者和戏曲片艺术创作人员面前的急迫的任务。无疑，这对加快戏曲片艺术水平的提高，是有重要意义的。这也是本文试图对戏曲片的艺术规律做一些初步探索的出发点。

一

戏曲和电影各具不同的艺术特性。电影以逼真性为优，戏曲以假定性见长，而两者合璧，能够成为一个和谐的艺术整体，其基础是什么？我认为，是戏曲走进银幕而仍然保持的戏曲假定性，构成了戏曲片赖以存在和形成其审美特性的基础。

电影和戏曲虽然都是文学、表演、音乐、舞蹈、绘画、雕塑、建筑等元素组合成的综合性艺术，但是，在电影中这些艺术表现手段作为结构元素，是统一于摄影机镜头的。由于电影的核心物质表现手段——镜头具有的逼真性特点，使它按照逼真性的要求，而把这些艺术门类赖以构成各自独立形式的特性本质分离出去，汲取了组成元素中适合于电影艺术特性的某些方面，使之在新的质的基础上有机地综合起来。被"电影化"了的各门艺术的元素，丧失了原先独特的赖以独立的表现形式和审美特征，而为电影的逼真性所统一。电影特性反映在表现手段上，要求在表演、布景、化妆、服装等每一细节上都要逼真和生活化。毫无疑问，电影也具有艺术的假定性，但它的假定性在表现形式上，仍然是要给观众造成某种逼真感。电影艺术的特性，使得观众面对银幕时，对电影的逼真性的要求超过了其他任何一门艺术。

而在中国传统戏曲艺术中，它对各个艺术门类的综合，都是统一于演员的表演这个中心。戏曲演员的表演不同于电影的表演基本上是生活化的、自然形态地去直接创造生活幻觉。虽然戏曲的认识功能同样是唤起观众对于生活真实的强烈共鸣，但它是通过程式化而非生活化的歌、舞、音、美，以及高度夸张、写意化的化妆、服装等非幻觉的表现形式达到的。各种艺术元素一经统一于戏曲演员的表演，也像在电影中一样失去了赖以独立存在的特质，而获得了一种程式化的夸张的新的特质。戏曲艺术的特性，使观众形成了一种"承认舞台上是在演戏"的特殊的感觉定式，因而能被戏曲夸张虚拟的程式化表演和依靠破坏自然形态逼真性而实现的舞台假定性（例如《三岔口》在明亮灯光下表现的漆黑夜间的搏斗）引进戏剧情境之中，获得独特的美。

从以上的分析中我们可以看到，电影和戏曲不同的艺术特性，使它们具有异常鲜明的审美区别。这两种表现形式、审美特征不同的艺术结合而成为富于艺术美整体的戏曲片，也同样与广大观众的审美心理和审美习惯、趣味相适应，这是因为戏曲进入银幕之后，把它的不可分割的虚拟夸张的程式化表演和舞台表演的假定性也带进了银幕。摄影机镜头逼真性的特点，并没有像故事片那样把进入镜头的画面改造成自然生活形态的"复制品"，虽然它对戏曲艺术进行了电影化的处理，打破了戏曲舞台演出的形式，但保持戏曲艺术独特演剧体系的舞台演出性质并没有改变。因此，人们在欣赏戏曲片时，也基本上是按照欣赏戏曲艺术时形成的"承认是在演戏"的特殊感觉定式来要求的。戏曲虽然进入了银幕，但人们同样是在通过对唱、念、做、打的程式化表演欣赏的过程中，来感受内容之真的。这是电影与戏曲合璧而能够成为一种新的艺术品种的主要原因。

在对戏曲片艺术规律的探讨中，一般都认为戏曲一旦进入银幕，舞台演出的假定性便随之消失，观众对戏曲艺术的欣赏习惯也全部改变，而代之以像欣赏故事片时那样用逼真性去要求。这是一种对戏曲片缺乏分析的结论。我们知道，构成戏曲舞台艺术核心的演员表演，都包容在程式之中。演员的音韵、亮相、台步、工架……都必须讲究高度的形式美。"唱"要求字正腔圆，以声传情，考究用气、换气、息气、偷气等技巧，唱来停腔落板，婉转流畅；"做"要求"装龙像龙，装虎像虎"，但要超乎形真，贵在神似；"念"讲究运用唇、喉、齿、牙、舌、气口、喷口都要有劲道，抑扬顿挫，字字悦耳；"打"，不论表现陆地战斗，马上交锋，上天入海，都要层次分明，招式清楚。口、手、眼、身、步以及服饰、化妆、曲牌、锣鼓点子、布景道具的具体运用，没有不是程式化的。可以说没有程式化，没有技术性技巧，就没有戏曲表演艺术。而戏曲表演的程式化又是同戏曲美学原则——坦白承认是在演戏互为依存的。也就是说戏曲的假定性在舞台上即呈现为程式化的表现形态。戏曲进入银幕，只要不抹杀其艺术特性，那么，它的表现形式仍然是程式化的。正因为在戏曲片中同舞台演出一样是具有概括性、夸张性和规范性的程式化表演，观众就根本不可能认为影片上的戏是正在进行中的生活。人们既然承认戏曲片中程式化的表演，当然也就承认了戏曲片中仍然存在的戏曲假定性。这种假定性是不同于故事片那种在表现形式上仍然要给观众造成某种逼真感的假定性的。所以，观众不会用欣赏故事片那样的感觉定式去要求戏曲片。如在戏曲片的武打场面中，用刀枪杀人几乎都不见血，观众是认同的。当然，戏曲片虽没有改变体现戏曲独特演剧体系的舞台性质，但并不是电影对舞台演出被动的照录，电影特殊表现手段的运用以及在剧场演出时演员同观众直接交流被取消等等，都会带来人们在欣赏戏曲片时审美心理和审美习惯的一些调整。但因为戏曲片仍然是服从于戏曲独特的表现手法的，所以，人们是在承认戏曲片戏曲假定性的情况下，基本上仍按对戏曲的审美心理和审美习惯来要求戏曲片。如果按欣赏故事片的习惯来要求戏曲片，无疑会取消这一艺术品种。所以，那种在戏曲片的艺术创作中否认戏曲片的戏曲假定性，追求生活化逼真的做法是没有意义的。无论怎样"真"，演员程式化的服装、化妆和夸张的唱、念、做、打的表演，一下子就会把这种"真"冲掉。同时，在戏曲片的银幕上片面追求自然生活形态的真，也会脱离戏曲艺术的特性。我们看到在有的电视戏曲片和所谓戏曲故事片中，除了保留戏曲的唱腔以外，完全是生活化的表演，这就已经脱离了戏曲艺术特性。在戏曲片的艺术创作中，更多的情况是为了追求"逼真"，把夸张虚拟的表演，置于与之相矛盾的固定实景中。同创作者的愿望相反，这反而破坏了戏曲片中戏曲假定性的统一，顾此失彼，引起矛盾百出的破绽。像在戏曲片《宋士杰》中，宋士杰在书房灯下往衣襟上抄录信文时，用的是握管走笔的虚拟动作，既优美又具有真实感。但是，当后来写有正楷毛笔字衣襟的写实画面出现于银幕时，那握管走笔的虚拟动作的真实感就立刻被破坏了。再如戏曲片《洛阳桥》中，人物在宴席上做着虚拟的饮酒动作，而桌上摆的却是真实的菜肴。这些做法破坏了戏曲片戏曲假定性的统一，用之求真，结果反而是失真，引起观众的虚假感。

总之，认为戏曲一旦进入银幕，其假定性即为银幕的逼真性取代的看法，是不符合戏曲片艺术规律的。在这种看法的影响下，在戏曲片的艺术创作中去片面追求违背戏曲表演假定性的"逼真"，可以说这是造成戏曲片"假"的一个重要原因。

二

在戏曲片中戏曲与电影两种不同艺术形式的结合，有一个服从与被服从的关系问题。从整体上来说，应该是电影服从戏曲，而不是戏曲服从电影。虽然戏曲是以电影的形式出现，但它必须是在保持戏曲艺术特性，尊重戏曲艺术规律的基础上，运用电影特殊的表现手法，对戏曲艺术的表现手段予以丰富和发扬。在这种电影化的过程中，可以打破戏曲表演的舞台框框，但不能打破戏曲舞台表演的基本规律。

中国戏曲体系是不同于欧洲传统的写实主义体系和布莱希特的"史诗戏剧"体系的一种"自由时空的体系"。它的自由时空的结构原则，形成了区别于其他舞台艺术的虚拟和程式化的表演艺术特点。观众对戏曲舞台的时空感受主要不是通过布景，而是通过演员唱、念、做、打的表演表现出来。戏曲创造人物环境的独特方式是景随人现，舞台的具体环境随着演员虚拟化的表演而体现。如《打渔杀家》中舞台上空无一物，演员手拿一只船桨，唱着"父女们打渔在河下"，做着虚拟的划船动作，在观众的感受中，小船正行驶在奔流的河水之上。同时，戏曲创造人物环境又是景随人走。例如，同一舞台空间，可以表示人物在楼下，但做了登楼梯的表演，这同一舞台空间便又成了楼上。可见，戏曲的时空自由是不能离开演员虚拟化表演的。即使戏曲舞台上出现了一桌二椅、大帐、山石等辅助道具、布景，也并不表示一个具体的环境，只有有了演员的表演，才能显示特定的环境。当然，我们说戏曲靠虚拟化的表演显示人物环境，并不否认写实性因素的存在，如一桌二椅、船桨、马鞭、武器、酒杯等实物道具，以及随着现代科学技术的进步而出现的幻灯布景装置等等。但在戏曲中实物道具的运用，仍然是统一在表演的虚拟原则之下，这些实物道具只有同虚拟的表演和谐地结合起来，才能具有特定的意义和不破坏虚拟和程式化表演的风格。如果不是以桨代船或以鞭代马，而将真的船或马置于舞台，就既不能同演员虚拟的表演结合，也破坏了整个表演的风格。至于戏曲舞台的布景，即使写实，实际上也是写意性的，所以它一般不会破坏整个舞台表演的虚拟化风格。因之，在它有助于表演或仅起到渲染环境气氛而不妨碍虚拟化表演时，即有存在的价值，否则，只能弃之不用。戏曲艺术这种创造舞台时空的方法，是避不能提供可见的真实环境形象之短，而重在时空连续变换的结构中，为角色提供众多的虚拟活动环境，以角色由此产生的心理变化为依据，借以最充分地揭示人物的内心世界，表达戏曲对生活的独特审美判断。戏曲虚拟的程式化的表演创造的是非生活的幻觉，表现的却是人物的真挚感情，可以说是"假戏真做"。

因此，中国戏曲从来没有第四堵墙，它公开承认舞台的假定性，不掩饰舞台上是在演戏。戏曲艺术的这一重要特质，使它的实践活动成为表演者与欣赏者的双边活动，观众宁肯放弃真实的布景装置而接受了虚拟的表演，并通过自己对舞台形象的联想、补充以至改造，在欣赏唱、念、做、打等虚拟的程式化表演中感受内容之真。在戏曲艺术中，演员的表演技术、技巧具有特别的重要性，这也使戏曲艺术形式具有了独特的审美价值，它强调"悦目之相""悦耳之音"等美视美听的追求，其虚拟的程式化表演既为刻画人物、展开戏剧情节提供丰富的表现手段，也为满足观众对艺术美欣赏的多样性需要提供了保证。

以上我们简单分析了戏曲在时空自由的结构原则下，所形成的虚拟和程式化的以演员为中心的表演艺术特点，以及由此而产生的舞台假定性和表现手段的形式美价值。但这只是戏曲表演艺术的一般特性。中国戏曲的一般特性及共同的演剧体系，并不抹杀不同剧种的个性。据统计，全国戏曲剧种有360多个，其中如京、昆、川、秦腔等历史传统比较丰厚的剧种，具有高度程式化的表现形态；而大量的地方剧种，特别是那些历史渊源比较浅近的剧种，如沪剧、越剧、评剧、吕剧等等，表演的语言动作与舞台动作虽然比话剧、电影的表演更具有鲜明的形式上的节奏规范，但其程式化的程度并不太强。就是具有高度程式规范的京、昆、川、秦腔等剧种的所有演出剧目，也并不是在每出戏里都唱、念、做、打等量齐观，其综合形式也是根据剧本内容和表现人物需要而具体运用的。比如京剧，唱、念、做、打并重的戏有《群英会》《借东风》等；唱工戏有《洪羊洞》《玉堂春》等；做工戏如《拾玉镯》《秋江》等；唱、做并重的如《贵妃醉酒》等；唱、做、打并重的如《战洪州》《白蛇传》等；武戏如长靠戏《长坂坡》《挑滑车》，短打戏《三岔口》《打店》等，这类戏更多。不仅如此，就是同一剧种的同一剧目，由同一行当的不同流派演员表演，都会有不同的表演风格和艺术个性。

那么，电影同戏曲结合，就要在尊重戏曲表演艺术一般特性的同时，根据不同的剧种个性、不同剧目的不同表现形式和演员的不同表演风格，予以区别对待。尊重戏曲艺术特性，就要在戏曲片中保持并发扬戏曲在时空自由的结构原则下形成的以演员为中心的虚拟和程式化的表演特点。比如戏曲和电影都有时空自由的特点，但其表现形态是不同的，前者的实现是通过演员虚拟和程式化的表演。后者则是通过剪辑把不同空间的真实的景、物片断自由地连接在一起。如果用电影的手法对戏曲的表现手法予以简单取代，或把演员置身在与表演相矛盾的真实的环境空间——布景、道具中间来做程式化的表演，就势必破坏戏曲的风格，抹杀戏曲艺术在长久的发展中所形成的独特表现手法。这样不仅不能使戏曲的表现手段更加丰富，反而会造成电影和戏曲的矛盾。河南曲剧戏曲片《寇准背靴》中柴秀英给杨延昭送饭时，在暗光的夜色中绕假山、走石桥、穿树丛，寇准"背着朝靴光脚走"，紧跟其后。因是实景，看出两人只一步或几步之隔，寇准能看见柴秀英"丧未满她脱去孝衫露大红"，而柴秀英那样警觉，为什么不能看见寇准？她走路急急匆匆，寇准紧跟其后也就不会走得太慢，为什么她也听不见寇准走路的响声？在钻真景的树林时，柴秀英唱着"树枝挂住青丝发"，做的却是拉开树枝的虚拟表演。这些都只能把虚拟化表演的真实感同布景装置的真实感一起毁掉。再如，像戏曲片《搜书院》《七品芝麻官》和电视戏曲片《孔雀东南飞》中，出现了真的马、驴。有的同志认为只要不妨碍虚拟和程式化的表演，出现这些真的马、驴道具会为影片增添真实感。细加分析，我们就会看到出现这些马、驴的画面时，演员的表演虽然比较"写实"，但其化妆、服装、动作、语言仍然是不同于故事片或话剧的表演，是程式化的。这些道具的运用并不能同表演和谐地结合。如《七品芝麻官》中真驴的出现是在影片结尾时的远景画面中，唐成虽没有什么表演动作，但他是程式化的化妆和服装，骑到一匹真驴上，风格能协调吗？再说，观众也不会仅以其几个画面的风格是否协调去衡量一部影片，而会以整个戏曲片表演风格的统一性去要求画面。所以，在上述戏曲片中，马、驴的出现不仅没有为影片增添真实感，相反，正好破坏了整个影片风格的统一协调，也破坏了戏曲片假定性的统一，从而影响了观众的审美真实感。

尊重戏曲艺术特性，就要在戏曲片中充分发挥戏曲表演艺术形式美的价值。戏曲表演的形式美，既是构成戏曲艺术美也是构成戏曲片艺术美的必需的因素。优美的唱、念、做、打的表演形式在表现内容刻画人物性格以外，还有它相对独立的美感作用。我们在观赏那些优秀的戏曲片时，总是从那动听的唱腔、铿锵的念白、优美的做工和精湛的武打中得到独特的美感享受，并通过形式美提供的外观的深处去感受到内容美的价值。如果戏曲片给观众的是与故事片同样的审美感受，那戏曲片就失掉了其审美价值。正因如此，那些优秀的戏曲片都保留和丰富了演员在舞台上的优美表演。我们看到在《杨门女将》中不仅将许多富有表现力的武打身段、场面予以完整充分地再现，而且像佘太君在灵堂上唱完那段"哪一仗不为江山，不为黎民"的唱腔，转身退场时的优美身段和利落的水袖功夫这样的表演细节也再现了出来，既有利于展现佘太君刚毅、坚强的性格，也满足了观众的审美需要。在《野猪林》中林冲得知娘子被人调戏，立即告别鲁智深而去时，如果接着化入高衙内调戏林娘子的镜头，从电影角度来说转换是自然的。但影片却没有如此处理，而是拍摄了林冲下场时飘扬衣袖、拱手转身疾去的身段，通过这优美的表演，使观众对林冲当时十分急切的心情感受更深。拍摄戏曲片时，对舞台表演中没有什么审美价值的表演应大胆舍弃，但对哪怕是细微之处的有价值的精彩表演则必须细致取舍。

尊重戏曲艺术特性，就要在拍戏曲片时根据不同剧种个性、不同剧目的不同表现形式及演员表演风格予以不同的艺术处理，不能把戏曲片的一种样式用于所有的剧种剧目。如果不顾戏曲基本特性和剧种个性，硬要削足适履，统一于一种戏曲片样式，无疑会堵塞戏曲片题材领域，并降低戏曲片的表现能力和审美价值。对于那些以模拟动作为主的做工戏如《拾玉镯》、纯粹的武打戏如《三岔口》及其他不适合拍艺术片的剧目，如果确是优秀演员的精品而有必要搬上银幕，则以采用舞台纪录的样式为宜。从实践来看，这类影片虽然主要采用舞台纪录的方式拍摄，但却是立足于公映的一种艺术创作，并不等同于单纯的搜集传统戏曲资料的拍摄方法。对于其他的剧目，则可以采取戏曲艺术片的样式予以表现。这两种类型的戏曲片可以统称为戏曲电影。我们没有任何理由将舞台纪录片排除在戏曲电影之外。戏曲有上万个剧目，目前我国每年上演的戏曲剧目数以千计，其中以模拟动作为主的做工戏、纯粹武打戏及唱工戏占有相当大的比重，这类戏用艺术片的样式表现比较困难，而如果因此就把这类戏排除在戏曲电影的题材之外，就会使戏曲片的题材领域变得狭窄。况且，从已拍成电影的著名演员的真正杰作如梅兰芳、周信芳、尚小云、盖叫天的舞台艺术纪录及尹羲的《拾玉镯》、陈伯华的《宇宙锋》、周企何的《秋江》和《群英会》《借东风》等剧目的放映中，我们也可以看到，这些影片对于那些无缘看到著名演员舞台演出的观众，是多么大的艺术享受。戏曲片拍得好坏，关键不在于是否是舞台纪录。舞台纪录片应在戏曲电影中占有一席之地。

关于戏曲艺术片，因为戏曲剧种、剧目、演员表演风格的差异，以及戏曲片导演、摄影、美工的不同创作风格，艺术片的形式和风格当然也应该多样化。一般说来，戏曲艺术片都打破舞台演出框框，对舞台演出进行了适应电影表现手段的处理，包括对剧本结构的调整和扩大表演区域、丰富演出场景等等。但电影化的处理，却不应使原来舞台演出的表演发生质的变化。比如，我认为像戏曲片中的《红娘》和《野猪林》《杨门女将》《十五贯》《巧县官》及《白蛇传》《七品芝麻官》，虽然大致可归入三种不同的风格，但都应划入戏曲艺术片的范围。在电影化的处理上，《红娘》比较拘谨一些，而《白蛇传》步子迈得过一些，前者的表演没有得到电影手段更充分的丰富，后者过多地运用电影特技，湮没甚至代替了戏曲中一些精彩的表演，并因此冲淡了人物形象内在的感人力量。在戏曲片特别是神话题材的戏曲片中，不是不能运用特技，恰当地运用特技手段，对于创造神话意境及造成神奇的气氛都极有助益。但关键是特技的运用能否有助于发挥戏曲表演的特长，而不是用特技取而代之。像戏曲片《火焰山》中特技的运用，不仅没有削弱和代替演员的表演，而是使之更加丰富。比如孙悟空钻入铁扇公主肚内的表演，同铁扇公主疼痛难忍的表演很好地统一起来，互相呼应，而在舞台上是不能给孙悟空创造这种表演环境的。再如，孙悟空骗得芭蕉扇后，将它变大却不能缩小，但其心情仍然是喜不自胜，便在那云端里偌大的芭蕉扇上喜滋滋地表演起来。特技创造了神话的境界，又使观众看到了在神话境界中演员符合人物性格的精彩表演。还有孙悟空被铁扇公主扇了一扇，便犹如旋风吹败叶一般飘飘荡荡自空中落到须弥山上，特技的运用同孙悟空落地时的旋子、翻滚等动作，都很好地结合了起来。特技没有让演员的表演失去用武之地，却使表演更增加了生活依据。反之，如因特技手段的大量运用，使演员的表演变得无足轻重或代替了演员的表演，虽然也能以精彩的特技而赢得大批观众，但从根本上说来，它对戏曲艺术的介绍、发扬和促进发展，起的却是消极的作用。

另外，还有一种人们称之为"戏曲故事片"的样式，这种样式在艺术处理上运用的是电影故事片的表现手法。它在拍摄现代戏时，追求真实的场景、道具、化妆和生活化的表演，仅只保留着一定的戏曲唱腔。如在一部表现反走私题材的电视戏曲片中，人物从坐飞机、下飞机到步出停机坪，在节奏处理上比故事片还要拖沓。如果把片中的汉剧唱腔去掉，按故事片的样式来要求，这就是一部表演虚假的电视剧。按戏曲故事片的样式拍摄传统戏时，它片面追求场景的生活化。因此，人物程式化了的服装和表演引起的矛盾，完全破坏了美感的统一和谐，搞得不伦不类。我认为这种"戏曲故事片"已经脱离了戏曲艺术规律，应当排除在戏曲片的样式之外。

三

我们说在戏曲片的拍摄中，从整体上看应是电影服从戏曲，电影特殊表现手段的运用，应建立在尊重戏曲艺术的特性之上。这并不是说，戏曲片只是舞台演出的翻版。戏曲舞台上的演出，对于戏曲片导演来说，只是艺术构思和艺术创造的材料，搬上银幕的电影化处理过程，是一项复杂的艺术创造过程。在不违背戏曲特性的范围之内，电影的特殊表现手段仍然大有用武之地。

第一，电影可以借助于不同镜头的运用，自由地改变观众同演员的距离，不仅使全场观众都能看清演员的表演，而且可以突出主要视觉形象，增强艺术形象的感染力。《升官记》中徐九经面对二衙役的逢迎，反问道："老爷我这叫身材伟岸，堂堂正正？我这叫眉清目秀？"这时银幕画面是徐九经的近景，使观众对他其貌不扬的外貌特征一目了然，比看舞台上的表演当然更集中、更清晰。而且银幕使衙役的逢迎、徐九经的反问及其丑陋的外貌形成了直接的对比，观众便能比看舞台演出更快地进入对这种对比含义的联想。电影还可以通过发挥不同镜头的内在功能，增强舞台动作的表现力。比如特写镜头，安德烈·马尔罗曾用对比说明它对观众产生的效果："一个舞台演员，那是一间大房间中的一个小脑袋；一个电影演员，那是一间小房间中的一个大脑袋。"戏曲进入银幕，自己的这类不足正由电影表现手段的特长得到了弥补。其他类型镜头的运用，也同样能为戏曲的表现力增光添彩。如《升官记》中徐九经进侯爷府时，用俯拍镜头把他处于威严的侯爷府时的压抑，表现得十分突出。第二，电影的造型功能，可以打破舞台框框，赋予表演外延性更强的空间，为演员提供更真实、更广阔的活动场景，使表演空间起到烘托和渲染情绪、气氛的作用，增强艺术效果。前边我们谈到《火焰山》运用特技创造的表演空间，就可说明这个问题。怎样运用电影特殊的造型能力，既为演员创造更真实、更广阔的表演空间，而又不同演员的表演产生矛盾呢？一方面在于布景造型应与戏曲艺术特性及剧种、剧目风格相统一；另一方面则在于镜头的运用。比如我们看到很多戏曲片在为演员创造连续变换时空环境的不同场景时，用镜头的移动作为画面的调度。演员表演在变化，场景也在改变，使演员的表演不断地同相一致的场景处于同一镜头。或者，使妨碍演员虚拟化表演而又为烘托气氛所需的场景，不与演员在同一画面出现。这样就在观众的视觉上既不产生矛盾，又可通过剪辑使场景起到渲染情绪、气氛的作用。在《野猪林》中，林冲被两个公差押解着走进野猪林时，银幕画面出现了一个"猛恶林子"的空镜头，渲染了气氛，并使观众产生联想：他们正走在这林中的某一地方。下一个镜头是人物出现在一棵大树下，景是固定的景，但人物表演也正同这一特定地点相吻合，观众就感到协调自然。《升官记》一开始，徐九经从左侧城门前进入镜头，根据表演的层次，镜头随着人物向前走右移，便依次出现了人物在歪脖树下、在田边、在酒家前等不同的场景画面，每一场景都同表演相照应。镜头的运用既避免了演员表演同连续变换的真实空间环境的矛盾，又突出了电影的造型价值。而在戏曲片《三打陶三春》中，陶三春出得瓜园前往汴梁途中，在瓜园前的桃树林中跑圆场，做着挥鞭赶驴的虚拟动作。桃树林的实景规定了固定的情境，演员表演的跑圆场只会让人理解为是在原地转来转去，而不会认为是向前疾行。尽管鲜花盛开的桃林景色很美，但因固定的实景同虚拟的程式化表演产生了矛盾，不仅没有发挥电影造型的价值，反而还破坏了观众审美感受的和谐。第三，通过镜头分切和剪辑而造成的节奏，可以使戏的情节发展更为紧凑。戏曲在舞台上演出，舞台调度是整体的运动，人物上下场需要较多时间，有很多上下场没有表演上的价值，只是情节发展的必需。同时，为了在可塑性时空中交代时间、环境而运用的单纯交代性表演，以及过场等等，必然带来戏曲舞台演出相对的节奏滞缓。而在银幕上，却可以对这些方面予以舍弃，运用蒙太奇手法，通过镜头的变化，直接展示有价值的画面。比如《宋士杰》中，二公差在宋的店中讨了一只酒坛，把三百两贿赂银子放进坛去，镜头一变，酒坛到了受贿者顾读家中。这样的处理就省略了舞台上的过场戏，使交代变得十分简洁。第四，电影的特殊表现手段可以使人物的心理活动通过画面外在化、形象化，创造更加丰富多彩的视听艺术形象。比如《升官记》中当李玉衮证明倩娘与刘钰自幼定亲时，利用闪回镜头表现徐九经对刘钰的印象，就丰富了人物的心理过程。《白奶奶醉酒》中利用闪回镜头表现白奶奶的梦幻：与墙上画中活起来的八仙同饮，并配以声画同步的唱词"把他们一直灌得东倒西歪醉如泥"，使白奶奶好饮的特点表现得十分形象。我们在很多戏曲片中看到在处理人物大段回溯往事的唱词中，往往根据唱词内容化出画面，如《白奶奶醉酒》《七品芝麻官》《升官记》、电视戏曲片《孔雀东南飞》中都运用了这种手法，不同程度地增强了唱腔的感染力。当然，运用这些手法的目的仍然是发挥电影表现特长。丰富戏曲表现力，不是为用而用。如《白奶奶醉酒》中白奶奶在表述其身世的唱词中，唱到其女儿从小"养成一个坏脾气"时，画面是其女儿坐在摇椅中又摔又扔地对丫鬟撒泼。这句唱词本来是既笼统又宽泛的，很难引起观众丰富的联想，但影片画面却予以细节化、形象化，给人很深印象。而电视戏曲片《孔雀东南飞》中刘兰芝被休后，她那段抒发在焦家的痛苦生活和内心愁苦的唱词比较富于形象，电视则配以写意为主的画面，既不束缚观众的联想，又改变了光拍摄人物唱腔画面的单调之感。当然，上述戏曲片在表现唱词时化出的镜头画面，也程度不同地存在着不足，有的画面只是图解式写照，既束缚观众艺术联想，又填塞过满，影响观众对唱腔美的欣赏。第五，由于电影表现手法的运用，使舞台演出时强调性的重复交代以及为照顾主要演员表演而造成的剧本结构的缺陷（这在戏曲剧本中比较普遍）等等，都要相应改变。另外，戏曲片取消了舞台大幕，也就取消了情节和人物性格在幕间时的发展。为了承上启下，有些幕间戏以及因受舞台三面墙局限而置于幕后的戏，就要由电影画面表现。所以，虽然选择为戏曲片题材的舞台演出一般都是经过锤炼的优秀剧目，但仍然需要在保持人物性格鲜明及不削弱舞台精彩表演的前提下，对舞台剧本进行压缩和改编。可以说，是电影镜头的运用，使剧本化为结构更加严谨的精品。如在戏曲片《十五贯》中，把舞台演出中人物上场自报家门的方式改为让人物随剧情发展逐步展露性格；删去了重复交代的念白和压缩了冗长的唱词，并取消了舞台演出中苏州府监狱的戏，增加了押解及常州知府和巡抚对苏、熊案的判决，使矛盾冲突更加尖锐、集中，剧作更为严谨。《杨门女将》中，导演增加了两场戏：一是开场增加了西夏兵入侵的过场戏，形象地渲染了侵略者的嚣张气焰，又表现了宋朝面临的严峻局势，为杨门女将英勇抗击的斗争作了铺垫；另一场是佘太君夜望敌营思量破敌之策，既表现了她的帅才风度，也为奇袭葫芦峪出奇制胜增加了依据，使佘太君的形象更加丰满。《铁弓缘》对原舞台剧本的提高也很显著。原舞台剧以表演见长，剧本结构比较松散，情节发展随意性较大，经影片导演处理后，我们从银幕上看到戏的情节发展已比较集中流畅。特别是增加的陈秀英与匡忠茶馆比武，拉弓联姻后"待嫁"的一场，细腻地表现出无邪少女忠贞于爱情的心理状态。这场戏不仅使观众欣赏到了唱、做的精彩表演，也为陈秀英"长亭送别""挥剑除奸"等情节创造了充分的性格依据，增强了情节发展的逻辑性。

总之，拍摄戏曲片时，在服从戏曲艺术规律和审美特性的要求下，对舞台演出的电影化处理，不是被动的。从新中国成立后拍摄的大批戏曲艺术片和舞台纪录片中，我们都可以看出导演、摄影、美工人员付出的艰苦的创造性劳动。所以，仅从以上提到的五个方面，对这些影片的艺术创造进行概括是不够的。深入全面的总结，有待于广大电影、戏曲理论工作者和戏曲片创作人员在对影片进行细致的、系统的艺术分析的基础上进行。当然，要想找出一个在戏曲片拍摄中解决一切矛盾的万能妙方，那是不实际的。但是，却可以从中找出大致可循的艺术规律。戏曲片的艺术实践，已经提供了这种研究的充足条件。

另外，我们在研究戏曲片艺术规律的时候，不能不谈到戏曲电影导演的重要作用，及其应具有对戏曲艺术深厚修养的问题。观众从银幕上看到的画面是带有强制性的，不像在剧场里可以根据各人的审美习惯和审美趣味，去选取表演场面或特定的表演点来欣赏全剧，只能从银幕画框中欣赏导演指定的画面。出现于银幕的画面是导演观察、选择舞台表演的结果，影片能否拍好，首先决定于导演对戏曲艺术特性及其审美特性的把握。所以，导演应当重视对戏曲艺术的熟悉和研究。我们从著名戏曲片导演如崔嵬、石挥、陶金、徐苏灵、谢添、陈怀皑、岑范等人的艺术实践中，可以明显看出只有导演具有对戏曲艺

术的深厚修养，才有可能拍出电影与戏曲完美结合的优秀戏曲片。（发表时原标题为《戏曲片艺术规律初探》）

（原载于《电影艺术》1984年第10期；《戏曲艺术评论集》，

中国戏剧出版社2013年版）

以鲜明的价值取向和艺术感染力抒写中国梦

习近平总书记提出并深刻阐述的中华民族伟大复兴"中国梦"的核心理念，在全国各族人民中包括思想界和文化艺术界引起了广泛的共鸣和热烈的探讨。如何"讲好中国故事，传播好中国声音，阐释好中国特色"，如何通过文艺创作抒写中国梦，是我们应当深入研究探讨的重要课题。中国梦是在新的历史时期对我们国家和民族一百多年来的共同理想的全新阐释与形象表达。它把每一个中国人追求美好生活的个人梦想和民族复兴的伟大梦想联系在一起，既充满崇高的时代情怀，又具有浓郁的人情味儿和现实生活气息。中国梦的提出，具有特定的时代意义和历史意义。从文学、艺术的角度看，敏锐地捕捉和反映其所处时代的精神内涵和价值理想，以文艺的方式抒写中国梦，表现人民群众努力实现中国梦的伟大实践，应是我们这个时代文学艺术创作追求的重要目标，是文学家、艺术家责无旁贷的历史使命。

从现实关怀出发　深刻剖析时代生活

中国梦是民族的梦。中国梦的实现，是一个不断创造的历史进程，它在本质上是现实的和实践的。这种现实实践正在使当代中国社会生活发生着历史性剧变，在这片充满挑战和机遇、充满矛盾和希望的沃土上，孕育着历史的诗意情怀、现实的生活故事和未来的崇高理想，对这样一个特殊的大时代，一个包含无限丰富性和可能性的时代，一个书写着历史大故事的时代，优秀的文学家与艺术家必应有所洞察和反映，必应勇于做历史的记录者，从现实关怀出发，深刻剖析现实生活，艺术地呈现当代中国人民追求梦想的现实实践，艺术地呈现当代中国历史所迸发出的时代精神。

中国梦是人民的梦，是每个中国人追求幸福生活的梦。现实生活是绚丽多姿、五彩斑斓的，人的生活状态、生存境遇是千差万别的。文艺创作应当对复杂的现实生活和人生样态作出深度发掘，坚持以人民为中心的创作导向，贴近广大人民群众特别是普通人的日常生活，展现他们的生存状态和内心世界，反映他们为了社会的变革勇于奉献牺牲的时代精神，深刻剖析人情人性，表现人民群众的喜怒哀乐，关注他们追求幸福生活的希望与梦想。

打开历史视野　系统梳理传统资源

中国梦包含着中华民族近代以来的历史夙愿。文艺创作体现中国梦，既要着眼当代，也要回望历史。近代以来，中国被迫走入长达百年的屈辱历史，从此，民族复兴、国家强盛、人民幸福就成为中华民族追求的共同梦想，无数仁人志士为此付出了艰苦卓绝的努力。近代以来一切为了民族独立和人民自由幸福而进行的斗争和努力，一切塑造了我们民族近现代史的大故事，一切为此付出牺牲的杰出人物，都应当成为文艺创作的重要内容和题材。同时，在中华民族5000多年的文明发展进程中，累积了十分丰富的可供文学艺术家撷取以塑造中国梦的创作题材。习近平同志指出："要系统梳理传统文化资源，让收藏在禁宫里的文物、陈列在广阔大地上的遗产、书写在古籍里的文字都活起来。"文艺创作也应以自己的方式，回顾中华文明史上的社会生活与社会实践，给予其艺术的提炼与升华，挖掘出具有当代价值的文化精神，以生动感人的鲜活艺术形象，使今天从事共筑中国梦伟大实践的人们得到丰富精神世界、增强精神力量的鼓舞和艺术感染。

积极面向未来　参与世界文化精神重塑

中国梦是对现实的不断改变，也是对未来的美好憧憬。当代中国正在开辟着一条人类历史上前所未有的社会道路，构建着一种具有中国风格、中国气派的崭新文化模式，一种不同于其他国家的新的现代文明形态。它为人类文明多样化发展提供了新范式。中国梦是面向未来，面向世界的。因此，文艺创作塑造中国梦，首先是对未来美好生活的艺术表征，是以艺术的方式传达积极的精神信念，给人以希望、动力、温暖和勇气。当代中国需要具有未来感的艺术，需要以积极的审美理想塑造人、感动人、激励人，传达出当代中国人的文化自信和梦想追求，以及对人类未来社会与文化模式的积极思考，表达中华民族为人类和平与发展作出更大贡献的意愿。这样的中国文艺也会不断走向世界，参与世界文化精神的重塑，为世界文学、艺术的发展提供一种独特的思想资源和精神资源，让中国文学艺术成为世界文艺花团锦簇中亮丽的一支。

明确价值支撑　自觉表达价值判断

中国梦是有其特定的价值内核与价值支撑的，这就是当代中国价值观念即社会主义核心价值观念。因此，文艺创作抒写中国梦，就不能脱离开这个价值取向。古往今来，每个国家、每个民族、每个时代都会形成某种特定的价值观念。这些价值观念又会因为不同的社会、历史与文化语境而存在这样那样的差异。比如"美国梦"强调个人奋斗、个人成功的价值观，而中国梦则强调民族的整体利益和人民共同富裕的价值观，这是社会主义的本质所在。当代中国的文艺创作，理应有清晰的价值观判断，有充分的价值观自觉，把人类追求最广泛的自由、平等和公平、公正的社会主义理念，把实现人的自由全面发展的社会主义理想艺术地表达出来。这样的文艺创作才能充分地表现出中国梦在世界思想文化中的独特性，表现出中国梦的吸引力、凝聚力和感召力。

遵循艺术规律　提升艺术性感染力

从艺术的自身规律出发，充分遵循艺术的审美特性，这是文艺创作抒写中国梦的根本要求。文艺中的现实和历史、未来指向和价值内涵，都只有通过审美的形式，通过创作者的审美想象和情感转化，才能成为真正的艺术。因此，文艺创作体现中国梦，不应是概念化的，而是依循美的规律，把理念和价值观念融汇在艺术语言、艺术情感中，融汇在艺术形象的塑造中，以巧妙的艺术性和强烈的感染力去体现中国梦的精神内涵；文艺创作体现中国梦，不应是形式单一的，而是题材丰富、形式多样、风格各异的。每位艺术家都有自己独特的风格与擅长的表现手法，都有源自生活的自己独特的思考和情感体验。把个人情感体验和国家、民族的共同理想结合起来，用不同的想象方式、生动的艺术语言来讲述好中国故事，以真挚的情感打动人，才能促进人们对中国梦精神价值的审美认同。

文艺创作抒写中国梦，已经成为文学艺术领域一个重要的时代命题。它对当代中国的文化建设有着积极的意义，是值得文学家、艺术家和理论工作者认真研究探讨和实践的课题。

（原载于《人民日报》2014年1月24日第24版，发表时编者将标题改为《抒写中国梦想的努力方向》）

辑二

根脉守护

永远珍视中华民族的非物质文化遗产

——《非物质文化遗产保护研究》自序

中华民族具有保护、传承优秀文化遗产的深厚传统，但我国现代意义上的非物质文化遗产保护工作的开展，却是近十几年的事情。2001年5月18日，联合国教科文组织公布世界首批"人类口头和非物质遗产代表作"，我国的昆曲艺术名列其中。以此为标志，短短十几年，我国的非物质文化遗产保护已从初始的比较单一的项目性保护，走上了整体性、系统性的全面保护阶段。2011年2月25日全国人大常委会通过《中华人民共和国非物质文化遗产法》，同年6月1日起正式实施，我国的非物质文化遗产保护，已经向具有自觉性的科学保护的道路上迈进。

我国的非物质文化遗产保护成效是显著的，其保护实践显示的意义，产生了重要的国际性影响。

第一，我国重视积极参与和推动国际合作。非物质文化遗产保护是一项维护人类文化多样性的国际性课题。因为丰富多样的文化遗产，不仅是一个国家、民族的文化财富，也是属于全人类共同的精神财富，保护优秀的文化遗产，是全人类共同的责任。中国积极参与联合国教科文组织实施的人类非物质文化遗产代表作公告制度。目前，我国已成为拥有该组织公布的非物质文化遗产代表作、急需保护濒危项目和保护实践示范项目最多的国家。通过项目的申报，向世界充分展示了我国非物质文化遗产的独特价值及实施保护的积极态度和创新务实的保护实践。2004年8月，我国全国人大常委会批准加入联合国教科文组织《保护非物质文化遗产公约》，我国成为最早加入该公约的国家之一。近年来，我国相关机构举办了一系列非物质文化遗产保护的国际学术研讨会，并通过展览、演出向国际社会介绍中国保护工作的实际情况，让世界看到我国非物质文化遗产保护工作的开展，不仅很好地体现了联合国教科文组织提出的保护工作的宗旨，也以自己的实践推动了世界范围内保护工作的开展。2011年2月，联合国教科文组织亚太地区培训中心在北京成立，既说明了国际社会对我国保护工作成绩的肯定，也说明了"中国经验"的传播，对促进世界范围内非物质文化遗产保护具有的意义。

第二，重视推进立法保护。《中华人民共和国非物质文化遗产法》的颁布和实施，是我国文化领域的重要事项。这是新中国成立后文化领域的第二部法律（此前只有《文物保护法》）。该法对我国的非物质文化遗产保护作了整体性的规定，奠定了我国非物质文化遗产保护工作科学性、规范性和持久性开展的基础，也标志着我国的非物质文化遗产保护已走上依法保护阶段。

"非遗法"颁布之前，在2005年3月国务院办公厅颁发了《国务院办公厅关于加强我国非物质文化遗产保护工作的意见》；同年12月，国务院公布了《国务院关于加强文化遗产保护的通知》（以下简称《通知》），其中包括了非物质文化遗产的保护。这两个文件是国家最高行政机关首次就非物质文化遗产保护工作发布的指导意见。文件对保护工作的指导思想、工作原则、实施步骤都作了规定。《通知》指出保护工作的指导方针是："保护为主，抢救第一，合理利用，传承发展。"保护工作的原则是："政府主导、社会参与，明确职责、形成合力；长远规划、分步实施，点面结合、讲求实效。"这些重要的指导思想和原则，为我国非物质文化遗产保护初始阶段的健康发展奠定了基础。同时，国务院规定从2006年起，每年6月的第二个星期六为"中国文化遗产日"。文化遗产日的施行，为调动社会特别是公众自觉参与非物质文化遗产保护起到了重要的推动作用。

第三，在保护实践中探索总结形式多样的保护措施。我国主要从以下方面开展保护工作：全面普查，弄清楚目前我国非物质文化遗产的基本情况，包括数量、项目产生的渊源、演变的历史过程、现状、传承人、保护措施等。制定保护规划。建立四级（国家级和省、地、市级）名录保护体系和国家级传承人名录公布制度。同时，从整体性保护的原则出发，设立国家级文化生态保护试验区，以维护文化的多样性、保护文化生态空间的完整性和保护文化资源的丰富性。从积极保护的原则出发，避免静止和凝固的保护，在不改变非物质文化遗产项目按其内在规律自然演变的前提下，对传统手工技艺类项目，以及民间美术、传统医学药学、饮食文化类项目等尽可能寻找生产性保护的方式加以传承和发展。这些项目，本来就是人们传统的生产方式、生活方式，在今天，要强调生产性保护的方式是非物质文化遗产依靠自身价值的体现，而获得持久性传承的重要方式之一。它在上述项目的保护方面已经显示出突出的有效性。从抢救第一的原则出发，要对那些濒临消亡的非物质文化遗产项目，以及陷入生存困境的项目，通过文字、数字化等形式加以抢救性保护，使之转化为有形的形式加以保存和传承。从原真性动态保护的原则出发，对民间信仰及一些民间的礼仪、仪式等，要尽可能使它在产生、生长的原始氛围中保持其动态的活力。

第四，社会公众不断树立自觉参与非物质文化遗产保护的意识，健全的传承保护体系和有效的保护机制正在形成。近十多年来，随着保护工作的推进和保护工作的宣传教育，社会公众逐渐认识到非物质文化遗产保护的重要意义，"非遗"保护家喻户晓，"非遗"保护得到社会公众高度认同，还没有任何一项文化工作像"非遗"保护这样广泛性地深入人心。从我国的保护实践中可以看到，只有社会公众的自觉参与，保护工作才会真正取得成效。社会公众自觉参与保护的程度，决定着"非遗"保护的实际成效。

非物质文化遗产保护工作开展的时间不长，它走过的保护历程，实际上是一个在总结实践经验中不断探索的过程。但我国的非物质文化遗产保护工作一路走过来，基本上没有走弯路，这首先是党中央、国务院的高度重视和支持，以及中央建立在文化自觉、自信、自强基础上的对中华民族传统文化的科学认知，这使我们对非物质文化遗产的认识和评价也就具有了一种科学的态度，对项目的认定也就把握了一种科学性，这是我国的非物质文化遗产保护工作没有发生偏差的首要原因。其次是在重视加强国际性合作和认真履行联合国教科文组织《保护非物质文化遗产公约》的同时，十分重视"中国经验"的创造和总结。保护措施的制定和实施，都明确坚持从我国国情出发，学习但不照搬国外经验，而是在保护实践中创造性地开展工作，以不断创新的经验推动保护工作健康发展。再次是在我国的保护工作中，建立起了良好的工作机制。文化部、财政部等相关部委以联席会议制度的形式，共同携手推动保护工作；中央和省级政府文化部门设立了专门的管理机构，随着中国非物质文化遗产保护中心的成立，各地也都成立了非物质文化遗产保护中心，具体规划、指导、实施保护工作，真正形成了"政府主导、社会参与、明确职责、形成合力"的工作机制。政府主导，主要体现在立法、规划、指导和经费投入方面，而非物质文化遗产项目的传承人作为传承主体，社会有关机构等作为保护主体，共同在保护工作中发挥了根本性的推动作用，特别是传承主体，在我国的保护工作中发挥着关键性的作用。还有一个方面是社会公众不断树立起自觉参与保护的意识，共同从舆论和实际工作中推动着我国保护工作的开展。在非物质文化遗产保护的宣传、教育方面，新闻媒体发挥了重要的作用。

在保护非物质文化遗产的工作实践中，坚持科学保护的原则、坚持遵循客观规律是十分重要的。科学保护的前提是首先要弄清楚什么是非物质文化遗产。在保护工作的初始阶段，这并不是一个清晰的问题，在今天参与保护工作的同志们都比较清楚地知道非物质文化遗产包含的范围内容，也比较清楚非物质文化遗产作为一个概念来描述的时候，可以这样来定义：非物质文化遗产是人们通过口传心授、世代相传的无形的、活态流变的文化遗产，亦即联合国教科文组织《保护非物质文化遗产公约》指出的，是"被各社区群体、有时为个人视为其文化遗产组成部分的各种社会实践观念表述、表现形式、知识、技能及其相关的工具、实物、手工艺品和文化场所"。非物质文化遗产更多地表现为精神性、智慧性、技艺性的呈现形态，它与我们的精神、情感、思维方式相联系，它往往是以人们的生产方式和生活方式呈现出来。

坚持科学保护的原则，还要正确认识非物质文化遗产的传承规律。其重要的规律是"恒定性"和"活态流变性"。恒定性是指人类智慧、思想、情感和劳动创造积淀形成的生产、生活方式和思想、情感表达方式，它成为个体的人的一种"群体"活动，形成一定群体人们共同遵守践行的一些规则，这些规则具有集体维持的恒定性，不是一个个体可以随便改变的，它世代相传，因之具有一定的恒定性。但是，随着时代、环境、生产生活条件、审美取向等的变化，整个传承链条上每一个环节的传承者，都会把自己的独特体验融入其中，所以整个传承过程又不是凝固不变的，它是在继承和创造的统一性中发展，这就是它的恒定性和活态流变性。正因如此，它才有可能作为传统而持久延续。

我们说科学保护非物质文化遗产，既不是人为地随意改变它按照自身演变规律自然演变的进程，也不是使之静止、凝固不再发展，而是要保护它能够按照自身发展的规律去自然演变。正因为我们的保护工作是建立在尊重客观规律的基础之上，所以才能够一直保持一种稳健而具有持久性的健康发展态势。

我有幸一直参与了我国十多年来的非物质文化遗产保护工作实践。从2000年年底到2001年年初，主持组织首届向联合国教科文组织申报昆曲艺术为世界"人类口头和非物质遗产代表作"起，连续三届承担组织评审委员会主任的工作，并作为副部长具体指导第四届的申报工作。回想首届申报之时，人们大都不清楚"人类口头和非物质遗产代表作"是怎么一回事。在这种情况下，文化部把申报评审工作交给了中国艺术研究院，在经费困难，当时中国艺术研究院职工全额工资都难以保障的情况下，积极筹措制作申报文本和短片及音像资料的经费，按照联合国教科文组织的申报规则一丝不苟地讨论、评审。虽然专家们对规则的理解意见并不一致，甚至争论起来，但高度的责任感把大家凝聚在一起，求实的科学精神把大家统一起来，最终将红火一时的"丽江古乐"这样的伪"非遗"剔除在外（发展演艺产业是另一回事），昆曲艺术成为专家们一致的推荐项目。因为没有经验，申报材料的制作也很艰难，报到联合国教科文组织后，曾有数次文本的返回修改，每次都是夜以继日，以最迅捷的速度完成报回，生怕误了每次修改的截止时间。申报评审及加班加点没有任何报酬，但大家没有任何怨言。当时，中国驻联合国教科文组织办事处的同志每次都及时地反馈前方意见，内外协调配合，很好地完成了任务。每每忆起那时的评审工作，对共同参与工作的同志们，我都心怀真切的感谢之情。后来的申报评审工作虽仍有困难和曲折，但规范、公正、公平的评审与科学、细致的申报文本制作，保证了我国向联合国教科文组织申报人类非物质文化遗产代表作的工作取得重要的成绩。

作为中国非物质文化遗产保护中心主任，我还有幸参与了十多年来我国保护工作的一系列具体组织工作。这些具体工作的艰难与曲折自不待言，但文化部、财政部和相关部委高度重视与支持，文化部原部长孙家正、现任部长蔡武同志和财政部分管教科文财政工作的副部长张少春同志都把"非遗"保护工作摆在重要位置；同时，各地相关机构的同志们努力推进工作，大批著名专家学者如刘魁立、乌丙安、冯骥才、资华筠、祁庆富、刘锡诚等积极参与，共同推动我国的非物质文化遗产保护工作在克服困难中不断前行。其中，不能忘记的是，周和平同志担任文化部副部长分管非物质文化遗产保护工作期间，他以开拓性的工作思路和推动措施加强这一工作，在他的领导之下，全面的保护工作有了显著的进展。我担任文化部副部长后一段时间，又接手分管这一工作。2012年年底从副部长岗位退下后，仍继续担任中国艺术研究院院长兼中国非物质文化遗产保护中心主任，及联合国教科文组织亚太地区非物质文化遗产保护中心管委会主席。我感谢组织赋予我这样的工作岗位，使我有机会在我国非物质文化遗产保护的重要阶段能够参与这一工作，在工作实践中学习并为推动这一对中华民族优秀文化传承与发展具有重大意义的工作贡献力量。正是抱着恪尽职守努力适应工作的心情，在参与推动保护工作的同时，也在努力思考保护工作实践中的理论总结问题。因为只有理论与实践并行，从实践中总结理论又使之指导和推动实践，保护工作才能健康地发展。这十多年中，不少理论工作者，以自己的研究成果奉献于保护工作的实践。在工作的过程中，同时进行理论的思考，也同样是我的一个想法，这当然也缘于我供职于中国艺术研究院的责任。2006年10月，我与陈飞龙等七位同事共同编撰出版了《非物质文化遗产概论》，这本书比较系统地阐述了关于非物质文化遗产保护的理论思考。现在，我把自己十多年来发表的有关非物质文化遗产保护的文章整理出来，结集出版，与热心于非物质文化遗产保护的同行和读者交流，以期进一步思考正在进行并在不断解决新问题中探索前行的非物质文化遗产保护问题。

我感到欣慰的是，正因为处在保护工作的实践之中，对非物质文化遗产保护发展进程中的主要问题，我都较早地提出了自己的看法，像我提出的"生产性保护"等观点也得到保护工作实践的认同。但这本集子中的文章大都是根据保护工作发展的实际问题提出看法，也多数是媒体朋友约稿写成，也就难免有缺乏系统性及难以避免重复论述的问题。好在这些文章都是我在保护工作实践历程中有针对性的思考，或许有回顾总结这段保护工作实践的参考价值。同时，我在一些文章中提出的问题或观点，也是今后的保护工作实践中仍然需要探索和回答的一些问题。因此，这些文章也可以为今后更深入的理论思考提供借鉴。本书还附有我在全国政协会议上有关"非遗"保护工作的提案和部分媒体记者采访的报道。提案中有一些是我单独提出，有的是作为主要提案人征得有关政协委员同意签名后共同提出，如梅葆玖、叶少兰、朱世慧、朱乐耕等同志都与我共同提出相关提案。媒体报道中记者的文章也都比较准确地表达了我的思考。相关提案与部分采访的文章附录于后，一方面也借此表达对这些朋友们的谢意。

我国的非物质文化遗产保护工作任重道远。今后，我们要在全面落实《非物质文化遗产法》的基础上，重在建立健全非物质文化遗产的传承机制，仍然要以传承人为核心，以持续传承为重点，以促进各民族之间、各社区、群体和个人之间的相互理解、尊重和社会可持续发展为目的，推动开展全面的保护工作，要使广大人民群众自觉参与非物质文化遗产保护并共享保护成果。非物质文化遗产保护不是为了留住历史，而是要着眼于在继承优秀文化传统的基础上，进行文化创新。所以在保护工作过程中，我们既反对盲目否定传统文化遗产，也反对"泛文化遗产论"。同时明确我们提倡大力保护的非物质文化遗产，是指那些不违反人性、符合现有国际人权文件，有利于社区、群体和个人之间相互尊重和顺应可持续发展的非物质文化遗产，要大力倡导传承人在认真学习、地道地继承传统的过程中，以自己的思考与体验赋予非物质文化遗产时代的新创造。在今天，我们仍然需要深入认识非物质文化遗产的重要价值。无论是从中华民族五千年文明史的纵向发展看，还是从中华民族是由多民族组成的民族大家庭的多样性文化创造看，非物质文化遗产作为人类文明的创造成果，它在中华民族传统文化的构成中都占有重要地位。可以说，作为人们生活方式、生产方式和思想、情感表达方式的非物质文化遗产，千百年来，同儒家文化、道家文化和佛教文化一起，共同构成中华民族传统文化的主体。比如，中华民族大家庭中各个民族都有民间信仰，很多民间信仰并非儒、释、道所能涵盖，正是民间信仰及表现为人们传统的生产方式、生活方式与思想、情感表达方式的多种非物质文化遗产形式蕴含的文化传统，更广泛地维系着大众的文化取向，传递着人们的信仰和习俗。从这个意义上讲，我们对非物质文化遗产的价值和保护意义的认识仍然不够充分。应该看到，非物质文化保护对于我们建设中华民族的精神家园和促进当代文化创新都具有十分重大的意义。只有进一步深入认识非物质文化遗产的价值与保护的意义，我们的保护工作才会更具有紧迫性、自觉性、实效性。我们应该永远珍视中华民族的非物质文化遗产，努力保护传承非物质文化遗产并不断创新发展非物质文化遗产。

（原载于《非物质文化遗产保护研究》，
文化艺术出版社2013年版）

保护传统艺术　弘扬优秀文化

在中国昆曲艺术2001年5月18日被联合国教科文组织宣布为世界首批"人类口头和非物质遗产代表作"一周年之际，中国艺术研究院邀请各位著名专家学者和有关负责同志莅临我院新院址，研究讨论抢救和保护中国人类口头和非物质遗产，是一件令人欣喜的事情。这标志着我院重大学术课题"中国人类口头和非物质遗产"的认证、抢救、保护、研究工程今天正式启动。

人类口头和非物质遗产与人类历史遗迹、遗址和其他人文景观一样，都是人类伟大文明的结晶，属于全人类的共同财富，备受全世界的关注和重视。随着现代化进程的加快和经济的不断发展，以及受全球化的影响，人类口头和非物质遗产正在受到越来越多的损害和破坏，有的已经濒临消亡。这种情况，近二十年来尤为严重，抢救和保护人类口头和非物质遗产的工作已经迫在眉睫。

1997年联合国教科文组织第29届大会通过了建立人类口头和非物质遗产代表作的决议，并于1998年宣布了《人类口头和非物质遗产代表作条例》。2001年5月18日，又公布了世界首批"人类口头和非物质遗产代表作"名单，19个项目中中国的昆曲艺术名列其中，并成为4个全票通过的项目之一。

昆曲有600多年的历史，是中华民族传统艺术中的珍品，它的剧本文辞典雅、演唱音律严谨，是我国戏曲艺术的高峰，也是中国传统艺术的重要象征。昆曲艺术对中国的戏曲文学、表演、音乐、舞蹈等方面都产生过很大的影响。甚至像京剧、川剧等积淀深厚的剧种，在形成和发展的过程中，也都不同程度地受到昆曲的重要影响。

中国是一个多民族的国家，具有悠久的文明史，而且中华文明是世界上唯一不曾间断过的人类文明，有着非常丰富的"人类口头和非物质遗产"，它们有的是具有突出价值的人类创作的天才代表作，有的是从历史、艺术、人种学、社会学、语言学或文学角度看具有突出价值并曾广为流传的传统文化的代表形式，这些遗产都是世界文化的精粹。但是，按照联合国教科文组织制定的"代表作"申报原则，每个国家每两年只允许有一个项目入选，中国能列入世界"人类口头和非物质遗产代表作"名单的，只是我国众多口头和非物质遗产中的极少部分，像昆曲这样迫切需要加以抢救和保护的还有一大批。新中国成立以来，特别是改革开放新时期以来，我国对昆曲艺术的保护和发展做了大量卓有成效的工作，使之不断地向着继承、创新的良好趋势发展。但由于种种原因，在今天仍然面临着发展的困境。去年昆曲艺术被列入世界"人类口头和非物质遗产代表作"名录后，我国对昆曲的保护、振兴提出了新的措施，并正在组织实施之中。中国的"口头和非物质遗产"是全人类共同的文化财富，但首先还是属于我们中华民族的，我们不仅要保护好有形的历史文化遗产，而且要根据自己的实际情况，建立切实可行的等级标准和认证体系，科学、全面、系统地抢救和保护好祖先留给我们的现存口头和非物质文化遗产，这是一个艰巨而急迫的任务，我们有义务做好这项工作。在去年6月文化部召开的"保护和振兴昆曲艺术座谈会"上，文化部提出了保护振兴昆曲艺术的八项措施。会议指出，昆曲艺术的保护和振兴不能急功近利，要立足长远，要做长期艰苦工作，并要求把握好保护、继承、创新、发展的辩证关系。这是我们保护和振兴昆曲艺术应遵循的方针，也是我们在抢救、保护中国的"口头和非物质遗产"工作中应该遵循的基本原则。

抢救、保护和研究中国的文化艺术遗产，一直是中国艺术研究院的工作重点之一，在挖掘、抢救、保存民族优秀艺术遗产和文化传播方面，我院也取得了很有价值的成果。例如，经典民族乐曲《二泉映月》等一大批优秀艺术遗产就是由于我院专家的抢救，才得以流传于世。我院是被联合国教科文组织列为保护和研究传统与民间表演艺术的世界性主要机构之一。1999年，由亚太各国参与完成的"亚太地区传统与民间表演艺术数据库"所公布的中国首批五家文化艺术遗产研究保护机构，全都是中国艺术研究院所属机构；此前的1997年，中国艺术研究院音乐研究所的音响资料收藏，也以其丰富性和民族性被联合国教科文组织列入"世界记忆名录"，这也是中国唯一的。

中国艺术研究院在文化部的领导下，承担我国向联合国教科文组织申报世界人类口头和非物质遗产代表作的工作，继去年成功申报中国昆曲艺术为世界人类口头和非物质遗产代表作之后，今年又在积极组织专家论证，准备为中国古琴艺术申报第二批世界人类口头和非物质遗产代表作。

江泽民总书记在庆祝中国共产党成立80周年大会上的讲话中指出："我国几千年历史留下了丰富的文化遗产，我们应该取其精华，去其糟粕，结合时代精神加以继承和发展，做到古为今用。"抢救和保护中国的人类口头和非物质遗产，是弘扬民族优秀文化、促进社会主义精神文明建设的重要措施，是实践江泽民同志"三个代表"重要思想的具体体现。对民族艺术遗产进行抢救、保护和研究，为弘扬民族优秀文化进行学术建设已成为我院科研工作的重心，被排在优先的位置。现在，我院经过积极筹备，已正式启动中国人类口头和非物质遗产的认证、抢救、保护、研究工程，这是一项对中国的人类口头和非物质遗产进行全面认证、抢救、保护以及进行全方位国际文化合作和交流的重大工程。要做好这一工作，首先是参照联合国教科文组织规定的标准，建立我国的人类口头和非物质遗产的鉴定和评价体系，使我们的抢救和保护工作符合国际规范，这是我们工作的基础和前提。我们准备用五年的时间，在文化部领导下，组织本院各学科专家和院外有关专家学者参与，与全国各地有关部门、单位协作，分阶段在全国开展全面普查，进行一系列的抢救和保护工作。我们将建立和逐步完善"中国人类口头和非物质遗产等级认证体系"，编纂出版《中国人类口头和非物质遗产代表作名录》《中国人类口头和非物质遗产代表作图典》《中国人类口头和非物质遗产代表作简明提要》《中国宗教艺术遗产集成》《中国少数民族艺术遗产集成》《中国建筑艺术遗产集成》《中国现存文化及生活、生产方式环境综录》《中国民间民俗文化遗产集成》《中国人类口头和非物质遗产文化现象研究》《中国人类口头和非物质遗产田野考察报告集》《中国人类口头和非物质遗产未来文化走向研究》等，建立中国人类口头和非物质遗产资料馆、中国人类口头和非物质遗产资源数据库以及亚太人类口头和非物质遗产中国信息网站，并研究利用高科技手段对艺术遗产进行永久性保护。通过这些工作，为我国对文化艺术资源的保护及科学合理的利用提供决策依据。

同志们，今天我们大家聚集一堂，为抢救和保护中国人类口头和非物质遗产献计献策。我相信，通过我们的努力，一定能实现我们提出的工作目标。而这一目标的实现，必将对弘扬中华民族的优秀文化，促进国际相互交流，推动我国艺术与学术的发展和我国文化艺术事业的全面繁荣产生积极而深远的影响。

2002年5月16日

（本文是作者在抢救和保护中国人类口头和非物质遗产

座谈会上的讲话，原载于《文艺研究》2002年第4期）

保护人类独特的文化记忆

继2001年5月18日联合国教科文组织公布世界首批"人类口头和非物质遗产代表作"名单之后，今年11月7日又公布了第二批代表作名单。中国昆曲艺术名列第一批19个代表作名单之中，中国古琴艺术又成为第二批28个代表作名单之一。联合国教科文组织继世界文化遗产和世界自然遗产项目公告之后，创立的"人类口头和非物质遗产代表作公告"制度，标志着在世界范围内对无形文化遗产的抢救与保护已引起高度重视。这对于创建适宜的社会、经济环境来保护和承续优秀的人类文化传统，对于人类社会可持续发展的演进，都具有重要的意义。

"遗产"包含了古老的文化观念和深远的精神根源

我国是一个多民族的国家，具有悠久的文明史，积淀着十分丰厚而又独特的优秀文化遗产。新中国成立以来，特别是改革开放以来，我国政府为抢救和保护文化遗产采取了许多积极有效的措施，并取得了令人瞩目的成果。同物质文化遗产一样，中华民族在发展历史中创造了丰富的无形文化遗产，它们不少是具有突出价值、体现人类精神创造最高水准的代表作，在艺术、宗教、人类学、社会学、语言学、文学或手工艺等方面，都有上乘之作，并曾广为流传。这些遗产，有些堪称世界文化的精粹。虽然多年来我国对无形文化遗产的保护做了大量卓有成效的工作，但是，有不少其生存面临着前所未有的危机，甚至有很快消失的危险。我们应该充分看到，一个民族乃至整个人类文化传统作为有机整体，是由各种不同存在形态的文化相互关联而构成的，其中包括无形文化遗产。因此，及时抢救和保护那些处于生存困境中的无形文化遗产，已成为时代赋予我们的非常紧迫的历史使命。

在人类文化遗产中，由于存在形态的不同，口头及非物质遗产承载的精神内涵也有所不同，但其价值是不能以物质性的量化标准来判定的。"人类口头和非物质遗产"与人类其他历史遗迹、遗址及人文景观一样，都是人类伟大文明的结晶。作为现有文化的记忆，无形文化遗产与物质形式的文化遗产，对一个民族来说，具有同等重要的意义。而从历史的角度看，"人类口头和非物质遗产"包含了更多随时代迁延与变革而曾经被人们忽略或忘却了的文化记忆，我们只有在保护和重新唤起这些"记忆"的基础上，才有可能真正懂得人类文化整体的内涵与意义。

正是基于与其他形式的遗产相比，人类口头和非物质遗产更容易受到世界全球化的影响与损害。联合国教科文组织在1972年签署的《保护世界文化和自然遗产公约》的基础上，于1997年创立的"人类口头和非物质遗产代表作公告"的制度，强调其目的即是："鼓励各国政府、非政府组织，及各地方团体确认、保护并推广其口头及非物质遗产，将它看做仅存的、可使独特文化特征得以保存的人类集体记忆的积累。""代表作"公告制度的实施，对于在世界范围内唤起社会公众对无形文化遗产的保护意识，以及推动全社会对无形文化遗产实施保护，都正在起着十分重要的作用。

科学、系统地保护与抢救是当务之急

中国入选世界"人类口头和非物质遗产代表作"的昆曲艺术和古琴艺术，都是民族艺术的瑰宝。有六百多年历史的昆曲艺术，它的剧本文辞典雅，表演综合了中国传统的音乐、舞蹈、诗歌等艺术元素，并使之综合发展到艺术的高峰，成为中国传统文化的重要代表和象征。同昆曲艺术一样，古琴艺术也是中国传统艺术的重要象征，它凝聚了中国文化历史创造中最为精粹的艺术遗产，与中国的儒、释、道等哲学、伦理学传统密切相关。

这两个项目入选世界"人类口头和非物质遗产代表作"，使世人进一步了解了它们所包含的深刻文化内涵和宝贵的人文价值，也使人们进一步看到了目前这些艺术形式的濒危程度。它们被列为"代表作"是件好事，但它反映的现状却令人喜忧参半，喜的是这些人类文化的精粹越来越受到世界的瞩目，忧的是凡是被列为遗产保护的，大抵面临生存困境，甚至面临消亡危险。保护好这些祖先留给我们的优秀文化，是一个艰巨的任务。

中国是一个多民族的国家，具有五千年文明史，而且中华文明是世界上唯一不曾间断过的人类文明，有着非常丰富的"人类口头和非物质遗产"。但是，按照联合国教科文组织制定的"代表作"申报的原则，每个国家每两年只允许有一个项目入选。虽然我国已连续两届都有项目入选，但是，对我们来说，被列入代表作的机会实在是太少了。我们应该根据我国的实际情况参照国际标准，建立适合自己的评价标准和认证体系，制定抢救和保护的政策，科学、系统地抢救和保护现存人类口头和非物质遗产。

今年初，文化部宣布中国民族民间文化保护工程正式启动，这一全面而系统地对我国民族民间文化的抢救、保护、推广、发展的重大工程，得到党中央、国务院及财政部等有关政府部门的肯定和支持。这一工程的实施，标志着我国多年来对民族民间文化的保护，将由分散的项目实施转入全面系统的保护工作。这一工程的实施，对于我国"人类口头和非物质遗产代表作"制度的建立，将会起到重要推动作用。

文化遗产将在保护中发扬光大

申报世界"人类口头和非物质遗产代表作"的重要意义，不在申报本身而重在落实抢救、保护的工作。如果只是一窝蜂地申报，甚至盲目炒作，而把抢救保护放在一边，是没有任何意义的。目前昆曲艺术保护、振兴的五年规划正在顺利实施之中，规划中的复排昆曲优秀传统剧目和新整理创作剧目，整理出版昆曲艺术家从艺经验，录制优秀传统折子戏影像资料，以及培养青年人才、加强艺术研究等内容，都在按计划进行之中。特别是在昆曲的发祥地苏州，每两年一届的昆曲艺术节和虎丘曲会，以及青年人才的培养和昆曲艺术的普及，都呈现着前所未有的喜人景象。古琴艺术的十年保护振兴计划，在其被公布为世界"人类口头和非物质遗产代表作"之后，也将会得到更好的实施。

中国向联合国教科文组织申报"人类口头和非物质遗产代表作"的论证、评选工作，文化部委托中国艺术研究院承担，目前已有效地建立起规范的申报论证评选机制。评选工作得到联合国教科文组织官员的高度评价。在积极做好向联合国教科文组织评选推荐"代表作"候选项目的基础上，中国艺术研究院参照联合国教科文组织规定的标准以及其他国家的做法，正在论证、制定我国国家级人类口头及非物质遗产代表作鉴定的评价体系，编纂《中国人类口头和非物质遗产代表作名录》并建立数据库。对无形文化遗产的积极抢救与保护，不仅对经济一体化背景下世界文化的多元化发展会产生积极而重要的影响，人类优秀的文化传统，也将在我们有效的保护之中发扬光大，并最终成为人类推动文化创新与持续发展的不竭源泉。

（原载于《人民日报》2003年12月9日）

珍视和保护少数民族文化艺术是

多元文化协调并存的重要基础

　　各国专家学者和少数民族地区的代表汇聚一堂，共同总结探讨少数民族艺术遗产保护及当代艺术发展问题，对于充分认识民族文化多样性的重要价值，以促进全社会不断采取更全面的措施，保持和维护在人类社会的现代化进程中多元文化协调并存的良好形态，具有重要的意义。因为，在人类历史文化长河中，各民族创造的丰厚的文化艺术遗产，是人类创造力、想象力、智慧和劳动的结晶，沉积着民族特有的思维方式、心理结构，综合体现为一个民族物质文明和精神文明的总和。它们成为人类推动文化创新与持续发展的不竭源泉。可以说，重视和保护少数民族文化艺术遗产，以及努力促进少数民族文化艺术在当代的承续发展，是保持世界多元文化形态的重要基础。

　　中国是一个多民族的国家，作为中华民族大家庭中的各个少数民族，在各自的历史上都创造了丰富、灿烂的人类文明。各个民族的优秀文化艺术遗产，是人类精神创造的天才代表作，也是世界文化的精粹。多年来，我国政府和各个民族对文化艺术遗产的保护做了大量卓有成效的工作，特别是我国改革开放新时期以来，少数民族文化艺术遗产的保护不断得到加强，取得了重要的成绩和经验。我国当代各个民族文化艺术具有多元形态、鲜明民族特色的发展，就是建立在对文化艺术遗产抢救、保护、承续的基础之上，同时，又以进取和开放的精神，坚持民族化、现代化、多样化相结合，取得了新的文化艺术创造的成果。

　　我们应该充分看到，整个人类文化传统作为有机整体，是由各种不同存在形态的文化相互关联而构成的，其中，包括各个少数民族的文化艺术遗产。而绚丽多彩的人类文化的当代呈现，同样离不开各个少数民族独具色彩的文化创造构成。因此，珍视少数民族的文化艺术遗产，重视他们当代的文化艺术创造，并且促进各民族之间相互学习，相互交流，相互补充，保持特色，共同发展，是我们不可忘记的责任，也是我们要以实际行动去体现的努力。这是我们举办此次"中国少数民族艺术遗产保护暨当代艺术发展国际学术研讨会"的重要原因。

在世界经济一体化和现代化进程快速发展的今天，各个民族，特别是少数民族丰富多彩的文化艺术遗产的保护和当代艺术的发展，如何保持其独特性和个性，以及如何与社会的发展进程协调并存，已成为人们共同关注的全球性议题。特别是在今天，现代化发展推动的社会快速变迁，引发的文化失调现象举目可见，既存在着现代化建设本身的冲击，或商品化及旅游产业化对民族文化内涵的消解，但更具危机的是，文化变迁中经常可见到抛弃传统、追求时尚的现象。这种情况所带来的文化传统的消失，比外力的冲击更具摧毁性。在这种情况下，如何解决少数民族艺术遗产的保护以及保护其民族性的问题，就更显得急迫。今年初，中国文化部启动了中国民族民间文化保护工程，标志着中国民族民间文化保护的工作，已由项目的实施，进入完善文化政策、加大财政投入、项目保护全面实施的阶段。全国各地特别是少数民族地区对艺术遗产的抢救、保护及对当代艺术发展的扶植，都有很多新的措施。中国艺术研究院是我国国家级综合性艺术研究和艺术教育机构，其重要职能之一就是抢救、保护和研究民族艺术遗产，我院受文化部委托成立的向联合国教科文组织推荐、申报"人类口头和非物质遗产代表作"评审委员会及"中国民族民间文化保护工程国家中心"，对于少数民族艺术遗产的保护和研究，也都将给予特别的关注。

2003年9月，我院与西藏自治区文化厅在拉萨联合主办的"全国藏戏发展学术研讨会"产生了重要的学术影响。目前，我院正在组织进行的课题，如《中国少数民族乐器征集和收藏》《西北五省人文资源基础数据库》《中国少数民族艺术遗产集成》等，都将为少数民族艺术遗产保护作出努力。

我相信，这次国际学术研讨会的召开，必将为交流各国在少数民族艺术遗产保护和当代艺术发展方面的经验、探讨面临的问题，提供一个交流的平台，对促进和推动这一工作更好地开展起到重要的作用。

（本文是作者2003年12月8日在"中国少数民族艺术遗产保护暨当代
艺术发展国际学术研讨会"上的发言，题目为本书编者所加；
原载于《文艺研究》2004年第1期）

非物质文化遗产保护步入规范里程

在世界经济一体化和现代化进程日益加快的今天，非物质文化遗产社会存在的基础日渐狭窄，现代生活方式对它的消解，以及灾害性破坏、建设性破坏，都对其存在形态构成程度不同的危害。尤其是一些项目被确定为保护对象后，人们片面地去开发它的经济价值，如对古老村落的过度旅游开发和一些手工艺项目的大量机械复制，使这些项目显现的某种人类文明以及这种文明成长的过程，因我们的保护而消失。因此，对非物质文化遗产特别是许多已处于生存困境中的项目，进行正确的抢救与保护具有重要意义。最近，国务院办公厅印发了《国务院办公厅关于加强我国非物质文化遗产保护工作的意见》，这标志着我国非物质文化遗产的保护工作将进入全面、科学、规范有序的发展阶段。

从《诗经》到民族民间文化，中华民族文化传统和文化精神绵绵相延，文化保护历来有着良好传统，从我国古代《诗经》的采集、整理、传承到20世纪初兴起的民族、民间、民俗文化的搜集、保存特别是民俗学建设取得的成就，它们与中华文明延续的灵魂——丰富的文化传统和文化精神的关系，都有值得深入总结的学术内涵。新中国成立特别是改革开放以来，我国在保护非物质文化遗产方面做了大量卓有成效的工作，取得了令人瞩目的成就，如编纂被誉为"文化长城"的中国民间文化"十大文艺集成志书"，抢救、保存了大量的珍贵艺术资源。1997年，国务院发布《传统工艺美术保护条例》；2000年，文化部、国家民委联合发布《关于进一步加强少数民族文化工作的意见》；2003年，文化部、财政部等联合启动了中国民族民间文化保护工程；2004年，十届全国人大常委会第十一次会议通过了关于联合国教科文组织《保护非物质文化遗产公约》的批准决定；今年，国务院办公厅印发的《国务院办公厅关于加强我国非物质文化遗产保护工作的意见》，提出要建立国家级和省、市、县级非物质文化遗产代表作名录体系，逐步形成有中国特色的非物质文化遗产保护制度。新的时期正在开展的非物质文化遗产保护工作，可以从我国历史上特别是近现代和当代保护非物质文化遗产的做法中，得到许多科学保护的借鉴。但非物质文化遗产本身存在形态的复杂性，决定了抢救与保护相应的复杂性。同时，非物质文化遗产概念在共同工作准则中应用，也只有不长的时间，还需要人们在实践中逐步形成对其概念约定俗成的共识。

非物质文化遗产涵盖五方面内容，并将有新的项目不断加入其中，保护经验在实践中丰富和完善。《保护非物质文化遗产公约》指出，非物质文化遗产应涵盖五个方面的项目：1. 口头传说和表述，包括作为非物质文化遗产媒介的语言；2. 表演艺术；3. 社会风俗、礼仪、节庆；4. 有关自然界和宇宙的知识和实践；5. 传统的手工艺技能。《公约》并指出，非物质文化遗产概念中的非物质性的含义，是与满足人们物质生活基本需求的物质生产相对而言的，是指以满足人们的精神生活需求为目的的精神生产这层含义上的非物质性。所谓非物质性，并不是与物质绝缘，而是指其偏重于以非物质形态存在的精神领域的创造活动及其结晶。

人们对非物质文化遗产内涵的认识，有不断丰富和深化的过程，表现出经验性、实践性和可操作性。现在的五大类的划分不会是凝固不变的，随着认识的深化，会有新的种类进入其类别系列。也许我们可以从日本对非物质文化遗产项目认定过程的发展中得到启示。日本从1950年开始实行保护"无形文化遗产"，最初是由国家"文化保护委员会"对于面临濒危状态的项目，采取选定后给予补贴保护。1954年以后，保护项目的选定，则是首先从其本身有无独特价值或有无历史保护价值来确定。保护项目的内容，主要以古典的表演艺术和工艺技术为对象。在指定项目的同时，必须认定该项目艺术或技术的代表性人物，这些人物被称为"人间国宝"。因此，有人称日本的这种保护措施为"人间国宝制度"。1975年以后，日本又规定将有特别重要价值的风俗习惯和民俗表演艺术指定为"重要无形民俗文物"加以保护。今天，我国非物质文化遗产的保护工作已进入全面开展阶段，但日本保护非物质文化遗产认识不断深化的过程，仍然可以启发我们在普查和保护中，不必拘泥于某些定义的限制，而要注重实际，在实践中总结和丰富我们的经验。

我国正在申报第三批项目，但申报只是形式，科学地抢救与保护才是目的。

从2000年联合国教科文组织正式启动"人类口头和非物质遗产代表作"项目以来，我国报送的昆曲艺术和古琴艺术分别被公布为第一和第二批代表作项目。第三批我国评审申报的正式项目是"新疆维吾尔木卡姆"，并会同蒙古国做联合申报"蒙古族长调民歌"的文本制作。这为我国的非物质文化遗产代表作项目评审和保护工作积累了丰富的经验。我国评审代表作项目的工作，不仅注重科学认定该项目的确定性、自身价值、濒危性和机构保护行为的规范性，而且注重该项目公布后应该具有的对我国非物质文化遗产保护工作的示范作用。申报或建立非物质文化遗产代表作名录，都只是一种形式，而真正的目的还是促进抢救与保护。保护措施的完备、得当和可行性应该是确定和公布非物质文化遗产代表作名录的一项重要内容。

对非物质文化遗产的保护问题，以什么样的方式保护，这是大家普遍关心和思考的一个问题。各个国家、各个民族的非物质文化遗产是全人类共同的文化财富，但首先还是属于自己国家和民族的，我们应从实际出发，尽快制定更加完备的抢救和保护的法律、政策，科学、全面、系统地抢救和保护现存的非物质文化遗产。非物质文化遗产内涵的丰富性，它体现的民族性、独特性、多样性，决定了保护方式也应当是多样的。但是，保护方式的多样性，是以保持其原生态，保持其按内在规律自然演变的生长过程，不因其特有的脆弱性而导致消亡为前提的。无形文化遗产的不可再生性，决定了我们必须把保护放在第一位。同时，非物质文化遗产作为活态文化，其精粹是与该项目代表性的传承人联结在一起的，对项目传承人的保护也应该是保护工作的重点。

（原载于《人民日报》2005年6月10日；
收入《非物质遗产保护研究》，文化艺术出版社2009年版）

正确认识和把握非物质文化遗产的传承规律

今天我主要针对普查和申报的一些总体性的问题，谈些个人的想法，和大家讨论。我主要讲两个方面的问题。第一是正确认识非物质文化遗产。第二是对非物质文化遗产传承规律的总体把握。

首先是怎样来认识非物质文化遗产。非物质文化遗产的保护是近几年的事情，过去提的是民族民间文化保护。新中国成立以后，国家很快就部署了这项工作。新中国成立以前，非物质文化遗产是作为民间的文化遗产来保护的，其中包括民国在内的近现代时期的保护。今天，我们已经能看到这些工作所取得的成绩。中华民族历来就有保护文化遗产的传统，中国历史上的《诗经》对民间歌谣进行了搜集、整理和保护，《诗经》也包含了雅乐、宫廷古乐的歌词。在那个时代，宫廷、上层文人的诗或歌能记载下来，比较合乎情理，但是能把民间歌谣搜集、整理下来是有了不起的眼光的。中国近现代到新中国成立以后，我们对民族民间文化遗产的保护取得了很大成绩。但是新中国成立以后，为什么用"民族民间文化保护"或"文化遗产保护"，而没有提出"非物质文化遗产"这样的概念或别的名词来概括我们的保护呢？我主编的《非物质文化遗产概论》中也谈到，非物质文化遗产概念的演变反映出人们对事物的认识有一个不断深化的过程。新中国成立以后"民族民间文化保护"概念的出现，有它当时时代的局限性。新中国刚刚成立，很多封建主义或是有封建思想残余的东西都要扫除，所以"民族民间"的提法就把当时一些宫廷的或不是存在于劳动人民之间的那些遗产排除在外。这样的局限，当然也会有很大的损失。

2003年，我们开始实施"民族民间文化保护工程"。当时就以什么名称称谓进行过讨论，后来确定为"民族民间文化保护工程"，实际上还是沿用了新中国成立以后的叫法。但在今天，谓之"非物质文化遗产"，实际上涵盖的范围非常广了。我国在联合国教科文组织签署的《保护非物质文化遗产公约》及2005年国务院办公厅发布的《国务院办公厅关于加强我国非物质文化遗产保护工作的意见》和国务院发布的《国务院关于加强文化遗产保护的通知》这两个文件里都指出，"非物质文化遗产"主要有五项或六项内容：1. 口头传统和表现形式，包括作为非物质文化遗产媒介的语言；2. 表演艺术；3. 社会实践、礼仪、节庆活动；4. 有关自然界和宇宙的知识和实践；5. 传统手工艺。此外，一些文件，包括我们制定的关于普查的指导意见，增加了"与以上表现形式相关的文化空间"。"文化空间"的构成不仅仅是文化场所，在这个文化场所内，还必须有一个时间，一个事件，是一个时空的概念。如果一个场所没有在一定时间里进行的传统文化活动，就不能叫"文化空间"。这个词是借用的翻译过来的词，目前还存在争议。有些人认为"文化场所"比"文化空间"能更明确、更清晰地表达特定内涵。但是实际上两者有很大区别，"文化空间"作为非物质文化遗产动态的表现过程，比"文化场所"更能概括特定的"非物质文化遗产"现象。"非物质文化遗产"包含的内容是不断丰富的，随着实践中的普查、保护和对它的规律研究的深化会不断有所补充。我们在这几年的实践中认识到，"非物质文化遗产"更多地表现为人们的生产方式和生活方式。生产方式的涵盖面很宽，而生活方式的涵盖面更宽，情感方式、思维方式都可列入到生活方式中。非物质文化遗产很多时候以物化的形态呈现，不断运动着的活态存在才是它的本质特征，它主要依靠传承人口传心授的方式来传承。比如昆曲，很多表演程式、基本规则都是通过老艺人来传承。

现在，中国传统戏曲的延续存在很大的危机。在一次座谈会上，一位戏曲评论家说："中国戏曲目前到了最危险的时候。"确实是这样，为什么危险呢？因为它的传承靠的是口传心授。现在的院校教学不能采用口传心授的方式，许多老艺人独特的表演技巧不能流传下来。戏曲传承面临危机，过去梅兰芳能上演200多出剧目，周信芳演过500多出，现在著名的中年演员能演20多出剧目就不错了，青年演员能演五六出就不错了，有的只能演几出折子戏。中国戏曲博大精深，独树一帜。但是在传承问题上没有按照规律把握，在这个环节上存在很大问题。当然，这其中还有别的原因，如体制的原因，还有当代艺术多样化的冲击等。

除了相对的恒定性以外，活态流变性是非物质文化遗产最基本的特征，因此对非物质文化遗产的保护不可能是原封不动的凝固的保护。我们的保护和普查必须符合它的内在规律。非物质文化遗产的保护与物质文化遗产的保护是不同的。物质文化遗产是固化的、凝定的，非物质文化遗产呈现的形态则是活态的、不断变化的。如果我们把非物质文化遗产称为"活态文化遗产"，物质文化遗产称为"固态文化遗产"可能更符合它们的本质规律和存在形态。但是现在，由于在官方文件和工作实践中我们都称"非物质文化遗产"，就不可能加以随意改变。我们只能对"非物质文化遗产"这个概念赋予明确的内涵，这样便于我们在工作和在研究中以清晰的界定来使用这一名称。

我们院的美术理论家吕品田同志去埃及考察，回来后对我说了一件事。在考察中，一位画家陪同他去参观金字塔。他向那位画家问道："为什么从你的画中看不到埃及的历史文化传统？"这位画家回答说："这些历史传统跟我们没有关系，跟我也没有关系。"他说这样的话，意思是古埃及的历史传统和他的艺术创作没有联系。而我们的中国画就不同，它跟历史传统不是没有联系，而是这种联系是深入到它的艺术形式本身。这是因为，我们不仅流传下来很多的国画作品，而且国画的作画技法和它所蕴含的文化内涵通过活态的传承传到了每一个现代画家的笔下，所以它能跟这种历史的基因或者说历史的元素联系起来，这是非常重要的。

现在，我们看待非物质文化遗产跟前几年已经不一样了。前几年，大家对非物质文化遗产的价值还不是很明确，认为保护非物质文化遗产没有多大意义。今天看来，绝大多数人不会认为保护非物质文化遗产没有意义了，但仅仅这样是不行的。我们还必须看到，非物质文化遗产随着时间和历史的绵延很容易被湮没，甚至消失。它不同于文物等物质文化遗产，尽管物质文化遗产也会被毁坏，但我们还可以按照它的形态进行修复。然而，非物质文化遗产一旦遭到毁坏就很难再接续。例如我在北京看到的一种皮影，十年前还有20多个艺人，现在这些老艺人都去世了。没有了传承人，这种艺术形式也就无法再复原。所以，在这种情况下，我们要看到保护非物质文化遗产的紧迫性。

从2001年联合国教科文组织公布世界范围内第一批"人类口头和非物质遗产代表作"开始，到现在有五六年时间了。这个时间很短，但是我们对"非物质文化遗产"的认识有了巨大的飞跃。以前大多数人认为非物质文化遗产价值不大，对保护非物质文化遗产的意义心存疑问。但今天，绝大多数人已经没有这样的疑问了，只有个别人对此提出异议。例如，之前有位大学教授写文章质疑保护非物质文化遗产的意义。这是个例外。现在，社会公众一般都不会这样认为了，这是一个很大的认识上的飞跃。有了这样的认识上的飞跃，全民的保护意识才会增强。这种公众意识增强之后，我们的非物质文化遗产保护工作才会进入文化的自觉。这种文化的自觉是非常重要的。大家在国外经常看到这种情景：一个不大的房子，上面挂着这样的牌子——某某历史名人曾在此居住。房屋保留他们居住时的原貌，即使现在居住在里面的人与它原来的主人没有什么关系，但也会很自觉地保护它们原来的面貌，不会贪图舒适而随意改变。他们很坚定地信守保持历史原貌的信念，以便给后人留下联想的空间。这就是文化的自觉。这种文化自觉、公众的保护意识对于我们的非物质文化遗产保护非常重要。所以，我想我们的非物质文化遗产的保护工作还是应该继续将提高公众的参与意识、公众自觉的保护意识作为一个方面去加强，这是一项长期的工作。2006年举办的"中国非物质文化遗产保护成果展"对于增强全民的保护意识起到很大的作用。我们从事非物质文化遗产保护工作的人还是应该在宣传上做大量的工作。以上是对非物质文化遗产的认识。

下面讲第二个问题，非物质文化遗产传承规律的总体把握。总体性把握应该遵循什么样的原则？非物质文化遗产是一个世代绵延的文化传承过程，站在人类历史发展的高度来看非物质文化遗产的现象，就会发现，它的"活态流变性"是其传承的基本规律。一个非物质文化遗产的项目，它的传承过程是非常缓慢的。我曾在越南观看过"水上木偶"表演。开始，我以为水上木偶源自中国中原地区，后来从一名常驻越南的大使馆工作人员处得知，"水上木偶"是越南本土的一种艺术，有一千多年的历史。但在我国的典籍记载中，表明在宋代，这种"水上木偶"在宫廷有很多的表演。现在我们不去讨论这种"水上木偶"究竟在何处传承最早，但这种已有悠久历史的艺术形态在今天看来变化不大。可见，它的传承过程是非常慢的，并且历经千年而没有改变水上表演的主要特征，这是它的一种恒定性。尽管如此，我们在考察的过程中发现，他们今天的表演还是具有时代气息的，或者说具有时代元素、生活元素的融入。所以说，尽管它的传承过程缓慢，但不会不受当代的影响。但是，如果有很大的改变的话，它就不是历史的形态了。历史的元素就好比人的基因，必须有所保留，否则就会变成另外一种形态了。反之，我们现在看非物质文化遗产，也不可能将它们恢复到历史原来的面貌。所以说，我们要尊重非物质文化遗产演变的规律，也就是它的"活态流变性"。

非物质文化遗产跟当代是有交互的作用的，这种交互作用不妨害它们保持了历史传承下来的基因，具有独特的特征，同时又受到当代的影响。也就是说非物质文化遗产，它不是静止的，而是与时代、社会的发展相并行的，这种变化是绝对的。但它所显现的文明，以及这种文明成长的过程是不会中断的。如果一些本质的东西被我们抛弃了，它就不再是"非物质文化遗产"了。它自身的价值与当代文明之间保持了双向的影响，时代的发展会赋予它时代的气息，但它文化的根源、这些传统的要素是不会改变的。有些非物质文化遗产，作为生产方式，如一些手工艺技术，随着人类科技文明的发展，已经不再作为我们主要的生产方式存在了，但是它们作为最基本的、原始的技术，承载人类聪明才智的载体，对于我们今天的技术创新、文化创意仍具有启发作用。非物质文化遗产的保护方式很多，其中一种就是将它们作为经济资源加以开发。这种开发是在保持非物质文化项目本身的存在形态和历史演变的基因的前提之下，作为一种文化资源来开发。这种开发是非常必要的，一些被开发的文化遗产实际上是我们今天文化产业、文化创意产业发展最丰富的资源。何谓"文化产业""文化创意产业"？也就是将文化做成品牌，并把它推销出去。事实上，很多有影响的文化品牌和文化创意都是从传统的非物质文化遗产资源中取得的。可见，我们保护非物质文化遗产的手段是多样的，其中将它们看作一种可以开发的经济资源也是很重要的方式，但前提是不改变它具有的非物质文化遗产的本质特征。

非物质文化遗产的恒定性与活态流变性是它的一个基本规律或基本特征，这决定了保护是为了发展，但没有发展也就失去了保护的意义。当然，将非物质文化遗产仅作为人类精神上的财富加以保护也是有价值的，但是更多的还是为了发展。所以非物质文化遗产传承规律的总体把握中，第一点就是科学界定"非物质文化遗产"的概念及内涵的原则，也就是正确把握非物质文化遗产存在形态的复杂性。非物质文化遗产存在形式非常复杂，第一批国家级非物质文化遗产名录公布的是十个方面，《非物质文化遗产概论》中分了13类。这13类中，将"语言"作为一个独立的门类。尽管联合国教科文组织没有谈到语言的保护，但语言的保护十分重要，人类很多的生活方式和文化财富都是在语言中传承下来的。所以，保护语言是保护人类文化遗产的重要方面之一。语言的保护极其复杂，尤其是在经济一体化进程加快和计算机技术普及的背景下，语言消失得非常快，这样就增加了语言保护的难度。因此，将"语言"作为非物质文化遗产保护下来不太切合实际，这可能也就是联合国教科文组织没有将语言列入保护范围的一个原因。我们现在将"语言"作为非物质文化遗产的一类列出来，但实际上在保护实践中，"语言"的保护可能不太现实。但并不能因此不重视语言的保护、抢救或以音像等有形方式加以保护。这说明"非物质文化遗产"的形态及保护方式是非常复杂的。

这种"形态的复杂性"就决定了我们在界定"非物质文化遗产"的概念和内涵时，要坚持"实践性"。"非物质文化遗产"的六个方面，不纯是理论的阐述，而是从实践中总结出来的。同时还有"经验性"，以前人们没有认识到非物质文化遗产的价值以及它作为独立的文化遗产存在的必要性。随着时间的检验，人们认识到它的重要性，这体现了人们的经验性。另外还有"可操作性"，如"非物质文化遗产"的分类，我们是从公布遗产名录的角度来区分的，具有可操作性。同时我们还可以看到"非物质文化遗产"概念和内涵的界定有一个演变的过程，不仅演变的内容丰富，还包括名词的界定，这说明它的界定具有"开放性"和"延伸性"。我之所以提到"非物质文化遗产"概念和内涵界定的"复杂性、实践性、经验性、可操作性、开放性和延伸性"这些原则和特点，是因为我们在对"非物质文化遗产"的普查和认识中有一个不断深化的过程。我们界定"非物质文化遗产"的概念和内涵有很多的依据，但是我们还是要从保护工作的实际出发来加深对非物质文化遗产的认识。这种认识深化之后，我想我们对"非物质文化遗产"的概念、内涵、保护的措施、办法等这一切就会有不同的感悟，这一点非常重要，我们不要过度受到这些概念内涵的约束，更不能采用僵化的方式面对实践。

对"非物质文化遗产"总体把握的第二点就是对项目要坚持科学认定，这一点也很重要。非物质文化遗产项目的标准，主要有以下几个方面：1. 具有杰出价值的民间传统文化表现形式或者文化空间；2. 具有见证现存文化传统的独特价值；3. 具有鲜明独特的民族、群体或者地方文化特性；4. 具有促进民族文化认同或者社区文化传承的作用；5. 具有精粹的技术性，很多民间的传统工艺技术，都具有精粹的技术性；6. 具有影响人民思想情感的精神价值；7. 其生存呈现出某种程度的濒危性。非物质文化遗产与当代社会的迅速发展产生一定矛盾，从而出现不同程度的濒危性，这是一种普遍存在的现象。有人说非物质文化遗产存在的状态岌岌可危，或者说受到很多限制，这都是正常的现象。所以，对非物质文化遗产项目的认定坚持科学性，这是非常重要的。当然，这个标准也不是一成不变的，我们可以根据实际情况来增加或调整。

在普查中对非物质文化遗产项目的科学认定需要正本清源，加以科学考察。"正本清源"非常重要，我举一个例子。

韩国在申报联合国教科文组织"人类口头和非物质遗产代表作"时，是以"宫廷宗教祭礼乐"名称入选。该项目在阐述项目依据时，有这么一句话："礼仪是以中国古典文献的记载为基础，由皇帝的后代于每年5月的第一个星期天组织举行。祈求祖先灵魂永远平安。"其中明确指出这个礼仪是依据中国的古典文献记载为基础。韩国民众的民族自尊心是很强的，但是他的这种表述，丝毫不会损害民族的尊严，这是一种科学的态度。所以，我们在普查中要正本清源，要坚持一种科学的态度来认定这些项目。现在，我们在自己国内的申报项目中有些还不能真正弄清楚这个项目的生成、生长的过程。这样就不能保证该项目真正的价值。因而我觉得"正本清源"是相当重要的。

我们在项目认定的过程中，有一个方法问题。比如说，哪个项目对现在旅游开发有好处，我们就把它认定为"非物质文化遗产"。这个从方法上来说就不对。另外，在认定"非物质文化遗产"的时候，要消除认识上的限制。在我们的名录中，传统的表演艺术方面比较多，但是现在的分类更为全面，医药包括凉茶的配制方法也可以入选。"非物质文化遗产"与人民的生活方式、生产方式息息相关，它广泛地存在于我们当代的生活空间之中，所以认定的时候，不能局限于艺术的表演形式，而要把认识上的限制逐渐消除。还有一个问题是文化空间项目的认定问题。在认定的时候有一个思想观念方面的问题，应该特别加以强调。一种是"泛文化遗产论"。前面讲了科学认定、正本清源非常重要，把什么都看作非物质文化遗产是不行的。另一种就是在普查中再造项目。比如说有一些戏曲的唱腔，或者声腔已经不作为独立的声腔来演出了，它被很多戏曲剧种吸收运用于舞台表演，但是我们为了挖掘"非物质文化遗产"而重新把它独立出来，建立一个剧团。我觉得，一般来说没有这个必要。我们除了要反对"泛文化遗产论"之外，还要坚持在普查认定中拓宽保护、保存、保留的面，不要太窄，这个关系要把握好。

现在，在我国第一批国家级非物质文化遗产名录中，我们很少能够看到民间祭祀的仪式和表达民间信仰的项目，这说明我们对这些项目的认识和价值判定还不太清晰。在普查工作中，我们要对此特别加以重视。有一些仪式或民间的信仰，虽然是唯心主义的，但这是我们的先辈认识世界、认识自然、认识社会的方式，它对人的精神、情感的丰富，对人的内心世界的健全，起到了好的作用，保存下来，对于我们的研究也是有好处的。当然，随着科学的进步，有些唯心主义的东西我们要剔除。对于这类项目，弘扬要慎重，但先保护下来很重要。所以，对于民间信仰、民间仪式，我们在普查中要加以特别的重视，不要遗漏。

非物质文化遗产的保护是以人的全面发展为原则来进行的，否则我们没有必要保护。从以人为主体的全面发展来考虑问题的时候，人的精神、情感都需要丰富。以人的全面发展为原则，是对人的尊重。所以，从这个意义上说，我们对非物质文化遗产的保护，既要全面又要审慎，但前提是科学认定，在普查工作中我们一定要把保存、保留、保护的面拓宽。

对非物质文化遗产总体把握的第三点是保护的基本方式和原则。保护的基本方式有以下几种：

1. 建立国家级、省级、地市及县的四级保护名录体系。传承人的保护和生态保护区的建立对我国非物质文化遗产的保护有着重大的促进作用。把保护传承人视为非物质文化遗产保护工作的核心，这也是专家和一线工作人员的共识。但是，只有在建立名录制度之后，我们才能进一步做好保护传承人、生态保护区等一系列的工作。因而，建立完整的非物质文化遗产四级名录体系非常重要。

2. 把一些非物质文化遗产转变为有形的形式加以保存。非物质文化遗产具有活态流变性，我们要运用记录、整理、录像等技术手段将非物质文化遗产保存下来。如《二泉映月》的保存，就是把非物质文化遗产，通过录音这种有形的形式保留下来，使它成为当今民族音乐的经典。

3. 在其生成、生长的原始生态中保存它的活力。这主要是指礼仪、节庆活动、民间信仰等。这虽然不能全部做到，但是有的是可以做到的。

4. 转化为经济效益、经济资源，以生产性方式来进行保护。现在很多项目可以转化为经济资源和经济效益进行生产性保护。社会和公众的需要可以促进生产的发展，比如不少民间手工艺制品，等等。所以进行生产性保护是保护非物质文化遗产最根本的方式，当然不是所有的项目都可以这样来做。

5. 保护传承人。保护传承人是非常重要的。国外对非物质文化遗产的保护，是把传承人作为核心主体来进行保护的。把保护的措施落实到传承人身上，这是一个有效的保护方式。比如说日本茶道的传承，实际上就是按照传承人的保护来延续茶道传承，效果就很好。

我认为，非物质文化遗产保护主要从以上五个方面来进行。但这些方式需要有一个根本的基础，就是立法保护，只有立法保护才能使这些方式得到根本性的法律认同。

我们坚持的原则就是强调保护放在第一位。我还要强调几点：

第一，要坚持积极保护的原则，而不是消极保护。如建立生态区的保护就是积极的保护。

第二，要坚持整体性保护的原则。在一些文化空间或者某些非物质文化遗产项目的保护中，我们不能把它割裂开来，而是尽可能地创造一个整体性保护的空间、环境或氛围。另外，保护的基本原则还要强调本真性原则。本真性就是真实的而非虚假的、本原的而非复制的、神圣的而非亵渎的。现在，在非物质文化遗产保护中，无论在中国还是国外，有的为了一些利益，在记录和传承时把这些非常神圣的项目做得非常肤浅或是非常时尚，把神圣的东西庸俗化，使得它的内在价值和内涵不能传承下来。

第三，要坚持可解读性的原则。我们既要把项目保护下来，同时也要认真地、科学地思考和研究它内在的精神内涵，从中寻找与我们今天的生活方式、思维方式以及情感相联系的对今天还有重要延续价值和作用的元素。

第四，要坚持可持续性发展的原则。可持续性的发展观是人类20世纪对自身发展反思后确定的新的发展观，它来源于1987年以挪威前首相布伦特兰夫人为核心的"世界环境与发展委员会"公布的著名的报告——《我们共同的未来》。这个报告中有一句话："可持续性发展的战略思想应该是既满足当代人的需要，又不对后代人满足其需要的能力构成危害的发展。"这个思想虽然是根据环境问题提出来的，但也适合于用它来认识非物质文化遗产的保护。如果坚持可持续性的原则，我们的保护工作的长期性和延续性就可以得到保证。我们在工作中提到的"有效保护，合理利用"这个理念，实际上也是一种"可持续性发展"的原则。这个原则我们也要好好把握。

2006年11月6日
（本文为作者在文化部举办的非物质文化遗产保护培训班上的讲稿；原载于《非物质遗产保护研究》，文化艺术出版社2009年版）

非物质文化遗产传承在文化生态保护区

建设中的要义解析

——以闽南传统戏曲艺术为例

设立文化生态保护区作为我国的一项文化发展战略，国务院文件作了规定，也列入了《国家"十一五"时期文化发展规划纲要》。今天，我们在厦门参加闽南文化生态保护工作研讨会，就文化生态保护区的设立作深入的探讨，这标志着国务院公布我国第一批国家级非物质文化遗产名录（518项），我国的非物质文化遗产保护走上全面的、整体性保护阶段之后，设立文化生态保护区，从人、文化与环境的关系着眼，研究传统文化与当代呈现形态，固态文化遗产（文物）与活态文化遗产（非物质文化遗产）共存共生，地理环境、文化传承与人们的生活方式、精神养成的互动因素，从而对立体地保护、传承文化遗产特别是非物质文化遗产，有着十分重要的意义。

非物质文化遗产是构成文化生态保护区的重要基础。文化生态学的创始人、美国人类学家斯图尔德（Julian Steward）将不同地域的特殊文化特征和文化类型的研究定义为文化生态学。文化生态学的方法最重要的贡献在于提出环境和文化并不是两个不同的方面，而是辩证的相互作用，是相互的因果关系。今天我们在文化生态保护区的实践中借鉴这一概念，但不是照搬。应当从特定地域的文化生成、流播、涵养的因素及其与当代人们关系的实际出发，保持或创造适合多样性的文化形态（其中很多表现为人们的生活方式和生产方式）和按照自身内在规律自然衍变的生态环境。这些文化表现样式凝结了深厚的传统文化因素。通过这样一种文化生态环境的创造，才能使延续至今的优秀文化为沟通人们的情感、丰富人们的精神、创造人们和谐诗意的栖居环境发挥无可替代的作用。

当前将"文化"与"生态"建立联系，终极目的正是在充分尊重文化群体对文化进行传承、发展的前提下，将人的生活与自然环境、社会环境相互协调起来，以建立文化自信、文化自适、文化自觉的可持续发展的和谐结构。"文化生态"概念的张扬，充分地尊重了基层社会在历史的时空经纬中所创造的文化遗产和传承智慧，充分尊重了民众对于不同文化进行融合、创造的能力和传统，这正是中华民族优秀传统文化在今天仍被尊重的重要原因。从汉代以来，不断南来的北方民族和中原文化，进入福建、影响福建，直到唐宋时期，开始大规模地开发福建。也在此时期，外来的种族文明、宗教信仰等泛海而来，停留并深深地融入到此地的民众生活中，因此在宋明以来，这个文化相对稳定的区域形成了独特的文化面貌。其表现为多种文化形态，相谐于此、相融于此，并多元共生，而又共同具有鲜明的中华民族特色。

闽南区域的文化形态是绚丽多彩的，其中传统的戏曲艺术尤为引人瞩目。传统戏曲艺术作为闽南文化形态中很鲜明的一个文化现象，阐释着非物质文化遗产以活态文化遗产形态延续至今的意义。在闽南充满活力的文化生态中，戏曲艺术作为一个相对独立的文化形态，与生长于斯的人及其社会环境紧密联系在一起，一直浮现在民众生活的最表层，是承载着民众情感的艺术表达，折射出社会生活形态的历史风采。

自唐代以来，来自中原地区的歌舞鼓乐、百戏技艺、木偶皮影，随着福建的不断开发，在此日益繁盛，并且与民众的信仰生活、生产劳作、生命礼仪密切联系起来，成为地域艺术不断生发的母体。作为中国戏曲原初形态——南戏的孕育地之一，福建保留了类如莆仙戏、梨园戏等从早期南戏发展而来的戏曲剧种。在莆仙戏和梨园戏中，保留了许多南戏早期的剧目，如《张协状元》《活捉王魁》《朱文走鬼》等；在音乐中还保留了【太子游四门】等唐宋大曲的曲牌和演奏方式，如梨园戏的"压脚鼓"演奏法就保留了唐代梨园戏中的击鼓技巧。除古老的南戏形态外，闽南还保留了目连戏、傀儡戏、打城戏等与宗教信仰相配合演出的戏剧形态；同时，广泛接纳并延续了元明清以来众多的戏曲艺术，弋阳腔、昆山腔、四平腔、乱弹、皮黄等一系列声腔系统在福建生根，并衍生出具有地域特征的戏曲剧种和演剧模式。可以毫不夸张地说，福建戏曲艺术的多元化生态正是中国戏曲史在特定地域的浓缩结晶，也是福建文化生态的最佳代表。

在福建丰富的戏曲文化生态中，闽南戏曲文化生态又是其中最具特征的一支。在以泉州、漳州、厦门为中心的闽南地区，戏曲艺术与民间歌舞、曲艺、音乐、雕刻、服饰、灯彩，与民间宗教、信仰、庆典、礼俗、节日等，相融共生，并臻精致，一起成为不可分割的文化整体，也成为闽南人在地缘认同的同时，进行文化认同的形式表征。特别是建立在闽南地区语言基础上的各种戏曲艺术已成为闽南人精神世界不可缺少的食粮。有一年，我在泉州，晚上看到广场上的高甲戏演出，有四五百名观众，他们看得十分痴迷。文化局的同志告诉我，那一晚泉州市内有十一台戏在演出，市属县境内也有五六十场戏同时在演。传统戏曲在闽南地区与人民大众生活的密切关系，由此可见一斑。

如同梨园戏的发展过程一样，在闽南地区流行的车鼓戏、乱弹、竹马戏、四平戏、高甲戏、提线木偶、布袋木偶、歌仔戏等，都附带着浓郁的乡情乡韵，并随着闽南人的迁移而传播。历史上，特别是清代以来，福建的大量移民进入台湾，在半数以上人口使用闽南语的台湾，上述戏曲艺术也为台湾同胞所喜闻乐见，当然也成为两岸文化交流的重要内容。上千年的文化渊源造就了闽台地区同根同祖、同脉同流的族群分布和文化格局，闽台地区文化取向同一的特征也使戏曲艺术成为文化联结的纽带。特别值得一提的是，"歌仔戏"这一剧种正是闽台两地人文同脉共同孕育出来的艺术之花。明末清初在闽南流行的锦歌、车鼓弄等民间艺术，进入台湾宜兰等地之后，与当地民歌小调结合，逐渐发展成为歌仔戏。20世纪上半叶，歌仔戏在闽南的厦门、漳州一带遍地生花，繁荣兴盛起来，经过以邵江海为首的戏曲改革家的创作改良，用新的"改良调"代替了台湾的"歌仔调"，从此风靡闽台。

透过这些戏曲剧种在闽台的发展与交融，可以发现，闽台地区文化生态的良性互动，不但促进了闽南戏曲的兴旺发展，而且满足了台湾民众戏曲欣赏的要求，维持了闽台文化生态的一致性。这种文化生态的一致性，维系了两岸同胞的亲情。作为集大成的地域文化艺术，闽南戏曲一直在这片文化土壤中保持着较为旺盛的活力。但是，如同中国传统艺术在当代社会的尴尬处境一样，闽南戏曲也同样面临着困境，诸如国有剧团负担重、人才流失断层，一些在全国有影响的剧团没有剧场、排练场，等等，都在妨碍着这些戏曲样式的生存与维系。值得欣慰的是，闽南戏曲始终在这片文化生态中，将各自不同的艺术发展定位到传统与现代、全国与地方、闽南与海外、信仰与心灵等诸多关系中，持续着自身的传承。因此，直到现在，闽南戏曲生态依旧依存在闽南语系的广大地域中，呈现出鲜活的生命力。

设立闽南文化生态保护区，对立体地保护文化遗产特别是活态的非物质文化遗产，对于创造和谐适宜的生活发展环境，对于沟通人们的情感和丰富人们的精神世界以及文化资源的合理利用，对于加强祖国大陆与台湾地区的文化和情感联系，都会起到重要作用。但有三点需要加以注意：第一，我们要特别注意维护各种文化表现形式的自然形态，不人为地改变其按自身规律自然衍变的进程，这是保护的最高境界，人为地拔高或改变，就会只保护了形式，而丢掉了内涵。第二，设立闽南文化生态保护区，要立足于保护区本身的内涵，以其独具特色的强大的文化魅力，营造保护区特色文化的主体性，并继续保持其呈现形态的多样性。闽南文化生态保护区的建设，并非是着眼于统战，否则就会偏离着力点。第三，从科学保护入手，制定文化生态保护区保护条例，立法保护是保护工作的基础，应通过立法提高保护的科学性。

（原载于《中国非物质文化遗产》2007年第2期；

收入《非物质遗产保护研究》，文化艺术出版社2009年版）

尊重科学规律　创造性地保护非物质文化遗产

这几天的"中国成都国际非物质文化遗产节"，确实对我们外地来成都的每一位同志都是很大的震动，不仅是因为我们看到了世界文化的多样性，通过实地的情境式的传统表演，我们也看到了成都以及四川其他地区的民族文化的独特性，尤其是少数民族的一些歌舞类表演，可以说是令人叹为观止，其原生态的精粹性令人感到惊奇。这一切，都促使我们更深入地来思考非物质文化遗产的保护问题。

对非物质文化遗产认识的不断深化

一般来说，"非物质文化遗产"这个词，现在人们认为它包含了这么一些内容：第一，是口头文学及其语言载体。很多民间的口头文学，如父辈、祖辈给我们讲的故事，它的精神内涵和语言载体，即它是表达了什么样的传统和用哪种语言（包括表述习惯和语音语调等），如我们四川的"龙门阵"中就涵括着很多口头文学元素，它是非物质文化遗产重要的一部分。第二，是传统的表演艺术。不是当代的表演艺术，比如，川剧、很多的地方戏曲、民间的歌舞，如我们在"遗产节"上看到的许多少数民族的舞蹈，这些就是传统表演艺术。第三，是一些民俗、节庆、礼仪活动。像春节等很多民间的节日等，还有很多的礼仪和节庆活动。第四，是有关自然界和宇宙的民间知识及其实践。如二十四节气，就是农民耕种离不开的关于自然界的知识。第五，是我们民间传统的手工艺技术和技能，比如民间的剪纸、年画、雕刻；像民间传统的造纸技术，等等，这是比较多的。同时还有一个，就是与这些内容、与上述五个方面相关的文化空间。如庙会，就是在一个特定的时间（这个时间一般是固定的）和在特定的地点（就是举行庙会的这个地点），举行的有关民族民间传统的文化活动，这就是文化空间。我们今天说"非物质文化遗产"时，大体是包含了这么多范围的。

但非物质文化遗产作为一个概念来描述的时候，我们可以这样来认识它：非物质文化遗产是人类通过口传心授、世代相传的无形的、活态流变的文化遗产。所谓"口传心授"，如民间的一些文学，是通过长者或者是长辈、老师等亲近的人讲给我们听的，有一些民间的技艺和技能，是通过别人手把手来教给我们的；所谓"世代相传"的，就不是我们现在刚刚创造的，它是我们的上一辈或者再上一辈，是我们的祖先创造的并世代相传给我们的。如二十四节气，今天立春了，立春应该干什么了？民间是怎么来庆祝的？又如过春节应该是怎么过？除夕怎么过？初一怎么过？这是家里的老人教给我们的，这些不是首先从书本上看到的。所谓"无形的"，指它看不见，摸不着。像古琴艺术，很多时候我们只看到了古琴、演员、琴谱，但是古琴艺术作为非物质文化遗产所具有的人与音乐、人与自然、人与人的情感交融等精神性作用及其独特的文化价值，我们却看不见，摸不着。所以说非物质文化遗产是"无形的"。所谓的"活态流变"，如同一个民间剪纸艺人，她20岁的剪纸和70岁的剪纸，在审美取向上、在形态上是有不小的变化的，它不可能一点不变，因此它是活动的、慢慢在流动变化的。

当然，非物质文化遗产更多地表现为精神性和智慧性的呈现形态，它是跟我们的精神、情感和思维相联系的。另外，我们细细考察时还可以看到，它有一个明显的特征，当它作为物质形态出现的时候，它表现为人们的生活方式和生产方式。我们过春节，是我们的生活方式，我们看演出，是我们的生活方式，我们的很多手工艺是我们的生产方式，所以非物质文化遗产与我们每一个人是密切联系的，它就在我们身边，跟我们联系在一起。它表达着我们民族文化的独特性和世界文化的多样性，所以，我们必须把它保护好。

非物质文化遗产的传承和延续，从人类开始创造历史之后，就在传承，但是因为它常常是不自觉的、有时是无意识地来进行的，所以往往不被人们所重视。特别是当我们身处其中时，反而对自己文化的价值视而不见，体会不到它存在的意义，忽略有意识地去传承的重要性。但到了今天，由于时代的发展，现代化和全球经济一体化进程日益加快的时候，我们身边的许许多多非物质文化遗产也在迅速消失；人们在满足了他们一定的生活条件、具备了一定的经济基础之后，就开始关注精神的需要和文化的需要，我们就会发现，我们所需要的很多东西，随着物质生活水平的提高，它已经消失了，人们才感到保护非物质文化遗产非常迫切、非常重要！所以就开始关注非物质文化遗产的保护了。

应该说，在世界范围内，对物质文化遗产的保护，即历史、文物，包括自然遗产的保护很早就提出来了，但对非物质文化遗产保护的提出，也就是最近二十年左右的时间，特别是最近十几年来，联合国教科文组织开始重视这个问题。从2001年以来，联合国教科文组织陆续公布世界范围内的"人类口头和非物质遗产代表作"，中国的昆曲、古琴艺术、新疆维吾尔木卡姆艺术和蒙古族长调民歌名列其中。2001年联合国教科文组织公布"代表作"的时候，它还不叫"非物质文化遗产"，它叫"人类口头和非物质遗产"。那时，虽然在世界范围内，大家都认识到保护非物质文化遗产的重要性，但对这个词还不熟悉，对它的明确界定还没有形成。直到几年前，联合国教科文组织提出《保护非物质文化遗产公约》时，才正式提出了"非物质文化遗产"这个词。在20世纪50年代初，包括日本和韩国，他们就提出了保护非物质文化遗产，但他们没有用"非物质文化遗产"这个词。他们用的词是"无形文化遗产""无形文化财产"等。所以人们对非物质文化遗产的保护的重要性，特别是对它价值的肯定，是随着现代化进程的加快、很多非物质文化遗产快速消失这么一个背景之下，才认识到的。我们可以想象，我们身边的这许多文化传统都不存在的时候，我们的生活会变得多么的单调，我们的精神、我们的情感，无疑也会变得非常虚渺了，那样的话对一个人健全的生活，包括建设和谐社会、人的内心和外部世界的平衡，我想，都是有很大的欠缺的。所以在今天，我们提出了保护非物质文化遗产，这确实有它的时代和历史的必然性，也是我们目前现实的迫切需要和长远发展的要求。

非物质文化遗产保护的现状

非物质文化遗产的分类，是现在学术界正在研究的一个问题，比如去年国务院批准公布的中国第一批国家级非物质文化遗产名录，其中共有518项，是按10个门类来分类、来公布的，即民间文学（也就是口头文学类）、传统音乐、民间舞蹈、传统戏剧、曲艺、杂技与竞技、民间美术、传统手工技艺、传统医药、民俗。

最近五六年，特别是最近两三年，我们国家对非物质文化遗产的保护进程正在加快。我国非物质文化遗产保护现状有一个很重要的特点：我们已经从以前的单项的、项目性的保护走上了整体性的、全面性的系统保护这么一个阶段。为什么这样说？我们可以看到，新中国成立以后，我们国家对非物质文化遗产的保护是非常重视的，像对中医中药的保护，对民间工艺技术和技能的保护，像很多工艺美术的保护，对少数民族的文化资源的普查和保护，像"十大文艺集成志书"的编纂和出版……这一切都说明了我们党和国家对非物质文化遗产的保护是非常重视的。但是，它都是单个的一个一个项目的保护，我们今天的保护已经走向全面的、整体性的保护阶段，我们可以看到国务院批准公布的第一批518项名录，这10个门类已基本涵盖了非物质文化遗产的方方面面。

与此同时，我们也在经历着对非物质文化遗产不断深化认识的演变过程。几十年前，对于现在的许多非物质文化遗产中的许多项目，我们给它以负面的价值判断，或者认为它有封建迷信的因素，或者认为它是落后的。当我们对事物不能作出正确评价的时候，就谈不到对它的保护。特别是在"文革"时期，我们对于很多今天看来是属于文化瑰宝和珍宝的东西进行了破坏。当我们今天对非物质文化遗产有一个科学的和比较准确的评价，当我们认识和看到了它的珍贵性，我们就实施了全面的、整体性的保护，这是认识走向深化的一个具体表现。

我们做了哪些工作呢？第一，我们国家非常重视并积极参与国际合作。因为非物质文化遗产不仅是一个国家、一个民族的文化财富，而且是全人类共同的文化财富，所以我们这种保护应该是国际合作的一种保护。如正在举办的"中国成都国际非物质文化遗产节"，实际上就表达了我们这样的一种思考和理念，我想这种思考和理念付诸行动，更能具体地表明我们对于非物质文化遗产保护的前瞻性眼光。我国积极向联合国教科文组织申报世界非物质文化遗产代表作名录。另外，经全国人大批准，我国加入联合国教科文组织的《保护非物质文化遗产公约》，这些都表达了我们国家重视国际合作的态度。

第二，我们做了一些很具体的工作，就是采取各种形式的保护措施，如全面的普查、科学的认定；建立国家、省、市、县四级名录体系；还有对传承人的保护，我们现在正在评选、确认传承人，可能根据项目的不同情况进行分类和有时间前后的公布；同时，我们国家也重视立法保护，虽然现在还没有一部经全国人大通过的法律来保护非物质文化遗产，但全国人大正在考虑将非物质文化遗产的保护列入人大的立法规划之内，他们正在作调研。2005年3月和12月，国务院办公厅和国务院分别下发了关于保护非物质文化遗产的文件。这两个文件里面，对非物质文化遗产保护的指导思想、工作原则、实施步骤等都作出了规定，文件对非物质文化遗产的保护起到了重大的推动作用，在文件中提出了"保护为主、抢救第一、合理利用、传承发展"的指导方针。这样保护工作就有了依据，保护就不再是盲目的，而是科学的、规范的、有针对性的，保护的措施就能落实。

第三，我们强调政府主导、社会参与，形成党委、政府、社会的有关机构、团体包括民间组织和个人来参与，共同来保护的体系。世界上很多国家都是如此，政府主导，才有更大的推动力量，但是仅仅政府重视还是不行的，依靠社会的机构和团体，特别是依靠公民的普遍的积极的参与是做好保护最根本的方面，只有老百姓都来参与保护并都认识到保护的重要性时，我们的保护才能真正做好。

探寻非物质文化遗产保护规律

研究和了解非物质文化遗产保护规律，特别是非物质文化遗产的传承规律，是做好保护工作的基础。

第一，要正确认识非物质文化遗产的传承规律。要对非物质文化遗产的传承规律进行总体把握，它的最根本的规律是什么呢？就是它的恒定性和"活态流变性"。我前面已经作过一些介绍，由于非物质文化遗产是人类智慧、情感和劳动创造积淀形成的生产、生活方式及情感表达方式，它成为非个体的人的一种"集体"（群体）活动，形成人们共同遵守的或践行的一些规则，这些规则具有集体维持的恒定性，不是一个个体可以随意改变的。但个体的创造性变化，聚集到一定的量时，会使这些规则产生渐变，也就是其活态流变性。非物质文化遗产既具有恒定性，同时它在发展过程中又不是凝固不变的，必须尊重它的"活态流变性"的规律。既然它是发展变化的，保护时又强调保护它的原生态、强调本真性的原则，那究竟怎么来把握呢？我想，最重要的就是对它的自然演变的过程不能人为地去干扰和中断。举一个例子来说，剪纸艺术就不能用电脑程序来设计后许多人照搬一种图案，或用机器来大批量复制，因为这样做了以后，就把图形固定了，今天与二十年以后就没有差别了，不能把传承人的智慧的创造和审美取向的变化以及创作当时的情绪融合在里面，这就是人为地中断它的自然演变进程，就是对它的破坏。对非物质文化遗产实施保护，不是要把它僵化、凝固地固定下来，这既不符合它自身的演变发展规律，也不符合科学地保护的原则，并且实际上不可能把它保存下来。要尊重它演变的规律，既不要人为地去凝固它，也不要人为地去使它突变。

第二，对非物质文化遗产项目的认定要坚持科学性。在普查的基础上，坚持科学认定是非常重要的。举一个例子，韩国第一次向联合国教科文组织申报的代表作"宫廷宗庙祭祀礼乐"，其申报书特别提到它是从中国孔庙的祭祀音乐中传过去后加以发展、演变而成的，这就表明韩国的非物质文化遗产保护工作在认定非物质文化遗产时的一种科学性。它的申报材料，客观地表明了一种文化表现形式（文化空间）客观存在的源流关系。韩国第二批入选的代表作是"江陵端午祭"，它是作为一种祭祀活动申报和入选的。虽然"江陵端午祭"已和我国的"端午节"有很大的不同，但他们还是在申报材料中特别强调和说明了"江陵端午祭"是从中国的"端午节"传过去的历史渊源和事实，这就说明韩国非物质文化遗产保护工作者所秉持的一种科学的态度。而我们国家个别地方在申报名录时，却往往对项目的自然发展和演变以及传承人加以人为的改造、改变，从而试图提升本地项目的重要性或其价值，这样就违背了非物质文化遗产认证的科学性。所以，我们在申报名录或代表作时，要说明它产生的渊源、演变的历史过程，包括它的传承人、它的现状，现状是有困境还是发展得比较好等，都要科学地、历史地加以说明，这样对它以后的发展和演进，才能提出一些具体的和符合科学规律的措施。

在非物质文化遗产认定的过程中，我们一方面要反对"泛文化遗产论"，就是不管是什么项目，我都认为它是文化遗产，而不管它是否有自己独立存在的价值。这样是不科学的。但另一方面，我们在项目认定时，要持一种宽容和包容的态度。因为我们在对非物质文化遗产认定时，不能说没有历史和时代的局限性。在第一批公布的国家级名录项目中，就没有单列民间信仰，而是把它放到民俗中，如"妈祖祭典"就列入民俗活动中，这就说明我们回避了一个问题，对民间信仰的一些项目，一些人还是认为它有封建迷信的因素。如果仅以此来全盘否定它的文化价值，其丰富的内涵以及对于人们精神、情感的正面作用等重要价值也会被否定。所以，对这样一些项目，我们如不能对它的价值给予正确的评价，就会给我们今天的保护带来很大的损失。

第三，非物质文化遗产保护的基本方式与原则。一是建立保护名录制度，即在普查和认定的基础上建立名录制度，国家级的、省级的、市级的、县级的都要建立起来，建立起来后，我们保护才有对象，在名录基础上，确立传承人，传承人是非物质文化遗产传承的核心，没有传承人，这个项目就不能延续。二是将它转变为有形的方式，对于一些濒临灭绝的项目，如民间音乐等，我们通过录音、录像和文字的记载把它记录下来，这是非常重要的。《二泉映月》就是典型的例子，从民间采录下来，就保存下来了。三是在它产生和成长的原始氛围中保持它的活力。像一些民族地区的一些仪式、一些属于文化空间的活动，我们还是应该尊重它生长和生存的那个环境，让它在它那个环境中继续保持活力。如我们一些地区搞旅游开发，把少数民族的歌舞搬到舞台上来表演，我们要尽可能地保持它在原生态中的那些民族的东西，而不要人为地加以时尚的改造。四是要把一些项目转化为经济资源，体现为经济效益。如产业性的开发，就是广泛地普及，有了资金，可以持久保护。有一些项目是可以把它看成经济资源的，如茶叶制作的技艺、中药的炮制、剪纸、石雕、玉雕、民间歌舞的演出等，但这有一个前提，不能人为地中断它按自身的规律自然演变的进程。五是要保护传承人。我前面已经讲到了，这是非常重要的保护内容。六是实施文化生态区的保护，也就是文化环境的保护。

我还要特别强调立法对于非物质文化遗产保护的必要性，没有立法，我前面讲到的几个方面是可做可不做的，我们仅仅是强调了重要性，我们思想认识提高了，我们大家去自觉保护，但立法后，不管你愿不愿意去做，你都必须要做。立法保护是保护的根本和基础。

非物质文化遗产的呈现形态的多样性，决定了保护的方式也应该是多样的，实际上保护的方式不止我前面提到的那几种，这需要我们在保护的实践中去发现、创造和总结。

保护的原则与方式是密不可分的。非物质文化遗产的不可再生性和脆弱性，决定了我们必须把抢救和保护放在第一位。通过旅游和产业开发来发展，要注意不要对非物质文化遗产的保护产生妨害。还要坚持创造整体性的保护环境来保护。任何民族和社区、地域群体的非物质文化遗产的遗存都不会是单一的，因此，从保护方式和形成保护生态两个方面来创造整体性的保护环境十分重要，只有这样，众多的非物质文化遗产项目才会在交互的影响中，得到更好的延续和发展。

成都建设的非物质文化遗产公园，是具有比较好的基础设施的。据我了解，虽然全国各地许多地方都在筹划、设想修建这样的公园或这样的村，但如何以符合非物质文化遗产保护的规律来把握，仍是一个需要探索的课题。成都的非物质文化遗产公园提升了成都的社会形象和影响，这个提升具有世界性，很多国家的代表来看以后惊叹道："哦，成都还有一个非物质文化遗产公园！"我认为还可以以此为开端，通过这个非物质文化遗产公园，逐渐建立起立体的、多形态的保护环境，既展示、保护，又产生经济效益。那么，成都市的经验对全国一些地方建立这一类的非物质文化遗产公园会是一个很好的借鉴，这是我所期望的。

（根据作者在"中国成都国际非物质文化遗产节"期间讲座
录音整理；原载于《中国非物质文化遗产》2007年第3期；
收入《非物质遗产保护研究》，文化艺术出版社2009年版）

守护人类共同的精神家园

——中国的非物质文化遗产保护

  非常高兴在这个美丽的春天，在这里向大家介绍中国丰富的非物质文化遗产和保护的情况，并一起探讨有关非物质文化遗产保护的问题。下面，我将就中国的非物质文化遗产保护问题与各位进行探讨和交流。

  在社会发展和历史进步的过程中，人类创造了宝贵而又丰富的文化遗产。这些文化遗产既包括各种有形的物质文化遗产，如文物、建筑群和遗址，也包括各种无形的非物质文化遗产。非物质文化遗产所包括的口头文学及其语言载体、传统表演艺术、民俗礼仪与节庆、有关自然界和宇宙的民间知识与实践、传统手工艺技能，及其相关的文化空间，等等，以其精神性与智慧性的形态方式和活态传承的特殊品格，对推动人类社会的文明进程和生产生活实践的演进，具有重要的意义。非物质文化遗产，是人类通过口传心授、世代相传的无形的、活态流变的文化遗产。这种非物质文化遗产鲜活地扎根、生存于民族民间，主要表现为人们的生活方式和生产方式，是一个民族的生命记忆和活态的文化基因，是人类创造力、想象力、智慧、情感和劳动的结晶，是人类文化多样性的生动展示。中国和世界各国各民族创造的丰富多彩的非物质文化遗产是全人类共同的精神财富，担负着保持民族文化独特性和维护世界文化多样性的多重职责，需要全人类共同珍惜和保护。

  中国是一个具有五千年历史的文明古国，又是由56个民族构成的多民族的国家。在其历史长河中，中国各族人民以自己的智慧和想象力创造了极其丰富的非物质文化遗产。

一、中国丰富的非物质文化遗产

下面，我主要分10个类型来介绍中国的非物质文化遗产。

（一）民间文学

民间文学是中国非物质文化遗产中最基本的也是最主要的门类和领域之一，是民众口传心授、世代相传、集体创作、集体享用的口头语言艺术。中国是一个多元一体的多民族国家，各种文化元素构成的中国民间文学也是国家民族凝聚的巨大精神力量。每一个中国人几乎是从摇篮时代起，就从父母或相近的人那里受到民间文学的熏陶和滋养，从而认识社会、了解人生、增长知识、形成初步的人生态度。拥有2000多年历史的民间文学，也是中华民族生生不息民族精神的写照。

以"梁祝"传说为例。梁山伯与祝英台的爱情传说是中国尽人皆知的故事，此传说自1600年以前的晋代即已形成。祝英台女扮男装与梁山伯共同就读于私塾，日久天长产生了曲折动人的忠贞爱情，但受到祝父的压制和反对，梁山伯抑郁而死。祝英台得知后，赶到梁山伯墓前以头碰碑而殉情。结果墓开，两人双双化作蝴蝶飞去。以抗争而求得忠贞不渝的爱情，千百年来一直鼓舞着追求爱情自由的青年人。

民间传说构成的民间文学是非常丰富的，仅列入中国国家级非物质文化遗产名录的就有31项，其他如孟姜女传说等都可以说家喻户晓。

（二）传统音乐

传统音乐是中国非物质文化遗产各门类中，最能体现普通百姓心声的部分。以民歌和器乐为代表的民间音乐，是体现各民族文化多样性和确立各民族文化身份的重要标志之一。经过数千年的传承，56个民族积累了丰富的音乐品种，它们是塑造民族精神的重要方面，具有深厚的文化底蕴和极为重要的学术研究价值。中国艺术研究院收集保存了7000多小时的中国民族民间音乐录音，因而被联合国教科文组织列入"世界记忆"名录。因民族民间音乐的易失性，加强非物质文化遗产项目中民间音乐部分的保护，就显得尤为急迫。目前，联合国教科文组织已宣布的"人类口头和非物质遗产代表作"中，中国的"古琴艺术""新疆维吾尔木卡姆艺术""蒙古长调民歌""侗族大歌"名列其中。

在这里，我介绍一下侗族大歌。

侗族大歌主要流行在中国贵州省的黎平县、从江县和广西壮族自治区的柳州市、三江侗族自治县，是侗族民间歌队演唱的一种合唱音乐。侗族大歌，侗族称为"嘎老"。"嘎"即歌，"老"既含有大之意，也含有人多声多和古老之意，它的演唱在宋代即趋完整，通常是男女歌队节日里在鼓楼或火塘边进行对唱，以此讲述人生哲理、传授生产生活知识、表达爱情，等等。侗族大歌以其独特的演唱方式和特殊的组织形式传承侗族的历史和文化，它不仅仅是一种音乐艺术，而且是侗族社会结构、婚恋关系、文化传承和精神生活的重要组成部分，是维系侗族社会生存的精神支柱。

（三）民间舞蹈

流行于中国各民族群众中的民间舞蹈，与中国广大人民的生产、生活息息相关，是人民精神生活的重要组成部分。民族民间舞蹈既形象生动地反映出中国人民长期形成的民族精神、哲学思想、道德观念、审美情趣和愿望追求；又以它异彩纷呈的艺术表现形式，体现了各地区、各民族人民独特的文化传统和民情风俗；在中国社会生活中，民间舞蹈对联结乡谊、沟通心灵、促进和睦、表达情感起到重要作用。

中国各民族民间舞蹈源远流长、成因繁奥，大量舞蹈品种以及典型形象的表现内容，给我们留下有关迁徙、奋斗、发展的历史，是一批弥足珍贵的"活化石"，对民族学、移民学、社会学、民俗学、宗教学，以及戏曲、音乐、美术、舞蹈、武术、工艺美术等学术研究，具有极其宝贵的学术价值。中国民族民间的传统舞蹈异彩纷呈。

（四）传统戏剧

传统戏剧是中国非物质文化遗产中的一个重要部分。据20世纪50年代调查，中国共有367个戏曲剧种。但由于现代化进程的加快，社会结构和人们生活环境的改变，使得以方言为重要特征的地方戏曲剧种出现前所未有的生存危机，30多年中已消亡了100余种。

中国传统戏剧历史悠久。尤其是中国戏曲，在各剧种中积淀了深厚的民族、民间文化，它综合了歌舞、文学、音乐、美术，可以说是中华文化的集大成者。它以虚拟和程式化的表演创造了区别于世界其他任何戏剧的独特的表演体系；它表达的道德、思想和价值观，给中国人以深刻的影响；它的音乐和表

143

演的形式之美，令人叹为观止。

昆曲艺术是中国戏曲最具代表性的剧种，于2001年入选联合国教科文组织公布的"人类口头和非物质遗产代表作"名录。昆曲又称昆腔、昆剧，至今有600多年的历史，是元末明初南戏发展到苏州附近的昆山一带，与当地的音乐、歌舞、语言结合而成的声腔剧种。明代天启初年到清代康熙末年，是昆曲的兴盛时期，代表作有《琵琶记》《牡丹亭》《长生殿》等。之后逐渐呈衰落之势，至清代中叶以后，昆曲主要以折子戏形式演出。昆曲唱腔委婉细腻、流丽悠长，生、旦、净、丑各行角色齐全，表演高度程式化。现在中国尚有六个专业昆曲剧院，演出活动主要集中在北京、上海、江苏、浙江、湖南等地。昆曲之外，京剧、藏戏、梨园戏、莆仙戏、汉剧、徽剧、秦腔等，大都有二三百年以上的历史。目前有广泛影响的历史较短的剧种有黄梅戏、越剧等。

中国在20世纪五六十年代和八九十年代，曾对戏曲做过较大规模的抢救、整理工作。中国艺术研究院设有中国唯一的专门研究戏曲艺术的研究所，保存有280多个剧种的音像资料，收藏有40000多张戏曲唱片和15000多个小时的戏曲录音及2000多个小时的戏曲录像，戏曲剧种音像数据库也正在建立之中。

（五）曲艺

曲艺是中国重要的非物质文化遗产类别之一，至少已有两千年左右的历史。据不完全统计，中国各地、各民族的曲艺品种，总数约在500个以上。但近年来品种数量急剧减少，目前能演出的品种大约有300种。千百年来，曲艺以它口头"说唱"的表演特质，通过"说书""唱曲"和"谐谑"的方式，不仅滋育着中国广大民众的心灵和精神，而且孕育了诸如章回体长篇小说等文学样式和众多地方戏曲剧种。相声、评书、苏州评弹、京韵大鼓、山东快书、二人转、河南坠子、粤曲、乌力格尔、柯尔克孜达斯坦等曲种，至今依然具有较强的艺术生命力，在当代民众的文化生活中发挥着重要作用。

二人转艺术主要以两位演员表演和说唱、载歌载舞的形式演出，在中国的东北三省（黑龙江、吉林、辽宁）和内蒙古自治区的东部有广泛的观众基础，看的人很多，民间形容说"万人围着二人转""宁舍一顿饭，不舍二人转"。二人转语言风趣幽默，具有生动的民间性，内容多是夸张的日常生活故事，表演以东北民间大秧歌舞蹈为主，并吸收其他地区民间舞蹈和武打动作，还表演一些杂技性的"绝活"，舞台效果热闹火爆。

（六）杂技与竞技

杂技和体育竞技类文化，是各民族大众的重要娱乐、健身活动方式，俗称"玩耍"。其历史悠久，社会基础广泛。其中有两大类：一类是游戏类，它的特点是社会性强，参与人多，一般不用专门训练，由社会传承，如各种儿戏、秋千、跳板、赛龙舟、民间赛马等；另一类是在前一类基础上产生的，它要求有较高的技巧，由少数人传授，如武术、杂技等，它们虽已不再是群众性文化活动，但却在民众中有着深远的影响。

杂技和体育竞技类内容十分庞杂，大体划分包括：（1）民间游戏，如儿歌、踢毽子、风车、蹴鞠、七巧板、九连环、鲁班锁等；（2）体育竞技，如举石锁、角力、拔河、顶竿、赛马、秋千；（3）武术；（4）杂技；（5）技巧类，如风筝、抖空竹、斗禽、斗虫、斗兽等。杂技和竞技类非物质文化遗产大都为民众所喜闻乐见，有广泛的群众基础和不同的呈现形态；它们在广大农村地区仍然常见，但在大城市尤其现代化城市的活动空间明显缩小。

（七）民间美术

中国民间美术，是人们在长期生产生活实践中，创造和延续的重要非物质文化遗产。它不仅具有造型艺术的一般属性和意义，更具有体现中华民族精神的独特美学品质和表现形式。中国民间美术与民间社会生活关系密切，通常都是民俗活动的有机组成。其传承赓续的视觉形式或程式，蕴含了丰富而珍贵的文明文化历史信息，反映了民族的人文追求和精神风貌，表达了民众或族群的社会认识、道德观念、实践经验、人生理想和审美情趣。民间美术始终保持着功利价值和审美价值的统一性，至今仍有认知、教化、记志、表意、抒情、娱乐等多重的社会意义。

年画在中国是很有代表性的民间美术之一。它是民间辞旧迎新、庆贺春节张贴的民间美术品，其题材内容丰富，表现历史故事、祈求幸福吉祥、驱避凶险邪恶、勾画美好理想、褒扬传统美德……堪称中国民间社会生活的"百科全书"。它用木版刻印，有的间以笔绘，大都构图饱满，线条细腻，色彩鲜艳。中国年画以创作印制地域的不同，而呈现不同的艺术特点，著名的有天津的杨柳青木版年画、山东的杨家埠木版年画、河北的武强木版年画、江苏的桃花坞木版年画、陕西的凤翔木版年画等。

年画之外，藏族唐卡、剪纸、寿山石雕、泥塑、木偶雕刻等都是著名的传统美术品种。

（八）传统手工技艺

丝绸织染、生铁冶铸、制瓷、造纸、印刷、火药、指南针、深井开凿等重大发明创造，在中华民族发展史和世界文明史上都占有重要地位。迄今，举凡青瓷、紫砂、织锦、蜡染、宣纸、徽墨、湖笔、端砚、制药、酿酒、金箔、银饰等传统工艺，依然在中国民众社会生产和日常生活中广泛应用。所有这些传统手工技艺，都是人们智慧和创造力的结晶。在中国国务院批准公布的首批518项国家级非物质文化遗产代表作中，传统手工技艺占有89项，约占总数的1/6。

在中国古代丝织物中，"锦"是代表最高技术水平的织物。中国南京云锦是中国古代三大名锦之一，距今有千年的历史。云锦以其织造的精美，而成为旧时代宫廷帝王、后妃和大臣的专用品。现南京云锦艺术研究所仍然保留和传承着云锦织造技艺。其技艺是用传统的大花楼木织机、由拽花工和织手两人相互配合，通过手工操作织造。主要品种有织金、库锦、库缎和妆花四大类，其中妆花的"挖花盘织""逐花异色"至今仍只能用手工完成。

茶，在中国人的生活中是不可或缺的饮品，茶叶的炮制技艺是中国传统工艺技术中有代表性的一种技艺。茶分绿茶、红茶、花茶、黑茶、白茶等，都有不同的制作技艺，中国非常有名的武夷岩茶的传统制作流程有十道工序。武夷岩茶制作可追溯到汉代，至清初岩茶制作技艺趋于完善，十道工序中对茶质起关键作用的是"复式萎凋""看青做青，看大做青""走水返阳"等环节。

（九）传统医学药学

传统医学药学是中国非物质文化遗产保护的重要内容之一。中国传统医学药学具有极高的科学价值，这不仅包括汉族的医学药学，也包括藏、蒙、苗、瑶、彝等少数民族的传统医学药学。医学药学蕴含了中华民族特有的哲学思想、思维方式和对生命的认知理念。传统中医在长期的发展中，形成了自己独特的医学体系，其基本特点为治疗的整体观念和辨证施治。中医理论是由中医师丰富的个体经验支撑的理论体系。中医治疗经验的个体性，决定了其传承的复杂性。中药学是中医学的重要内容，中药学对中药的采集、炮制，对药性、药量、配方、服用的分析，都建立在对植物学的深入认识上，具有很高的科学性。

同仁堂的中医药文化是传统中医学药学的代表性象征，它也是中国列入国家级非物质文化遗产的保护项目。北京同仁堂始建于1669年，其医药文化集中体现为"同修仁德，济世养生"的价值观，"炮炙虽繁必不敢省人工，品味虽贵必不敢减物力"的质量观和"讲信义，重人和"的经营理念，"童叟无欺，一视同仁"的职业道德等方面，是中医药学的精神的整体体现。

（十）民俗

中国是一个多民族国家，各个民族都有自己独特、灿烂的民族文化。民俗和民间信仰是不同民族文化的重要组成部分，体现着特定民族或群体的生活形态、审美个性和文化精神，其独特性是其他依附现代工业社会所产生的文化所不能取代的。民俗和民间信仰内容丰富，有岁时节日、生产商贸、衣食住行、礼仪仪式，等等。其共同特征是：（1）它们都是有一定历史传承的活态文化；（2）都具有综合性的文化特质；（3）都以人本身的活动作为重要载体；（4）呈现为生活形态却与人们的情感和精神有紧密的联系。

春节是中国民间传统节日，是中国农历的正月初一，是一年中最隆重的节日。汉、壮、布依、侗、朝鲜、仡佬、瑶、畲、达斡尔等许多民族都过这个节日。春节历史悠久，起源于殷商时期年头岁尾的祭神活动。在中国历史上，自汉武帝改用农历以来，中国历代都以二十四节气中的立春日为春节，至中华民国成立，才改农历正月初一为春节。春节在古代中国是迎神祭祖、占卜气候、祈求丰收的节日。现在春节成为综合性的民俗文化节日，相关民俗活动持续一个月。主要有：腊月初八喝腊八粥；二十三祭灶，吃关东糖和糖粥；除夕夜全家包饺子、包汤圆、做年糕、吃团圆饭守岁，另外还有贴春联、年画、剪纸、放爆竹；正月初一迎神、拜年；初五开小市；十五元宵节开大市、迎财神、吃元宵、游灯会、猜灯谜等。

二、中国保护非物质文化遗产的现状

中国的非物质文化遗产，很多都是世界文化的精粹，不仅受到中国人民的珍爱，也受到世界各地越来越多人民的喜爱。今天，中国人民已经充分认识到，我们有责任、有义务，努力保护好我们的祖先千百年来共同创造的这些宝贵文化财富，不能让它们从我们这一代人的手中流失。假如我们没有做好保护工作，不仅对不起自己的祖先，同时也会对这些属于整个人类的文化财富造成无法挽回的损失。那样的话，我们就会犯历史的错误，这种错误是不可挽回的。

近五六年来，中国的非物质文化遗产保护得到国家的高度重视，全国的保护工作开始走向整体性、系统性的保护阶段。

（一）重视参与国际合作

非物质文化遗产保护是一个国际性的课题，是全人类共同的责任。中国积极参与了联合国教科文组织非物质文化遗产代表作的申报，中国的昆曲艺术、古琴艺术、新疆维吾尔木卡姆艺术，以及与蒙古国联合申报的蒙古族长调民歌，先后入选了联合国教科文组织公布的"代表作"名单。在2004年8月，中国十届人大常委会第十一次会议通过批准中国加入联合国《保护非物质文化遗产公约》，中国成为较早加入该公约的国家之一。中国重视参与国际非物质文化遗产保护的合作，有力地推动了本国保护工作的广泛开展。

（二）加强对非物质文化遗产保护的法规建设

2003年1月，中国文化部、财政部公布《关于实施中国民族民间文化保护工程的通知》，提出的总体目标是，到2020年，使中国珍贵、濒危并具有历史、文化和科学价值的民族民间文化得到有效保护。

2003年11月，中国全国人大教科文委员会组织起草了《中华人民共和国民族民间传统文化保护法》（草案），2004年8月，全国人大把法律草案的名称改为《中华人民共和国非物质文化遗产保护法》，并做相应的内容修订，正在广泛征求意见和修改。这部法律草案已列入全国人大立法规划。

2005年3月，中国国务院办公厅颁发了《国务院办公厅关于加强我国非物质文化遗产保护工作的意见》，同年12月，国务院颁发了《国务院关于加强文化遗产保护的通知》，其中对包括非物质文化遗产在内的文化遗产的保护工作，提出了系列规定。这是国家最高行政机关首次就中国非物质文化遗产保护工作发布的权威指导意见。

（三）具体实施形式多样的保护措施

1. 目前中国正从以下方面开展非物质文化遗产保护工作：开展普查；制

定规划；建立国家和省、市、县四级非物质文化遗产名录体系；保护传承人；加强少数民族文化遗产和文化生态区的保护。

2. 2006年5月，中国国务院公布了第一批国家级非物质文化遗产名录，其中有民间文学、传统手工技艺、民俗等10个门类的518个项目。

3. 中国国务院确定从2006年起，每年6月的第二个星期六为中国的"文化遗产日"。开展文化遗产日的活动，旨在唤起社会公众自觉参与非物质文化遗产保护的文化自觉。

4. 政府主导，社会团体和机构积极参与非物质文化遗产保护。

在这里我要特别介绍中国非物质文化遗产保护中心，它是经国家批准成立的担负实施全国保护工作的规划、指导、咨询、教育及推进全国普查、名录申报、项目管理等工作职能的专门机构，下设政策研究室、项目申报与管理部、大型活动与培训部及《中国非物质文化遗产》丛刊部。该机构成立以来，在政府主导之外，从规划及指导和组织实施等方面，为中国的非物质文化遗产保护做了大量有效的工作。

与此同时，中国各有关学术研究机构、社会团体、大专院校等各方面社会力量也在非物质文化遗产保护工作中发挥了不可替代的作用。我本人所在的中国艺术研究院，已有56年的历史，它不仅从事艺术学科各专业的学术研究和艺术创作及艺术教育，从收集、保存、研究等方面对传统文化遗产进行保护，也是这个机构的一项重要职能。几十年来，中国艺术研究院收集、保存了大量重要的非物质文化遗产文献和音像资料。近年来，我院在非物质文化遗产的理论研究和保护实践方面做了大量工作，如去年2月中国元宵节期间在北京举办了"首届中国非物质文化遗产保护成果展"，不到一个月的时间，有35万人次参观，引起很大的社会反响。我院还组织力量，以三年的时间，对中国西部省、区的人文资源进行普查，现已取得初步的成果；2006年开通了"中国非物质文化遗产网"，这是中国非物质文化遗产保护方面首个国家级门户网站。

三、保护工作面临的主要问题

就世界范围而言，非物质文化遗产保护面临的主要问题是："随着当今世界的全球一体化，不计其数的文化遗产形式正面临着消失的危险，并受到文化标准化、武力冲突、旅游业、工业化、农业区缩减、移民和环境恶化的影响。"（见联合国教科文组织《人类口头和非物质文化遗产代表作申报指南》）全球经济一体化和现代化进程对非物质文化遗产冲击和消解的问题越来越突出。

目前中国非物质文化遗产保护面临的问题和困难主要是：

第一，一些依靠口传心授方式加以传承的文化遗产正在不断消失；许多传统技艺濒临消亡；大量有历史、文化价值的珍贵实物与资料得不到有效保护；随意滥用、过度开发非物质文化遗产的现象经常可见。

第二，法律法规建设的进程仍不能与非物质文化遗产保护的紧迫性相适应。保护标准和目标管理以及收集、整理、调查、记录、建档、展示、利用、人员培训等工作相对薄弱，保护管理资金和人员不足的困难普遍存在。

第三，一些地方保护意识淡薄，重申报、重开发、轻保护、轻管理的现象比较普遍。少数地区进行超负荷利用和破坏性开发，存在商业化、人工化和城镇化倾向，甚至借继承创新之名随意篡改民俗艺术，损害了非物质文化遗产的原真性。

第四，适合中国保护工作实际，整体性有效性的工作机制尚未建立，在不少地区政府主导的有效性难以体现。

另外，在保护工作存在的问题中，有两种倾向尤其应引起我们的注意。一种是建设性破坏，一种是保护性破坏。

四、非物质文化遗产传承规律的总体把握及科学保护

（一）正确认识非物质文化遗产的传承规律

非物质文化遗产是一种独特的文化现象，它是一个世代绵延的文化传承过程。如果站在人类历史发展的高度来看非物质文化遗产现象，即发现它的活态流变性是其传承的一个重要规律。

非物质文化遗产活态流变性的基本特性，使它在时间的长河中，往往会不断丢失被人们忽略或淡忘了的文化记忆。而失去这些记忆，我们就不会懂得人类文化整体的内涵与意义，那么我们失去的就不仅是某一种文化形态，更重要的是失去了寄寓在非物质文化遗产中的宝贵的人类智慧和精神血脉，这种损

失是难以挽回的。

非物质文化遗产活态流变性的基本特性，也决定了我们今天的保护不应是静止的、凝固的保护，而是为了发展的保护。没有保护，难以发展；而没有发展，保护也就失去了重要意义。

（二）对非物质文化遗产项目认定要坚持科学性

准确科学地认定非物质文化遗产项目，是进行正确、有效保护的基础。根据国际公约文件和我国政府的文件制定的标准，我认为认定标准大体可归纳为如下几项：（1）具有杰出价值的民间传统文化表现形式或文化空间；（2）具有见证现存文化传统的独特价值；（3）具有鲜明独特的民族、群体或地方文化特征；（4）具有促进民族文化认同或社区文化传承的作用；（5）具有精粹的技术性；（6）符合人性，具有影响人们思想情感的精神价值；（7）其生存呈现某种程度的濒危性。

在认定非物质文化遗产项目时，正确科学地坚持认定标准，才会知道"我们要保护什么"。非物质文化遗产项目认定中存在两个方面的问题需要加以注意。一个主要是方法方面的问题。要反对从民俗旅游开发的角度认定保护项目；同时，要正确把握文化空间项目的认定，避免割裂完整统一的文化空间形态。

存在的另一个问题是思想观念方面的问题：第一，"泛文化遗产论"。认为凡是传统文化现象，不问其价值，不管是否有赖以独立存在的本质特性，甚至对模仿形态项目，也都认定为非物质文化遗产加以保护。第二，简单化对待某些非物质文化遗产项目，特别是一些表现为民间信仰的项目。由于非物质文化遗产的活态流变性，使人们对它的评价标准，往往受到特定社会、时代、环境、审美的影响。同一个项目，在不同的时期不同的社会环境中，人们对其往往会有完全相反的价值判断。因此，今天我们在认定项目时，要持一种特别慎重的态度。过去多少年来不少我们认为是愚昧落后的东西，今天来看，却蕴含了许多珍贵的价值。今天我们的判断，仍要受时间的检验。对待非物质文化遗产项目，认定上既反对泛文化遗产论，另一方面要坚持保护、保存、保留面要宽的原则。比如民间信仰的项目，即便表达一种唯心主义的愿望理想，也不妨作为记录先人认识事物的一种方式保留下来，就是作为文化现象研究，也是有益的。何况寄寓人类思想、情感的形式是复杂的，作为亿万个体的人的思想情感构成的精神世界，应该是异彩纷呈的。我们认定更多的呈现为人的生存方式、生活方式、生产方式、思维方式、情感方式……的非物质文化遗产项目的时候，坚持以人的全面发展为原则，或许更具包容性。而这种包容性，对非物质文化遗产的传承是十分重要的。

（三）非物质文化遗产保护的基本方式与原则

以什么样的方式和原则来保护，这是面对非物质文化遗产的一个核心问题。我们要以正确的方式和原则，从实际出发，科学、全面、系统地抢救和保护现存的非物质文化遗产。

中国保护非物质文化遗产的基本方式，主要有如下几项：第一，建立保护名录制度。国家和省、市、县四级非物质文化遗产名录体系的建立是保护工作的基础，既是抢救保存的前提，也是传承、弘扬的依据。第二，将非物质文化遗产转变为有形的形式。通过搜集、记录、分类，建立档案，用文字、录音、录像、数字化媒体等手段，对保护对象进行全面、真实、系统的记录，并积极搜集有关实物资料，予以妥善保存。第三，在它产生、生长的原始氛围中保持其活力。如一些礼仪、仪式。第四，转化为经济效益和经济资源，以生产性方式保护。比如剪纸、年画以及其他很多手工艺制作项目，都可以作为艺人生产、生活方式延续传承，从而使这些项目得到弘扬和传播。第五，保护传承人。非物质文化遗产作为活态文化，其精粹是与该项目代表性的传承人联结在一起的。对项目传承人的保护应该是保护工作的重点。要以传承人为核心主体，通过传授、培训，以及宣传，使非物质文化遗产项目得到传承，传承人的地位得到尊重。第六，实施文化生态区保护。这是保持文化多样性、文化生态空间完整性、文化资源丰富性的重要方式之一。

非物质文化遗产内涵的丰富性，以及它体现的民族性、独特性、多样性，决定了保护方式也是多样的。但以上列举的几种保护方式，实施的基础是立法保护。立法保护是根本性的保护，只有健全的立法保护，才会使行政保护、财政支持、知识产权保护等得到保证。

保护非物质文化遗产应坚持的原则与保护方式是密不可分的。第一，无形文化遗产的不可再生性和脆弱性，决定了我们必须把抢救和保护放在第一位。第二，坚持积极保护的原则。非物质文化遗产活态流变性的特点，决定了我们要尽可能避免以静止、凝固的方式去保护。在不改变其按内在规律自然演变的生长过程、不影响其未来发展方向的前提下，尽可能寻找生产性保护的方式及与旅游开发等的和谐结合。第三，坚持创造整体性社会保护的环境。任何民族、社区或地域群体，非物质文化遗产的遗存都不会是单一的。因此，从保护方式和形成保护生态两方面创造整体性保护的环境十分重要。只有如此，众多非物质文化遗产项目才会在交互的影响中得到更好的延续和发展。

保护非物质文化遗产，维护世界文化的多样性，守护人类共同的精神家园，是我们所有人的责任。让我们携手，为创造一个更加有利于可持续发展的和谐世界而共同努力。

（本文为作者2007年4月24日上午在美国国会图书馆演讲的演讲稿；
原载于《非物质遗产保护研究》，文化艺术出版社2009年版）

形成全社会参与非物质文化遗产保护的文化自觉

　　近些年来，非物质文化遗产保护问题，正在世界范围内引起人们的关注和重视。2003年10月17日联合国教科文组织第三十二届大会通过了《保护非物质文化遗产公约》。在我国，2005年3月，国务院办公厅印发了《国务院办公厅关于加强我国非物质文化遗产保护工作的意见》。同年12月，国务院颁发了《国务院关于加强文化遗产保护的通知》。这一方面是因为保护非物质文化遗产有着十分重大的意义，另一方面则是正像联合国教科文组织在阐明通过《保护非物质文化遗产公约》的基点时所说："考虑到必须提高人们，尤其是年青一代对非物质文化遗产及其保护的重要意义的认识"，着眼于唤起全社会参与非物质文化遗产保护的文化自觉。

　　在社会发展和历史进步的过程中，人类创造了丰富而珍贵的文化遗产，其中既包括有形的物质文化遗产，也包括各种无形的非物质文化遗产。非物质文化遗产所包括的口头文学及其语言载体、传统表演艺术、民俗礼仪与节庆、有关自然界和宇宙的民间知识与实践、传统手工艺技能，及其相关的文化空间，等等，以其精神性和智慧性的形态方式和活态传承的演变方式，对推动人类社会的文明进程和生产生活实践的演进，具有重要的意义。非物质文化遗产，是人类通过口传心授，世代相传的无形的、活态流变的文化遗产。它鲜活地扎根、生存于民族民间，主要表现为人们的生活方式和生产方式，是一个民族的生命记忆和活态的文化基因，是人类创造力、想象力、智慧和劳动的结晶，是人类文化多样性的生动展示。非物质文化遗产活态流变性的基本特性，使它在时间的长河中，往往会不断丢失那些被各种原因中断了的文化记忆。而失去过多的文化记忆，我们就不会懂得人类文化整体的内涵与意义，某种文化形态的消失，也可能同时失去了寄寓其中的宝贵的人类智慧和精神血脉。我国作为56个民族构成的多民族的国家，在其历史长河中，各族人民以自己的智慧和想象力创造了极其丰富的非物质文化遗产，像昆曲艺术、京剧艺术、古琴艺术、新疆维吾尔木卡姆艺术、蒙古族长调民歌，以及中医学和中药学，等等，很多都是世界文化的精粹。今天，我们已经充分认识到，大家有责任、有义务努力保护好中华民族的祖先千百年来共同创造的这些宝贵的文化财富，不能让它们从我们这一代人的手中流失。

党中央、国务院十分重视我国的非物质文化遗产保护，近五六年来，我国的非物质文化遗产保护已由以往的项目性（单项的）保护，开始走向全国整体性、系统性的保护阶段。《国务院办公厅关于加强我国非物质文化遗产保护工作的意见》中指出，我国非物质文化遗产保护工作的目标是，通过全社会的努力，逐步建立起比较完备的、有中国特色的非物质文化遗产保护制度，使我国珍贵、濒危并具有历史、文化和科学价值的非物质文化遗产得到有效保护，并得到传承和发扬。这一目标，通过下列工作正在逐步实现：重视参与国际合作，如积极申报联合国教科文组织举办的人类口头和非物质遗产代表作评选；2004年8月，全国十届人大常委会第十一次会议通过批准中国加入联合国《保护非物质文化遗产公约》；重视加强对非物质文化遗产保护的法规建设；实施形式多样的保护措施，如开展项目普查、重视形成全社会参与非物质文化遗产保护的文化自觉。

我国的非物质文化遗产保护工作，像世界上的很多国家一样，都是以政府主导发挥着重要的推动作用。但同样重要和不可忽视的是，在保护工作中不断提高社会公众的参与意识，形成社会公众主动参与保护和承担保护职责的文化自觉，才是实现保护工作目标，持久做好保护工作的根本。

形成社会公众自觉参与非物质文化遗产保护的文化自觉，首先要重视调动非物质文化遗产传承主体的积极性。非物质文化遗产是植根于民族民间文化土壤的活态文化，是发展着的传统的行为方式和生活方式，它不能脱离传承主体而独立存在。它的延续与发展永远处在活态传承与活态保护之中，尊重传承人，调动和发挥传承人的积极性和聪明智慧，使他们自觉地、主动地承担传承的责任，依靠他们的传承使非物质文化遗产得以延续，这是做好保护工作的基础。目前不少非物质文化遗产项目特别是传统工艺技术项目，后继乏人的现象相当严重。比如以艺术性极高的上海松江顾绣为例，绣的时候要先将一根蚕丝分成24份，用1/24细的蚕丝绣出一幅作品要耗时几个月甚至几年，学好这门技艺的难度和成本，都使年轻人望而却步。再如江苏无锡技艺精湛的微绣，绣出一幅不大的图案，也同样要几个月甚至几年的时间，目前传承人仅有一位。联合国教科文组织《关于建立"人类活珍宝"制度的指导性意见》中曾指出："尽管生产工艺品的技术乃至烹调技艺都可以写下来，但是创造行为实际上是没有物质形式的。表演与创造行为是无形的，其技巧、技艺仅仅存在于从事它们的人身上。"承载着非物质文化遗产技艺、技术或知识的优秀传承人是非物质文化遗产延续的决定性的因素。只有他们努力把自己所持有的技艺、技术传承给后人、贡献给社会，并在传承的同时，有所发展与创新，才能生生不息，永续发展。

形成社会公众自觉参与非物质文化遗产保护的文化自觉，要充分发挥非物质文化遗产保护主体的作用。非物质文化遗产保护主体与传承主体都是保护工作的核心因素。非物质文化遗产保护主体指负有保护责任的从事保护工作的国际组织、各国政府相关机构、团体和社会有关部门及个人。各类不同的保护主体承担不尽相同的保护职责，但形成社会公众自觉参与保护工作的良好氛围，是各类不同的保护主体行使保护职责的基础。同时，各种非物质文化遗产是在基层社区、群体、公众生活中衍变和发展的，它也是人们生活或生产方式的重要组成部分。联合国教科文组织《保护非物质文化遗产公约》指出："承认各社区，尤其是原住民、各群体，有时是个人，在非物质文化遗产的生产、保护、延续和再创造方面发挥着重要作用，从而为丰富文化多样性和人类的创造性作出贡献。"这就要求各个国家"在开展保护非物质文化遗产活动时，应努力确保创造、延续和传承这种遗产的社区、群体，有时是个人最大限度的参与，并吸收他们积极地参与有关的管理"。这是因为，非物质文化遗产就在我们身边，保护可以从我做起。广大民众既是非物质文化遗产的保护者，也是它的享有者。相辅相成，非物质文化遗产的延续和发展也才有了浓厚的土壤。公众的参与，要体现以人为本，要反对人为地被动地"让"人们参与，要乐在其中，不能苦在其中。

社会公众参与保护的程度，从根本上决定着非物质文化遗产的未来命运。世界上一些自觉实施非物质文化遗产保护时间较长的国家，都把唤起民众的广泛参与作为实施保护的一项重要内容。比如韩国，你会看到众多的民俗博物馆，不仅有实物展示，还有实际的演示，而各种形式的传统民族文化遗产学习班也是遍布各地。韩国一年四季都举办着各种各样的节庆活动，其中一种是民间代代相传的乡俗，另一种是各种民俗节或民俗文化节，它们构成了韩国民众精神生活的重要内容。像韩国的"重要无形文化遗产"项目"农乐"，在各地的重大节日和许多民众活动中都有它的演出，甚至各大、中、小学也有学生自己组织的农乐队。非物质文化遗产在民众土壤上呈现的旺盛的生命状态，是保护的最高境界。公众的广泛参与，很多是以传统民俗节日为载体。在我国同样如此。春节、元宵、清明、端午、重阳、中秋等以及少数民族的节日，都作为历史文化记忆的标志，向后来的人们传递着传统文明的信息。把重要的传统民俗节日纳入国家法定节假日体系，既是满足人们今天社会生活的需要，也是延续中华民族宝贵的非物质文化遗产的需要。所以，这已成为今天人们关注的一个问题。做好非物质文化遗产的保护工作，在具体实践中，应当是传承主体和保护主体综合作用的结果，我们要充分重视和全面发挥这两种核心因素的作用。

保护非物质文化遗产，既是守护我们的精神家园，也是为了在文化传统的传承中为新的文化创造提供不竭的源泉。保护非物质文化遗产不是为了留住历史，也不是为了回到过去。我们要以高度的社会责任感，继承优秀传统，加强文化自觉，促进文化创新，努力创造一个更加有利于可持续发展的和谐社会。

（原载于《光明日报》2007年6月22日；
收入《非物质遗产保护研究》，文化艺术出版社2009年版）

在保护中稳步发展 在发展中积极保护

——在"中国传统工艺美术保护与发展研讨会"上的发言

今天，由中国艺术研究院主办、中国工艺美术馆承办的"中国传统工艺美术保护与发展研讨会"在香山饭店隆重开幕。来自文化部和国家发改委的领导，包括清华大学和各地的工艺美术机构、团体，特别是来自各地的工艺美术大师，在这里汇聚一堂，应该说这是我国工艺美术界的一件盛事。

工艺美术界，特别是传统工艺美术界，很应该召开一次会议，大家共同来讨论传统工艺美术的保护和发展问题。中国艺术研究院非常竭诚地与工艺美术界有关机构和工艺美术大师、专家学者来携手，共同推动中国传统工艺美术的保护和发展事业。中国艺术研究院是全国唯一一所集艺术科研、艺术教育和艺术创作为一体的国家级综合性学术机构。以前对于传统工艺美术的研究，占一部分，但不是主要的部分，从中国工艺美术馆划归中国艺术研究院管理之后，中国艺术研究院就有可能跟在座的各位共同紧密地来协作，共同推动这项事业的发展。所以，这里我给大家把中国艺术研究院介绍一下。中国艺术研究院建于1951年，我院汇集了一大批在各学科领域卓有建树的著名学者和艺术家，他们以自己的学术影响在国内外享有极高的声誉。在21世纪新的发展时期，中国艺术研究院以落实科学发展观的改革举措实施战略调整，形成了以艺术科研为中心，以人才队伍建设为基础，艺术科研、艺术教育和艺术创作三足鼎立的崭新发展格局。面向未来，我们有信心把中国艺术研究院建设成全国一流、世界知名的艺术科研中心、艺术教育中心和国际艺术交流中心，以期为中国特色的社会主义先进文化建设，为中华民族文化的伟大复兴作出积极的贡献。

今天在这里举行中国传统工艺美术保护与发展研讨会，无论对中国工艺美术事业，还是对文化建设事业及非物质文化遗产保护事业，都将呈现一种特别的历史意义，也将产生重要的社会影响。因为，2006年11月，经中编办批准，中国工艺美术馆正式划转中国艺术研究院管理。中国工艺美术馆作为收藏、陈列中国工艺美术珍品的国家级博物馆，它的行政划转意味着国家对传统工艺美术文化性质的认定，也标志着国家将传统工艺美术事业作为文化事业纳入国家文化建设轨道的启端。随着行政划转后的一系列举措的实施，包括筹建中国工艺美术博物馆新馆和今后陆续展开的传统工艺美术技艺和传承人的保护、扶植、传承，对全国传统工艺美术项目的普查，对珍品展览、国家收藏以及传统工艺美术队伍建设和学术研究、体制创新等系列工作的开展，乃至对中国传统工艺美术事业的发展都将会带来根本性的转变，必然形成传统工艺美术"在保护中稳步发展，在发展中积极保护"的崭新格局。此次会议就是在这样的背景下举行的，而寄托于它的使命或期许，也可以从这样的背景中得到肯綮之解。今天会议的主题，明确地提示了我们今天和明天所要承担的责任与任务，这就是保护与发展中国传统工艺美术。

首先是保护问题。在长期的历史发展过程中，勤劳智慧的中华民族以各种自然材料和手工技艺创造了品类丰富、工艺精湛、境界独到、风范高雅、魅力永恒的传统工艺美术，它们是中华传统文化的重要组成部分。传统工艺美术所蕴含的中华文化精神和审美意识，所呈现的中华文化品格和文明气质，所凝聚的中华技术思想和造物经验，所关联的中华百工技艺和工艺知识，都充分展现了中华民族卓越的创造力和雅致的生活情趣。作为弥足珍贵的文化财富，传统工艺美术对中华文明和中华民族的过去、现在和未来都有着无法估量的重要意义，也通过国际性经济贸易和文化交流而对世界文化产生影响。随着经济全球化趋势的加强和现代化进程的加快，我国社会生活和文化生态发生很大变化，以致一些依靠口传心授方式加以承传的手工技艺面临失传；大量珍贵的工艺作品和相关资料流失境外或遭到丢弃；过度的商业开发和破坏性开发造成技艺水平走低、原料稀缺或枯竭；依仗现代科技的仿制工艺和仿制品，以抛弃传统技艺实质的低成本优势和欺骗性的形貌构成市场的抢夺……所有这些都对传统工艺美术造成剧烈的冲击和破坏，因此亟待采取有效措施予以全面的保护。国内艺术大师，包括传统工艺美术的一些传承人，都是保护的主体。所以保护传承人，支持和扶持他们传承而获得发展，这一点非常重要。

再则是发展问题。就地取材、就地加工，能耗低、污染少，附加值高、收益多的特点，使传统工艺美术具有作为经济和社会发展新的增长点的产业价值。传统工艺美术生产主要靠人工和技艺，对生产场所和生产条件要求不高，具有适合家庭生产或副业的就业价值。传统工艺美术一直是出口创汇的重要行业，随着人民群众生活水平的提高，国内市场会对传统工艺品有日益扩大的需求，传统工艺美术的市场价值依然很大，丰厚的人文蕴涵、鲜明的民族特色和以材料、技艺、样式、风格的独特性、精巧性构成的手工品格，使传统工艺美术具有一般工业产品难以比拟的文化艺术价值，以及作为文化艺术产业资源的丰厚底蕴。这些价值，预示了传统工艺美术的广阔发展前景。当然，也只有不断地发展，传统工艺美术才真正显示出生命的活力。为推动和引导这种发展，需要在新的历史条件下深入思考和解答一系列涉及传统工艺美术发展方式、途径、原则和取向的基本问题，譬如继承与创新、挖掘和提高、古典与现代、技艺与艺术、质量与数量、品质与规模，等等。

研讨会会期三天，将根据大会议程展开有关议题的研讨。希望大家解放思想、畅所欲言，为中国传统工艺美术的保护与发展建言献策，提供宝贵的意见。我想中国传统工艺美术的发展，离不开在座的各位以及全国各地有关的机构和传承人、各位艺术大师、各个方面的协作。我们中国艺术研究院，包括中国工艺美术馆，以一种开阔的思路，在国家发改委和文化部的领导、指导和支持下，团结协调各个方面的力量，共同携手来促进和推动传统工艺美术事业的发展。我相信，本次研讨会一定能够取得思想理论、实践对策方面的积极成果，本次研讨会也将以在座各位之经验和智慧所凝结的成果，贡献于中国传统工艺美术事业和社会主义文化建设事业。

2008年4月26日

（原载于《中国传统工艺美术保护与发展研讨会论文集》，

文化艺术出版社2009年版）

创造"非遗"整体性保护的社会环境

非物质文化遗产是一种独特的文化现象，它是一个世代绵延的文化传承过程。如果站在人类历史发展的高度来看非物质文化遗产现象，即发现它的活态流变性是其传承的一个重要规律。它的传承过程好像极其缓慢，缓慢得让人似乎察觉不到它的十分细微的变化，但它的传承过程不是静止的，而是在永不停息的衍变中与人类社会发展相并行。同时，我们还要看到，非物质文化遗产作为一种特定的文化积淀，呈现为人们的精神、情感或生产、生活形态，成为一种传统。就一种传统而言，它又是相对恒定的。所以，非物质文化遗产的变化是绝对的，但它显现的某种人类文明，却像人类基因一样在不断变化中留存。温家宝总理在2007年6月9日参观"中国非物质文化遗产专题展"时说，非物质文化遗产所以千古不绝，"就在于有灵魂，有精神。一脉文心传万代，千古不绝是真魂"。非物质文化遗产以其自身价值与人们之间发挥着双向的影响，人类社会的发展给它以时代的气息，而它的存在，给人们以传统文明最深根源的滋养，给人们的情感、精神世界、价值观念以最圣洁的抚慰。

非物质文化遗产活态流变性的基本特性，决定了我们今天的保护不应是静止的、凝固的保护，而是为了发展的保护。没有保护，难以发展；而没有发展，保护也就失去了重要意义。保护非物质文化遗产应坚持的原则与保护方式是密不可分的。无形文化遗产的不可再生性和脆弱性，决定了我们必须把抢救和保护放在第一位。要坚持积极保护的原则，在不改变其按内在规律自然演变的生长过程、不影响其未来发展方向的前提下，尽可能寻找生产性保护的方式及与旅游开发等的和谐结合。要坚持创造整体性社会保护的环境，任何民族、社区或地域群体，非物质文化遗产的遗存都不会是单一的。因此，从保护方式和形成保护生态两方面创造整体性保护的环境十分重要。只有如此，众多非物质文化遗产项目才会在交互的影响中，得到更好的延续和发展。

我国的非物质文化遗产保护工作，像世界上的很多国家一样，都是以政府主导发挥着重要的推动作用。但同样重要和不可忽视的是，在保护工作中不断提高社会公众的参与意识，形成社会公众主动参与保护和承担保护职责的文化自觉，特别是重视发挥好传承主体与保护主体的作用，才是实现保护工作目标，持久做好保护工作的根本。

　　形成社会公众自觉参与非物质文化遗产保护的文化自觉，一定要重视调动非物质文化遗产传承主体的积极性。非物质文化遗产是植根于民族民间文化土壤的活态文化，是发展着的传统的行为方式和生活方式，它不能脱离传承主体而独立存在。它的延续与发展永远处在活态传承与活态保护之中，尊重传承人，调动和发挥传承人的积极性和聪明智慧，使他们自觉地、主动地承担传承的责任，依靠他们的传承使非物质文化遗产得以延续，这是做好保护工作的基础。目前不少非物质文化遗产项目特别是传统工艺技术项目，后继乏人的现象相当严重。比如以艺术性极高的上海松江顾绣为例，绣的时候要先将一根蚕丝分成24份，用1/24细的蚕丝绣出一幅作品要耗时几个月甚至几年，学好这门技艺的难度和成本，都使年轻人望之却步。再如江苏无锡技艺精湛的微绣，绣出一幅不大的图案，也同样要几个月甚至几年的时间，目前传承人仅有一位。联合国教科文组织《关于建立"人类活珍宝"制度的指导性意见》中曾指出："尽管生产工艺品的技术乃至烹调技艺都可以写下来，但是创造行为实际上是没有物质形式的。表演与创造行为是无形的，其技巧、技艺仅仅存在于从事它们的人身上。"承载着非物质文化遗产技艺、技术或知识的优秀传承人是非物质文化遗产延续的决定性的因素。只有他们努力把自己所持有的技艺、技术传承给后人、贡献给社会，并在传承的同时，有所发展与创新，非物质文化遗产才能生生不息，永续发展。

　　形成社会公众自觉参与非物质文化遗产保护的文化自觉，就要充分发挥非物质文化遗产保护主体的作用。非物质文化遗产保护主体与传承主体都是保护工作的核心因素。非物质文化遗产保护主体指负有保护责任、从事保护工作的国际组织、各国政府相关机构、团体和社会有关部门及个人。各类不同的保护主体承担不尽相同的保护职责，但形成社会公众自觉参与保护工作的良好氛围，是各类不同的保护主体行使保护职责的基础。同时，各种非物质文化遗产是在基层社区、群体、公众生活中演变和发展的，它也是人们生活或生产方式的重要组成部分。联合国教科文组织《保护非物质文化遗产公约》指出："承认各社区，尤其是原住民、各群体，有时是个人，在非物质文化遗产的生产、保护、延续和再创造方面发挥着重要作用，从而为丰富文化多样性和人类的创造性作出贡献。"这就要求各个国家"在开展保护非物质文化遗产活动时，应努力确保创造、延续和传承这种遗产的社区、群体，有时是个人最大限度的参与，并吸收他们积极地参与有关的管理"。这是因为，非物质文化遗产就在我们身边，保护可以从我做起。广大民众既是非物质文化遗产的保护者，也是它的享有者。相辅相成，非物质文化遗产的延续和发展也才有了深厚的土壤。公众参与非物质文化遗产保护，要体现以人为本的原则，要反对人为地、被动地让人们参与，"非遗"保护要使人乐在其中，而不是苦在其中。

社会公众参与保护的程度，从根本上决定着非物质文化遗产的未来命运。世界上一些自觉实施非物质文化遗产保护时间较长的国家，都把唤起民众的广泛参与，作为实施保护的一项重要内容。比如韩国，众多的民俗博物馆不仅有实物展示，还有实际的演示，而各种形式的传统民族文化遗产学习班也遍布各地。韩国一年四季都举办着各种各样的节庆活动，其中一种是民间代代相传的乡俗，另一种是各种民俗节或民俗文化节，它们构成了韩国民众精神生活的重要内容。

非物质文化遗产在民众土壤上呈现的旺盛的生命状态，是保护的最高境界。公众的广泛参与，很多以传统民俗节日为载体。在我国，春节、元宵、清明、端午、重阳、中秋等以及少数民族的节日，都作为历史文化记忆的标志，向后人传递着传统文明的信息。我国已把春节、清明等重要的传统民俗节日纳入国家法定节假日体系，既是满足人们今天社会生活的需要，也是延续中华民族宝贵的非物质文化遗产的需要。所以，这已成为今天人们关注的一个问题。做好非物质文化遗产的保护工作，在具体实践中，应当是传承主体和保护主体综合作用的结果，我们要充分重视和全面发挥这两种核心因素的作用。

保护非物质文化遗产，既是守护我们的精神家园，也是为了在文化传统的传承中为新的文化创造提供不竭的源泉。保护非物质文化遗产不是为了留住历史，也不是为了回到过去。我们要以高度的社会责任感，继承优秀传统，加强文化自觉，促进文化创新，努力创造更加有利于可持续发展的和谐社会。

（原载于《中国文化报》2008年6月18日）

保护的灵魂是传承

　　成都电视台新闻部拍摄的36集系列报道《传承》，以开阔的视野和具有深度的探访表现了成都地区非物质文化遗产的生存现状。现在以图书的形式出版这一内容，邀我为《传承》作序。我看过书稿之后便有一种欣慰：除了电视台拍摄的影像，原来这写在纸上的文字也同样是令人感动的清晰的影像！从书中描写的一幕幕传承人有喜有悲的生活中，我们可以寻找到他们人生与技艺艰难交融的足迹，寻找到人类文化精神和情感传递的轨迹，这便是《传承》这本书首要的价值。

　　作为中国非物质文化遗产的"富矿区"，成都拥有数量庞大、形式多样的非物质文化遗产。那些传统民间工艺、古老的传说及皮影戏、金钱板等艺术，无不展示着成都地域文化的DNA。这些非物质文化遗产或深藏山野，或名不见经传，但它们都有醇厚的韵味：历史的味，民间的味，传统的味，还有点坚守的劲道。

　　无论是拍摄还是编撰，《传承》记录的主旨就是张扬一种文化精神，一种对本土文化的认同，一种文化情怀。这些大量的珍贵的材料，以讲故事和生活写真的方式对非物质文化遗产的现状进行了讲述，如金钱板大师邹忠新92岁仍在表演，最后的邛窑大师何平扬变卖家当维持制陶……《传承》文字中传递的那种刻骨铭心的感受，是只有真心参与其中并真心热爱它的人才会有的一种痛彻感。《传承》的记者、编者们对历史有情，对民间文化有义，能在阡陌巷尾中找到这些忘我坚守的传者，以真切的文字揭示出"非遗"传承面临的种种困境，并力求用大众传媒的力量帮助这些传人寻找走出困境的方法。

　　如果说记录首先是为了让后来的人不要忘记历史，那么对民间文化的系统整理和抢救更是为了让我们民族最珍贵的文化传续下去。在严峻的现实中抢救我们的文化遗产，需要坚韧的精神和饱满的激情。2003年，中国民族民间文化遗产抢救工程正式启动，如今五年已过，尽管国务院已公布了两批一千多项国家级非物质文化遗产名录项目，但未来的保护工作依然艰巨。对于非物质文化遗产而言，很多处于濒危状态的项目如地方剧种，我们现在的抢救速度已赶不上它消失的速度。

非物质文化遗产的保护主要是活态保护，而活态保护的关键是传承人的传承。传承人的保护也很紧迫。这些民间传人——老艺人、手工匠、画师、乐师、舞者、歌手、故事家、民俗传人、民间中医等多数并不为人知，也没有记载。一旦他们人走他乡或者辞世而去，便会带走一份珍贵的文化遗产。这种现象不仅在四川，在全国也普遍存在。每一分钟，文化遗产都可能在消亡，这就是我们要面对的现实。冯骥才先生曾说过：民间文化需要拨打120（急救电话）。从这个角度上说，《传承》是为传承人立传，为抢救和保护非物质文化遗产疾呼。保护的灵魂是继承和发扬，是传承人的技艺作为生活方式和生产方式活在人们身边。"传承"二字，也是本书想达到的目标吧。

一个民族深层文化基因的改变，必然带来民族个性的变异和扭曲，民族特征的弱化甚至消亡；特定地域、群体中凝聚其文化传统的那些难以用外在尺度衡量的文化表现形式的消解，也必然带来价值观念的混乱。当代中国人面临的最大的挑战，就是如何看待传统。这些年，中国传统文化丢得太多，现在中国孩子与美国的同龄孩子，在同一天看NBA篮球比赛，穿阿迪达斯鞋，吃麦当劳，听美国歌星的歌……如果这样将成为我国时尚生活的定式，那么我们曾引以为自豪的、有着数千年历史的中华文明将光芒不再。开放的文化胸襟只有在葆有自身文化主体精神的时候才显得坚实和开阔。保护中国非物质文化遗产，就是在民族文化面临被边缘化时，守护民族赖以传续的精神家园，坚守民族文化的根，这样中华民族新文化的创造才会有深厚的基础。目前，"政府主导，社会参与"的文化遗产保护体系在我国已初见端倪。但是对文化遗产的珍视与保护不只是政府与专家学者的任务，也是民众的责任——民众是文化创造者和享有者，是文化的主人，只有唤起社会公众参与非物质文化遗产保护的自觉性，保护工作才可能达到应有的境界。我相信，很多读者包括更年轻的读者会静下心来读一读《传承》，我也相信《传承》会唤起读者心底的一种感动。

2008年10月20日于北京

（原载于"用镜头记录成都的历史丛书"《传承》，

四川人民出版社2008年版）

非物质文化遗产保护与国家文化发展战略[*]

　　国家文化发展需要调动一切有利资源，尤其是传统文化资源。胡锦涛同志在党的十七大的报告中指出，中华文化是中华民族生生不息、团结奋进的不竭动力。要加强对各民族文化的挖掘和保护，重视文物和非物质文化遗产的保护。为了中华文化的发展，为了在世界多元文化格局中保持中华文化的竞争力，我们必须重视对所有文化遗产包括非物质文化遗产的保护和创造性转化。从这个意义上来说，保护非物质文化遗产对于促进中华文化的不断创新、发展中国先进文化、构建社会主义和谐文化，对实现我国国家文化发展战略目标具有特别重大的现实意义和长远的历史意义。

一、保护非物质文化遗产是国家文化发展战略的重要内容，也是实施国家文化战略的重要途径和实施方式

　　非物质文化遗产是一个和民族与国家紧密联系的概念，保护非物质文化遗产对于继承弘扬中华民族优秀文化和我国当代文化创新发展具有重要的战略意义。

　　联合国教科文组织非常强调和重视非物质文化遗产的民族性。《伊斯坦布尔宣言》认为：对于许多民族，非物质文化遗产是本民族的识别标志，是维系社区生存的生命线，是民族发展的源泉，"无形文化遗产的多种表现形式从主要方面体现了各民族和社会的文化特性"。《宣布人类口头和非物质遗产代表作条例》在申报规定中明确指出："列入《名录》的作品必须是……突出代表民族文化认同，又因种种原因濒于失传的文化表现形式"；民族性是评审非

　　*　本文与中国艺术研究院马克思主义文艺理论研究所所长、研究员陈飞龙合作。

167

物质文化遗产的重要标准："其是否具有确认各民族和有关文化社区特性之手段的作用，其是否具有灵感和文化间交流之源泉以及使各民族和各社区关系接近的重要作用，其目前对有关社区是否有文化和社会影响。"所以说，越是民族的就越有可能具有世界性的重要文化价值。

在保护非物质文化遗产方面，我们坚持保护非物质文化遗产世界性和民族性立场的统一。我国现在处在一个由农耕文明向现代文明的转折时期，是发展中国家的代表，中国人口、地域和历史的特性决定了中国非物质文化遗产存在和保护情况在世界上具有一定的代表性。对于中华民族而言，非物质文化遗产是"中华民族的情感基因"，是我们集体记忆的根源，也是"我们今天与过去的沟通渠道"。[①]因此，在国家一级保护非物质文化遗产对于我们的国家发展和民族复兴具有非常重要的意义。概括而言，保护非物质文化遗产将有利于我们借鉴先人的智慧和创造力、掌握文化发展主导权、促进文化创新和民族文化现代化；有利于社会主义文化和经济社会的协调、可持续发展；有利于维护国家文化安全和文化主权，进一步拓展文化空间；有利于促进全社会正确认识世界遗产的意义和价值，承担起保护人类文明的国际义务；有利于促进我国人权和文化权利事业的发展、促进公民文化权利的实现，以满足不同群体，尤其是非物质文化遗产参与各方的文化需求；有利于带动我国对历史文化遗产的全面保护，全方位地弘扬传统文化，维系文化命脉；有利于扩大世界对中国传统文化（特别是对丰富的民族民间文化）的了解，改变或破除世界对中国陈旧、落后的负面印象，重塑中国形象；有利于促进世界各地华人（特别是大中华文化圈）对中国文化的了解与传承，提高他们的文化认同感和自豪感，进一步增强民族文化的凝聚力，增强民族自尊心和自豪感，促进中华民族的伟大复兴，等等。正因为如此，对于为什么要保护非物质文化遗产，"大多数中国学者在谈论这个问题时主要还是从民族利益出发的"。[②]换句话说，主要是从国家文化战略的现实需要来认识非物质文化遗产保护意义的。

（一）保护非物质文化遗产有利于保护我国传统文化和民族文化的多样性

丰富多彩的非物质文化遗产是文化多样性的生动体现。保护非物质文化

---

① 戴廉：《非物质文化遗产保护的困惑》，《瞭望新闻周刊》2005年第30期。
② 同①。

遗产的核心内容就是保护传统文化、保护文化多样性。

今天，我们的传统文化和多样文化生存面临着普遍危机。孙家正在《"人类口头与非物质文化遗产丛书"总序》中指出："现代化进程的加快发展，在世界范围内引起各国传统文化不同程度的损毁和加速消失，这会像许多物种灭绝影响自然生态环境一样影响文化生态的平衡，而且还将束缚人类思想的创造性，制约经济的可持续发展及社会的全面进步。"[①]这概括地揭示了传统文化和多样文化所面临的危机、危机产生的原因及其后果。

国际上，保护非物质文化遗产国际文书非常强调要面对这一现实危机。2002年《伊斯坦布尔宣言》强调："主要因冲突，不宽容，极端重商主义，无控的城市化或乡村的衰败等原因，无形文化遗产面临消亡或边缘化的危险。"人们普遍认识到，导致传统文化和文化多样性危机的原因是多方面的。第一是社会历史原因。在全球化、信息化、商业化经济社会环境下，一些传统文化或部族、土著、社区文化所赖以生存的社会结构和形态、功能和性质发生了很大的变化或不再存在，作为传统社会文化表达方式的传统文化由于不能适应这种变化而逐渐走向消亡。新出现或形成的文化大体上是与市场经济、消费社会的经济社会形态相适应的，是与个体主义和自由主义的价值观念和交往方式、与市场经济或法制经济所要求的民主主义的法制、民权主义的政治、平等正义的分配原则和道德观念相适应的。反过来，传统文化正因为不具备这些适应性而失去生存和发展的活力，它的消亡是必然的。第二是外来文化影响，这在全球化进程中表现尤为明显。由于传统文化和现代文化之间力量对比悬殊，不同文化之间往往是一种单向交流，弱势文化虽然可以接受强势文化的合理影响，但现实社会的发展不可能给一种文明几百年甚至上千年的时间来接受这种影响并调整自己的文明，因此在不同文化之间相互影响产生作用形成新文化之前，传统文化就已经在加速消失了。第三是传统文化自身的原因，如某些非物质文化遗产主要通过家族亲缘关系传承或师徒关系传承的特点加剧了传统文化的生存危机。

在我国，传统文化面临的这种整体性危机是可预见的。以我国基诺族为例，云南省社会科学专家通过研究指出：基诺族服装可能在十年内消失，基

---

① 孙家正：《"人类口头与非物质文化遗产丛书"总序》，见王文章主编，"人类口头与非物质文化遗产丛书"，浙江人民出版社2005年版。

诺族口碑史、民族歌舞可能在二十年内消失，基诺族语言可能在三十年内消失。[1]实际上，这样的例证并不是孤立的。我们今天所进行的非物质文化遗产保护事业，实质就是在延续我们祖先的创造力，它将帮助我们能够积极、有效、从容地应对我们在发展中遇到的各种困难和问题。

在我国，近几年来非物质文化遗产保护工作取得重大进展，保护传统文化和文化多样性的重要性、紧迫性已经为大家所接受，但在保护工作的方式方法上仍然存在不少问题，其中保护工作"形似神失""空壳化"的趋势应引起我们的高度关注。一些地方割裂非物质文化遗产自身存在的合理性，剥离传统文化特有的情感特性和形式的庄严特性，单纯对非物质文化遗产的外在形式进行保护，使得保护工作失去其意义。

我国政府非常重视非物质文化遗产保护和发展之间的重要关系，将非物质文化遗产保护工作纳入国家文化发展战略。这是因为，一方面，保护非物质文化遗产对于落实科学发展观，实现可持续的经济、文化全面协调发展具有重要意义，它能进一步推进经济、政治、文化、社会、自然协调发展，促进社会全面进步和人的全面发展，促进我国社会主义现代化建设。另一方面，保护非物质文化遗产在促进文化认同和爱国主义教育方面也同样具有重要作用。2005年3月国务院办公厅发布的《国务院办公厅关于加强我国非物质文化遗产保护工作的意见》强调，要充分发挥非物质文化遗产对广大未成年人进行传统文化教育和爱国主义教育的重要作用，广泛开展非物质文化遗产的宣传展示和普及教育活动。从国家战略的现实需要出发，《意见》充分表明了我们党和政府对保护中华民族非物质文化遗产的高度重视，将有力促进我国年青一代对我国文化的认同，极大地推动年青一代对我国非物质文化遗产的了解、保护和传承。

（二）保护非物质文化遗产有利于促进我国的文化创新和发展先进文化

保护非物质文化遗产的核心目的之一是为了促进人类社会的文化创新。《保护非物质文化遗产公约》在前言和定义中强调，尊重和保护非物质文化遗产是为了促进文化多样性和人类的创造力，是为丰富文化多样性和人类的创造性作出贡献。非物质文化遗产是一种人类的创造，其有益于世界发展的普遍价值更是世界和人类社会发展的重要动力和精神源泉。

---

[1] 赵自庄：《云南民族文化区域构建》，见《中国少数民族艺术遗产保护及当代艺术发展国际学术研讨会论文集》，文化艺术出版社2004年版，第80页。

在一个文化系统内部，文化创新是文化发展的生命之源，而文化遗产又是文化创新的源泉。2001年《世界文化多样性宣言》第7条"文化遗产：创作的源泉"指出："每项创作都来源于有关的文化传统，但也在同其他文化传统的交流中得到充分的发展"；2002年《伊斯坦布尔宣言》指出：非物质文化遗产"被认为是创造性和文化创作的主要源泉之一"。文化创新的内涵十分丰富，包括文化思想和观念、内容和形式、体制与机制、领导方式和管理模式，等等。保护非物质文化遗产将在这些方面促进各民族文化和世界文化的创新。

我们时代的文化遗产是中华民族优秀文化的重要体现，也是我们时代文化创新的重要源泉。我们对传统文化和非物质文化遗产的保护实质是一种创造性的转化，就是"用中国特色社会主义的先进文化所具有的价值取向、思维方式、道德观念和行为方式来改造、更新传统文化，使之符合现代化的要求，使之在自我超越中获得新的生命力"[1]。因此，为了中华文化的发展，为了在世界多元文化格局中保持中华文化的竞争力，为了文化创新和发展先进文化，我们必须重视对文化遗产的保护和创造性转化。所以，保护的目的就是为了创新。从国家文化战略实现途径来看，只有做好非物质文化遗产的保护工作才能有力地促进我国社会主义先进文化的发展和中华文化的不断创新。

（三）保护非物质文化遗产有利于促进我国和谐文化建设

在新世纪新阶段，我国确立了建立社会主义和谐社会的伟大目标。促进和谐文化建设，可为构建社会主义和谐社会提供强大的思想道德力量。中国的非物质文化遗产在历史上为中华民族和谐文化的形成和发展作出过重要的贡献，它也是我们今天建设社会主义和谐社会，树立和落实科学发展观的重要思想资源。与国家文化战略的功能和性质相统一，保护非物质文化遗产将有利于促进我国现阶段国家整体发展战略目标的实现。

和谐思想是中华文化固有的价值观、世界观和人生观。构建人与自然、人与人（特别是人与群体）、人与自我的和谐是我国传统文化和绝大部分非物质文化遗产的思想基础和核心价值理念。而以"和谐"为思想内核和价值取向，奉行和谐理念为主要内容的文化形态、文化现象，都可以统称为和谐文化。和谐文化在思想观念、价值体系、行为规范、文化产品、社会风尚、制度

---

[1] 王文章主编：《中国先进文化论》，文化艺术出版社2004年版，第185页。

体制等各个方面有多种存在方式或表现形态。和谐文化最核心的内容，就是崇尚和谐理念，体现和谐精神，大力倡导社会和谐，坚持和实行互助、合作、团结、稳定、有序的社会准则。

非物质文化遗产中蕴含着大量的和谐思想以及行为规范。非物质文化遗产在本质上往往是价值理性和工具理性相结合的一种综合体，它对其自身现实问题的关切往往是独特而有效的。绝大部分非物质文化遗产都是各民族、族群、社区人民在自己特殊的生活生产方式中为解决某种特定的社会问题或规避某种可能产生的问题而创造形成的，它们在规范人类社会秩序、构建"公序良俗"的社会环境等方面有着自己独特的思维方式和问题处理技巧，它的存在对历史上一定范围内的和谐社会的存在和发展起着决定作用。

当前，要建设和谐文化，离不开对中国非物质文化遗产中和谐思想观念的继承和发扬。非物质文化遗产中的许多积极因素可以直接作用于和谐社会的建设，人们通过遵循非物质文化遗产中的一些规定性要求来适应和谐社会的要求，来帮助我们解决人类的和谐生存、可持续发展和精神走向等问题。此外，非物质文化遗产本身就是一个稳定的文化系统，我们可以在思想观念、价值体系、行为规范、文化产品、社会风尚、制度体制等方面从非物质文化遗产汲取有益的东西，使得我们的和谐文化建设更具有民族性和大众性。

非物质文化遗产本身作为一个和谐文化系统，虽然并不能与我们今天所要建设的社会主义和谐文化直接画上等号，但是我们一定要从国家文化战略的实际需要来对待非物质文化遗产，从建设社会主义和谐社会、树立和落实科学发展观的长远眼光，在充分认识非物质文化遗产保护在建设和谐文化、构建社会主义和谐社会中的作用的基础上，让古老而鲜活的非物质文化遗产在今天的和谐文化建设中发挥重要作用。

（四）保护非物质文化遗产有利于促进我国文化事业和文化产业的发展

非物质文化遗产的保护水平与一个国家的经济水平尤其是文化产业发展水平有着密切关联。一般来讲，非物质文化遗产保护程度离不开一个国家文化产业发展程度和文化政策制定执行水平情况。因此在非物质文化遗产保护方面，联合国教科文组织非常重视和强调缔约国在国家一级保护工作层面应注重提高文化政策制定执行水平和积极发展文化产业。这些要求对实现我们国家文化发展战略、保证国家文化的协调与可持续发展有着非常积极的现实意义。

首先，保护非物质文化遗产有利于促进我国文化立法，提高文化政策制定与执行水平。政府拥有权威和公共资源。政府文化政策的制定和实施直接影响着非物质文化资源的配置和使用，直接决定着保护非物质文化遗产的成效。促进成员国文化政策发展和政府文化权力的合理科学运用是联合国教科文组织工作的一项重要内容。1982年《墨西哥城文化政策宣言》、1998年《文化政策促进发展行动计划》都对文化政策发展问题给予了专题讨论。国家一级保护非物质文化遗产需要与之配套的国内法律、政策和行政环境。2001年《世界文化多样性宣言》提出："每个国家都应在遵守其国际义务的前提下，制订本国的文化政策，并采取其认为最为合适的行动方法，即不管是在行动上给予支持还是制定必要的规章制度，来实施这一政策。"

在保护非物质文化遗产政策方面，我国有许多工作要做。在法律方面，如果缺少完整、配套的法律环境，保护非物质文化遗产将是没有保障的。我国目前只有《文物保护法》，而《非物质文化遗产保护法》《民族民间传统知识产权保护法》的制定尚在拟议之中。在文化管理体制和行政方面，政府文化行政部门所应对和管理的主要是精英的、上层的、艺术的、见诸文字的、物质的和可视的部分，目前还没有以法律或行政法去健全和规范的办法，对民间的和大众的、生活的、非文字的、非物质的和无形的文化遗产行使管理职能。目前在很大程度上多数的非物质文化遗产仍然存在于文化管理体制之外。此外，我国的非物质文化遗产保护涉及文化、旅游、文联、民族、宗教、教育、财政等多个政府管理部门和社会团体，这就需要有一个高效和统一的管理体制。这些情况都是需要调整的。在文化政策方面，保护非物质文化遗产重在基层和社区，但我国缺乏相应的政策可供执行，这使得保护工作缺乏基础。因此，保护非物质文化遗产需要我们在立法、政策制定和文化行政方面加强工作。

其次，保护非物质文化遗产有利于提高我国文化产业的发展水平。目前世界上文化物品和文化服务的流通和交换存在着严重的失衡现象，文化产业发达国家对发展中国家具有明显的贸易和服务优势，这对文化多样性和发展中国家的文化主权构成了很大的威胁。针对这种情况，国际文书强调发展文化产业。1998年《文化政策促进发展行动计划》指出："鼓励文化合作，尤其是合办文化产业项目（生产、投资和权利转让）的文化合作。考虑到社会经济、技术与文化变革的迅速发展进程和国家与国际一级现存的日益增大的差距，以及正视文化产业发展和文化产品交易所造成的各种危险与重大问题，尊重著作权和知识产权的重要性。"2001年《世界文化多样性宣言》提出：文化服务和文化物品"不应被视为一般的商品或消费品"，而"文化政策应当在确保思想和作品的自由交流的情况下，利用那些有能力在地方和世界一级发挥其作用的文化产业，创造有利于生产和传播文化物品和文化服务的条件"，"面对目前世界上文化物品的流通和交换所存在的失衡现象，必须加强国际合作和国际团结，使所有国家，尤其是发展中国家和转型期国家能够开办一些有活力、在本国和国际上都具有竞争力的文化产业"。《实施教科文组织世界文化多样性宣言的行动计划要点》要求："帮助发展中国家和转型期国家建立或加强文化产业，并为此合作建立必要的基础结构和培养必要的人才，促进建立有活力的当地市场，并为这些国家的文化产品进入世界市场和国际发行网提供方便。"

我国在世界文化物品与服务的流通和交换中同样处于被动地位。一方面是大量的西方文化产品销往国内，另一方面是大量的文化资源流往国外。目前后一种情况比较严重。

"许多外国人借商贸、旅游、学术交流之机进入我国民族地区，大量采集、收购、记录和使用少数民族民间文学艺术，甚至通过非法渠道买卖少数民族文物，形成了一股变相文化掠夺的浪潮，造成了文化资源的大量流失。在西南、东北等少数民族文化艺术丰富的地区，许多外国人深入村寨，低价收购民族服装、头饰、配饰，而且有的专门收购年代久远的工艺品，或者收录歌曲、舞蹈等民间艺术，制作成光盘，或出版作为自己的研究成果。"[①]要改变这种状况，则需要大力发展文化产业。概括而言，对非物质文化遗产的合理保护和产业化开发利用，可提高非物质文化遗产开发利用的产业化程度，增强文化国力，还可进一步保护文化遗产当事人权益。这方面好的例子很多，比如四川自贡灯会产业就是一个典型例子。

当前而言，我国非物质文化遗产保护中文化产业的发展有些情况又确实令人堪忧。一些人或地方将非物质文化遗产商品化、碎片化、拼盘化（如有些地方把当地老百姓用来祈祷、祭祀的傩戏搬上戏台，京剧表演选段化等），或者将非物质文化遗产非民间化（如将民间老艺人集中起来培训或者将民间艺术

---

① 王鹤云：《浅论保护中国少数民族民间文学艺术的有效方式》，见《中国少数民族艺术遗产保护及当代艺术发展国际学术研讨会论文集》，文化艺术出版社2004年版，第89页。

演出形式舞台化^①）等，这种所谓产业化的运作实际上在加速非物质文化遗产的消亡。对这些问题或现象，我们应该通过在实践中提高保护非物质文化遗产政策制定和执行水平、提高我国文化产业的发展水平来解决。

需要特别提到的是发展文化产业、实现我国在世界文化物品与服务流通和交换中的平等地位，必须重视数字技术的发展。联合国教科文组织注意到：要树立平等的文化观，必须消除非物质文化遗产交流和对话之间的"数字鸿沟"；只有技术上的进步才能消解不平等的"游戏规则"或歧视性的技术壁垒。1998年联合国教科文组织《文化政策促进发展行动计划》"在信息社会的范围内并为信息社会促进文化和语言的多样性"的目标中，要求各国在文化政策层面关注文化遗产保护的技术问题。2001年联合国教科文组织在《实施教科文组织世界文化多样性宣言的行动计划要点》中倡导缔约国："促进'数字扫盲'，将信息与传播新技术作为教学计划中的学科和可提高教学工作效率的教学手段，提高掌握这些新技术的能力"，"促进数字空间的语言多样化，鼓励通过全球网络普遍地利用所有的公有信息"，"与联合国系统各有关机构密切合作，向数字鸿沟宣战，促进发展中国家利用新技术，帮助这些国家掌握信息技术，并为当地文化产品的数字化传播和这些国家利用世界范围的具有教育、文化和科学性质的数字化资源提供方便"。到了2002年，联合国教科文组织《伊斯坦布尔宣言》在仍旧强调全球化和数字技术带给世界文化单一化严重威胁的同时，已经乐观地看到："通过新信息和传播技术的利用有利于无形文化遗产的传播，同时新信息和传播技术也创造了值得保护的数字化遗产。因此，全球化有利于形成一套全人类共同的参照标准，从而推动更好地了解他人和尊重多样性的团结和宽容。"所以，我国应该在保护非物质文化遗产方面充分利用全球化和数字技术带来的优势，积极创造数字化遗产，以强有力的数字化手段来保护自己的非物质文化遗产，扩大自己的文化在国际交往中的话语权。

---

① 有报道称：有些地方将原本几十个为当地农民所喜闻乐见的业余道情皮影班组升格成正式剧团，还计划修建一个大剧场。见戴廉：《非物质文化遗产保护的困惑》，《瞭望新闻周刊》2005年第30期。

二、从国家文化发展战略的长远目标出发，保护好非物质文化遗产

明确了保护非物质文化遗产的战略意义后，进一步了解我国非物质文化遗产保护工作的现状，正确认识我国保护非物质文化遗产面临的主要问题及保护工作的紧迫性，积极借鉴国外保护经验，在总体掌握现代条件下非物质文化遗产传承规律的基础上，遵循正确的保护理念和保护原则，是我们做好非物质文化遗产保护工作的关键所在。只有把保护工作做好做实，才能有意义地发挥非物质文化遗产在实现我国文化发展战略中的重要作用。

（一）我国的非物质文化遗产保护已上升为国家文化战略的重要环节

中华民族历来有保护非物质文化遗产的优良传统，从我国古代《诗经》的采集、整理、传承到20世纪初兴起的民族、民间、民俗文化的搜集、保存，特别是民俗学建设的成就，都为丰富中华文明延续的灵魂——不竭的文化传统和文化精神作出了贡献。新中国成立特别是改革开放新时期以来，我国在保护非物质文化遗产方面做了大量的工作，进行了积极的探索，积累了有益的经验。20世纪50年代初期，国家组织有关部门和专家对少数民族的文化遗产进行调查记录；之后，采取措施，保护和扶植传统工艺美术行业生产，保护了一大批传统工艺品种，命名了200余名"工艺美术大师"。国家对传统戏曲剧种、剧目的挖掘和保护，对民间传统艺术、中医中药及少数民族医学的保护，大量的民间艺术博物馆的建立，都为非物质文化遗产的保护起到了重要作用。20世纪80年代以来，文化部、国家民委、中国文联共同发起被誉为"文化长城"的"十大中国民族民间文艺集成志书"的编纂，抢救、保存了大量的珍贵艺术资源。

2003年文化部、财政部联合国家民委和中国文联，启动实施了旨在全面推动我国非物质文化遗产保护工作的系统工程——中国民族民间文化保护工程。这项工程计划从2003年到2020年，用17年的时间，创建我国非物质文化遗产保护的有效机制，初步建立起比较完备的我国非物质文化遗产保护体系，基本实现我国非物质文化遗产保护工作的科学化、规范化和法制化。这一工程的启动和实施，标志着我国非物质文化遗产的保护，已由以往的项目性保护，开

始走向全国整体性、系统性的保护阶段。

近几年来，立法保护的进程也加快了步伐。2003年11月全国人大教科文卫委员会形成了《中华人民共和国民族民间传统文化保护法草案》，2004年8月十届全国人大常委会第十一次会议批准我国加入联合国《保护非物质文化遗产公约》，我国成为较早批准加入该公约的国家之一。据此，全国人大教科文卫委员会将《中华人民共和国民族民间传统文化保护法草案》名称调整为《中华人民共和国非物质文化遗产保护法》，并成立了专门小组，协调各方，加快该部法律的立法进程。[①]2005年3月国务院办公厅颁发了《国务院办公厅关于加强我国非物质文化遗产保护工作的意见》。这是国家最高行政机关首次就我国非物质文化遗产保护工作发布的权威指导意见，明确指出了保护工作的重要性和紧迫性，并明确提出要建立名录体系，逐步形成有中国特色的非物质文化遗产保护制度。同年12月国务院颁发了《国务院关于加强文化遗产保护的通知》，《通知》指出，当前我国文化遗产保护面临着许多问题，形势严峻，不容乐观，要充分认识保护文化遗产的重要性和紧迫性；为进一步加强文化遗产保护，决定从2006年起，每年6月的第二个星期六为我国的"文化遗产日"。正是在国务院办公厅文件的推动下，2005年6月我国开始进行第一批国家级非物质文化遗产名录申报与评审工作。经过专家评审委员会评审确定首批国家级名录501项初选项目，于2005年12月31日向社会公示。在听取各方面意见基础上，由文化部、国家发展改革委员会、教育部、国家民委、财政部、建设部、国家旅游局、国家宗教局、国家文物局九部委联席会议调整为518项正式报国务院审批，于2006年5月20日获得国务院批准，正式向全国公布。

当前，我国非物质文化遗产保护工作的重要内容主要有下列几项：第一，组织全国非物质文化遗产项目普查，在各省、自治区、直辖市及地、县级普查的基础上，基本摸清我国非物质文化遗产在当代的遗存状况，做到心中有数；第二，在普查基础上，制定评定标准并经过科学认定建立国家级和省、市、县级非物质文化遗产名录体系及四级保护制度；第三，加强非物质文化遗产的研究、认定、保存和传播；第四，建立文化生态保护区，对文化遗产包括非物质文化遗产进行立体性保护；第五，建立科学有效的非物质文化遗产传承

---

① 朱兵：《我国非物质文化遗产的立法：背景、问题与思路》，《非物质文化遗产》2006年第1期。

机制，在动态整体性保护中使非物质文化遗产焕发生机。我国是一个多民族的国家，在悠久的历史发展进程中创造了丰富的非物质文化遗产。它们有的是具有突出价值的人类创造的天才代表作，有的是在历史、艺术、宗教、人类学、社会学、语言学、文学或手工技艺方面具有突出价值并曾广为流传的传统文化的表现形式，这些遗产有不少是世界文化的精粹。各个国家、各个民族的非物质文化遗产是全人类共同的文化财富，但首先还是属于自己的国家和民族的，都应当根据自己国家不同的实际情况，制定抢救和保护的法律、政策和措施，科学、全面、系统地抢救和保护现存非物质文化遗产。胡锦涛主席在致联合国教科文组织第二十八届世界遗产委员会的贺信中指出："加强世界遗产保护已成为国际社会刻不容缓的任务。这是历史赋予我们的崇高责任，也是实现人类文明延续和可持续发展的必然要求。"以上可以看到，我国近几年来的非物质文化遗产保护工作已经上升为国家文化发展战略的高度，成为组成国家文化发展战略的重要内容之一，也是实现国家文化发展战略的重要途径和实施方式之一。

（二）从国家文化发展战略的高度，正确认识非物质文化遗产保护面临的主要问题及保护的紧迫性

就世界范围而言，非物质文化遗产保护面临的主要问题，正如联合国教科文组织《宣布人类口头和非物质遗产代表作申报书编写指南》中指出的那样："在世界全球化的今天，此种文化遗产的诸多形式受到文化单一化、武装冲突、旅游业、工业化、农业人口外流、移民和环境恶化的威胁，正面临消失的危险。"这些问题，对非物质文化遗产生存的影响，在发展中国家表现得更为突出。一些发达国家由于更早开始认识和着手解决非物质文化遗产保护的问题，尽管问题呈现程度不那么严重，但全球经济一体化和现代化进程对非物质文化遗产的冲击和消解的问题，在这些国家也一样程度不同地存在着。

目前我国非物质文化遗产保护面临的问题和困难主要是：第一，一些依靠口传心授方式加以传承的文化遗产正在不断消失；许多传统技艺濒临消亡；大量有历史、文化价值的珍贵实物与资料遭到毁弃或流失境外；随意滥用、过度开发非物质文化遗产的现象经常可见。第二，法律法规建设的步伐不能与非物质文化遗产保护的紧迫性相适应，由于保护工作不能纳入国民经济和社会发展整体规划，与保护相关的一系列问题不能得到系统性解决。保护标准和目标

管理以及收集、整理、调查、记录、建档、展示、利用、人员培训等工作相对薄弱，保护、管理资金和人员不足的困难普遍存在。第三，一些地方保护意识淡薄，重申报、重开发、轻保护、轻管理的现象比较普遍。少数地区进行超负荷利用和破坏性开发，存在商业化、人工化和城镇化倾向，甚至借继承创新之名随意篡改民俗艺术，损害了非物质文化遗产的原真性。第四，适合我国保护工作实际、整体性、有效性的工作机制尚未建立，尤其是政府主导的有效性亟待体现。文化遗产对象分割，由政府不同部门分别实施管理，与实际的保护工作不相适应。

在保护工作存在的问题中，有两种倾向尤其应引起我们的注意。一种是建设性破坏，一种是保护性破坏。非物质文化遗产的保护正在全社会范围内引起人们广泛参与的兴趣，由于认识不正确，或出于良好愿望或出于经济目的，以及历来存在的赶风头的现象，建设性破坏和保护性破坏，常常是在加强保护和开发利用的名义下进行，更具有危害性。现在，新农村建设正在全国农村展开，对农村进行新的建设，这本身是件好事，但是由于非物质文化遗产大部分都保存在农村地区，如果建设不当，很容易对其造成不可挽回的损失。拆旧村建新村，不对蕴含历史文化内容的有形遗存加以认真保护，承载这个村庄历史文化记忆的载体也就荡然无存。过去几十年来，这一方面已经造成了很大的损失。

保护性破坏的危害也很明显。一些项目被确定为保护对象后，一些人片面地去开发它的经济价值，如对古老村落的过度旅游开发和一些手工艺项目的大量机械复制，使这些项目显现的某种人类文明以及这种文明成长的过程，因我们的保护而中断。在服务于旅游开发的目的下，原生态的歌舞，按照当代肤浅时尚的审美趣味加以改造；传统的民间手工艺制作大量机械复制；古老村落成了喧嚣的闹市。从表面上看，似乎是被保护项目的繁荣，实际上是对非物质文化遗产的一种根本性伤害。

对非物质文化遗产保护面临的不容忽视的状况，我们在实施保护工作中要更加明确地、有针对性地加以避免和调整。2005年3月国务院办公厅颁发的《国务院办公厅关于加强我国非物质文化遗产保护工作的意见》指出："随着全球化趋势的增强，经济和社会的急剧变迁，我国非物质文化遗产的生存、保护和发展遇到很多新的情况和问题，面临着严峻形势。"正如以上分析，当代文化生态的改变，正在使非物质文化遗产逐渐失去赖以生存和发展的环境基础，许多非物质文化遗产正处于生存困境或已处于消亡状态；与此同时，保护工作的困难及保护方式的不当，也造成非物质文化遗产承续的更多问题。我们一定要高度重视开展非物质文化遗产保护工作的紧迫性，以对国家和民族以及人类社会可持续发展的高度责任感，以科学和务实的态度与精神，切实做好我国非物质文化遗产的保护工作。

（三）从国家文化发展战略的高度，总体把握非物质文化遗产的传承规律

保护是为了发展。没有保护，难以发展；而没有发展弘扬，保护也就失去了重要的意义。非物质文化遗产本身存在形态的复杂性，决定了抢救与保护工作的复杂性和其特殊的规律性。

1. 界定非物质文化遗产概念及内涵的原则

非物质文化遗产概念的形成是个复杂的过程，这可看出非物质文化遗产存在形态的复杂性。联合国教科文组织通过的《保护非物质文化遗产公约》，从五个方面对保护对象做了划分；《国务院办公厅关于加强我国非物质文化遗产保护工作的意见》的附件《国家级非物质文化遗产代表作申报评定暂行办法》中，对非物质文化遗产的范围做了六个方面的划分。《非物质文化遗产概论》第七章归纳概括的分类体系中，将非物质文化遗产分为十三个类别。[①]这种划分既是以国际公约关于非物质文化遗产的定义为基础，又充分考虑我国自身社会特点和文化特性而概括的。它基本包含了我国各民族、群体、地域现存的非物质文化遗产中一切传统知识、文化现象和表现形式。人们对非物质文化遗产概念和内涵的认识，有不断丰富和深化的过程，表现出经验性、实践性、可操作性及开放性和衍生性。任何界定和划分都不会是凝固不变的，随着认识的深化，我们会发现更多现存文化事项的历史、艺术、科学和精神价值，也就会有新的种类进入非物质文化遗产的类别系列。正因为如此，我们在普查和保护工作中，不必拘泥于某些定义的限制，而要注重实际，在实践中不断总结和深化我们的认识。

---

① 王文章主编：《非物质文化遗产概论》，文化艺术出版社2006年10月第1版，第319页。

2. 对非物质文化遗产项目认定要坚持科学性

准确科学地认定非物质文化遗产项目，是进行正确、有效保护的基础。特别是在确定各级保护名录时，要坚持科学认定该项目的确定性、自身价值、濒危性和保护主体保护行为的规范性，以及项目公布后应该具有的项目保护工作的示范性。联合国教科文组织《宣布人类口头和非物质文化遗产代表作条例》和《保护非物质文化遗产公约》都提出了认定非物质文化遗产项目的标准；《国务院办公厅关于加强我国非物质文化遗产保护工作的意见》也制定了具体的评审标准。国际公约文件和我国政府的文件制定的认定非物质文化遗产项目的标准，大体可归纳为如下几项：（1）具有杰出价值的民间传统文化表现形式或文化空间；（2）具有见证现存文化传统的独特价值；（3）具有鲜明独特的民族、群体或地方文化特征；（4）具有促进民族文化认同或社区文化传承的作用；（5）具有精湛的技术性；（6）符合人性，具有影响人们思想情感的精神价值；（7）其生存呈现某种程度的濒危性。

在认定非物质文化遗产项目时，正确科学地坚持认定标准，才会知道"我们要保护什么"。我们在撰写古琴艺术向联合国教科文组织申报人类口头和非物质遗产代表作的申报文本时，首先阐明认定古琴艺术为"代表作"，是从对古琴艺术具有的"历史、发展，以及社会性、象征性和文化性的功能"，对古琴艺术"与相关社区的文化传统或文化史的渊源关系及程度"进行科学认定，所谓正本清源是十分重要的。只有这样，才有可能辨清真伪，才能正确判定其价值。韩国入选联合国教科文组织公布的世界首批人类口头和非物质遗产代表作的项目——"皇家古代礼仪和礼乐"，其申报文本中这样介绍该项目：在首尔的皇家孔祠举行的纪念朝鲜王朝祖先的仪式，包括歌曲、舞蹈和音乐，礼仪以中国古典文献的记载为基础，由皇帝的后代于每年5月的第一个星期天组织举行，祈求祖先灵魂永远平安。——这样一种求实的对项目历史渊源的揭示，并没有伤害民族尊严或文化主体性及其他，而是表达了一种文化真诚和文化尊重。这种延续和保存人类文化财富的努力，不也是值得我们学习的吗？在我国各地申报评审项目中，受外在因素的影响而编造或"创造"项目生成、发展史的现象是存在的，韩国"皇家古代礼仪和礼乐"项目的申报体现的科学精神，我们应引为借鉴。

非物质文化遗产项目认定中存在两个方面的问题。一方面主要是方法方面的问题，表现在四个方面：第一，从民俗旅游开发的角度认定文化保护项目；第二，用保护物质文化遗产的标准认定非物质文化遗产项目；第三，把文化表现形式仅仅理解为艺术表现形式，不敢于也不善于认定其他文化表现形式的项目；第四，不能正确把握文化空间项目的认定，往往将其分解为几种文化表现形式分别认定，割裂了完整统一的文化空间形态。①另一方面是思想观念方面的问题，具体有这样几种表现：第一，"泛文化遗产论"。认为凡是传统文化现象，不问其价值，不管是否具备独立存在的本质特性，甚至对近年来出现的模仿形态项目，也都认定为非物质文化遗产加以保护。第二，把普查挖掘非物质文化遗产，当成再造遗产项目。比如一些地方戏曲声腔，本来早已融入其他戏曲剧种，现在也要独立建立演出团演出，作为遗产项目保护。第三，简单化对待某些非物质文化遗产项目。由于非物质文化遗产的活态流变性，使人们对它的评价标准，往往受到特定社会、时代、环境、审美的影响。同一个项目，在不同的时期不同的社会环境中，人们对其往往会有完全相反的价值判断。因此，今天我们在认定项目时，要持一种特别慎重的态度。多少年来不少我们过去认为是愚昧落后的东西，今天来看，却蕴含了许多珍贵的价值。今天我们的判断，仍要受时间的检验。对待非物质文化遗产项目，弘扬宜慎重，但在认定上既反对泛文化遗产论，又要坚持保护、保存、保留面要宽的原则。比如有一些具有独立存在本质特性的项目，即便表达一种唯心主义的愿望理想，也不妨作为记录先人认识事物的一种方式保留下来，就是作为文化现象研究，也是有益的。

3. 非物质文化遗产保护的基本方式与原则

以什么样的方式和原则来保护，这是面对非物质文化遗产的一个核心问题。我们要以正确的方式和原则，从实际出发，科学、全面、系统地抢救、保护和发展现存的非物质文化遗产。

保护的基本方式，主要有如下几项：第一，建立保护名录制度。非物质文化遗产代表作名录体系的建立是保护工作的基础，既是抢救保存的前提，也是传承、弘扬的依据。目前，中央和各省、自治区、直辖市都已建立起名录制度，许多地、市（县）也已建立起名录制度。第二，将非物质文化遗产转变为

① 乌丙安：《非物质文化遗产保护的科学管理及操作规程》，见《非物质文化遗产保护国际学术研讨会（2004）论文集》，文化艺术出版社2005年版，第11—12页。

有形的形式。通过搜集、记录、分类，建立档案，用文字、录音、录像、数字化媒体等手段，对保护对象进行全面、真实、系统的记录，并积极搜集有关实物资料，予以妥善保存。比如20世纪50年代著名音乐理论家杨荫浏先生等对阿炳演奏的民间二胡曲《二泉映月》的录音记录。第三，在它产生、生长的原始氛围中保持其活力，如一些礼仪、仪式的保存，以及文化生态保护区的保护方式。第四，转化为经济效益和经济资源，以生产性方式保护。比如剪纸、年画以及其他很多手工艺制作项目，都可以作为艺人生产、生活方式延续传承。甚至可以通过资源重组，以产业运作扩大生产规模，扩展销售市场，从而使这些项目得到弘扬和传播。很多民间手工艺制作项目的繁荣，是与文化生态的生成紧密关联的。比如传统民族节日仪式的恢复，会大大增加民间艺术品（如年画、剪纸）的需求。随着全社会保护非物质文化遗产氛围的整体性养成，更多的非物质文化遗产项目的生存、发展环境会得到改善。第五，保护传承人。非物质文化遗产作为活态文化，其精粹是与该项目代表性的传承人联结在一起的。对项目传承人的保护应该是保护工作的重点。要以传承人为核心主体，通过传授、培训，以及宣传，使非物质文化遗产项目得到传承，传承人的地位得到尊重。

非物质文化遗产内涵的丰富性，以及它体现的民族性、独特性、多样性，决定了保护方式也是多样的。以上列举的几种保护方式，实施的基础是立法保护。立法保护是根本性的保护，只有健全的立法保护，才会使行政保护、财政支持、知识产权保护等得到保证。

保护非物质文化遗产应坚持的原则与保护方式是密不可分的。第一，无形文化遗产的不可再生性和脆弱性，决定了我们必须把抢救和保护放在第一位。第二，坚持积极保护的原则。非物质文化遗产活态流变性的特点，决定了我们要尽可能避免以静止、凝固的方式去保护。在既不改变其按内在规律自然演变的生长过程，又不影响其未来发展方向的前提下，尽可能寻找生产性保护的方式及与旅游开发等的良性互动结合。第三，坚持创造整体性社会保护的环境。任何民族、社区或地域群体，非物质文化遗产的遗存都不会是单一的。因此，从保护方式和形成保护生态两方面创造整体性保护的环境十分重要。只有如此，众多非物质文化遗产项目才会在交互的影响中得到更好的延续和发展。

总之，保护非物质文化遗产在我们国家文化战略中具有非常重要的地位和作用。保护好非物质文化遗产符合我国文化发展战略的效益原则、可持续发展原则、系统开发原则。我们只有从国家文化发展战略的长远目标出发，高度重视非物质文化遗产保护对于我国文化发展战略目标的实现、对于我国文化发展战略措施的选择都具有特殊的意义。在国家文化发展战略的宏大构想下，我们应该脚踏实地、扎扎实实地做好非物质文化遗产的抢救和保护工作。

（原载于《华中师范大学学报》2008年第2期；

《新华文摘》2008年第11期转载）

"非遗"保护走向文化自觉

改革开放三十年来，在我国文化领域，非物质文化遗产的保护和传承成为一大亮点。它不仅说明了我国当代对保护人类文化多样性和优秀民族文化传统的重视，也标志着我们今天对民族传统文化价值认知的根本性变化。非物质文化遗产在当代开始逐步得到良好的保护和传承，从根本上说，是贯彻落实以人为本的科学发展观的必然要求。

新时期以来，我国非物质文化遗产保护取得了不少重要成果。进入新世纪，随着非物质文化遗产保护在国际范围内不断得到重视，我国的非物质文化遗产保护也开始由以往单个的项目性保护，走上全国整体性、系统性的保护阶段。它的重要意义在于，我们开始对与物质文化遗产一道，共同延续五千年中华文明的现存文化的记忆——非物质文化遗产的价值进行全面的重新认识。我们审视人类自身及社会整体发展目标时，不能不认识到非物质文化遗产对于我们的重要意义。随着认识的不断深化，全社会参与保护的意识也在不断加强，我国的保护工作正在逐步体现具有"文化自觉"的特征。

近五六年来，我国非物质文化遗产保护工作的进展主要体现在：重视参与国际合作；加强对非物质文化遗产保护的法规建设和立法进程；具体实施形式多样的保护措施。保护措施主要是：开展全国普查，制订保护规划，建立国家和省、市、县四级名录保护体系，保护传承人，加强少数民族非物质文化遗产和文化生态保护区的保护。国务院还确定从2006年起，每年6月的第二个星期六为中国的"文化遗产日"。对于提高公众自觉参与保护的意识起到了极大的推动作用。我国政府主导，社会团体、机构和公众参与非物质文化遗产保护工作的机制正在形成。

我国非物质文化遗产保护工作的进展，得到社会公众的认同和国际社会的高度评价。但是不能不看到，保护工作面临的形势仍然是严峻的。首先是全球经济一体化和现代化进程加快对非物质文化遗产的冲击和消解；其次是仍然存在重申报、重开发、轻保护、轻管理的问题，缺乏保护规划与措施，甚至不惜损害非物质文化遗产的本真性而超负荷利用和破坏性开发的现象也时常可见。

科学保护非物质文化遗产，是我国今后保护工作的重要课题。第一，要在正确认识非物质文化遗产传承规律的前提下保护。非物质文化遗产作为一种特定的文化积淀，呈现为人们的精神、情感或生产、生活形态，成为一种传统。作为传统而言，它是相对恒定的，但它活态传承的方式，决定了其传承的活态流变性，保护非物质文化遗产，就是要保护它按照自身发展演变的内在规律去演变，而不是人为地去改变这种自然演变的进程。凝固它或"组装"它，都是不妥当的。保护非物质文化遗产，要科学处理好"生产、保护、延续和再创造"的关系。

第二，要重视形成全社会参与保护的文化自觉。既要尊重、调动和依靠传承人作为传承主体在保护中发挥重要作用，又要充分发挥负有保护责任、从事保护工作的国际组织、政府相关机构、团体和社会有关部门及个人作为保护主体，参与保护的重要作用。只有在政府主导下，传承主体和保护主体以及社会公众共同积极参与保护，我国的非物质文化遗产保护才会不断开创新的发展局面，为创造一个更加有利于可持续发展的和谐社会作出贡献。

（原载于《人民日报》2008年10月31日）

挖掘文化遗产的寻根之旅

前几日，接到上海文广新闻传媒集团《非常有戏》节目总导演汪灏的邀请，盛情相邀我参加中华文明的记忆——《非常有戏——寻根之旅》专家研讨会。但因公务在身，无法前往上海参加会议。只能通过书面发言的方式，在这样一个平台和大家交流。

今年春节，《非常有戏》即将推出第二季节目《寻根之旅》之前，总导演汪灏曾就这个节目如何做与我联系，征询我的意见。他对挖掘文化遗产的热情和如何做好传播的独特视角给我以深刻的印象，他的这种工作热情令我感动。

《非常有戏——寻根之旅》的触角既深入又广泛，它关注到了更多散落在民间的、多半是濒临失传边缘但具有深厚文化人类学、文艺学价值的剧种、曲种和各种形态的非物质文化遗产项目。

"寻根"这两个字，我觉得非常好。无根之树，焉得茂盛；无源之水，难免干涸。一个重视历史文化传承的民族，才是一个未来充满希望的民族。然而，在全球化、现代化背景下，这种对于传统的回顾，对于历史文化资源的整理，时常有被摒弃在视线之外之虞。这当然是有种种原因的。正因此，回首是必需的。问题是，谁会以一种文化自觉来承担这样一种责任？

在这一点上，上海文广新闻传媒集团能主动承担一种使命，承担起一个主流媒体的责任，是难能可贵的，这是需要一种气魄。毋庸讳言，在当今，媒体的兴衰在很大程度上也是和经济效益相联系的。在很多时候，收视率、广告收入和媒体责任、社会公信度在媒体人的心中难以左右取舍。快餐式的文化、缺乏深度的节目充斥荧屏，是社会趋利性的必然反映。在这样一种背景下，《非常有戏——寻根之旅》将那些不为广大群众甚至是不为一般专业人士所知的非物质文化遗产作为节目宣传的主要内容，它体现的是一种社会责任，它选择的立足点，首先不是收视率和广告收入。

这一点，相信导演组在策划之初就有很清醒的认识，所以这样做，我想，是《非常有戏》同人具有强烈的传承优秀民族文化遗产的自觉参与意识。在信息爆炸的今天，媒体所独有的迅捷、无远弗届的特征，对于弘扬那些传播受到地域局限的非物质文化遗产具有不可替代的作用。在这一点上，我觉得《非常有戏——寻根之旅》的意义就不仅仅在于一个节目了，6期的节目容量毕竟是有限的，但是这样一种意识——弘扬传承非物质文化遗产的文化自觉；这样一种责任——当代媒体人对于保护非物质文化遗产的担当，它的明确标举，对于引导社会公众树立自觉参与非物质文化遗产保护的意识，具有重要的意义。

同样，他们付出的努力也是巨大的。当时他们第一次通过电子邮件传给我的前期策划与资料中，整理出拟具体介绍的非物质文化遗产目录达到50余种，前期文字整理有近4万字，而在节目具体制作过程中，这个目录还在不断扩大，到6期结束，整个节目涉及的文化遗产及自然遗产数近200种，其中有很大比重是非物质文化遗产。如此巨大的工作量，《非常有戏》却以一个文化传媒集团的力量很有独创性地完成了。在此，谨对他们这几个月来付出的辛勤工作和取得的热烈的观众反响，表示由衷的祝贺。

《非常有戏——寻根之旅》在唤起全社会，尤其是媒体更全面地参与非物质文化遗产保护的意识的同时，它的另一个重要的贡献可能是寻找到了一种形式，即深厚的文化内涵与吸引观众热切参与的文化传播方式。长久以来，在荧屏的"文化"的宣传方面，我们一直没有找到一个很好的方式。结果不外乎两种，一是文化被泛娱乐化，从而变质、异化，变得面目全非；二是娱乐在"文化"面前变得诚惶诚恐，不知所措，教条式地讲述文化，令人生厌。但是，《非常有戏——寻根之旅》却以一种文化与娱乐交融的方式——多种电视手段交互利用，聚焦于挖掘节目的文化内涵，以节目的文化独特性显示其趣味性、可看性。如此，观众收视率并不低。

我们的媒体常常抱怨观众欣赏层次低，但我们应该同时反思自己。我们拿给观众的节目，是否具有文化品格？在很大程度上是我们低估了观众，我们拿给他们的那些眼花缭乱、喧闹浮躁的东西不见得符合多数观众的要求。我们所处的是一个文化多样性的时代，我们的电视节目应该尽可能满足不同层次、不同趣味观众的需要，但其中文化的含量和品格是应该尽力追求的。娱乐性节目尽可能赋予文化品格，文化节目也要尽可能富于知识性、趣味性。我想，《非常有戏——寻根之旅》给了我们有益的启示。

最后，我还想提出的是，作为一个媒体，上海文广新闻传媒集团主动承担传承和保护非物质文化遗产的责任，应给予高度评价。这些年来我国"非遗"保护成绩巨大，媒体宣传功不可没。现在，全国各级非物质文化遗产保护中心是非物质文化遗产保护的专职机构，全国各大高校的专业研究团队以及很多社会机构，都在参与非物质文化遗产保护。我们的资源是否可以整合起来，政府之力、学术之力、媒体之力、社会之力汇聚一起，共同努力把这种传承与弘扬的行为转变为一种长效机制。

2008年4月13日于上海
（本文为2008年4月13日于上海"中华文明的记忆——
《非常有戏——寻根之旅》专家研讨会"上的发言）

增强"非遗"保护的文化自觉

近年来，我国非物质文化遗产保护工作卓有成效地全面展开，取得了显著成就。我国非物质文化遗产保护已由以往单项的、选择性的项目保护，逐步走向整体性、系统性的全面保护阶段。

首先，非物质文化遗产保护的文化自觉日益增强。各地党委、政府积极部署非物质文化遗产保护工作，社会公众高度关注并积极参与非物质文化遗产保护。今天，非物质文化遗产保护的意识已日益深入人心。社会公众特别是青年一代参与保护的程度从根本上决定着非物质文化遗产的未来命运。因此，今年"文化遗产日"确定非物质文化遗产活动的主题为"非遗保护，人人参与"，就是通过一系列活动进一步增进社会公众，特别是青年一代自觉参与非物质文化遗产保护的文化自觉。

其次，不断拓展保护领域。目前，我国的非物质文化遗产保护领域不断拓展，从原来的民间文学、传统音乐、舞蹈、戏曲、美术等民族民间艺术，拓展到包括传统体育、游艺与杂技、传统技艺、传统医药、民俗等十大门类，内涵更加丰富，内容更加全面。

再次，正在逐步形成科学的保护体系。在"保护为主，抢救第一，合理利用，传承发展"的保护方针指导下，逐步形成了符合我国国情的非物质文化遗产保护体系，基本完成了第一次全国非物质文化遗产普查工作。初步查明，全国非物质文化遗产资源总共87万项。建立了较为完善的国家、省、市、县四级非物质文化遗产名录体系。2006年和2008年国务院公布了两批共1028项国家级非物质文化遗产名录，命名了国家、省、市、县级非物质文化遗产项目代表性传承人。2007—2009年评定并公布了三批共1488名国家级非物质文化遗产项目代表性传承人。命名了闽南文化、羌族文化、客家文化（梅州）、武陵山区（湘西）、土家族苗族文化生态保护试验区等6个国家级文化生态保护试验区。稳步推进非物质文化遗产专题博物馆和传习所建设，逐步加强各级非物质文化遗产保护工作机构和队伍。中央和省级财政已累计投入17.89亿元用于非物质文化遗产保护，确保了非物质文化遗产保护工作的顺利开展。

最后，重视参与国际合作，赢得国际社会的积极肯定。我国积极参与联合国教科文组织实施的非物质文化遗产代表作申报制度，已有26个项目列入《人类非物质文化遗产代表作名录》，有3个项目列入《急需保护的非物质文化遗产名录》。我国成为世界上入选代表作名录项目最多的国家。2004年8月，全国人大常委会批准加入联合国教科文组织《保护非物质文化遗产公约》，今年5月，在中国艺术研究院挂牌成立了联合国教科文组织支持的亚太地区非物质文化遗产国际培训中心，这表明国际社会对我国非物质文化遗产保护工作的充分肯定。

科学保护居首位

我国的非物质文化遗产保护工作取得了显著成就，但同时也必须清醒地看到，目前我国非物质文化遗产保护仍然面临着许多困难和问题。第一，共性的问题。随着全球经济一体化和现代化进程的加快，主要依赖口传心授方式加以传承的非物质文化遗产不断消失，许多传统技艺濒临消亡，这是国际性的问题。第二，就我们自身面临的问题而言，主要是一些地方仍然缺乏科学保护意识，重申报、重开发、轻保护、轻管理，保护措施不落实，甚至出现超负荷利用和破坏性开发，背离了实施非物质文化遗产保护工作的根本出发点。

科学保护非物质文化遗产，已经成为时代赋予我们的非常紧迫的历史使命。针对存在的困难和问题，在今后的非物质文化遗产保护工作中，我们将把对非物质文化遗产的科学保护放在首要位置。按照"保护为主，抢救第一，合理利用，传承发展"的保护方针和"政府主导、社会参与，明确职责、形成合力；长远规划、分步实施，点面结合、讲求实效"的原则，以非物质文化遗产项目和传承人为核心，最终建立起科学而有效的非物质文化遗产保护和传承机制。

首先，加强法规建设，促进非物质文化遗产立法保护。在已有的行政法规的基础上，推进《中华人民共和国非物质文化遗产保护法》立法工作。文化部将配合有关部门，推动保护法尽快出台。

其次，健全保护机制，推进非物质文化遗产保护开展。要针对非物质文化遗产不同的类别，深入研究每一类项目不同的保护措施，分门别类制定保护与传承的指导意见，建立非物质文化遗产保护监督机制、退出机制，对保护不力的项目和单位予以警告和摘牌。完善教育传承机制，使非物质文化遗产融入生活，焕发时代的活力。

再次，加大宣传力度，不断提高社会公众对非物质文化遗产的认知度和自觉参与保护的意识。真正做到社会公众自觉参与非物质文化遗产保护，并在保护中共享成果。

最后，尊重非物质文化遗产传承规律，以科学的方式保护非物质文化遗产，并充分发挥非物质文化遗产在当代社会发展中的重要功能和作用。要继续以建立健全四级名录体系、保护传承人、建立文化生态保护区、重视生产性保护，以及运用现代科技手段保护等方式，科学、全面、系统地抢救和保护现存的非物质文化遗产。科学的方式要以正确的原则为指导，要坚持把抢救和保护放在第一的原则；要坚持积极保护的原则；要坚持整体性保护的原则。从保护方式和形成立体的保护生态两个方面去活态地保护非物质文化遗产。

保护非物质文化遗产不是为了留住历史，也不是为了回到过去。我们要立足于非物质文化遗产的保护，加强文化自觉，促进文化创新，激发民族文化创造精神，为落实科学发展观、建设社会主义和谐社会作出贡献。非物质文化遗产保护是一项来自民众、融入民众的工作，是一项功在当代、利在千秋的伟大事业。每一位公民都有义务和责任来保护非物质文化遗产。

推进"非遗"保护法出台

非物质文化遗产保护有很多方式，最重要的方式是立法保护，立法保护是最根本的保护方式。应该说，我们国家在非物质文化遗产保护过程中是比较注重推进立法保护的。像2005年3月份国务院办公厅就颁发了《国务院办公厅关于加强我国非物质文化遗产保护工作的意见》，2005年年底国务院又颁布了《国务院关于加强文化遗产保护的通知》，在推进非物质文化遗产保护中起到了很好的作用。现在一些地方制定了一些保护条例，云南、贵州、广西、福建、新疆、甘肃、江苏、浙江这8个省区都制定了地方性的非物质文化遗产保护条例，这对于促进地方性的保护起到了很好的作用。现在全国人大和国务院的有关部门包括文化部在内，都在推动国家非物质文化遗产保护法的颁布。现在立法工作已经做了很多调研，草案正在征求各方面的意见，我们期待国家非物质文化遗产保护法能够早日出台。

科学保护最重要的是遵循非物质文化遗产传承的基本规律。恒定性和流变性是非物质文化遗产传承基本规律的最重要特征。首先，非物质文化遗产作为一种文化传统存在，有它不能随便改变的特质或者基因。同时非物质文化遗产随着时代的变化，比如说一些当代人的审美取向融入其中，同时它又是在变化中传承的。人们注意它的恒定性时就不能随便改变它的形态。我们注意到它的活态流变性时，就要活态地保护它，就不能使它凝聚、僵化。我们保护的措施或者一些规定就要按照基本的传承规律来制定。在保护的时候，抢救保护要放在首位，同时又要贯彻积极保护的原则，既能使它很好地传承，又要在当今时代的发展中焕发出活力。

关于重申报、轻保护的倾向，实际上是违背它的传承规律。要改变这种现象，首先我们在申报方面要按照申报的有关规定，严格评审。要进一步严格控制国家级非物质文化遗产项目的数量，要进一步完善市和县级非物质文化遗产名录体系的建设。这样在非物质文化遗产名录体系建设中，就形成一个好的结构，这个结构是国家级名录少而精，省级名录居中，市、县级名录是数量的多数，是一个很好的基础。这样一个合理的金字塔形的结构，就使我们把关注点、保护的基础放在了基层。同时要加大监督和检查的力度，组织专家组对各地申报的国家级名录项目进行检查和监督，对于没有采取有效的保护措施加以保护的、保护不力的要限期予以改正。对于不能很好落实保护措施的，要在名录中除名。当然更积极的保护措施还是针对不同的类型项目采取不同的保护措施，使它能够在当代的发展中跟文化建设、文化创新和当代生活结合起来，能够在当代的发展中产生一种保护的活力。

（原载于《中国社会科学报》2010年9月14日）

同享月华的光辉与祝福

今晚，当圆圆的月亮将清辉洒满人间，世界各地的很多人们都会与中国人民一道，同品月饼的甘醇与美味，共享月华的光辉与祝福，这是我们融入全球化的一个象征性标志。

在中华民族的历史发展进程中，传统节日深深融入人们的生活和精神、情感世界，激发着民族的生命力、创造力和凝聚力，推动着中华文化历久弥新、不断延续发展。

因此，大力弘扬传统节日文化，推动传统节日在与新的发展着的时代的融合中呈现旺盛的生命活力，是传承中华民族优秀文化传统和当代文化创新的必然要求，也是维护和保障中华民族文化与生活方式多样化的必然选择。

近年来，春节、清明节、端午节、中秋节、重阳节、雪顿节、傣族泼水节等各民族的49个传统节日先后被列入国家级非物质文化遗产名录保护项目。传统节日在增进民族文化认同、增强国家凝聚力、人民群众共享文化成果和维护人类文化多样性中的积极作用，已被越来越广泛地认同。在传统节日这个社会和民众的共同节点，人们通过历史的记忆和现实具有丰富内涵的节日形式呈现，与自身的文化及社会和国家加强认同。这对于全民正确认识传统节日宝贵的文化价值、积极参与节日活动、努力保护节日文化传统、注重节日文化资源的运用与创新，都具有深远影响。

今天我们重视传统节日的当代延续和弘扬传统节日文化，一方面，是由于时代的发展和进步，我们国家正在生发着一种建立在文化自信基础上的传承优秀文化传统的文化自觉；另一方面，是由于工业化和城市化迅速推进，信息化与全球化传播途径疾速发展，传统节日赖以存在的社会环境日渐狭窄，外来文化的影响和人们追赶时尚的文化取向，使得传统节日的影响和吸引力日渐弱化，特别是越来越多身处城市化进程中的年轻人更热衷于过"洋节"，而对民族的传统节日日益淡漠乃至陌生。此外还有一个重要的原因，是在过去的一个世纪里，在以西方为师的现代性、现代化的总体历史语境中，包括中国传统节日在内的中国传统文化，遭到我们有意无意的轻忽与冷遇。

进入新世纪，弘扬传统节日文化，延续传统节日并赋予其当代的生命活力，是全社会的责任。这是一个系统工程，应从多方面来促进。我认为，其中一个重要的基础性的方面是要充分挖掘传统节日的文化内涵，吸引人们特别是青少年充分了解它并参与其中。另一方面，是要努力将传统节日的文化资源转化为当代人的生活方式或生活的实用产品。如浙江嘉兴市的人们普遍热情参与赛龙舟、插艾草、吃粽子、纪念伍子胥等内容的端午活动，真正把具有丰富而独特文化内涵的端午节当成自己充实的节日。与此相联系，那里是全国粽子最大的产地，年产粽子2.5亿个，占全国年产量的一半以上。

我们通过努力挖掘传统节日的文化内涵，开发传统节日的文化资源（还有像年画、剪纸等），就会从文化影响力和日常生活两个方面吸引人们欢欢乐乐过传统节日。只有当人们主动地、自发性地成为传统节日的主人，传统节日才会因人们对历史和文化记忆的共享和人们带给它的当代性而具有生机和活力。

（原载于《人民日报》（海外版）2010年9月22日）

简谈传统手工技艺的生产性保护

举办"留住手工技艺——现代化进程中传统工艺美术保护"专题性论坛有着重要意义。因为就在昨天，"巧夺天工——中国非物质文化遗产百名工艺美术大师技艺大展"刚刚圆满落幕。这为研讨传统手工技艺的保护与发展提供一个形象的基础。今年"文化遗产日"期间，在非物质文化遗产保护方面，文化部围绕"非遗保护，人人参与"这一主旨，举办了一系列的活动。为什么要强调这么一个主旨？非物质文化遗产保护到了今天这么一个时期，应该说有十来年的时间了，大家更认识到它本身具有的对我们时代发展的意义，这是一个方面，即它本身的价值。更重要的是大家认识到非物质文化遗产就在我们身边，它作为我们的生活方式和生产方式，是跟我们大家联系在一起的。

基于这样的认识，从每个人到社会公众，就会从心里感到保护这些跟每个人都密切相关的非物质文化遗产是非常重要的，我们是离不开这些与我们的生活、思想、精神、情感密切相连的非物质文化遗产的。

保护的意义也体现在这里。我们看到，"巧夺天工——中国非物质文化遗产百名工艺美术大师技艺大展"中展出的传统手工艺作品，特别是大师们现场技艺的展示，就会认识到无论是与生活方式相联系的一些器物，或者是创造这些器物过程中所体现的人类的智慧和情感都是有价值的。我们看了之后，会叹服这些工艺美术大师的创造技艺的精湛和他们作品的文化内涵的丰富性。对工艺美术大师要尊重，他们的地位要确立，这些精湛的手工技艺要传承和延续，我想每一个观众看了之后，都会有这样的发自内心的一种感想。我们展示这些作品，展示工艺美术大师的手工技艺，就是要唤起社会对非物质文化遗产的尊重和保护的一种热情，并且自觉地参与保护之中。这次展览将"非遗保护，人人参与"这一主旨很鲜明地体现出来了，其中就有我们在座的工艺美术大师、工艺美术界的同行和有关方面的理论家以及有关行业、有关方面的负责同志的参与，我们共同努力才使这次活动达到这么好的效果。只有大家共同来携手，共同来参与，我们的非物质文化遗产保护工作才能够真正收到成效。

今天我们所举办的论坛主旨是"留住手工技艺——现代化进程中传统工艺美术保护"，这不仅仅是在这次展览的基础上生发的一个议题，也是源于我们深层次的思考，就是传统手工技艺的活态保护问题。保护传统手工技艺，不仅仅是保护非物质文化遗产的一种形态，而是通过对这种形态的认识和保护，推动和促进维护非物质文化遗产的生存基础。传统手工技艺在当代确实有它面临濒危的境况，有它生存和延续的脆弱性，非物质文化遗产在当今的时代大都面临这样生存的限制，这是一个规律。但是这是一个方面。另一个方面，我们还要看到的是这个时代对它的需要和对它提供的一种机遇，所以我想我们论坛中大家会谈到这个问题。非物质文化遗产保护应该受到全社会的重视和自觉参与，我们每一个人的重视和参与是促进保护的基础。这次活动虽然是文化部主办的，但是文化部的"非遗"司、中国艺术研究院·中国非物质文化遗产保护中心，以及我们行业协会——中国珠宝玉石首饰行业协会等一些协会的参与，也为这一次活动的成功举办发挥了积极作用。

我今天参加这个论坛主要是想谈一下传统工艺美术生产性保护的问题。现在非物质文化遗产的保护在科学、健康、持续的发展中也面临着一些问题。前些日子我在国务院新闻办举办的新闻发布会上也讲到这些问题，主要是"重申报、轻保护"，这是普遍存在的一个问题。这个问题的存在有它的必然性，这些问题的出现跟我们的"非遗"保护有一种必然性的伴生的过程。我想，这个问题会在保护工作进程中逐渐加以调整，但是这些问题的存在是长期的，关键在于我们要认识到这些问题，并且采取比较有针对性的措施加以调整，这样这些问题就不会成为严重阻碍我们推进保护工作的重大问题。

现在保护工作应该说是取得了很大的成绩，在保护实践中也探索了很多有效的保护方式，这些保护方式为什么有效呢？因为是我们从实践中总结出来的。非物质文化遗产呈现的形态是丰富的，它呈现形态的丰富性决定了我们保护的方式也应该是多样性的，这些保护方式都是我们非物质文化遗产的传承人和我们从事保护的同志们从保护的实践中总结出来的科学、有效的方式，我想我们在今后的探索中还能够总结出更多的方式。我们将这么多保护方式进行归类的话，主要有这么三种：第一种是抢救性保护，主要是对一些濒危的，现在又难以传承延续的非物质文化遗产进行抢救性的保护。第二种是整体性保护，整体性保护主要是一些文化空间的保护，等等。非物质文化遗产呈现为很多不同类型的项目，由于这些项目不是平面的、单一的、孤立的，因此对于这些项目所延伸的环境和一些条件加以整体性的保护是非常重要的。第三种是生产性保护。这几种保护的方式贯彻着一个重要的原则，就是积极保护的原则。

第一，积极保护的原则是非常重要的，因为非物质文化遗产面临的濒危性及其不可再生性决定了我们要把抢救和保护放在第一位。但是抢救和保护不是被动消极的，要在传承中延续，在发展中保护。在发展中保护是非常重要的。抢救性保护放在首位是相对于合理利用来说的，抢救性保护是第一的，同时要合理利用。就抢救性保护本身来说，这也是一种积极的态度，不是消极的、被动的，我们把濒危的非物质文化遗产放到博物馆去，把它通过录音录像保存起来，这也是一种保护，但是如果仅用这种方式，那就会是被动的、消极的保护。中国的保护是积极性的保护，其中生产性保护就是一种很重要的保护，是积极性的保护，是符合非物质文化遗产传承规律的一种保护方式。非物质文化遗产的传承规律的第一条就是它的恒定性，它是经过时间积淀形成的非物质文化遗产的形态，不是我们今天刚刚创新的，它是通过口传心授的方式，经过积累之后形成的一些传统文化的形态，所以它有恒定性。但同时，我们也看到它呈现为一种活态流变性，它在发展，在演变，它是活态的，是变化的。比如说剪纸，我们看50年以前的剪纸作品，跟今天这些剪纸艺术家的作品就有时代的区别，虽然每个人有自己的个性，在继承和创新方面呈现不同个性的差异，但从总体上看，前50年的作品和现在的作品存在时代审美差异，我们看到的是一个活态流变的形态。非物质文化遗产同文物不同，因为它的活态性，也就必然会融入当代性因素，这是它的重要特性之一。生产性保护是发展传统的一种保护方式，很多艺术家或者项目的传承人在继承前辈技艺的基础上，将当代审美取向的影响和个人独特的思考融入他们所从事的项目之中，用自己新的创造赋予其中，这样他们既把基因保存了下来，同时又把自己独特的创造融入其中。因此它是一种活态流变的过程，就在活态流变的传承之中，使这些项目能够保存下来。实际上传承人通过自己的作品或者产品，把前辈积淀的基因和他们自己独特的创造融合在一起，形成了他们今天的产品或者作品，这就是一种生产性的过程。所以生产性保护符合非物质文化遗产传承的规律。

第二，生产性保护的基础是传承。联合国教科文组织《保护非物质文化遗产公约》强调非物质文化遗产的传承就是一个生产、保护、延续、再创造的过程。每一个艺术家有他再创造的因素或元素，并将其融入到他的作品之中。所以生产性保护的一个主要基础就是传承，传承人要把他从前辈继承下来的和他赋予作品之中的新的创造传承给年轻的学习者。生产性保护不仅是一个简单的生产过程，重要的基础是一个传承的过程，在生产中传承，把技艺的核心技术，作品的品格、内涵，甚至传承人的艺术个性都能够传承下来。传承的过程中要注意形成艺术家和传承人的艺术个性，或者是作品的个性、作品的独特的风格。在座的很多大师都有自己被公众认同的个人风格，你看都是唐卡，都是紫砂，都是刺绣，都是陶艺，都是雕刻，但是每一个人有不同的风格，这种不同的风格和个性赋予他们的作品以灵魂。这种个性和风格越鲜明，越被公众普遍认知，就越容易成为品牌性的标志。所以生产性传承过程中间一定要继承前辈的经验，要思考今天的传承人在创作中怎么样赋予作品以独特的个性。如果我们不同类型的传统手工技艺能够更多地有艺术家个人的独特的风格、个性，那么我们就可以形成更多的品牌，这种品牌的影响对我们"非遗"的传承和保护的推动是很重要的，不仅会使这个作品、产品在国内外市场上产生影响，而且会成为我们中华民族当代传统技艺达到一定水平的标志。因此要注意形成艺术家自己独特的个性、风格，并在这个基础上能够促进品牌的形成。

第三，生产性保护的核心是质量。生产性保护中，质量是生命，我们的作品、产品，如果在质量方面不能达到精致性，那么它的生命就不会长远。所以生产性保护的核心是追求质量，追求一种高的品质，现在我们传统的手工技艺面临着发展的一些难题，比如材料问题，这是一个很实际的问题。一些传承人说过："我的技艺很精湛、很高超，但是材料的品质限制了我的创造性。"传统手工技艺都面临着一个材料的问题，材料是一个大问题，我想下一步行业协会、社会的有关方面要研究这个问题，文化部相关部门也要研究这些问题，促进与传统的手工技艺相联系的材料的发展，研究保持材料质量和品质的方法。今天，如果我们光有了精湛的技艺，但是材料不能与时代相适应，我们也绝对不可能产生很精到的，与时代的发展相适应，或者适应时代发展要求的作品。因此也希望我们传承人在传承的过程中要思考这个问题，共同携手来推进材料的品质。以年画的颜料为例，年画在过去传统的农业社会中更多体现的是实用的价值，但是今天在一定程度上它又有了收藏的价值。那么收藏它就需要较长时间的保存，但是一些年画制作出来之后，它的颜料保存不了多长时间，画面中的颜色就褪色了、就变色了。我问了一些制作年画的艺人、艺术家，他们的颜料都是一般的，很多是化学的，而且主要使用化学颜料。这种情况就跟当代的发展不相适应，所以这些问题要研究一下，特别是我们在生产过程中，在传承过程中怎么样来把好这个关。再比如说我们的技艺跟工具的问题。传统手工技艺的独特性，或者区别技艺高下的水平都体现在手工技艺上，这是毫无疑问的。随着社会的发展，普遍改进和提高了生产工具，但是不管生产工具多大程度上提高了生产率，或者是多大程度上达到一种先进性，最后完成还是离不开手工技艺。比如，玉石的雕刻工具有了很大的改进，有一个艺术家告诉我他以前刻一块玉石要一天的时间，现在他半个小时就能完成，为什么呢？就是工具改进了，采用了提高生产率的工具，但是工具再改进，表达手工技艺本质的手工的创造还是不能丢掉的。有的地方的年画用制版来印制，非常精致，跟手工的没有什么区别，我到一个厂子里去看，他把原画跟印刷品放在一起，根本看不出来。但是，就它存在的本质的意义来说是完全不同的，这就是其本质的生命和非生命的区别。所以我们传统手工技艺一定不能丢掉手工这个核心环节，寄寓作品生命的手工的创造一旦丢失，传统手工技艺也就必然瓦解，这是很重要的。现在传统的手工技艺产品也强调商品性和市场，这些都是没有问题的。我们传统的手工技艺作品、产品也要通过市场来扩大影响，通过市场来进入受众的手中，所以市场、商品这些都不必要回避，但是我们不能脱离手工，以机器或者其他便捷的生产方式实现产业化、商品化、市场化，这样反而最终损害了我们传统的手工艺。

第四，社会和政府的扶持是生产性保护的保障。政府的扶持和支持，不仅是从保护非物质文化遗产的角度来扶持和支持，从发展我们国家当代手工艺生产的角度来说，也是应该加以扶持和支持的。现在，《中华人民共和国非物质文化遗产法》（以下简称《非物质文化遗产法》）已经国务院的常务会议原则通过，下一步提交全国人大常委会讨论通过。《非物质文化遗产法》对我们非物质文化遗产的保护是至关重要的，因为对于"非遗"而言，最根本的保护还是立法的保护，只有法律颁布之后我们才可能实现真正意义上的根本性的保护，所以国家的《非物质文化遗产法》是非常重要的，我们大家呼吁能够早一天出台，现在看来《非物质文化遗产法》之下还要出台一些专门的政策法规，这个也很重要，比如说下一步我们要研究推进的就是要制定生产性保护扶持的政策，还有如知识产权的保护。知识产权的保护现在已经放到了一个非常急迫的、非常重要的位置上。此外，政府部门要继续加以推进的工作就是更好地宣传我们传统的手工艺和作品，包括确立大师的地位。创造本身是前提，但也要通过评奖和大师的认定确立传统手工技艺的价值和地位，通过更多的展示和交流来宣传、来让人们广泛地认知其价值。现在很多传统的手工技艺作品或者产品，有的将实用性和艺术性融为一体，有的主要表现为一种艺术性。人们现在应该说从整体上对这些产品或者作品的认知度正在提高，但是要看到对它的认知和其手工价值之间还有一定的距离。其中要特别研究通过市场和经济规律来提高这些作品或者产品的价值，这实际上就是确立了这些艺人、艺术家的地位，这些方面都要综合地加以研究。我想随着非物质文化遗产保护工作不断地深化，这些方面的工作的成效也会在今后的非物质文化遗产保护中更多地显现出来。

传统的手工技艺要在生产性保护中加以更好的传承、延续和发展，这种发展要创造我们当代手工技艺的辉煌。我们中华民族和国家现代化进程正处在前所未有的重要的发展时期，我们传统的手工技艺在当代应该绽放跟这个时代相一致的光辉，这不仅是体现传统手工技艺在非物质文化遗产保护中能够达到的一种境界，同时也体现我们对所有的非物质文化遗产的保护应该达到的一种境界，这要靠我们大家的共同努力来实现。

2010年6月18日

（原载于《中华文化画报》2010年第9期）

在工作实践中产生的理论思考

近十多年来，我国的非物质文化遗产保护取得了重大进展，成绩显著。无疑，其中非物质文化遗产项目传承人作为保护工作的主体作出了重要贡献。另一方面，在党中央、国务院的重视下，政府主导，社会参与，社会各个方面齐心协力，以高度的文化自觉，共同支持、加强非物质文化遗产保护工作，这也是我们取得显著成就的重要原因。在各级政府文化部门和非物质文化遗产保护机构中，有一批承担保护工作的管理干部和专家、学者，在保护工作的规划、制定政策法规、建立保护机制、落实保护措施和动员、宣传等方面，都发挥了重要作用。可以说，没有这支队伍的努力和付出，我们的非物质文化遗产保护工作很难有今天这样的成就。

浙江省文化厅非物质文化遗产处的王淼同志，就是这支优秀的队伍中的一员。王淼同志是最早参与非物质文化遗产保护工作的管理干部。我在北京和外地的不少非物质文化遗产保护研讨会和工作会议上，都会看到王淼同志的身影。浙江省委、省政府对非物质文化遗产保护工作高度重视，省文化厅思路开阔，工作主动，浙江的非物质文化遗产保护工作走在全国的前列，文化部曾在浙江象山召开全国非物质遗产普查工作现场经验交流会，在宁波召开全国非物质文化遗产保护工作会议，总结和推广浙江保护工作经验。在这些会上及在基层的调研中，更看到王淼同志组织会议和安排工作忙碌的情形。几次会上会下听王淼同志介绍保护工作经验和保护工作思路，以及他对我国非物质文化遗产保护工作的理论思考，都觉得言之有物，使我很受启发。

最近，接到王淼同志整理的他2006年以来有关非物质文化遗产保护工作的文稿合集，名为《风生水起——浙江省非物质文化遗产保护的生动实践》，要我为之作序。文稿有理论文章、学习"非物质遗产法"的辅导报告等，但多是他出席本省非物质文化遗产保护工作会议和到市、县调研及指导工作的讲话稿。从这些文稿，可以看到，王淼是以高度的责任感和敬业精神，以全部的热情，投入到了浙江的非物质文化遗产保护工作进程。这些文稿的价值不在学术性，而在它对实际保护工作的指导和推动。这些文稿谓之"讲话"，还不如说是"对话"更恰当。王淼的讲话不是泛泛而谈的空论，很实际，有针对性，是一位站在保护工作第一线的实践者的有感而发，这些内容对具体保护工作的指导性不言而喻，我相信与他对座听讲的人一定会有共感并会受到启发。像王淼同志这样处在非物质文化遗产保护工作第一线的管理者，与保护工作实践有最紧密的联系，保护工作中创造的新鲜经验和出现的各种问题，他们都会最早也最直接地感受和发现，总结这些经验并找出解决问题的思路和措施，也就成为这些管理者的一种工作责任。看王淼同志的这些文字，大都是在这样的基础上产生的，这些文字的价值也正体现在对实际工作的指导意义。同时，当我国的非物质文化遗产保护工作走过十多个年头的时候，从这些文字中，也可以看到我们对非物质文化遗产本身及其保护工作认识的不断深化。对事物的认识没有止境，非物质文化遗产的科学保护仍然需要在保护实践中不断探索，王淼同志的这些文字，从这一方面也会给我们以启示。

与王淼同志相识已有多年，他的工作热情、敬业精神和踏实、刻苦的工作态度，以及很强的专业能力，都给我很深的印象。全国各省、自治区、直辖市文化厅局和非物质文化遗产保护中心都有一批有很强专业能力的处级干部，他们十几年甚至二三十年任职于专业性很强的业务处室，工作兢兢业业，学习刻苦勤奋，对文化艺术规律有深入的把握。应当说，这是从事文化艺术管理工作必备的基础。这种基础就来自深入实际的调查研究和经验总结。水过地皮湿式的工作方式是不会在认识事物规律方面有所收获的。我国十多年来非物质文化遗产保护工作没有走歪路，就是首先在保护工作实践的基础上总结出非物质文化遗产的基本特性，即它的演变的相对恒定性和活态流变性，并在尊重其特性的基础上提出抢救性保护、整体性保护和生产性保护的基本保护原则与方式。同时，总结和提出了"政府主导，社会参与，抢救第一，合理利用"的工作方针。可以说，在实践的基础上，不断总结和坚持非物质文化遗产保护工作的科学规律，是我国非物质文化遗产保护工作推进卓有成效的一个重要原因。因此，我希望从事非物质文化遗产保护管理工作的同志们要像王淼同志一样，从自己的角度，以自己的方式，在深入实践中对非物质文化遗产保护工作进行总结，在把握科学规律的基础上对保护工作进行更有力的指导，推动非物质文化遗产保护工作不断取得新成绩。

2012年8月16日

（原载于《风生水起——浙江省非物质文化遗产保护的生动实践》，浙江大学出版社2012年版）

"非遗"保护的中国经验

中华民族具有保护和传承优秀文化遗产的深厚传统，但我国现代意义上的非物质文化遗产保护工作的开展，却是近十几年的事情。从2001年5月18日昆曲艺术名列世界首批"人类口头和非物质遗产代表作"以来，短短十几年，我国的非物质文化遗产保护已从初始的比较单一的项目性保护，进入了整体性、系统性的全面保护阶段。到2011年6月1日《中华人民共和国非物质文化遗产法》的正式实施，我国非物质文化遗产在自觉的科学保护道路上迈进了一大步。

我国"非遗"保护重要思路

第一，重视和推动国际合作。非物质文化遗产保护是一项维护人类文化多样性的国际性课题。因为丰富多样的文化遗产，不仅是一个国家、民族的文化财富，也是属于全人类共同的精神财富，保护优秀的文化遗产，是全人类共同的责任。中国积极参与联合国教科文组织实施的人类非物质文化遗产代表作公告制度。目前，我国已成为拥有该组织公布的非物质文化遗产代表作、急需保护濒危项目和保护实践示范项目最多的国家。通过项目的申报，向世界充分展示了我国非物质文化遗产的独特价值、实施保护的积极态度和创新务实的保护实践。2004年8月，经全国人大常委会批准，我国加入联合国教科文组织《保护非物质文化遗产公约》，成为最早加入该公约的国家之一。近年来，我国相关机构举办了一系列非物质文化遗产保护的国际学术研讨会，并通过展览、演出向国际社会介绍中国保护工作的实际情况，让世界看到中国非物质文化遗产保护工作的开展，不仅很好地体现了联合国教科文组织提出的保护工作的宗旨，也以自己的实践推动了世界范围内保护工作的开展。2011年2月，联合国教科文组织亚太地区培训中心在北京成立，既说明了国际社会对我国保护工作成绩的肯定，也说明了"中国经验"的传播对促进世界范围内非物质文化遗产保护具有意义。

第二，重视推进立法保护。《中华人民共和国非物质文化遗产法》的颁布和实施，是我国文化领域的重要事项。这是新中国成立后文化领域的第二部法律（此前只有《文物保护法》）。该法对我国的非物质文化遗产保护作了整体性的规定，奠定了我国非物质文化遗产保护工作科学性、规范性和持久性开展的基础，也标志着我国的非物质文化遗产保护已走上依法保护阶段。

"非遗法"颁布之前，2005年国务院办公厅颁发的《国务院办公厅关于加强我国非物质文化遗产保护工作的意见》和《国务院关于加强文化遗产保护的通知》两个文件，是国家最高行政机关首次就非物质文化遗产保护工作发布的指导意见，国家政府关于"非遗"保护的指导方针是"保护为主，抢救第一，合理利用，传承发展"，保护原则是"政府主导、社会参与，明确职责、形成合力；长远规划、分步实施，点面结合、讲求实效"。这些重要的指导思想和原则，为我国非物质文化遗产保护初始阶段的健康发展奠定了基础。与此同时，"文化遗产日"的设立，为调动社会特别是公众自觉参与非物质文化遗产保护起到了重要的推动作用。

第三，探索形式多样的保护措施。我国主要从以下方面开展保护工作：全面普查，弄清楚目前我国非物质文化遗产的基本情况，包括数量和项目产生的渊源、演变的历史过程、现状、传承人、保护措施等；制订保护规划；建立四级（国家和省、市、县级）名录保护体系和国家级传承人名录公布制度。同时，非物质文化遗产项目的丰富性，决定了保护方式的多样性。从整体性保护的原则出发，设立国家级文化生态保护试验区，以维护文化的多样性、保护文化生态空间的完整性和保护文化资源的丰富性。从积极保护的原则出发，避免静止和凝固的保护，在不改变非物质文化遗产项目按其内在规律自然演变的前提下，对传统手工技艺类项目以及民间美术、传统医学药学、饮食文化类项目等尽可能寻找生产性保护的方式加以传承和发展。生产性保护是非物质文化遗产依靠自身价值而获得持久性传承的重要方式之一，已经显示出突出的有效性。从抢救第一的原则出发，对那些濒临消亡的非物质文化遗产项目，以及陷入生存困境的项目，通过文字、数字化等形式加以抢救性保护，使之转化为有形的形式加以保存和传承。从原真性动态保护的原则出发，对民间信仰及一些民间的礼仪、仪式和具有空间性的民俗、文化活动等，尽可能使它在产生、生长的原始氛围中保持其动态的活力。

有效工作机制和科学保护原则

我国的非物质文化遗产保护工作一路走过来，基本上没有走弯路，一是党和政府高度重视和支持；二是从中国国情出发，重视"中国经验"的创造和总结；三是建立良好的工作机制。我国"非遗"保护的工作机制首先是文化部、财政部等相关部委建立联席会议制度，中央和省级政府文化部门设立了专门的管理机构，各地建立"非遗"保护中心，形成了"政府主导、社会参与，明确职责、形成合力"的工作机制。政府主导主要体现在立法、规划、指导和经费投入方面，而非物质文化遗产项目的传承人作为传承主体，社会有关机构等作为保护主体，共同在保护工作中发挥根本性的推动作用，特别是传承主体，在我国的保护工作中发挥着关键性的作用。此外，在非物质文化遗产保护的宣传、教育方面，新闻媒体发挥了重要的作用，促进社会公众树立参与保护的自觉意识，共同推动遗产保护工作的开展。

在非物质文化遗产保护实践中，坚持科学保护的原则、坚持遵循客观规律十分重要。科学保护的前提是首先要弄清楚什么是非物质文化遗产。在保护工作的初始阶段，这个问题并没有一个清晰的答案，今天人们已经比较清楚地知道非物质文化遗产的内涵：非物质文化遗产是人们通过口传心授而世代相传的、无形的、活态流变的文化遗产，亦即联合国教科文组织《保护非物质文化遗产公约》指出的，是"被各社区群体、有时为个人视为其文化遗产组成部分的各种社会实践观念表述、表现形式、知识、技能及其相关的工具、实物、手工艺品和文化场所"。非物质文化遗产更多地表现为精神性、智慧性、技艺性的呈现形态，它与我们的精神、情感、思维方式相联系，它往往以人们的生产方式和生活方式呈现出来。

坚持科学保护的原则，还要正确认识非物质文化遗产的传承规律，即"恒定性"和"活态流变性"。恒定性是指人类智慧、思想、情感和劳动创造积淀形成的生产、生活方式和思想、情感表达方式，它成为个体的人的一种

"群体"活动，形成一定群体人们共同遵守践行的一些规则，这些规则具有集体维持的恒定性，不是一个个体可以随便改变的，它世代相传，因之具有一定的恒定性。但是，随着时代、环境、生产生活条件、审美取向等的变化，整个传承链条上每一个环节的传承者，都会把自己的独特体验融入其中，所以整个传承过程又不是凝固不变的，它是在继承和创造的统一性中发展，这就是它的恒定性和活态流变性。正因如此，它才有可能作为传统而持久延续。

科学地保护非物质文化遗产，既不是随意地改变它按照自身规律展开的自然演变进程，也不是使之静止、凝固、不再发展，而是保护它按照自身发展规律去自然演变。正因为保护是建立在尊重客观规律的基础之上，才能够一直保持稳健而持久的健康发展态势。

思考与期待

在全面落实《非物质文化遗产法》的基础上，重在建立健全非物质文化遗产的传承机制，仍然要以传承人为核心，以持续传承为重点，以促进各民族之间，各社区、群体和个人之间的相互理解、尊重和社会可持续发展为目的，推动开展全面的保护工作，使民众自觉参与非物质文化遗产保护并共享保护成果。非物质文化遗产保护不是为了留住历史，而是要着眼于在继承优秀文化传统的基础上，进行文化创新。所以在保护工作过程中，既反对盲目否定传统文化遗产，也反对"泛文化遗产论"。明确提倡、大力保护的非物质文化遗产，是指那些不违反人性、符合现有国际人权文件，有利于社区、群体和个人之间相互尊重和顺应可持续发展的非物质文化遗产，要大力倡导传承人在认真学习、地道地继承传统的过程中，以自己的思考与体验赋予非物质文化遗产以时代的新创造。

无论从中华民族五千年文明史的纵向发展看，还是从中华民族由多民族组成的民族大家庭的多样性文化特点看，非物质文化遗产作为人类文明的创造成果，在中华民族传统文化的构成中占有重要地位。可以说，作为人们生活方式、生产方式和思想、情感表达方式的非物质文化遗产，千百年来，同儒家文化、道家文化和佛教文化一起，共同构成中华民族传统文化的主体。比如，中华民族大家庭中各个民族都有民间信仰，很多民间信仰并非儒、释、道所能涵盖，正是民间信仰及表现为人们传统的生产方式、生活方式与思想情感表达方式的多种非物质文化遗产形式蕴含的文化传统，更广泛地维系着大众的文化取向，传递着人们的信仰和习俗。从这个意义上讲，今天的人们对非物质文化遗产的价值和保护意义的认识仍然不够充分。非物质文化遗产保护对于我们建设中华民族的精神家园、实现中华民族富强的中国梦和当代文化创新都具有十分重大的意义。只有进一步深入认识非物质文化遗产的价值与保护的意义，保护才会更具有紧迫性、自觉性、实效性。

（原载于《人民日报》2013年6月7日第24版）

以《公约》精神推动"非遗"保护

——在成都国际非物质文化遗产保护大会上的主旨发言

　　在联合国教科文组织《保护非物质文化遗产公约》通过十周年之际，我们在成都举办国际非物质文化遗产大会，回顾十多年来国际非物质文化遗产保护的历程，总结非物质文化遗产保护工作的经验，针对保护工作的现状和问题，探讨和规划未来保护工作的可持续性健康发展，具有重要的现实意义。

　　十多年来，在联合国教科文组织的推动下，特别是《保护非物质文化遗产公约》实施近十年来，世界范围内的非物质文化遗产保护取得了令人瞩目的成就。就中国而言，自古就有保护文化遗产的深厚传统，但现代意义上的非物质文化遗产保护工作的开展，可以说还是以2001年我国的昆曲艺术被联合国教科文组织公布为"人类口头和非物质遗产代表作"为开端。短短十几年来，我国的非物质文化遗产保护工作已由以往的单项的选择性的项目保护，走上全国整体性、系统性的保护阶段。2011年2月25日，我国全国人大常委会第十九次会议审议通过了《中华人民共和国非物质文化遗产法》，以此为标志，我国的"非遗"保护更走上不断健全的依法科学保护的阶段。

　　中国的"非遗"保护，主要从以下方面开展工作：一是通过全面普查，弄清楚了我国非物质文化遗产的数量、项目产生的渊源及演变的历史过程、现状、传承人、保护措施等基本情况；二是建立起国家名录保护体系和国家传承人名录公布制度；三是从"非遗"项目的丰富性、独特性出发，探索和实行抢救性保护、原生态保护、生产性保护、整体性保护等不同的有效保护方式；四是设立国家级文化生态保护试验区。十多年中，我国的"非遗"保护得到了有效的推进，可以说，"非遗"保护在中国家喻户晓，成绩显著，得到社会公众高度认同。这一方面是因为非物质文化遗产保护工作在国际范围内普遍得到重视，另一个重要的方面，是近年来我国对文化的认知，特别是对文化遗产的认知，更具包容性的眼光。人类文化的演进，是与人的整体发展的要求相适应的。以人为本的社会，必然尊重文化的多样性。而我国对"非遗"的保护，正是适应了中国社会对人的整体发展日趋尊重这样一种必然的要求。

联合国教科文组织《保护非物质文化遗产公约》和中国《非物质文化遗产法》的实施，使中国的"非遗"保护工作在科学实践的基础上不断发展。

在今后一个时期的非物质文化遗产保护工作中，我认为有几个问题是需要特别给予重视的。

第一，"非遗"保护要积极推进建立健全保护工作的有效机制。一方面，建立健全"非遗"保护的有效机制，是保护工作持续发展的重要基础。以我的了解，世界上非物质文化遗产保护工作做得好的国家，像日本、韩国、法国等，都具有良好的保护机制。中国的"非遗"保护机制，是由国家文化部、财政部等相关部委以联席会议制度的形式，共同携手推动保护工作；中央和省级政府文化部门设立了专门的管理机构，随着中国非物质文化遗产保护中心的成立，各地也都成立了非物质文化遗产保护中心，具体规划、指导、实施保护工作，真正形成了"政府主导、社会参与，明确职责、形成合力"的工作机制。政府主导，主要体现在立法、规划、指导和经费投入方面，而非物质文化遗产项目传承人作为传承主体，社会有关机构等作为保护主体，共同在保护工作中发挥了根本性的推动作用，特别是作为传承主体的传承人，在我国的保护工作中发挥着关键性的作用。还有一个方面是社会公众不断树立起自觉参与保护的意识，共同从舆论和实际工作中推动着保护工作的开展。我们应该看到，在"非遗"保护工作中，只有社会公众的自觉参与，保护工作才会真正取得成效。《保护非物质文化遗产公约》特别强调"应努力确保创造、延续和传承这种遗产的社区、群体有时是个人的最大限度的参与，并吸收他们积极参与有关的管理"。可以说，社会公众自觉参与保护的程度，决定着"非遗"保护的实际成效。

第二，"非遗"保护要正确处理继承与创新、保护与使用的关系。非物质文化遗产具有"恒定性"和"活态流变性"的传承规律。恒定性是指人类智慧、思想、情感和劳动创造积淀形成的生产、生活方式和思想、情感表达方式，它成为个体的人的一种"群体"活动，形成一定群体人们共同遵守践行的一些规则，这些规则具有集体维持的恒定性，不是一个个体可以随便改变的，它世代相传，因之具有一定的恒定性。但是，随着时代、环境、生产生活条件、审美取向等的变化，整个传承链条上的每一个环节的传承者，都会把自己的独特体验融入其中，所以整个传承过程又不是凝固不变的，它是在继承和创造的统一性中发展，这就是它的恒定性和活态流变性。正因如此，它才有可能作为传统而持久延续。

基于此，我们的保护工作，应该既有利于促进在继承的基础上保证非物质文化遗产的"世代相传"；又能促进"在各社区和群体适应周围环境以及与自然和历史的互动中被不断地再创造"，即努力把握好继承与创新的关系。同时，"非遗"保护中保护与利用的关系，也是保护工作必须正确把握的一个问题。我国的保护工作实践，一直坚持"保护为主，抢救第一，合理利用，传承发展"的指导方针。保护工作实践证明，这是一个正确的方针。要特别看到，在今天市场经济社会趋利性的背景下，不少人特别看重的是"非遗"项目的经济价值，所谓保护，更看重的是经济资源开发。我们并不反对在不损害"非遗"项目原真性前提下的开发利用，但坚决反对改变"非遗"项目性质的过度开发和随意滥用。我们只有在保护实践中正确把握好保护和利用的关系，非物质文化遗产的保护才会具有可持续性。

第三，我要特别强调"非遗"保护要重视积极参与和推动国际合作。非物质文化遗产保护是一项维护人类文化多样性的国际性课题，绚丽多姿、异彩纷呈的非物质文化遗产，不仅是一个国家、民族的古老生命记忆和活态文化基因，也是属于全人类共同的精神财富，保护优秀的非物质文化遗产，是全人类共同的责任。何况，正如联合国教科文组织《宣布人类口头和非物质遗产代表作申报书指南》中指出的："在世界全球化的今天，此种文化遗产的诸多形式受到文化单一化、武装冲突、旅游业、工业化、农业人口外流、移民和环境恶化的威胁，正面临消失的危险。"在中国，现代工业的迅速发展、现代交通的拓展和延伸、计算机网络的密集化、全球经济一体化趋向的影响、农村人口不断向城市迁徙和结集以及旅游业的持续发展，非物质文化遗产也同样面临严重的冲击和消解。社会的现代化具有人类社会发展的必然性，现代化的社会，又使人类社会面临保护、传承自身文化遗产的共同性。十多年来，世界多数国家越来越认识到加强交流和合作，共同携手维护人类共同的精神家园、保持世界文化多样性的重要意义。中国积极参与联合国教科文组织实施的人类非物质文化遗产代表作公告制度，并于2004年8月加入联合国教科文组织《保护非物质文化遗产公约》。近年来还通过举办一系列"非遗"保护的国际性学术研讨会，包括举办国际非遗节等，宣传和体现联合国教科文组织提出的保护工作宗旨。在"非遗"保护的进程中，中国一直把积极参与和推进国际合作当作一项重要的工作任务。

在今后"非遗"保护的实践中，我国将继续履行《保护非物质文化遗产公约》，全面落实《中华人民共和国非物质文化遗产法》，重在健全非物质文化遗产传承机制，仍然要以传承人为核心，以持续传承为重点，以促进各民族之间，各社区、群体和个人之间的相互理解、尊重和社会可持续发展为目的，推动开展全面的保护工作。同时，更好地发挥联合国教科文组织亚太地区培训中心的作用，与亚太各国及世界各国共同携手，不断推进"非遗"保护工作的发展。

（原载于《中国文化报》2013年6月19日）

中华老字号的核心技艺传承要坚持恒定性与活态流变性的统一

促进中华老字号核心技艺的传承与发展，应把握好恒定性与活态流变性的传承规律，把品牌产品品质的提升作为衡量创新取向的标准，坚守根本，不断创新。

中华老字号以深厚的文化积淀和精湛、独特的技艺，以及以诚信为本的服务理念和追求高品质的专业精神，在持续的发展中，不仅展现着商业文化追求的精髓，也成为中华民族优秀文化物化象征的标志之一。中华老字号的传承发展，不仅是增强国家经济竞争力、加强当代商业企业建设的现实需要，也是承续、弘扬中华民族优秀传统文化、增强文化自信的必然要求。关注、研究、推动中华老字号的当代发展，不仅是相关行业的责任，也是社会的共同责任。

构成中华老字号延续发展的要素很多，如诚信、品质、创新所涉及的价值取向、产品塑造、商业目标、经营模式、体制机制等诸多方面。但中华老字号之所以有品牌、有市场、有信誉，最核心的支撑是其拥有的独特技艺。今天中华老字号的传承发展，仍然需要把其核心技艺的传承、发展放在最重要的位置。

核心技艺的传承、发展，首先是继承，这样才会有历史的延续性，这是根本，否则只能是无源之水、无木之本。老字号核心技艺一般来讲都具有原创性、独特性，这是它区别于其他企业、产品的"独家秘诀"。只有原原本本地学习、掌握，也就是把握好"原真性"，才有其立足的根本点。老字号核心技艺的传承，不仅是技术部分，也应包括文化传承。比如同仁堂"同修仁德，济世养生"的企业精神，"修合无人见，存心有天知"的自律意识，"以义为上，义利共生"的经营哲学，"同心同德、仁术仁风"的经营理念，"炮制虽繁必不敢省人工，品味虽贵必不敢减物力"的质量观等；再比如胡庆余堂以"是乃仁术""真不二价""戒欺"等为原则的职业道德和质量要求，也都形成了其核心技艺赖以扎根的深厚土壤。核心技艺脱离了这样的文化土壤，就不可能保证它的产品的独特品质。品质、技艺决定着品牌的纯度和高度。核心技艺的传承，需与文化的传承、企业精神的传承融而为一。

传统核心技艺的传承是基础，同样不可忽视的，是核心技艺的创新。不少中华老字号企业解体，也有不少企业难以为继，其中原因是多方面的，但最重要的一个，是思想因循、观念陈旧、故步自封，对今天人们审美趋向的演变、生活方式的变迁、衣食住行从内容到形式的变化，视而不见，要人们来适应我的产品，而不是通过创新发展去适应市场，满足当代人们已变化的多方面需求。材料的变化、工具的改进，甚至环境的变化，以及传承人自身文化、科技素养的提高，都要求或带来核心技艺的演变，而最根本的，当属服务对象的需求导致的市场变化，必然要影响到传统产品的调整。这种调整对传统核心技艺的创新也提出必然的要求。

继承和创新是中华老字号核心技艺持续传承的两个支柱，核心技艺正是在对立统一中演变。正像我国众多的非物质文化遗产项目一样，中华老字号核心技艺的传承，也同样遵循恒定性和活态流变性的规律。恒定性是指人类智慧、思想、情感和劳动创造积淀形成的生产、生活和思想、情感表达方式，它成为个体的人的一种"群体"活动，形成一定群体人们共同遵守践行的一些规则，这些规则世代相传，有集体维持的恒定性，不是一个个人可以随意改变的。但是，随着时代、环境、生产生活条件、审美趋向等的变化，整个传承链条上的传承者，都会把自己的独特体验融入其中。所以整个传承的历史过程又不是凝固不变的，这就是它的恒定性和活态流变性，它是在继承和创造的统一性中发展的。中华老字号能持续百年以上，就是因为它在发展过程中，既能保持自己的基因，又能以不断的创新产生与时俱进的活力。

促进中华老字号核心技艺的传承与发展，应把握好恒定性与活态流变性的传承规律，把品牌产品品质的提升作为衡量创新取向的标准，坚守根本，不断创新。同时重视体制机制创新、技术创新、产品创新、经营模式创新，使中华老字号在新的历史时期不断迎来更壮阔的发展。

（原载于《人民政协报》2017年1月12日）

辑三

撷英镌华

李维康表演艺术述论

　　李维康是中国京剧院三团主要演员之一。她从事京剧表演艺术三十多年来，不仅主演了一批优秀的传统剧目，如《秦香莲》《柳荫记》《花木兰》《宇宙锋》《荀灌娘》《霸王别姬》《玉堂春》《秋江》《武家坡》《四郎探母》《凤还巢》《刺蚌》《鱼藻宫》《杨门女将》《谢瑶环》等，还主演和参加演出了《四川白毛女》《黛诺》《红灯记》《平原作战》《红嫂》《红色娘子军》《蝶恋花》《恩仇恋》等现代戏和近几年新创编古装戏如《李清照》《李凤姐》《宝莲灯》等，对京剧表演艺术的继承和创新作出了令人瞩目的探索。她除在北京演出以外，还多次到外省、市深入矿区和农村演出。近年来，还到中国香港、美国、日本、法国、意大利、西班牙、瑞士、加拿大、朝鲜、伊拉克等国家和地区访问演出。所到之处，她的表演都得到观众衷心的赞赏。在剧院的关怀培养和京剧界前辈、同行的扶植帮助下，李维康正在艺术实践的道路上展现着自己的艺术风采。

　　李维康1947年出生于北京一个并非梨园世家的家庭。但是，她的父母都酷爱京剧。父亲李宗岩因对余派老生唱腔的迷恋，由一个学经济的大学生而下海成为京剧演员；她的母亲靳克是中学语文和外语教师，也始终是京剧艺术热心的观众。在这样的环境中，耳濡目染，李维康从小就迷上了京剧。1958年8月，她报考中国戏曲学校，这既是本人的志愿，也是父母的主张。她以优异的成绩被学校录取，学习京剧青衣行当。但为了打基础，一开始是全面的学习。

　　李维康的开蒙老师是于玉蘅。于老师以教戏规矩、认真著称。每当吊嗓的时候，她总是站在学生身旁聚精会神地聆听，认真地指点。往往因为学生一个字、一句腔没有找准，于老师便指定要反复五遍十遍地练，直到找准为止。严师的指教，使李维康一开始学戏就走上了正道，并打下了扎实的基础。后来，梅派传人华慧麟成为李维康的主教老师。华老师深得梅派神韵，她的教授，对李维康表演技艺的迅速提高有重要的影响。华老师从一腔一板、一招一式入手，向李维康传授了《四郎探母》《霸王别姬》等梅派戏。在老师的精心指教下，李维康很快就脱颖而出。她12岁时在长安戏院第一次登台演出《二进宫》，扮演李艳妃，因为个儿矮，老师帮她穿戏装时，还让她站在戏箱上。虽然第一次登台面对观众免不了内心紧张，但头一句【二黄慢板】唱腔就博得了满堂彩声。因此，有人称李维康是"金嗓子"。但华慧麟老师仍然严格要求，毫不放松，指出她唱法上有局限：声音"不打远"。华老师有心脏病，本来教戏时一般都是小声唱念，这一次却破例大声示范，念了一句："明灭蟾光。"四字念来真如银瓶乍破，余音绕梁。在老师的示范下，李维康深感初次登台虽然得到观众喜爱，但艺术上的追求刚刚起步，甚至还没有学会很好地运用共鸣腔。从那时到今天，李维康一直把老师的教诲牢记在心，从不满足于嗓子好，而在追求唱得好上下功夫。

在戏校学习期间，李维康还得到了荀令香、赵桐珊、马宗慧、李湘云、方连元、谢锐青、罗玉萍等老师的指教。校长史若虚经常勉励她说："青年人要有真才实学。"李维康没有辜负师长的期望，每天除了完成规定的学习、练功科目以外，早上还要提前起床，扎上大靠，跑到教学大楼的走廊里跑圆场、练武功。虽然她学的青衣，但因为进行了全面的基本功训练，戏路宽，功夫扎实，既有唱、念、做、打、舞等技术方面的基本功，又初步掌握了文、武等戏路的舞台经验，所以她不仅在当时主演了《杨门女将》《革命自有后来人》《黛诺》等戏，而且后来的表演在较全面地继承了京剧青衣的表演艺术的同时，更吸收武生、花旦等其他行当的某些表演技巧丰富自己，水乳交融地融入到她的演技之中。

由于在校时品学兼优，李维康15岁时加入了中国共产主义青年团，1966年年初又加入了中国共产党。已经步入京剧表演艺术殿堂的李维康，坚持又红又专的道路，正向艺术高峰攀登的时候，"文化大革命"开始了，她被一些人视为"修正主义黑苗子"而遭到冲击。但即使在这样的逆境中，李维康仍然没有放松对艺术的追求，利用一切机会练功、吊嗓。处境好转时，则争取可能的机会参加演出，以使学业不致荒废。1968年，她被分配到中国京剧院当演员，曾扮演过《红灯记》中的李铁梅B角和《平原作战》中的小兰。

李维康的表演真正焕发艺术光彩和在观众中产生影响，是在"文革"以后。这不仅是因为她有了更多舞台创造的机会，也因为她通过总结自己的艺术实践，在艺术创造的指导思想上趋于成熟。像她这样一个京剧科班出身的演员，比一般人更深切地感受到学习继承前人的艺术经验，对自己的表演是至关重要的。一个演员要保持旺盛的艺术生命力，那么始终不懈地、虚心认真地学习继承前辈的艺术经验，汲取丰富的艺术营养，在她来说是必不可少的。但是，同样重要的是，李维康也同时能够清醒地认识到，单纯模仿不是艺术，拘于成法而不变通，艺术只会走向衰亡。她说："我时常在想，古老的京剧艺术要在新时代里焕发异彩，必须有所创新，有所前进。对传统不加分析地全部照搬，对程式不加改造地完全模拟，这只会愈来愈多地失去观众，妨碍京剧艺术的发展。正因为我是在新中国成长的艺术工作者，就更应该更多地想到和我年岁相仿的大批中青年观众或者比我更小的少年观众，就应该更多地担起创新的重任。我接触过一些不大爱看旧京剧的青年朋友，他们说老戏念白听不懂，节奏太慢，缺少时代感，常叫人坐不住。这些话不能不引起我的深思。我想，一个艺术品种如果不和时代的节奏合拍，不和观众的脉搏相通，那么，它的存在究竟还有多大的意义呢？"

正是基于这样的思想认识，李维康在她主演的现代戏、新编历史戏和优秀传统剧目中，都贯穿着一种创新精神。1976年年底以后，受"四人帮"禁锢的戏曲舞台逐渐得到解放，当时观众正以焦渴的心情欣赏着京剧的传统剧目。1977年下半年，李维康主演的现代戏《蝶恋花》出现在首都戏曲舞台上，却也仍然受到观众的热烈欢迎。一方面的原因是作者戴英禄、邹忆青的剧本创作摒弃了"高、大、全"的创作思想和"三突出"的创作模式，而李维康潇洒大方的扮相，洒脱优美的表演，圆润透亮、格调清新的唱腔也是赢得观众的重要原因。她清新、稳重、端庄的艺术气质也引起戏曲界专家们的普遍注目。李维康成功地塑造的革命烈士杨开慧的形象，是一个生活在群众之中，既有宏伟的革命理想和坚强的革命意志，又有儿女柔情的真实的有血有肉的英雄典型。为了表现人物丰富的思想感情和独特的个性，李维康运用了曾被江青认为是靡靡之音、不宜表现英雄人物的【西皮慢板】【高拨子】【四平调】等板式。这些不同的板腔都非常贴切而又真实地表现了人物性格与规定情境。《蝶恋花》的艺术革新并不止于此。著名京剧演员刘长瑜曾在《人民戏剧》撰文，称李维康是"勇于革新声腔艺术的能手"。她指出李维康在《蝶恋花》的唱腔中还吸收了地方戏与民歌的曲调，丰富并增强了京剧唱腔的表现力。确是如此。我们看到，在古道别乡亲的"情难舍"一段，为了表现杨开慧被捕时与乡亲们依依惜别的内心情感，李维康非常成功地运用了越剧中说唱味道浓厚的【清板】；而在表现杨开慧视死如归，对革命必胜的信念及对革命的向往时，又借鉴了豫剧顿挫强烈、铿锵有力的【干板垛字】的唱法，听来人心振奋。特别是李维康在演唱"向朝阳"的大段【反二黄】时，吸收了歌剧气声的发声方法，使声腔在表现杨开慧对毛委员的向往、思念之情时，更丰富、深沉；化用的老生唱法，更好地表达了杨开慧期望岸英冲出牢房的真挚、沉郁的感情。同时，她将湖南民歌的旋律与【反二黄】的尾声糅在一起，使人感到浓郁的乡土气息。尤其值得肯定的是，以上的吸收，都不离京剧的格调，乃采百家之花，酿一家之蜜。还值得一提的是，李维康在《蝶恋花》的唱腔中，成功地化用了程派的唱腔艺术。如"向朝阳"一场，在"将碧血化云霞飞向朝阳"的大段唱腔中，她融进了程派委婉的旋律，又赋予了豪迈与奔放的感情，再加上透亮的"金嗓子"，使杨开慧丰富的内心感情得到充分展现。

《蝶恋花》演出之后，李维康收到了上百封来自全国各地的信件，从年过七旬的老人到读初中的学生，戏曲界专家和普通观众都赞扬她在声腔艺术上的革新。这些洋溢着真挚情谊的信件，更坚定了李维康走京剧艺术革新道路的决心。

1980年，她在排练新编历史剧《李清照》时，在继承京剧传统的基础上，有意识地作了比较全面的革新尝试。李维康在阅读剧本和《李清照全集校注》后，对这位我国历史上卓越的女词人的坎坷遭际十分动情；李清照脍炙人口、千古流传的名篇杰作使她激动不已，她决心在京剧舞台上塑造出这位中国历史上非同凡响的女文学家。为了运用恰当的艺术表现形式争取观众，使观众爱看，看得懂，从中得到美的享受，进而被剧本所表现的爱国主义的主题思想所感染，李维康冥思苦想。她思考了不少问题，诸如，念白中观众难以听懂的湖广韵与上口字，能否根据今天观众的语言习惯作些调整？旦角化妆的贴片子，那主要是因为适应过去男演女角，今天能不能改一改呢？京剧传统服装自有它的精美之处，但不能体现人体线条美的缺憾，能否根据有些剧目的不同表演要求予以弥补？能否适应新时代观众的审美要求，使京剧的唱腔更丰富多彩一些？反复思考之后，在同编导和音乐、舞美等创作人员讨论剧本时，她提出了这些想法。大家都同意以这些想法来作艺术革新的尝试。

在《李清照》中，这种革新尝试是围绕怎样更好地塑造李清照的人物形象出发的。戏中第一场李清照是位才华颖露、活泼娇羞的闺中少女，到后几场则是位饱经战乱、备受颠沛流离之苦的中年妇人，如果拘泥于旧有行当的束缚，演员很难完成这一人物形象的塑造。所以李维康在表演上前半场较多地运用闺门旦的表演，演来身段轻盈，纯情可爱，突出人物娇羞、活泼的性格特点；后几场则主要运用大青衣演法，表现人物在家破之后忧时伤世的一腔悲愤恰到好处。在念白上，不念上口字，让韵白合节奏，有音节的美感，但力求口语化。在唱腔上，李维康从表现人物的需要出发，借鉴吸收不同风格的唱腔特点，作有机的融合，并统一在自己独立的演唱风格之中。按刘长瑜的话说："听她的唱，似曾相识，但的确别具一格，而且能高能低，能窄能宽，能放能收；无论是蓄气、换气、偷气，她都能够依腔而变，并能准确地运用头腔、鼻腔、胸腔的共鸣，在高、中、低的音域里自由驰骋。"在《李清照》中，为表现李清照新婚燕尔的欢乐之情，李维康借鉴了张（君秋）派唱腔华美俏丽的风格；为表演李清照在孤寂中回忆往事时的凄凉心境，李维康借鉴了凄楚迂回的程腔；在第九场中，李维康先是以昆曲的音律为基调演唱李清照的著名词章【声声慢】，紧接着又转换为用【反二黄】演唱剧中的大段唱词。从昆曲的基调到皮黄，接连自如，浑然一体，其中并杂以小颤音，在中、低音处使用胸腔共鸣，在小腔的迂回上力求细腻，使这一大段唱情真意切，让人听来荡气回肠。在剧场里每演至此，观众都报以热烈掌声。在化妆上，则吸收古装话剧和越剧的长处，不贴片子，不梳大头，不戴泡子和很多花饰，使用了由造型设计者新制作的盔头式硬头套；服装也一改青衣的一般性装束，借鉴古代蝉衣设计出新颖的纱披和纱水袖，装扮起来既符合人物身份，又使身段显得优美。尽管《李清照》全面的艺术革新尝试不见得都是成功的和为人称道，但李维康塑造的爱国女词人李清照的形象，从化妆、服装、扮相、表演、念白、唱腔，都别具新格。她的创造，烘托了这出戏清新淡雅、优美脱俗的风格。

李维康在《李清照》的演出中，作了较全面的革新尝试，但就行当来说，虽然前几场较多吸收了闺门旦的表演，而主要发挥的仍是她专擅的大青衣行当。李维康是一个艺术上不断追求的演员，她知道，随着时代的不断前进和观众审美要求的不断变化，京剧艺术所表现的内容及其形式也必然会相应变化，特别是京剧现代戏的舞台创造，要求京剧表演由细致的行当分工逐渐向综合发展，这就要求演员必须突破行当界限，开拓创造天地。有勇气和胆识追随时代前进的演员，是不会满足于已有的艺术境地的，而要在更广阔的艺术天地里驰骋。正因如此，继《李清照》之后，李维康又塑造了现代戏《恩仇恋》中凤妹子的舞台形象，突破了自己已初步形成的行当表演。

《恩仇恋》是剧作家吕瑞明、陈延龄根据表现大革命时期斗争的长篇小说《旋风》改编的，凤妹子是戏中的一个主要人物。她自幼习武，具有强烈的正义感，豪爽活泼，鲁莽轻信，而又富于少女纯真的细腻感情。剧本为塑造人物性格提供了很好的基础，但由于人物性格特征的复杂性、人物戏剧行动的多变性和剧本情节的曲折，决定了无法套用任何一个表演行当的程式来表现凤妹子这个人物。这就使演员在运用唱、念、做、打、舞等艺术程式表现人物性格上增加了难度，当然同时也为演员发挥艺术创造能力提供了机会。李维康正是把它作为后者精心进行艺术投入的，这在《恩仇恋》的艺术创造里得到了体现。

在凤妹子这个人物的唱腔运用上，李维康力求刚劲清亮而不追求华丽，以求符合人物性格，如在凤妹子责备哥哥的愚昧糊涂的那段唱里，唱腔中糅进了花脸、老生粗犷、苍劲的唱法，恰到好处地表现了凤妹子性格中泼辣豪爽的一面。在表演上，也从人物性格出发运用程式，比如为了表现凤妹子少女温柔的性格侧面，李维康不仅继承借鉴和改造了花旦的表演方法，而且还从生活中提炼了富有个性特征的动作加以运用。如凤妹子同恋人赵泉生见面时，用手揉弄辫梢、用脚尖来回蹉地的动作和眼神的运用，把凤妹子在知心人面前的羞涩神态和细腻感情，表现得惟妙惟肖。在念白上，则尽量把生活化和戏曲化统一起来。在排练中，李维康先熟读剧本，然后按照人物在规定情境中的思想感情，运用口语语气把对白念了出来，在反复把握人物语言感情的基础上，再按舞台规范的要求来念，尽量达到既生活化又戏曲化。在程式运用上，注意了为塑造人物和推动戏剧情节服务。如在"练马"的动作中，设计的就不是单纯的"起霸"，而是能表现凤妹子骁勇性格的程式化的舞蹈。再比如凤妹子同铁拐李对打时运用的"乌龙绞柱"，也不是单纯为了增添舞台气氛，更不是脱离情节卖弄技巧，而巧妙地与铁拐李的独腿结合起来，表现了凤妹子的机智。还有在表现惊马时做出的"串翻身"的传统程式，在表现乘马时做出的芭蕾舞般的

"大跳"和"托举",都使人感到协调统一而不突兀。总之,无论是继承还是借鉴的技巧,都能为表现新的内容所用,并为观众喜闻乐见。在文化部艺术局召开的评论《恩仇恋》演出座谈会上,有的专家认为李维康在《恩仇恋》中的表演,无论是同她以前的表演相比,还是在现代戏的表演方面,都有所突破。这个看法我是赞同的。

李维康认为:"京剧艺术需要革新,这不但是对思想内容的要求,同时也是对艺术形式的要求。创编现代戏需要革新自不待说,新编历史剧也要创新。就是那些传统久远的优秀传统剧目,也应适当地不断有所提高。"李维康执着的革新精神,也体现在她对待传统剧目的去芜存菁、推陈出新上。比如《秦香莲》本是广为流传、脍炙人口的传统剧目,但李维康在演出时,为了适应中青年观众要求加快表演节奏的欣赏意趣,调整了场次,使剧情更紧凑,更具戏剧性。同时,为了增强秦香莲这个人物形象的艺术感染力,在保持戏原有精华的基础上,她的表演对秦香莲从哀求到悲痛、控诉直至反抗的思想脉络作了更深入细致的表现。在"闯宫"一场,她增加了【二黄慢板】转【原板】唱段,从"三年前你为赶考离家门"起,到"望官人你将妻认,莫叫夫妻俩离分,儿女失天伦",以低回沉郁的程派意味的唱腔,唱得动人心肠。这与后面表现秦香莲情绪愤激地控诉陈世美罪恶的【流水】唱腔形成鲜明对照,使秦香莲这个人物的内心情绪得到了更深刻的展示。在演传统剧目时,李维康还持一种非常严谨的态度,从不以低级趣味的表演取悦观众。比如《玉堂春》"会审"一折中的苏三,是李维康经常扮演的人物。戏中,几乎通场跪在问案堂上,没有大幅度的动作,表演全凭手势、神态表情和唱腔,李维康每次演来总是循规蹈矩,既非呆板死唱,又绝不流露眉飞色舞的轻浮相,而是通过低回委婉、优美动听的唱腔,在表现苏三这样一个负屈含冤被错判死刑的封建社会最底层受害女子的痛楚心情上下功夫,因而其表演所表现的惊、惧、羞、喜、忿诸般感情,都很有分寸。

李维康的表演吸引观众特别是中青年观众的原因,除了以上所说她能够按照新时期观众的要求,注意对剧目从内容到表演形式加以革新以外,她的唱腔"以情动人"的特色,也是吸引观众的重要原因。一般的观众,喜欢看李维康的表演,更喜欢听她的唱腔,这不仅因为她有天赋的"金嗓子"和吐字发声、行腔归韵的扎实功底,还因为她的唱是从人物思想感情出发,"发于内而形于外"，把人物喜怒哀乐的情感，掺蕴在唱腔里面，使唱出来的音节随着人物的感情变化，因之既有优美的音乐性，又感人至深。李维康自己说："我在戏校学戏的时候，老师说我嗓子好。过了一段时间，又得到一个评价：这孩子会唱。可是我心里有数，知道要唱出情来，才是真正的会唱。"她又说，"我是根据自己的条件，力求唱得清新流畅一些，感情色彩强烈一些，多给人一点回味和美的享受。"李维康排演《蝶恋花》，就是"本着唱情来处理唱腔的"。正是因为未成曲调先有情，情为声先、以声传情，她在第一场中的【西皮慢板】"晚霞临窗喜看书信"一段，唱来才那样情真意切，娓娓动听；在演唱"古道别"的"绵绵古道连天上，不及乡亲情意长"的大段唱腔时，才唱得那样深沉隽永，句句有情、声声入耳，动听又动人。在《李清照》中，她的情声并茂的唱腔特色，也得到了充分的发挥，唱来或情意绵绵，或低回荡气，或悲怆凄楚，或愤慨感叹，行腔无不饱蘸感情，有强烈的艺术感染力。由于唱腔注重传情，她即使在演唱传统剧目时，虽与人同一工谱，但唱来也别有韵味。

唱腔要有感情，必先动情，这就需要对生活有真切的感受，有较深厚的文化修养，这才能在准确把握剧中人物的性格和规定情境的基础上唱出情来。特别是演唱现代戏，应该把观察体验生活、积累生活素材放在首位。李维康十分注意这一点。《蝶恋花》排演前，她曾到湖南板仓深入生活，在那里，她访问过杨开慧烈士的同学和当年目睹杨开慧从板仓泥泞的街道走上刑场的老人。她被见证人讲述的乡亲们为杨开慧送别的情景深深地感染了。如此，自然"以意生情"，唱来情真意切。对于扮演的新编历史剧和传统戏中的人物，李维康都是首先做到认识角色，理解角色，知戏情、明戏理，认真揣摩把握人物性格、思想感情及其在剧情不同阶段的发展变化，不仅反复读剧本，还阅读有关资料和著作，向有关专家、同行请教。总之，深入体验生活和善于揣摩人物性格，是李维康唱腔以声传情、声情并茂的重要原因。

为了博采众长，融会贯通，使自己感情色彩强烈、清新流畅委婉深沉的唱腔艺术风格更趋鲜明，李维康既从王瑶卿、梅兰芳、程砚秋等前辈名家那里吸收营养，也时常向京剧院外不同流派的艺术家张君秋、李玉茹、杨荣环、梅葆玖等求教，并回母校请当年的老师说戏，也时常向京剧院内的高玉倩、江新蓉、刘长瑜等请教，通过兼收并蓄而得到丰富提高。李维康认为"艺无常师"。这当然不是说学艺可以不要老师指导，不学自通，而是说"道之所存师之所存也"，不管是谁，只要有真知，则去请教尊之为师。拘泥于一师，狭守门风，艺术的提高往往容易受到限制。所以李维康广为求师，但不专拜某人为师。除了广为求师以外，李维康还把学习的领域拓展到京剧以外的其他兄弟剧种和艺术门类。小彩舞的京韵大鼓《子期听琴》、常香玉的豫剧《红娘》录音，李维康不知听过多少遍。李维康在吸收其他艺术成分时，均是以京剧的艺术特点作为基石的，学的东西都努力在京剧传统的唱、念、做、打、舞和手、眼、身、法、步的规范下去消化，食而化之，为京所用，努力创新，但"移步不换形"，达到丰富、提高自己艺术表现能力的目的。

李维康是新中国成立后培养的新一代京剧演员，她的艺术成就令人瞩目。1987年她被首批评为国家一级演员，获北京京剧振兴杯最佳演员称号，1989年获中国唱片总公司表彰优秀艺术家的金唱片奖。并曾因饰演《四世同堂》电视剧中的韵梅而获大众电视金鹰奖"最佳女主角奖"。她曾当选为党的十一大、十二大代表和七届人大代表。她曾说：是党和人民培育了我，是京剧事业造就了我。我永远是党和人民的女儿，永远属于京剧事业。李维康名成未敢暂忘筌，一直在为振兴京剧艺术做着努力的追求。在纪念徽班进京200周年之际，她新排演了神话故事剧《宝莲灯》，演出受到热烈欢迎。在最近由文化部振兴京剧指导委员会和中央电视台等单位联合主办的"梅兰芳金奖"电视大赛中，李维康以成熟、精湛的演唱一展风采，给观众以极深印象，荣获金奖。作为优秀的中年演员，李维康正处在艺术创造的旺盛时期，相信她一定会艰苦努力、尊重传统，锐意创新，在保持已有演唱特点的基础上，努力形成自己更具个性的演唱风格，并以新一代京剧演员的思想境界，为开拓京剧事业的未来作出更大贡献。

（原载于《艺术体制改革与管理初探》，华夏出版社1993年版；

《戏曲艺术评论集》，中国戏剧出版社2013年版）

看芃芃的画

芃芃是一位不太为油画界以外所知的画家，但却是一位有功底、有实力、有个性追求，呈现独特艺术风格的画家。

芃芃的画构图讲究，有力度、有内涵、不外在，用"浓郁厚重、自在质朴、宁静纯真"来评价，正可以说明她绘画的艺术面貌和给人的审美感受，她的画也因此而具有耐人审视的艺术魅力。她所以不太为人知，是因为她从不张扬，二十多年静静地画、执着地画、充满激情地画，艺术的本质是精神境界的追求和内心情感的自由抒发，她自己说，是用一颗无杂念的心去体会，用一双无隔的眼睛去观察。由此，她的画笔率意挥洒，看上去似乎不太追求强烈的明暗对比，以及色彩、线条、肌理、质感、空间、光感等的细腻呈现，但其作品表现的整体面貌，特别是风景画的浓郁厚重，静物的质朴自在，却是很多人难以企及。而细看，浓郁中的层次、质朴中的韵致、率意中的分寸都不缺失，看得出基本功的扎实和笔意的灵动。

芃芃的画另一个需要特别给以肯定的是作品的艺术品格。品高是艺术创造追求的境界，技术的娴熟并不能保证品格的高洁，没有文化的涵养和心境的澄静，娴熟的技巧也会流于轻浮。站在芃芃的画前，带给你的是超以象外的淡泊素心和宁静澄怀。绘画而能达到一种品格境界是不易的。有人说过，一片自然风景是一个心的境界。芃芃的画，是一位画家用儿童般纯真的眼睛看物象，静观自得，并用看似朴拙却是大胆自如的色彩描摹，构造的一个具有审美魅力的心灵境界。她从生活中发现美，她的静物绘画中有生命，风景绘画中有灵魂，看她的画，给人的印象是难忘的。

芃芃的画所以有成绩，除了自身的努力和修养，还有一个重要的原因，就是杨飞云的影响。杨飞云、芃芃夫妇以高洁的品行和艺术创造的成就为人称道，钟涵先生在芃芃画册的序言中说，飞云深知芃芃画中那种出自气质的特色之可贵，正是有了飞云朝夕相伴的切磋指导，芃芃的艺术气质才得以发挥出来。但芃芃在艺术上并不依赖，而是清醒地追求与飞云不同的艺术取向，正是和而不同。飞云和芃芃以不同的艺术风格的追求，共同地得到人们的肯定。

最近，以"质朴与纯真"为题的芃芃画展在中国国家博物馆举办。这是芃芃画作的第一次个展。展前，她没有同意主、协办单位召开展览新闻发布会以及在展览期间举办座谈会的安排，她说自己的绘画水平还不高，不要那样高的规格。展览中，靳尚谊、詹建俊、钟涵等老一辈的著名油画家和许多中青年画家及众多的观众观看展览。芃芃绘画的独特审美魅力赢得人们真诚的肯定。人们有一个共同的评价：现在，这样具有很高品格的给人以宁静审美感受的画展不多了。

艺术的追求没有止境。相信这次画展，会成为芃芃艺术创作的一个新的起点。

（原载于《中华文化画报》2006年第10期）

赤子之心的表达

——在"紫禁城里的东西方艺术对话"座谈会上的发言

    故宫博物院收藏吴冠中先生的作品意义深远。吴冠中先生是我国当代具有世界影响的艺术大师，他捐赠故宫博物院的《一九七四年·长江》《石榴》和《江林》是他创作的精品，故宫的收藏，使它们成为中国当代美术创作最高艺术水平的见证。故宫博物院从延续中华文化艺术发展长河的视野来收藏中国当代艺术大师的作品，标志着故宫博物院发展史上一个新的开端，并且是以收藏吴冠中先生的作品起始，真可谓珠联璧合，相得益彰。

    看吴先生的作品，鲜明地感受到形式之美、艺术之美。他作品形式的美感不是单纯的形式，而是蕴含了诗的意境和充沛的诗情的，看得出他倾注了心血和感情。这不是外在的，是从生活中来的。他的几乎每一幅作品中都洋溢着浓郁的生活气息，也都有艺术创新的元素。时代的精神、时代的气息，我们都能从他的画中感受到。吴先生在他的创作笔记中提出"风筝不断线"的艺术主张。多少年来，吴先生都努力保持着他同人民群众生活的联系，从生活中汲取创作的素材，看他的一幅幅作品，几乎都可以联想到他在山野、乡村和其他可能的生活空间写生的身影。他说，从生活中来的素材与感受，即便被作者抽象成了某一艺术形式，但仍须有一线联系着作品与生活中的源头，也只有风筝不断线，才能把握住作品与观众的交流。吴先生说，艺术创作中那条联系人民感情的"千里姻缘"之线不能断，艺术作品不能失去与广大人民的感情交流。吴先生的作品所以清新，以艺术之美浸染我们，是因为其形式之美蕴含的赤子之心也同时打动了我们。这种赤子之心的情感就是他对生活的热爱，对人民群众的热爱，一种无私、刚正、奋进的情怀。记得1999年我做文化部艺术司司长的时候，曾请吴先生等几位艺术家、学者谈艺术教育问题，中午在饭堂吃饭，吴先生说到鲁迅思想对自己的影响和鲁迅伟大人格的感召，动情地说："鲁迅是我的精神父亲！"确实，我感到，在对人民群众的情感和思想、人格的追求上，吴先生是把鲁迅先生作为榜样的。我们看吴先生画的《鲁迅故乡》《鲁迅故居百草园》《绍兴小景》《绍兴早春》，都可以体会到水墨之间浓郁的情感，饱蘸感情的笔墨可以牵住人的视线，使人在对画面的审视中产生联想。

　　吴冠中先生的作品，呈现一种诗境、韵律之美，青春的气息、艺术创新的元素、时代的精神构成整体的艺术之美。这些是通过他入化境的对于点、线、块、面，黑、白、色彩的妙笔创造而呈现出来的。吴先生说："笔墨只是奴才，它绝对奴役于作者思想情绪的表达。情思在发展，作为奴才的笔墨手法永远跟着变换形态，无从考虑将呈现何种体态面貌。也许将被咒骂失去了笔墨，其实失去的只是笔墨的旧时形式，真正该反思的是作品的整体形态及其内涵是否反映了新的时代风貌。""脱离了具体画面的孤立的笔墨，其价值等于零，正如未塑造形象的泥巴，其价值等于零。"这些话，是吴先生在他那篇引起美术界十年论争的只有几百字的著名的《笔墨等于零》的文章中说的。这篇文章首发于1992年香港的《明报月刊》。后来"笔墨等于零"逐渐成为越来越多的文章批判否定中国画笔墨传统的标靶。这些文章并没有观照吴先生文字的全面表达，有的批评文章的作者甚至没有见过吴先生文章的全文。1997年我在《中国文化报》担任社长兼总编辑，11月初，《中国文化报》的记者叶荷将这篇文章送给我，说吴先生让我看看这篇文章可不可以在《中国文化报》发表。这篇文章此前只在香港发表过，内地没有发表，一些人并没有看到，引起一些误解。因为文字很短，我当时即读了一遍，感到写得很真切，言简意赅，没有问题，便安排叶荷同志尽快将这篇文章发表。我同意吴先生的艺术主张，如果创作只是停留于形式本身，不赋予其时代的精神，不赋予其艺术家的感情和思考，作品是难有价值的。吴先生的绘画中，很少见到时代的标志物，但他的作品只有他这个时代的画家才能画得出来，而他的作品，也体现了这个时代的艺术风貌。

　　2005年4月，法兰西学院艺术研究院终身秘书长阿尔诺·杜德里夫应邀访问我院，他提出希望我请吴冠中先生与之见面。他说，吴冠中当选法兰西学院艺术研究院院士，就是他电话通知吴先生的，希望这次在北京拜访吴先生。后来，他们两位在我的办公室见面，当时吴先生身体不太好，原拟礼节性见面15分钟，两人谈得来了兴致，吴先生谈由工科而改学艺术的缘起，以及留法的记忆，谈艺术主张……谈了近一个小时。吴先生走后，阿尔诺先生评价这位86岁的老人是一位质朴的、充满激情的艺术家，从谈话中看出他的坚定和坚强。确实，吴冠中先生是中国当代可以代表这个时代的一位艺术家，他的作品和他体现的中国人的精神，都会在中华民族文化艺术发展的长河里生辉。

（原载于《美术观察》2006年第10期）

审美对象与器以致用的统一

高振宇出生于宜兴陶艺世家，少时即得名师顾景舟亲自传授紫砂技艺，在龙窑之火的熏陶下深谙传统紫砂技艺。后考入南京艺术学院陶瓷专业学习，毕业后留学日本。扎实的中国传统陶艺制作的训练，学院的现代艺术教育以及国外的开阔视野，为高振宇的陶瓷艺术创作打下了深厚的基础。高振宇回国后进入中国艺术研究院陶艺研究中心，在北京建立了高振宇陶瓷艺术研究室，进行陶瓷艺术创作和研究。

高振宇的作品以器皿陶瓷艺术创作为主体，从其作品造型、纹饰、釉色及呈现的品质，都可明显地看到中国传统陶瓷根脉的浸润，但更重要的是毫无陈旧之感，而可感受到一种时代精神孕育的活力充盈其中。高振宇的作品柔和纯净、沉稳厚朴、优雅自然，他的智慧才艺与中国传统的审美意趣和现代观念凝结而形成了自己独特的风格。他认为"用是器皿的灵魂和生命，器皿因为有用而活着"。这种艺术观念，使他在创作中不仅仅把器皿当作审美对象来看待，"有用"和"美"成为他作品的灵魂。不事雕琢、古朴典雅、浑然天成及器以致用，也成为他作品的重要特征。

古老的陶瓷艺术，在今天的世界上呈现的发展景观是如此多姿多彩。创意，比以往任何时候更成为艺术提升的动力，疏离传统也成为一种时尚。而高振宇却刻苦执着，孜孜以求，更深地扎根传统，以自己的艺术理想和心灵感悟，在融汇传统与现代的艺术创造中，把土与火幻化的美妙呈现在我们面前。

（原载于《艺术评论》2006年第9期；《高振宇陶艺展》前言）

道艺相随　形神兼具

——论白淑贤的表演艺术

今年5月，龙江剧再登首都民族宫大舞台，折子戏、小戏、戏歌、表演唱编排为一台晚会，演出令人眼前一亮，气势磅礴的《鼓舞中国》高扬了黑土文化粗犷豪放的风格与沉雄博大的精神内蕴；婉约缠绵的《昭君出塞》与一咏三叹的《十八相送》呈现的传统美与现代美交相辉映；《武林风》《哪吒除害》《岳云借马》则把戏曲武打与武术舞蹈完美结合，是力与美的融汇、技与艺的交融；《龙江姑娘火辣辣》《雪姑娘》几分狂野、几分豪情，凸显龙江人泼辣质朴的黑土地文化特质；白淑贤表演的《神龙腾飞》，则以形神兼备的表演把时代的情怀和精神表现得淋漓尽致。更青春、更时尚、更鲜活、更有神韵的龙江剧，新的阵容、新的综合舞台艺术元素，不由人不赞赏龙江剧锐意创新与不断超越自我达到的艺术新境界。

社会生活的多元化带来文化生活的多元化。当前戏曲艺术市场在一定程度上显现萎缩与艰窘，龙江剧却蓬蓬勃勃。作为一个新剧种，其生命力如此旺盛，确是一个引人注目的现象。对龙江剧的艺术发展历程，尤其是它最具代表性的表演艺术家白淑贤的艺术创造经验，应该加以深入总结、研究。

比起中国许多历史久远的戏曲剧种，萌生在黑龙江的只有42年历史的地方戏龙江剧，只能算戏曲园林中的一棵小树。然而，某一种艺术的生长和成熟进程的长短，并非以时间的累积来达到，主要还在于它集合众多艺术元素，熔炼、变异，从而形成自己赖以独立存在的特质的速度。对一个剧种来说，近五十年的时间很短，但龙江剧却以超常的发展而成为枝叶茂盛、繁花似锦的大树。它从大东北几次进京演出，并于1991年和2000年南下巡演，天津、北京、南京、上海……所到之处无不引起轰动。龙江剧——白淑贤——《双锁山》

《荒唐宝玉》《木兰传奇》……龙江剧和它的演员、剧目都在全国甚至海外产生了广泛影响。

剧种形成人们承认的特色，主要靠演员的表演，而演员的表演又体现在他（她）在其代表性剧目中的艺术创造。龙江剧特色的形成，主要体现在近二十多年来它演出的一系列剧目上。其中重要的代表性剧目，主要是由白淑贤表演和参与创作的。白淑贤在这些剧目中进行的丰富而又全面的艺术创新，对于龙江剧艺术的生长和成熟，对于龙江剧剧种特色的奠定，起到了不可替代的作用。可以说，正是从白淑贤表演的发展中，融会形成了龙江剧的剧种特色。尽管龙江剧剧种的生长和发展，离不开众多文艺工作者，包括编、导、音、美和广大演员以及艺术管理者共同的艺术创造，但是，白淑贤的舞台表演却集中地、充分地体现了龙江剧的剧种艺术特色。

白淑贤作为龙江剧代表性的表演艺术家，她的舞台创造呈现的活泼的生命力，以及她的表演所赋予的龙江剧的蓬勃和鲜活，都离不开她二十多年来毫不间断的艺术创新。从剧种特色的基本形成、剧目的不断丰富，到行当的不断发展，都是在她的不断创新中完成的。创新，是白淑贤艺术生命的灵魂。白淑贤说："有人看见峡谷就想到深渊，而我看到峡谷就想架设一座桥梁渡过去。"这是大东北黑土地人性格的写照，白淑贤正是以这种锲而不舍的创新精神，接通了龙江剧艺术信息链上的一个个环节，使龙江剧在"以歌舞演故事"的规范中，以个性鲜明的特色进行着生气勃勃的艺术创造。

在我国丰富多彩的戏曲剧种园地中，有许多是从只有旦和丑或旦和生两种角色，以及旦、丑、生三种角色的"两小戏"或"三小戏"这种戏曲形成的初级阶段发展起来，进而形成戏曲地方大戏。戏曲剧种的形成，不是空中盖楼阁，都有它艺术积淀的深厚土壤。龙江剧也是在"二人转"和拉场戏等说唱和歌舞艺术的基础上借鉴吸收其他剧种之优势而发展起来的。但由初级阶段的"灌木丛"成长为一片挺拔的茂林，在这艰难蜕变过程中的丰富的艺术创新达到的成就，对一个剧种的形成是决定性的。白淑贤正是在龙江剧的蜕变过程中融入龙江剧，以自己多方面的艺术创造丰富和推动了龙江剧从戏曲形成的初级阶段，跃入剧种成熟的发生质的蜕变的过程。

白淑贤1964年在黑龙江省艺术学校学了五年评剧青衣后，进入黑龙江省龙江剧实验剧院。这正是龙江剧处于继承传统与探索实验的一个阶段，龙江剧确定了"以二人转、拉场戏为基础进行发展创造"的方针，当时的实验剧目如《五姑娘》《寒江关》《春灵庵》等都是从二人转、拉场戏的传统剧目中移植而来的。这些剧目风格特色不同，演唱也引入了现代的科学发声方法，但基本上都继承了原有的唱腔曲调。龙江剧在继承、探索实验阶段初步形成了有鲜明特点的成套唱腔："咳腔""柳腔""帽腔"，奠定了龙江剧音乐唱腔表现不同题材、不同人物情感的基础。白淑贤在这一时期排演了第一个龙江剧剧目《登高望远》。这出现代戏的排演过程，是她学习、积累二人转、拉场戏表演特点和规律的开始，为她以后的艺术创造打下了基础。

不同戏曲剧种的差别，首先是音乐唱腔，但文学形式及独特的表演程式和艺术风格，也是它赖以成为独立剧种的重要表现特征。龙江剧从民间艺术发展起来，以其载歌载舞的民间艺术特色，表现民间生活和传说故事很有优势，但要表现行当众多的历史题材剧目，表现当代现实生活中具有鲜明个性的独立的人物形象，就缺乏程式性的符合本剧种特点的表现手段了。而程式性所具有的艺术的形式美，及其蕴含的特定戏剧情境的意味，是人们欣赏戏曲的基本要求，也是戏曲剧种应有的艺术特征。白淑贤的认识是清醒的，她说，如果把京、评剧的程式照搬过来，那么龙江剧的特色就只剩下音乐和唱腔了，这不会是一个成熟的剧种。

如何积累并形成龙江剧的表演规范？白淑贤认为，要创建并形成龙江剧自己的表演程式的特点，不应是从其他剧种原有的历史起点起步，而应该是立足于它自身特色的优势来融会创新。龙江剧应该是具有强烈的创新意识，应该兼收并蓄众家之长为我所用。①正是基于这样的认识，白淑贤在其主演的一系列剧目中，都自觉地进行建立剧种表演规范、创造积累表演程式的努力。1979年她在《双锁山》中的表演创造，就是例证。《双锁山》由同名二人转剧目改编而来。剧中主要人物刘金定是刀马花旦。为了表现这一人物，白淑贤采用二人转表演特点作为创造龙江剧刀马花旦人物表演程式的基础，并从这一基础出发，吸收、借鉴其他剧种表演程式特点，很好地表现出了具有鲜明龙江剧风格的刘金定这一人物形象。比如第三场刘金定点兵的表演，一出场，先吸收武术表演的"小弹腿"，再吸收京剧表演的"打地双搂翎"，一个英武利落、

---

① 白淑贤：《我恋龙江剧，龙江剧炼我——艺海行舟小记》，《中国戏剧》1990年第12期。

豪气逼人的刘金定便呈现在观众面前，接着二人转表演"抖肩"的化用，把她对小将军高君保爱慕、追求的内心情感表现得淋漓尽致。难能可贵的是，"抖肩"的运用，白淑贤不是照搬二人转的表演，而是从特定人物身份和规定情境出发，抖得大气，以独特的舞蹈韵律给人以美感，以具有美感形式的情感表达给人以感染。再如白淑贤在《皇亲国戚》里饰演的小花旦角色杏花，对"回旋绢""平甩绢""指顶绢""立绢"等手绢活儿表现人物特定情感的运用，以及从二人转改造、化用的"跟步""脚尖错步"等表演形式，都为不断丰富和形成龙江剧的表演规范作出了可喜的探索。白淑贤认为，《双锁山》是奠定龙江剧基本风格的"看家戏"，这个戏表演程式的创造，有"拿来"而不失"自我"，有规范而不陷僵滞。它既化用了二人转母体表演形式，又张扬了鲜明的剧种个性，在表演中将充沛的激情灌注于程式之中，使人物形象灵动而鲜活。难能可贵的是，这种为丰富剧种表现力而创造和积累表现形式的探索，贯穿在白淑贤以后演出的所有剧目中。

白淑贤的艺术创新精神，也鲜明地表现在她的演出剧目上。《荒唐宝玉》和《木兰传奇》，题材家喻户晓，同类题材的越剧《红楼梦》和豫剧《花木兰》，都是当代戏剧名家表演的经典之作。选择这样的题材如何翻出新意，如何体现出龙江剧的浓郁地域特色和鲜明剧种个性，特别是在舞台表演的艺术魅力方面如何争取并打动观众，这对于白淑贤来说确实是一种考验。白淑贤以"人无我有，人有我新，人新我深"的精神来处理这样的题材，具有一种独特的艺术气魄和眼光。

剧作家杨宝林、徐明望，对文学巨著《红楼梦》改编的处理是独具匠心的。撷取贾宝玉的几桩"荒唐事"，以散点结构，从不同侧面立体地表现了宝玉轻蔑礼法、痛快洒脱的人生态度和狂放不羁的叛逆性格。白淑贤通过舞台表演把剧作对人物的深刻思考、独特追求鲜明地表达出来，就需要有富于表现力的高超的舞台表演技巧。宋代文学家苏轼在题画时说过："有道而无艺，则物虽形于心，不形于手。"[1]他认为，即使有了一种思想、一种感情，有情思、意境、胸中丘壑，有了心中的"形"，但如果技巧不够，仍然不能把它转化为可见的艺术形象，这便是有道而无艺。白淑贤的"艺"，很好地表现了《荒唐

---

① 苏轼：《书李伯时山庄图后》，载《苏轼文集》卷七十，中华书局1986年版，第2211页。

宝玉》的"道"。戏中，白淑贤以旦角反串小生，在不同规定情境中，又分别运用了娃娃生、武生、武旦、闺门旦、花旦、刀马旦的表演，运用了耍手绢、耍扇子、耍水袖等二人转和戏曲的传统技巧以及歌舞表演的手段，特别是她的旋转、大跳、托举、"搅柱""僵尸"、剑术、左右手同笔书法的运用，把不同情境中人物的思想、情感表现得鲜明生动。

据《文化导报》报道，1991年7月，白淑贤率剧院南下巡演至上海，演出《荒唐宝玉》后，上海越剧界人士说，我们很早就构想编一出不以宝黛爱情为主线的"红楼戏"，可这种想法很难实现。而《荒唐宝玉》却如此大胆，把宝黛的爱情一笔带过。我们看了宝玉学戏一场，连猪八戒背媳妇也作为戏中戏，却也顺理成章。著名越剧表演艺术家、越剧《红楼梦》宝玉扮演者徐玉兰说，我爱上了白淑贤的贾宝玉，戏大喜大悲、起伏跌宕，宝玉的叛逆性格表现得很充分。著名越剧表演艺术家袁雪芬也说，真是"天外有天，人外有人"，这出《荒唐宝玉》也只有白淑贤这样的演员来演，换另一个演员演不了，换另一个剧种也演不了。这些评价都说明白淑贤具有黑土地文化特色的艺术创造的成功。

每演一出新戏，都是一次新的探索，都走上一个更高的艺术层级。被誉为"龙江剧精品三部曲"的《双锁山》《荒唐宝玉》之外的另一部大戏《木兰传奇》的上演，仍然是白淑贤艺术创新攀登的成功尝试。同《红楼梦》题材一样，常香玉的"河南花木兰"早已享誉天下，龙江剧演来会有什么新意？《木兰传奇》的编导者锐意开掘新意，以花木兰与副帅金勇之间人物关系的发展变化和感情纠葛为主线，从作为女人的花木兰女扮男装，十年军旅生涯的独特经历，不仅写了她的艰苦征战，更写了她的内心困惑和爱情追求。与"河南花木兰"揭示的"谁说女子不如男"的社会性主题不同，"关东花木兰"则以观照人、人性、人生的主题揭示，令当代观众耳目一新。同《荒唐宝玉》的题材处理一样，《木兰传奇》也同样给我们戏剧题材处理以启示，那就是老题材、旧故事，也可以以现代审美意识，从新的角度去开掘它的现代意蕴，同样可以给人以审美感动。在《木兰传奇》中，白淑贤饰演花木兰，行当兼及娃娃生、短打武生、长靠武生。在《婚梦》一场，还穿插了老旦、彩旦的表演。该剧场面恢宏，亦悲亦喜，白淑贤饰演的木兰将军有行当，但不见行当，演得情感真挚，脱俗大气。

在这出戏中，表现花木兰秉笔"书怀"，表达英雄女杰报国之情时，白淑贤双手写反字："得失荣辱身外事，卫国兴邦赤子情。"以及第七场祭奠亡灵时，她情真意切地唱出"老天若有怜人意，把我的金勇送回来。我们从头活，从头爱，生生死死不分开。倘若再有战争起，我们催马扬鞭重登烽火台"时，观众不仅为白淑贤的精湛演技叫好，更被她那感人肺腑的唱段所震撼。

白淑贤的艺术创新，是建立在有明确艺术理想，有整体艺术追求基础上的自觉行为。出于对龙江剧发展追求的激情，几十年中她一直坚持刻苦练功，从无懈怠。这是只有抱着执着理想追求的演员才能做到的事情。正是坚持练功，才使作为艺术创造基础的形体保持最佳状态，才能有道又有艺，物形于心又形于手，以精湛的演技把充满艺术魅力的形象创造出来。白淑贤在几个戏中以书法表现人物，从《双锁山》到《木兰传奇》，我们可以看到她的书法表演技巧不断提高，其中艰辛可想而知。

萌生于黑土地的龙江剧，在黑土地上繁茂成林。黑土地上人们粗犷豪放的性格和沉雄博大的精神气质，积淀了"黑土文化"的风貌。"黑土文化"浸润着龙江剧，龙江剧的一系列优秀剧目和其中鲜明的人物形象，表现了黑土地上人们的精神世界，也体现了当今的时代精神。只有近五十年的历史却发展得如此辉煌，龙江剧和它的优秀剧目，都将成为伟大时代文化创新的纪录。为之做出贡献的白淑贤和为龙江剧发展尽力的所有的人，都应当感到自豪和骄傲。

我相信在戏曲艺术传承面临新的时代课题的大背景下，龙江剧在坚守传统特色基础上，又着意融会创新，一定会在适应当代观众审美取向中不断展现活力。

（原载于《戏曲研究》第76辑，文化艺术出版社2008年版）

阿甲：当代的戏曲艺术大师

今年适逢我国当代著名戏曲导演艺术家、剧作家、戏曲表导演理论奠基人之一阿甲先生诞辰一百周年，由全国政协京昆研究室、文化部艺术司、中国戏剧家协会、中国艺术研究院共同主办的"阿甲先生百年诞辰"纪念活动已经拉开了序幕。

阿甲先生原名符律衡，又名符正、符镇宝，江苏武进县人。自幼喜爱书画和京剧艺术，中学时期开始攻习老生行当。毕业后做过记者和小学教师，曾向各派京剧艺人求教，并参加票房演出，演出过《击鼓骂曹》《四进士》等戏。1938年奔赴延安，考入延安鲁迅艺术文学院美术系进修，后任该院的平剧研究团团长，从此专门从事戏曲表演、编导和研究工作，是当时延安地区的知名演员。1940年加入中国共产党。1942年延安平剧研究院成立，他先后担任延安平剧研究院院务委员会委员兼研究室主任、副院长。新中国成立后，他历任文化部戏曲改进局艺术处研究室主任，中国戏曲研究院研究室主任，中国京剧院总导演、副院长、名誉院长，中国戏剧家协会副主席，文化部艺术委员会委员和振兴京剧指导委员会副主任，中国戏曲导演学会名誉会长，中国戏曲表演学会会长，中国艺术研究院硕士、博士研究生导师，第五、六届全国政协委员。

阿甲先生集编剧、导演、演员于一身，长期投身于艺术实践，积极从事戏曲改革活动，同时致力于戏曲艺术规律的探讨与总结。他曾演出过京剧《松花江上》《钱守常》《坐楼杀惜》《打渔杀家》《三打祝家庄》等剧目；编导了京剧《赤壁之战》《凤凰二乔》《战昆阳》《刘志丹》，昆曲《烂柯山》《三夫人》等；导演了京剧《白毛女》《摘星楼》《金田风雷》《柯山红日》《洪湖赤卫队》《三女抢板》《安源罢工》《望海楼》《斩经堂》《徐策跑城》《清风亭》及昆曲《晴雯》、越剧《小忽雷》等几十出戏。1964年，以他为主改编和导演了京剧现代戏《红灯记》，该剧获得极大成功。阿甲为京剧表现现代生活进行了大胆的尝试，他以独特的艺术创造，将戏曲现代戏的创作推向一个新的历史阶段。

在半个多世纪的漫长岁月里，阿甲先生始终活跃在戏曲舞台的台前幕后，同时一直在思考、探索着戏曲的美学体系和特殊的审美规律，不断地解决实践中所遇到的问题，由于他具备深厚的哲学、美学修养，又有着丰富的艺术实践，从而使得他的理论具有极强的指导作用，逻辑结构独特而严谨，论点鲜明而实用。尤其是针对20世纪50年代中期戏曲界乃至整个戏剧界盲目套用外国戏剧理论指导创作的倾向，他不迷信、不气馁，深入探讨论述了民族戏曲艺术的独特性，系统地阐释了戏曲表演、导演的本质特征，对戏剧界、学术界重视民族戏曲遗产的研究与学习，正确借鉴外来戏剧理论和经验，起到了引导和推动作用。阿甲先生的研究，既重视戏曲艺术传统的继承，又强调它的变革、发展与创新；既强调戏曲的长处和优势，又关注它的短处和局限。因此，他的观点准确而全面，高屋建瓴，有的放矢。特别是他关于表演程式与生活关系的思想和戏曲体验与表现关系的论述，为建立当代戏曲表导演理论体系奠定了基石，为后继者的研究开辟了一条科学的正确道路。他先后出版了《戏曲表演论集》《戏曲表演规律再探》《阿甲戏剧文集》等五部理论著作，给我们留下了宝贵的精神财富，使我们能够站在巨人的肩膀上继续攀登戏曲理论的高峰。从1979年开始，阿甲先生担任中国艺术研究院表导演理论研究方向的硕士研究生导师，1986年又被授予同一专业的博士研究生导师资格，共培养了八名硕士研究生，为中国艺术研究院艺术教育做出了很大贡献。

我们今天纪念阿甲先生，就是要以他为榜样，把继承与发展戏曲艺术的事业进行到底。我们要学习他对党忠诚，将毕生贡献给民族戏曲艺术的执着精神；学习他坚持真理，不懈探索创新的勇气与胆识；学习他谦虚谨慎，脚踏实地，严于律己，宽以待人，德艺双馨的品格。让我们团结一致，为实现胡锦涛总书记提出的"弘扬中华文化，建设中华民族共有精神家园"的伟大目标而努力奋斗。

（原载于《百年之祀——阿甲先生百年诞辰学术研讨会文集》，

文化艺术出版社2008年版）

傅惜华：筚路蓝缕　以启山林

傅惜华先生是一位在中国古典文献与俗文学研究领域中做出卓越贡献的学者，也是一位我国著名的古典戏曲文献和俗文学的藏书家。作为学者，傅先生从20世纪20年代中期起，便投入到对俗文学的研究之中。新中国成立以后，傅惜华先生在中国共产党的领导之下，忘我地努力工作，撰写并出版了多部高质量的学术著作。这些研究成果，奠定了他在学术研究领域里的重要地位；作为藏书家，其碧蕖馆内曾收藏数以万计的珍贵图书，享誉海内外。

傅惜华先生原名傅宝泉，曾用名佩涵，别号碧蕖馆主，1907年农历五月初五出生在北京的一个满族家庭。1924年，他从北京蒙藏专门学校毕业之后，因家庭生活困难，没有能够继续升学深造。后在兄长傅芸子的影响和帮助下，通过刻苦自学，走上了学术研究的道路。新中国成立前，他曾先后在北京、上海、天津等地的报纸副刊和杂志上，发表了大量的学术研究文章。1935年以后，傅惜华先生陆续出版了《北平国剧学会图书馆书目》《缀玉轩藏曲志》《明代版画书籍展览会目录》等著作。其中，《北平国剧学会图书馆书目》是他首部戏曲目录学著作。在这部著作中，傅惜华先生根据戏曲艺术的特点，最早提出了戏曲书籍的分类方法，在学术领域产生了重大影响，也为他以后撰写的一系列戏曲目录学著作奠定了基础。

傅惜华先生不仅是一位学者，也是一位社会活动家，他曾参与发起、组织了多个戏曲民间组织。远在1923年春，傅惜华先生便与兄长傅芸子及作家宗澹云一起，共同发起创办了业余曲社醉韶社。1929年，傅惜华先生又组织了昆曲研究会。这两个组织均以研究曲学、提倡昆曲为宗旨，兼重理论研究与舞台实践。1931年以后，傅惜华先生在余叔岩、梅兰芳、齐如山等组织的北平国剧学会中任编纂部主任，兼任北平戏曲专科学校京剧剧本审查委员会委员、国剧学会图书馆主任、国立北平图书馆戏曲音乐文献展览会筹委会委员，并在国剧学会创办的《国剧画报》《戏剧丛刊》等期刊中担任主编，参与编辑《中国戏剧大辞典》。1933年年底，傅惜华先生与北大教授刘半农以及郑振铎、陆宗达、余上沅、孙楷第、马隅卿、许之衡等社会名流一起，以提倡和保存昆曲弋阳腔为旨趣，共同发起组织了昆弋学会。在成立大会上，傅惜华先生与刘半农、齐如山一起被大家推举为昆弋学会的常务委员。1937年，北平国剧学会改组为北京国剧学会。1938年，他发起组织了昆曲研究会，任会长。1940年，他组织了中国音乐研究会，1941年又组织了京剧研究会。这三个组织均隶属于北京国剧学会，以研究和复兴昆曲、京剧为宗旨，既重视理论学习研究，又重视艺术实践。傅惜华先生发起的这些戏曲民间组织，为弘扬我国的戏曲艺术及民族文化做出了贡献。

鉴于傅惜华先生深厚的学术造诣，他先后被聘为北京大学文学院讲师及中国大学国文系教授，讲授中国戏曲及中国小说史。在授课之暇，傅惜华先生撰写了《中国小说史略补编》《六朝志怪小说之存逸》等，对鲁迅先生撰写的《中国小说史略》作了补充，并对六朝志怪小说进行深入研究，为文学及民俗学者提供了丰富的参考资料。

新中国成立以后，在中国共产党的领导下，人民群众建设社会主义的劳动热情空前高涨。目睹这一切，傅先生这个从旧中国过来的知识分子深受感动。1954年，傅惜华先生经梅兰芳等介绍，到中国戏曲研究院工作。从此，他积极响应党的各项号召，加倍努力工作，出色地完成了多项科研任务。他曾担任中国戏曲研究院研究员、《戏曲研究》编委、中国戏曲学院图书馆馆长、院学术委员会委员等。

可以说，这一时期是傅惜华先生学术研究的鼎盛时期，他撰著、校点编选、编订编纂的著作达十几部，在学术界产生了很大影响。他与杜颖陶合作编校的《中国古典戏曲论著集成》是一部中国历代戏曲论著的总集，涵盖了戏曲编剧、制曲、歌唱、表演、曲目等方面，并涉及戏曲源流的考察，作家、演员传记和掌故、史料等，是当时最为完备的戏曲论著集成。后来的几辈学者在研究中国古典戏曲时，均以这套书作为权威的参考工具书。《中国古典戏曲总录》是傅惜华先生未竟的力作之一，它作为中国戏曲研究院主编的《中国戏曲史资料丛刊》中的一种，专门著录宋、金、元、明、清各朝戏曲家及其作品。就已出版的《元代杂剧全目》《明代杂剧全目》《明代传奇全目》《清代杂剧全目》四编来看，其编辑体例科学，版本著录详尽，藏家著录明确，是戏曲研究者案头必备的工具书。该书出版后几十年来，仍被学术界公认为是一部科学完备的戏曲目录学著作。另外，他撰写的《宝卷总录》《子弟书总目》《北京传统曲艺总录》等，无论是对版本目录学还是对曲艺史学来说，均具有开创性意义。

傅惜华先生的学术成果有目共睹，他的碧蕖馆藏书更是蜚声中外。作为一位藏书大家，他将毕生的精力和财力均倾注在了对中国古籍善本的收藏上。他数十年如一日，节衣缩食，积少成多，集腋成裘，经过几十年的努力，终于使碧蕖馆藏书名扬四海。傅惜华先生搜藏图书的目的不是束之高阁，独家珍赏，更不是囤积居奇，以待升值。他收藏图书是为了学术研究的需要，他在文章及著作中所引用的珍贵资料，大部分均来自他的私人收藏。他从不将自己的藏书秘不示人，而是经常撰文介绍自己新得到的好书，让同人分享他的快乐。非但如此，傅惜华先生还利用自己的藏书来帮助院内外的研究工作，《古本戏曲丛刊》各集影印的剧本中，均有傅惜华先生提供的珍籍善本。此外，傅惜华先生收藏图书还有一个原因，那就是在旧中国动荡的年代，他不忍看着那些展示中华民族悠久文化历史的珍贵图书损毁流失，为抢救这批珍贵图书，他尽量倾其所有，把它们囊入馆中。从这点来说，傅惜华先生也是一位令人钦敬的民族民间文化的保护者。傅惜华先生一生兢兢业业，筚路蓝缕，以基础的文献和目录学的研究及图书的积累贡献后人。

傅惜华先生生前曾表示要将自己的藏书服务于社会，供大家阅读和研究。1965年6月，傅惜华先生曾向中国戏曲研究院图书馆无偿捐赠了地方戏曲剧本等书籍共两千余册。"文革"中，傅惜华先生受到不公正待遇，含冤去世。"文革"结束后，傅惜华先生的子女遵照父亲生前的遗愿，将碧蕖馆全部藏书捐献给中国艺术研究院收藏。

傅惜华先生为我们留下的珍贵艺术遗产是多方面的。我们纪念傅惜华先生，要学习他认认真真、踏踏实实做学问的治学态度，继承他无私奉献于社会的崇高精神，在我国推进社会主义文化大发展、大繁荣的新的历史时期，努力奋斗，为我国文化艺术事业的传承和发展，做出更大的贡献。

（原载于《戏曲研究》第75期，文化艺术出版社2008年版）

由尚长荣京剧"三部曲"所想到的

当今时代，需要代表这个时代最高艺术水平的作品，也需要代表当代最高艺术水平的艺术家，尚长荣先生及其"三部曲"——《曹操与杨修》《贞观盛事》《廉吏于成龙》就是这样的代表。尚长荣先生之所以能取得令人瞩目的成绩，其中既有艺术本身创造的因素，也有改革开放三十年社会变革带来的推动艺术发展的原因。在改革开放三十年的背景下，对尚长荣先生的艺术创造经验进行总结和研究，说明艺术创作与时代的变革是相联系的。

改革开放以来，同样也经历了挫折和困境，但上海京剧院在演出剧目、人才培养等方面都取得了突出成绩。除了尚长荣先生的三部戏之外，还有《狸猫换太子》《盘丝洞》等，也是看了会令人被京剧艺术的魅力深深陶醉的戏。当然，尚长荣先生的"三部曲"是其中的杰出代表。

尚长荣先生的"三部曲"，每一部都是一经推出就得到社会的肯定。究其原因，一方面是改革开放以来，艺术创作环境相对宽松，艺术创作上的行政指令逐渐淡化，保证了艺术创作的良好发展。另一方面，上海京剧院的创作群体，包括编剧、导演、演员、音乐、舞美等，是强强组合。同时，在尚长荣先生身上，京剧传统表演艺术的深厚功力和艺术优势得以充分展现。

现代社会，人们面对的艺术形式是丰富多样的，为此，人们也拥有多样的欣赏选择。当代艺术的发展变化会影响演员的表演，演员自觉不自觉地也会受外部审美取向变化的影响。一般人认为非常精粹的京剧艺术，也有的人认为它比较陈旧，缺乏新意，这些看法影响到表演，于是一些演出中便吸收其他艺术的元素来代替传统的具有优势的京剧表演方式。尚长荣先生不是这样，新的时代环境中，他是在坚持自身优势的前提下对其他艺术学习和借鉴，而不是抛掉自身优势盲目吸纳。尚长荣先生是把最地道、最传统、最有表现力的京剧元素，结合在他特定的戏里面、特定的情境里面，在他表演的人物身上很好地展现出来了。

　　京剧在舞台上以演员的表演为中心，包括舞美、音乐等都应该服从演员的表演，这是京剧表演的基本规律。现在研究《曹操与杨修》《贞观盛事》《廉吏于成龙》这三部戏，研究尚长荣先生的表演艺术，应该思考京剧的基本规律是什么，这些规律今天应怎样得到尊重和更好的阐发。这一问题，其实尚长荣先生已经通过他的创作演出提供了丰富的可供研究的实践。

　　文化的大发展大繁荣，很大程度上是以很多的或者更多的表演艺术家的创作成果和艺术水准来体现的。世界上有些国家的艺术家地位很高，因为他们得到了国家层面的认定。不久前中国艺术研究院和法兰西艺术院进行文化对话，经了解，法兰西艺术院有五十多位院士，其中一些就是艺术家。艺术家的地位一旦在国家层面得到认定，社会上很快就会认同他们，于是也自然提升了他们在世界的影响。就这一方面而言，我国还做得不够。像尚长荣先生这样的高水平艺术家，应该予以高度肯定，系统总结他的表演经验，积极宣传他的艺术价值，这是非常重要的。

　　我国的民族主体性的传统艺术，如京剧等，在当代应该得到更好的继承和弘扬，通过一个新的艺术创作过程，包括多种艺术元素的吸收和美学的变革，达到一个新的层次或者新的高度，进而产生更辉煌的艺术。艺术是发展的，在继承和弘扬的基础上，能否使本民族的传统艺术在当代有新的创造性变化，为世人接受，这是很值得深入研究的课题。现在国家实施舞台精品工程，对促进创作是有一定推动作用的，这一点已经得到了很多人的肯定。需要说明的是，舞台精品工程并不是人们在一般意义上理解的，所谓舞台精品工程就是大投入、大制作、大戏。精品的形式是多样的，有大戏，也有小戏。很多传统小戏流传了数百年，今天仍然演出于当代舞台，同样还是得到观众的欢迎，这不就是精品吗？

　　进行艺术创作，需要更好地分析传统，并在继承传统的基础上根据观众审美取向的变化，进行美学方面的变革。无论是京剧，还是其他剧种，不是只追求大戏，也要有小戏，要有各种形式、各种风格、各种流派的戏。精品，就是经得起时间和观众检验的好作品。在创作新戏的时候，同时应该论证其能不能在观众当中受到欢迎。尚长荣先生的这三个戏无一例外都受到了观众的欢迎，而且是热烈的反响。相反，现在很多戏成本投入比较多，演出比较少，没有取得一定的社会反响，浪费比较大。从这个意义上讲，传统的京剧艺术要在新的时代得到观众的承认，存在一个提炼精品以及能否作为保留剧目经常演出的问题。上海京剧院的这些戏，都能经常演出是很重要的。当然，尚长荣先生的这三部戏不可能每一部戏的每一次演出都是由他担纲来演，这就需要其他一些年轻演员来学这个戏，把他好的表演学会、吃透，并将自己的体悟、心得赋予其中，经常演出。

要创作新的戏，要排新的戏，但是现在就全国来看，一些院团不顾自身的条件，过多创作新剧目，不注意保留剧目的演出，而这些新创作的剧目又不太成熟，造成成本过大，质量不高，观众看到的多数都是半成品。正确的做法是，各个院团根据自身的条件创作或搬演新剧目，别的团的好剧目可以搬演也可以移植改编。不是所有的院团都要去创作新剧目，现在这个局面应该加以调整。

京剧的演出，在今天要强调表演形式的重要性。形式固然要付诸内容，但就戏曲和别的表演形式而言，内容也要付诸形式。好的作品讲究思想性、艺术性、观赏性三者合一，所谓观赏性，主要是通过形式来传达或来体现的。很长一段时间以来，人们在进行戏曲创作的时候，总是过度或过多地强调形式服从内容，把很多戏曲表演的精粹丢掉了。其实就戏曲本身而言，从艺术完整的功能来说，也要体现一个形式美的功能。今天如果不能很充分地认识和强调戏曲形式的价值，那么在保护民族文化遗产的过程中，势必会失去很多东西。弘扬、继承和发展戏曲艺术，需要特别强调形式，要挖掘和继承京剧艺术中的形式美。这样讲并不是追求单纯的形式，而是要讲求思想性、观赏性、艺术性三者统一。

尚长荣先生的"三部曲"，对当代京剧和其他艺术的创作都有很多值得借鉴的经验。尚先生很令人钦佩，他的艺术创作给当代京剧艺术带来了活力。时代需要这样的艺术家，对这样的艺术家要加以充分的肯定。艺术永无止境，我们需要做的就是要好好总结它、发展它。希望这个时代涌现出更多像尚先生这样的艺术家，祝尚先生艺术之树长青，也祝上海京剧院有更好的发展。

（在2008年11月22日尚长荣"三部曲"学术研讨会上的发言；
原载于《戏曲研究》第78辑，文化艺术出版社2009年版）

陶宏的佛像艺术

　　佛像绘画在我国有久远的历史。范晔《后汉书》记载："世传明帝梦见金人，长大，顶有光明，以问群臣，或曰：'西方有神名曰佛，其形长丈六尺而黄金色。'帝于是遣使天竺问佛道法，遂于中国图画形象焉。"《后汉书》是可靠的历史资料，虽然近代以来有的学者认为此书只是把汉明帝求法当作历史传说而非历史事件记录，但也不完全是捕风捉影。另据《魏书·释老志》所记："自洛中构白马寺，盛饰佛图，画迹甚妙，为四方式。"这"画迹甚妙"的佛图，虽然不只是佛像，但肯定也包含了佛像。到魏晋南北朝时期，随着佛教的发展，佛教艺术也大为兴盛。今天我们在很多地方都可以看到历史遗存的佛教壁画，仅敦煌莫高窟壁画就有45000多平方米。据史料记载，中国人画佛像，最早为三国吴人曹不兴，此后从西晋卫协到唐代吴道子、王维等都善画佛像。佛教是外来宗教，佛像的绘制自然也应受外来艺术特别是印度艺术的影响，但至唐代，已基本上演变成表达中国人审美习惯的中国绘画了。

　　中国画从佛教中吸收了不少的思想和艺术的营养。《唐书·王维传》描述王维的画"山水平远，绝迹天机"，他的画和诗都受禅宗思想的影响。中国历史上很多著名画家及至清代四僧，追求的绘画境界都与禅学崇尚的空灵超脱思想相关。佛教传入中国之后，是在与中国传统文化的撞击过程中，经过移植与融合，顺应与同化才发展起来。佛教史上很多高僧倡导儒、释、道的融合，康僧会主张"儒典之格言，即佛教之明训"。东晋南朝的名士把般若学和玄学相结合，就是把佛学和老庄相结合。唐宋都有不少高僧主张三教调和融合，宋代天台僧人智圆，自号"中庸子"，主张儒佛合一，三教同源，提出"以宗儒为本""修身以儒，治心以释"。佛教对中国传统文化的吸纳和融合，使之尽管与儒、道在生死观上有很大的不同，但最终也成为中国文人可以从中寻求精神寄托也可以借之表达思想情怀的载体。中国文人的佛图和佛像画当是如此。因这一题材的绘画与思想精神的紧密联系，作者绘制中的倾心倾情成为一种必然。我们可以看到佛像这一单一题材绘画的万千情态，都表达的是不同作者深入的感情体验的微妙变化。但因为"佛"像这一形象在人们心目中的约定俗成，可以画作"万千情态"，但如果画成"万千形态"，就不大可能被人们认同。所以，佛像绘画的以形写神与形神兼备，就成为画家追求的境界。

青年画家陶宏以独具个性的佛像绘画引人注目。他画的佛像，形神兼具。他画佛像，不是表达对佛供养的虔诚，而是作为无尽的艺术境界去追求。他最初醉心于具象绘画的描摹，以写实的手法，从造型、构图、色调、光影等讲究的表现，达到形真的追求。随着他对佛学研究的深入，开始尝试以超现实主义的方法去表现这一题材，创作出一系列带有超现实主义风格的佛像作品。苏轼的《净因院画记》主张绘画须"合于天造，厌于人意"。所以画家历来注重在"意"上突破。祝允明亦云"绘事不难于写形而难于得意"，并指出绘画不能不知"天地间物物皆有一种生意"。绘画从讲求艺术造型技法的客观形象描摹到塑造艺术形象并借以表达情思，所谓造形写心，既是表现技法提高的过程，更是作者对艺术理解、感悟的深化过程。从陶宏佛像绘画作品的变化，我们可以看到他对佛学及其艺术理解和把握的不断提升。油画与中国画绘制佛像，虽然在形、神的把握上有一致性，但由于工具的不同、技法的不同，画面效果上亦各有千秋。阅读陶宏的作品，可以看出在造型、构图、色调、光影等方面，陶宏具有扎实的功力和优异的画面控制能力。他画的佛像自然，清远不凡，神情含蓄而气度饱满。而我觉得更可贵的是，陶宏绘画中吸收的雕塑艺术的元素，使他的作品看上去很有气度，而中国画和书法元素的借用，使佛像造型线条准确，虚实相宜。陶宏的很多佛像，是佛的头像几乎占据了整个画面，留白处宋元山水在佛像的背后隐隐可见，缥缈淡远的传统山水与佛的恢宏形象虚实相映，更衬出佛像的高大。陶宏是以准确的理解和饱满的情感去表现他的对象，因之法、意有度，情蕴其中。

佛教在中国扎根已逾千年，成为博大精深的中国传统文化的重要组成部分。今天社会物质财富日益丰裕，然而人们对精神的追求并没有因此消减，而是愈加强烈。陶宏选择佛像作为自己的创作题材，不仅是因为他对于佛教艺术的喜爱，还显示着他希冀通过佛像的塑造，让人们在欣赏艺术美的同时，也得到心灵的净化。在我们构建和谐社会的今天，陶宏的佛像艺术会愈加显示出文化上的价值。

2009年5月28日

（原载于《佛国的微笑——陶宏佛像油画集》，

华夏翰林出版社2009年版）

人性与爱的真诚展现

著名油画家李自健的"人性与爱·李自健油画新世纪巡展",即将在中国美术馆拉开帷幕,谨表示热烈的祝贺!

李自健在四十多年的油画创作历程中,一直执着地坚守自己的艺术信念。他以直面人生的创作态度,撷取历史和现实生活中人的生存状态加以表现,不管是悲剧性的、艰难困苦的,还是田园牧歌、静穆平和……没有浮光掠影,每幅作品都倾注着他的心力和情感。李自健以全身心的投入,用画笔营造着他独特的审美追求,表达着深刻的人道主义思想。多年来,他以"人性与爱"为主旨,创作了众多的艺术形象,或以其表现的深刻性使人内心震撼;或以其善良美好情感的传达使人如沐春风;或以其描摹人生的真实使人如在其境。李自健的作品,正是以艺术表现的真实性、深刻性,以人性与爱的呼唤,深深地感动着人们。

今天的世界,是一个艺术观念、艺术流派和艺术表现方式异彩纷呈的时代,人们的审美取向和艺术家们秉持的美学原则都在演变。在这样的背景下,创作的浮躁心态,使得不少艺术家们丢失自我,以追赶新潮为时尚。李自健不去盲目顺应艺术时尚,而是坚持自己的艺术探索,以扎实的写实功力,以真挚感人的艺术形象,去传达人性与爱的永恒主题。

从根本上说,艺术是情感的表现,艺术以情感人。李自健的作品具有深沉的艺术感染力,其中重要的因素就是他把饱满的情感赋予其中。这种情感,来自他对乡土、父老乡亲和祖国的爱。他多年来热心于公益慈善事业,也曾在汶川大地震前后八次入汶川写生,这一切都表现出一位艺术家的仁爱之心。他的感情既是个人的,同时也包含了丰富的社会时代内容。他把这种感情融汇在自己的艺术创作中,融汇在自己塑造的艺术形象中,他的作品以真诚情感的展现而真实、生动。

李自健是一位走向世界的艺术家。十多年来，他的作品在世界上几十个国家巡回展出。今年5月从北京中国美术馆出发，他又开始了自己新作品和代表性作品的全国和世界多国的巡展，我相信，一定会获得圆满成功。同时，一位真正的艺术家要在坚守自身艺术的追求中探索，也要在博采众长的融汇吸收中不断提高，相信李自健会在坚守和创新中取得新成绩。

2010年3月20日

（原载于《文艺生活》2010年第5期）

深邃的思想之光　精湛的艺术表现

——纪念戏剧大师曹禺

话剧作为外来艺术，在中国已经走过了一百多年的辉煌历程，成为我国"民族化"的艺术，它不仅在我国深深扎根，而且取得了丰硕的成果。作为话剧最负盛名的剧作家之一，曹禺先生一生创作完成了《雷雨》《日出》《原野》《北京人》等十多部享誉剧坛的剧作。他1933年创作的话剧《雷雨》，不仅奠定了他在中国话剧史上的地位，而且成为中国话剧艺术走向成熟的标志。曹禺先生的剧作以深邃的思想之光和精湛的艺术表现，把中国话剧艺术推上了新的高度，为话剧艺术谱写了精彩的传世华章。他的作品，不仅提高了中国戏剧文学的水平，而且对导演艺术、表演艺术和舞台美术的发展也产生了极为深刻的影响。

曹禺先生在其漫长的艺术生涯中，为推动中国文学艺术事业的发展和繁荣建立了不朽的功勋。特别是在推动和发展中国话剧艺术事业上，他的卓越贡献更是多方面的：作为剧作家，他的代表作已经成为中国近百年文学艺术的经典；作为戏剧教育家，他为中央戏剧学院的创建，为培养戏剧影视人才，做出了特殊贡献；作为北京人民艺术剧院创建者之一，他与北京人艺的同志们一起，经过几十年的奋斗，把北京人艺建成一个具有中国演剧体系和风格的著名剧院。

今天，我们在这里缅怀曹禺先生的业绩，追忆曹禺先生的足迹，弘扬曹禺先生对戏剧艺术事业毕生挚爱的可贵精神，学习和继承他宝贵的艺术经验和高尚的艺德，对于学习和研究曹禺先生的创作，继承中国话剧优秀传统，推动社会主义文化大发展大繁荣，具有十分重要的意义。我们纪念曹禺先生，要深入回顾总结他在中国话剧发展中的地位和价值，更好地从曹禺先生宝贵的艺术经验中汲取营养，要在前人基础上努力创作人民大众喜爱的具有强烈思想震撼力和艺术感染力的精品力作，努力培养新一代德艺双馨的剧作家；要深入学习他潜心戏剧创作、珍爱戏剧舞台、心系广大观众的敬业精神，勇于探索追求、不断开拓进取的创新精神，以及忘我工作、服务大众的奉献精神。这些都是我们应该继承和发扬的宝贵精神财富。曹禺先生始终关注现实生活，始终保持对所经历的生活的深刻感受和对社会、人生的思考，对所关怀所同情的人物命运的关注以及对艺术规律的不懈探求，这些成为激发他不断创新的动力之源。这种创作态度和精神，仍值得当今从事戏剧创作的人们思考和学习。

目前，我国处于文化建设发展最好时期，戏剧艺术事业呈现发展和繁荣的良好态势，戏剧创作题材丰富，表现形式多样，精品佳作迭出。但是，戏剧艺术事业的发展与人民群众日益增长的精神文化需求相比，仍然存在着差距。当前，全国文化系统都在深入学习贯彻胡锦涛总书记7月23日的重要讲话精神，加强对文化产品创作生产的引领。这就要求我们创造各种条件，营造良好氛围，为优秀的戏剧艺术人才的产生创造良好的环境；要求我们坚持文艺的"二为"方向和"双百"方针，弘扬社会主义核心价值体系，按照"三贴近"的要求，不断推出更多深受群众喜爱，思想性、艺术性、观赏性统一的精品力作，陶冶人的情操，提升人的精神境界，促进人的全面发展。

我们相信，纪念曹禺先生诞辰100周年系列活动一定会取得圆满成功。广大戏剧工作者一定会以曹禺先生为社会、为人民而创作的精神为榜样，并继承他留给人们的宝贵的文化财富，不断开拓进取，勇于创新，为我国戏剧事业和文学艺术事业的繁荣与发展做出新的更大的贡献。

（原载于《中国文化报》2010年11月12日；

《艺术通讯》2010年第10期）

一生为人民的艺术家

——纪念华君武

著名漫画家、美术活动家、新中国美术事业的奠基者和领导者之一，我们尊敬的华君武同志6月13日在京逝世。我们为这位为中国美术事业做出重要贡献的优秀艺术家和领导者的离去深感悲痛。在这里，我谨代表文化部和蔡武部长对华君武同志的逝世表达深切的缅怀之情。今天我们在这里缅怀他，相信他留下来的作品和他的作品闪耀的精神之光会在今后中国美术事业发展中继续发扬光大。

华君武同志年轻时，目睹国家和民族的灾难，奔赴延安投身抗日救亡运动，之后历经解放战争和新中国的社会主义革命和建设，漫画都是他作为一个革命文艺工作者贡献力量于社会的武器。他的漫画以鲜明的社会性、现实性、形象性和独创性，伴随着他一生走过的革命历程留下了鲜明的印记。华君武同志的一生与中国的革命和建设息息相关，华君武同志说过："我的思想意识与对自己的国家和人民的热爱与责任分不开"，他不仅这么说，更是身体力行在这样做。他早年的政治时事漫画，富有战斗性，鲜明的政治观点，坚定的阶级立场，强烈的爱憎和揭示问题的深刻性、准确性，在革命战争中发挥了有力的宣传鼓动作用。如在抗日战争胜利后他创作的《磨好刀再杀》即是经典作品之一。从延安时开创"内部讽刺画"，一直持续到他艺术创作的最后时刻，他以幽默的讽刺画，辛辣地鞭挞了社会上种种丑陋、落后的现象。"华君武漫画"在20世纪五六十年代和80年代，可谓家喻户晓。他的作品幽默、通俗而富有哲理，构思巧妙新颖、内容体裁丰富多样，"华君武漫画"充满民族的睿智、幽默，并成功地以他的作品将这些融入当时大众的社会生活。他追求艺术大众化、民族化，广泛吸纳各种艺术门类的营养，把艺术信念与理想融入创作中，形成把思想形象化了的独特艺术风格。他的漫画作品不仅具有社会所需要的批评精神、讽刺力量，更可贵的是他用幽默蕴含教化，用漫画承担了社会责任。

作为延安文艺座谈会的与会者，华君武同志在创作和社会活动中认真践行着艺术为人民服务、将艺术融入大众生活的崇高追求，并且身体力行地提倡艺术为大众服务。他对基层的美术爱好者真诚相待、耐心帮助，广交朋友。几十年来，他多次把漫画作品展览办到工矿、部队以及农村的田间地头，产生了广泛的社会影响。华君武同志平易近人，为人坦诚热情，20世纪70年代末，他在文化部艺术局担任领导工作，那时我在艺术局戏剧处工作，办公室就在他办公室的斜对门。他的风度、他的工作热情，以及他对"四人帮"危害的疾恶如仇，还有他对老同志对年轻同志的关心，都给我留下深刻印象。90年代，我主持《中国文化报》工作期间，与华老也多有接触，他关心美术工作的执着与热忱，至今令人难忘。

华君武同志是杰出的美术组织工作者和领导者，他忠诚于党的文艺事业，维护大局、淡泊名利，通观全局，有远见卓识，凝聚和团结广大的美术家，努力创造良好的美术创作氛围，为中国美术事业的繁荣发展做出了突出贡献。他对由于时代的局限所造成的错误，不回避、不掩饰，勇于承担自己的责任，真诚道歉，襟怀坦荡，令人钦佩。

在晚年，华君武同志无私地将自己的数千件作品捐赠给国家，由中国美术馆等美术馆收藏，以实际行动支持文化部实施的国家美术作品收藏和捐赠工作，为艺术界和社会树立了无私奉献的典范。

华君武同志虽然离我们远去了，但他卓越的艺术实践、崇高的艺术追求、高尚的精神境界，将随着他留下来的珍贵艺术作品和精神财富流芳百世。

2010年6月28日

（原载于《美术》2010年第8期）

德艺周厚尚小云

今年，是我国著名京剧表演艺术家尚小云先生诞辰110周年。值此，我们纪念尚小云先生在京剧艺术的传承和发展中所做出的杰出贡献，学习和继承他宝贵的艺术经验和高尚的艺德，对于振兴京剧艺术，弘扬民族优秀文化，具有重要的意义。

以京剧为代表的中国戏曲，以其独特的演剧体系，在世界剧坛独树一帜。在京剧发展的历史中，不可胜数的具有独创性的艺术家，形成了京剧艺术群星闪耀的璀璨星空。尚小云先生作为"尚派"艺术创始人和现代中国京剧的一位代表人物，与梅兰芳、程砚秋、荀慧生并称"四大名旦"，他们的艺术创造相互辉映，构成了京剧史上艺术创造成绩最为辉煌的时期之一。尚小云先生德艺周厚，誉满梨园；技艺精湛，流派彰显。他高劲圆亮的唱腔艺术和矫健优美的武功技艺，开创了文武并重、歌舞兼长的"尚派"表演艺术；他加工旧剧，编创新戏，关注普通人特别是妇女的生存状态和人生意义，他的艺术实践体现的思想的进步，具有艺术变革的时代意义；他热爱中国共产党，追求思想进步，以高尚的情怀和品格铸就了"尚派"艺术的内在精神；他心底无私，不遗余力，为京剧艺术培养了大批后继人才；尚小云先生扶危济困，侠肝义胆。为救助危困的同道，为贫困的学生学艺有成，不惜义捐家产，这些都为梨园称道；他不畏艰辛，无怨无悔，扎根西北，为京剧艺术服务人民大众开拓了一片新天地。

"尚派"艺术以其卓越的艺术成就，丰富了京剧表演艺术，彰显了京剧艺术表演的鲜明个性特征，在中国京剧史上竖起了一座艺术丰碑。我们纪念尚小云先生，要深入回顾总结"尚派"艺术在京剧传承发展中的地位和价值，更好地从尚小云先生创造"尚派"艺术的宝贵经验中汲取营养，要在前人的基础上努力创作和演出人民大众喜欢的传世佳作，努力培养技艺精湛、德艺双馨的新一代的京剧领军人物；要认真继承，努力创新，使京剧艺术在今天继续与人们的审美取向相一致，那么，京剧艺术赖以独立存在的本质特征与新的时代精神的融合，就会使其永葆艺术的青春。在京剧艺术继承、创新、发展的进程中，尚小云先生精益求精的敬业精神，勇于探索的创新精神，与时俱进的开拓精神，惜才爱才的无私精神，品格刚正的爱国精神，服务大众的奉献精神，都将是我们继承和发扬的宝贵财富。

一部京剧史，是一部不断传承、不断创新的艺术创造史。历史的经验告诉我们，只有重视京剧艺术表演精粹的传承与弘扬，京剧艺术才能绵延不断；只有重视京剧艺术的创新与发展，京剧艺术才能流传久远。正是一代代杰出的艺术家不断创造超越先辈的成就，才葆有了京剧艺术不断发展的活力。今天，京剧艺术的发展要与当代社会全面、可持续发展的要求相适应，与继承弘扬民族优秀文化遗产的时代要求相适应，与社会主义文化的大发展大繁荣相适应。那么，就要求我们创造各种条件，营造良好氛围，培养和造就新一代的京剧艺术人才；要求我们按照"三并举"的方针不断推出优秀剧目。同时，要加强京剧理论特别是京剧艺术表演体系的研究，并重视对京剧艺术实践进行科学的理论概括，全面推动京剧艺术在当代的科学发展。

（原载于《艺术通讯》2010年第1期）

任率英的艺术创造

时间的消磨，不仅不会使真正有价值的艺术珍品黯然失色，反而是愈见光彩。著名画家任率英以年画、连环画的杰出创造，为我国当代美术营造了一座璀璨斑斓的艺术宝库。从任率英的作品中，我们看到他那一丝不苟的创作态度，看到他那高超神妙的创作技法，看到他那融民族传统审美趣味和新时代审美取向于一体的独特审美把握，这些都融汇为他具有鲜明个性特征的艺术呈现和创作特色。他的绘画，以通俗的画种而见文化品格之高，以小的画种而见艺术天地之大。任率英先生离开我们已有二十余年，但他创造的众多艺术形象仍栩栩如生地活在美术的长廊里，他艺术创造的精粹性更为人们所珍视，他对民族绘画艺术的贡献也更为人们所肯定。

任率英从艺六十余年，主要以工笔白描和工笔重彩创作出五千余张连环画、年画作品，还有其他不少中国画作品。到了晚年，他又以极大的毅力，绘制放大《古百美图》和《八十七神仙卷》并赋色，使中国古代绘画珍品再现工笔重彩神韵。任率英的创作以民族性、大众性和艺术的精妙境界而受到人们广泛的喜爱，真可谓雅俗共赏。他的年画和连环画印数都很高，像年画《百岁挂帅》累计印数达400多万张，他的9种年画作品，一次性印数曾达到1700万张。由此，可见他作品受到人们欢迎的程度。

任率英的作品，大都取材于中国历史故事、古典小说、传统戏曲、古典诗词，也有表现现实生活的题材。无论何种题材，他都十分注意表现人物的思想感情和个性特点。他谈自己的创作经验时，强调绘画要"注意不同的形象和性格特征"，指出"同类型形象，但性格和长相却各不相同"。如他画年画《百岁挂帅》中的十二女将，都画得俊美矫健而又各具个性特征；画连环画《秋江》将陈妙常、潘必正的性格画得活灵活现；画连环画《白蛇传》，他对"白娘子、许仙、小青和法海的个人性格作深刻分析，根据四个主要人物的性格特点刻画头像"。他画年画《嫦娥奔月》、连环画《鲁智深》等，也都是先从研究人物的生活经历、性格特征和在特定环境中的思想感情入手，然后确定人物形象的造型特点及如何表现。他在《琐谈古典人物画的生活经验》一文中说，即便画古典人物画，也最好能到故事发生的地方深入群众，了解地域特点、风俗人情、人物性格及有关传说、古迹等，也要寻找符合故事要求的人物形象和景物，记录下来作为素材，以便与从文学作品、历史记载、资料考据等材料里来的间接生活相结合而进行艺术创造。画历史人物，不但要研究人物的社会身份、思想情感、性格特征，还要研究其生活习惯和周围环境（诸如服饰、发型、用具、陈设和庭院楼阁、花草树木等），使其既符合主题要求，又具有必要的历史真实性。任率英绘画中的一个又一个鲜活生动的人物形象，就是因为贯注了作者源自观察体验而又发乎内在情感和心智的充沛的艺术情思，才使之具有了活泼泼的生命力和鲜明的个性特征。

任率英艺术创造的卓越成果，还得益于他高超神妙的艺术表现技法。任率英工于仕女画、深谙古典的传统技法，尤其是工笔重彩方面的艺术造诣尤令人称道。但不止于此，他的绘画还因为对中国民间绘画和西方绘画的表现方法兼收并蓄，而使人物形象愈加饱满充实，作品愈加洋溢明丽清新气息。看他的年画，翻看他连环画的任何一页，画面结构的讲究，用笔的流畅生动，设色的准确和谐，愈审视愈觉尽臻其妙。挥纤毫之笔，妙墨落素，应手随心，宛若神巧，不由人不叹服。绘画六法之气韵生动、骨法用笔、应物象形、经营位置、传模移写，都见作者匠心。看任率英的作品，给人留下鲜明突出印象的还有他绘画线条的表现力。中国画的线条是创造艺术形象和表达艺术意境的重要手段，任率英具有娴熟、高超的线条运用和线条塑造形象的能力。他的作品线条工细、准确、潇洒、飘逸、遒劲、流畅，形式美感赏心悦目。当然这是有意味的形式。著名美术理论家伍蠡甫谈线条与绘画意境的关系有云："意境的抒发过程，同时也是笔下线条的盘旋、往复、曲折、顿挫以及疏荡、绵密、聚散、交错的过程。线条的每一运动和动向，都紧扣着每刹那间心境的活动。"[①]借用这段话来说明任率英绘画中线条运用的价值，再准确不过了。同时，他在高超线描基础上娴熟运用工笔重彩绘画技法创造的艺术境象又另具一格。先生晚

---

① 伍蠡甫：《中国画论研究》，北京大学出版社1983年版。

年呕心沥血绘制赋色的《古百美图》和《八十七神仙卷》，并非原样摹绘，而是进行了新的艺术创造，画幅增高、扩长，人物形象刻画更为生动，增补树木、花草、动物及环境场所，人、景、物交融呼应，赋色冷暖、深浅有致，浑然天成。著名书画家启功赞《古百美图》曰"观者披图如见宋元妙迹"。任率英绘制赋色的《八十七神仙卷》，也同样堪称今人工笔重彩的经典杰作。

任率英以深厚的功力承续传统，而又勇于探索创新，他和同时代的杰出艺术家共同赋予当代年画新的艺术面貌，并把连环画艺术发展到一个新的高峰。任率英和同道艺术家的创作成就，标志着当代年画、连环画艺术创造所达到的境界，他们的作品超越时代审美取向的变化，仍然可称为今天艺术创造的经典。任率英是其中的佼佼者。他表现的题材和塑造的家喻户晓的人物形象，他的作品展现的民族气概和民族精神，也仍然以强烈的艺术感染力影响着今天的读者、观众。他作品的艺术魅力来自哪里？无疑，首先是精湛的艺术技巧呈现的精美的艺术创造。但他作品洋溢的清新时代气息，画中人物充盈的生命活力，则更多得益于他贯注其中的真挚情感。任率英说，绘画"首先就要热爱生活，爱人民，这是画家的感情问题，有情感艺术才有生命力"。综观任率英的艺术人生，为人民而画，画为人民，是他的宗旨。唯此，他才锲而不舍、始终如一，在把握时代和大众的审美取向中展现自己的才华，以独特的艺术创造贡献于时代和人民。

当今，我们已进入新的社会发展时期，文化形态的多样性和文化产品的丰富性自是今非昔比，在一个文化消费日趋兴盛的时代，人们更是强烈呼唤和渴盼有更多经得起时间消磨、有耐人寻味艺术魅力的经典作品出现。杰作的出现需要有不趋时不趋利的纯粹的艺术家的精心创造。在这样的背景下，我们来看任率英的艺术创造，他的经得起时间考验在今天仍然投射时代新意的创作更令人敬佩。最近在中国美术馆将再一次举办任率英作品展，在欣赏这些精品杰作的同时，我相信很多人会从心底生发对这位当代杰出艺术家的钦敬之情。人们经过时间考验之后的热爱，应当是对艺术家最高的嘉奖。

2011年3月28日

（原载于《中国美术》2011年第3期）

坚守手艺

——王亚雄与传统技艺

日新月异的现代化进程，迅猛发展的现代科技，推动人们的生产方式和生活方式发生着根本性的改变。在喧嚣、趋利的市场经济社会，从农业社会传递而来的传统手工技艺，还有生存的空间吗？它存在的价值在哪里？还会有人以执着坚守的信念和辛苦的劳作去从事这些手艺吗？中国艺术研究院研究员王亚雄以自己不懈的实践，对这些问题作了十分肯定的回答。

王亚雄以手工制作家具、文房用具、茶具酒具和其他陈设器具，并从事学术和书籍装帧等项工作。他曾留学日本多年，归国后居住在现代化的大都市北京，竟能一以贯之、毫不动摇地从事手工技艺创造。在我的印象中，他信念的坚定，对技艺追求的一丝不苟，似乎没有过一丝的游移。为什么坚守？王亚雄告诉我，传统的手工技艺是宝贝，不能在我们这一代丢失。他还说，"日用即道"。这既是他作为手工技艺的传承者所秉持的技艺创造的宗旨，也从生活方式的层面说明了当代社会人们对传统手工技艺产品的生活需要。这样的认识，或许是王亚雄乐此不疲的思想基础吧。

王亚雄的每一件作品，大至家具，小至可握掌心的葫芦砚，都是难得的艺术品。他的作品，其一，是形制创造上构思精妙，品格雅致。同时在制作上不事雕琢，自然质朴，也同样透射出古朴脱俗的品格。从这些作品中，可以看到其中寄寓的传统文人的审美理想，也可以看到现代人崇尚自然之美的一种时尚品位。以传统手工技艺从事生产性创造，做出品格，显出雅致，洗去雕琢的俗气和不陷于粗陋，是我看王亚雄作品的第一印象。其二，是其作品品质的纯真。他的作品的材料，有不少来源于葫芦、灵芝、石头、砖瓦、竹木等等，不管经济价值高低，他都一丝不苟地精选。他的作品有不少是与漆艺结合在一起的，包括漆艺在内的各个生产程序，他都完全使用自然材料，绝不因材料的难得和工序的繁杂而稍有改变。我们看到当代一些传统工艺美术品质量的降低，一方面是制作技艺不到位，另一方面也是因为材料品质的粗劣所致。而王亚雄的作品，从地道的手工技艺和高品质材料两方面的结合，达到了耐人品味的艺术境界。其三，王亚雄的创作追求艺术境界、文化品格和审美理想的显现，但每一件作品又都是生活实用品。传统工艺美术的很多类型，大都是从生活实用品的制作演变而来，从生活实用品到追求审美表现，不少类型发展为单纯的艺术品。在当代，传统工艺美术品的功能，主要分为实用制品和艺术制品两类，生活实用品当然也追求审美表现，但这两种类型追求的主要方向是不同的。王亚雄却是把追求实用与艺术审美融为一体，在他的作品中这两者结合得完美，使人难以评判哪一件是实用品和艺术品。"日用即道"的"道"，非常道，既是要坚持充分体现手工制品"用"的本质特性，又要追求作为手工，同时也是作为精神创造物的文化内涵、情感内涵。王亚雄的作品受到人们的喜爱和行家的肯定，他数十年如一日不变初衷的追求，也是值得年轻的传统手工技艺传承者学习的。特别值得一提的是，王亚雄作为黄苗子先生的学生，其成绩的取得，除了自身的努力，离不开郁风、黄苗子两位艺术家的教诲。郁风先生已经离我们而去，年届九八的黄苗子先生身体尚健，面色红润，思维清晰，言语清朗，仍握笔有力，写出的字仍有鸿朗高畅之风。王亚雄多年在两位老人身旁，耳濡目染，润物无声，得益良多。黄老的书法作品，王亚雄多有刻制；王亚雄制作的砖瓦砚和竹刻上，不少都有黄老的题铭。这些合作的作品，更以独具的品格耐人审视。

现代化进程中的中国，必将以科学发展而崛起，文化建设成为现代化建设的重要组成部分，包括传统手工技艺在内的非物质文化遗产的保护，也成为国家的文化发展战略。当今时代，保护非物质文化遗产，守护人类共同的精神家园，是我们每一个人的责任。王亚雄以对传统手工技艺的坚守，为我们作出了榜样。

（原载于《人民日报》2011年2月13日）

朱乐耕的陶艺创造

  朱乐耕是一位极具艺术才华和创新能力的陶艺家。他不模仿别人，也从不重复自己。他的每一次作品展，都以新的创造令人惊叹不已，正可谓神工独运，穷极造化之功；塑形赋彩，尽揽意象之奇。此次"澄怀观道　抱朴成器——朱乐耕陶艺展"，展出的作品大都是朱乐耕近一年来新创作的作品。他展现在我们面前的是又一个新的艺术世界，不仅让我们看到了一个陶艺家以新奇的构思和灵巧的双手赋予黏土生命意象，使之在烈火中幻化的绚烂艺术之美，也使我们在对其作品的凝视品味之中，感受作者在其艺术创作中蕴含的意旨：心怀澄澈，方悟宇宙万物运行之道；追求本真自然，方能开掘不事雕琢的朴拙之大美。中国传统文化最简洁也最耐人品味的理念，融合在朱乐耕绚烂的当代艺术创作中。内在的朴拙之美，使朱乐耕作品的五彩斑斓毫无浮泛之色，沉静、从容、大气，时代的宏阔气象与时代审美趣味的融合，手工技艺的精湛与瓷彩幻化的天然之美，让朱乐耕的陶艺创作令人陶醉不已。

  展览中首先让人感到震撼的是作者新近创作的红绿彩系列作品。五联巨幅的红绿彩《奔马图》瓷板，金色的原野上奔跑着一群骏马，红绿色为主点缀着些许黄蓝紫色，夸张热烈洋溢勃勃生气。骏马造型虚实结合，物形、气韵兼具，尤其骏马之气势骁勇之状，几不容于瓷板，画迹赋彩，亦恣意挥洒而见方寸。观瓷板《奔马图》，足见作者造诣之深厚，技艺之精湛。红绿彩作为中国陶瓷传统彩绘技法之一，有悠久的历史，尤其在民间陶瓷彩绘上有广泛的使用。朱乐耕曾花大量时间采集研究民间红绿彩绘，对其艺术创造特色与技法运用有深刻的体会。但朱乐耕在吸收运用上不是就其技法与风格照搬模仿，而是吸收融汇，化为新的创造境界。民间陶瓷红绿彩绘基本是运用在器物上，朱乐耕的瓷板画，则主要是运用红绿彩洋洋洒洒地将画面描绘在平面瓷板上，营造出画面的宏阔气势。他彩绘前先用景德镇瓷器彩绘传统工艺的本金敷以底色，在彩绘时又以金石篆刻、印章书法点缀于画面之中，赋予传统的民间彩绘手法以中国文人绘画气息。从瓷板的画面色彩构成上，不同色彩的点、面、线条的交接，既让人看到传统的工艺底蕴，又极具现代绘画的构成意味。我们在朱乐耕的作品里找不到单纯因循传统而显现的陈旧，也找不到片面创新而丢失的淳厚，朱乐耕从传统与当代性的融合中，寻求着自己的作品与当代人审美趣味的一致性。

牛和马是很多雕塑家热衷表现的对象。我们从朱乐耕此次的展览中，也看到他塑造的这两种不同的艺术形象。他用强烈的红绿彩装饰雄强壮硕的牛头、马头，营造出一个充满诗意和梦幻的氛围，以此延展人们想象的空间。摆在展场中与牛头、马头相连接的是二十几头用窑变釉烧成的充满力量感的耕牛，厚实、雄壮，蓄势奋起，带给观众审美和精神的愉悦。牛和马的形象一直是朱乐耕艺术创造离不开的题材，但他从对象在不同情境或瞬间的不同形态入手，塑造了造型、神情、气势不同的艺术形象，又加上赋彩与窑变釉的神奇变化，每一个形象都显示出不同的个性。朱乐耕把这些牛、马的形象的系列作品，赋以"农耕时代"的称谓。马和牛是农业社会中与人们的生产和生活最为密切的动物，它们构成人们最重要的家庭财富和生产力。社会在前进发展，马和牛离人们越来越远了，但人们回首从远古岁月中寻找遗失掉的许多情感和记忆的时候，马和牛会进入人们的视野。朱乐耕说，他赋予创作对象的那些不同的神情、形态、气势，表达了他的怀旧情绪和惆怅的情感。但即使在惆怅的情调中，我们也还是感受到一种雄强的奋起的力量。艺术家惆怅怀旧情绪中滚烫炙热的对于土地和我们的先辈世代生活的家园挚爱的赤子之心，从他的不同形象的这类作品中，我们可以鲜明地感受到。处在城市化、现代化进程中的我们，与艺术家感同身受，或许这也是艺术家的作品使我们感动的原因。

朱乐耕一部分新的作品，尝试探索人的精神和情感世界，以哲学和文化的意味，赋予其作品让人思考的厚度。如他的系列雕塑作品《空》和《颂》，都以素色洁白的人物为表现对象，表达作者呈现的东西方不同的对世界的认识方式。作品《空》里的人物手持莲花，静谧内修，似乎让自己的心绪在一个空灵的、无拘无束的思考中徜徉，以一种内敛的、通过内心世界的修炼方式来获得对宇宙万物的理解和认识。而在《颂》这组雕塑中，聚集的是一群极具表达欲和创作欲的人，他们仰望天空，他们歌颂上帝，他们是热情洋溢于外的西方人。艺术创造不仅要追求形式美感，也须注重内心世界的体验和精神情感的表达，朱乐耕的这类作品的探索尝试，让我们强烈地感受到了其艺术开掘的深度。朱乐耕的另一系列作品《莲》，也是属于同一类的艺术探索作品，白色的莲花、莲蓬、莲叶亭立在白的鹅卵石上，似与系列作品《空》中手持莲花的"人"形成呼应。这类作品不仅以形式的美感吸引观众，还以其文化品格和意境以及带给观众形而上的思考而引人注目。

继承与创新的探索是艺术本体发展的永恒课题。脱离传统的创新与抛弃创新的坚守，都不会使艺术的发展走上充满生命活力的前途。质沿古意，文变今情，艺术家如何在继承与创新中以自己彰显个性的艺术创造，追求与当代人审美趣味的协调，是一个不能回避的问题。朱乐耕既具有深厚传统底蕴又有鲜明现代特色的陶艺创作，为当代艺术家的继承创新提供了宝贵的经验。而这一点，也是他的作品深受观众欢迎的重要原因。

本次"澄怀观道　抱朴成器——朱乐耕陶艺展"，是作者继2010年11月在法国巴黎、2011年2月在德国柏林举办的"新历史语境——朱乐耕陶艺展"之后，举办的又一次大型展览。他的这两次在国外的展览，及此前在北京、上海等地举办的多次展览，都受到国内外观众的热情欢迎。同时，朱乐耕的陶艺作品在韩国、日本等国家的陶艺界和观众中得到高度评价，让人们看到了古老的陶瓷的国度——当代中国陶艺家创作的新的艺术面貌。

相信这次新的展览同样会取得圆满成功。

2011年11月25日

（原载于《光明日报》2011年12月1日）

为老百姓演最好的戏

——在王红丽表演艺术学术研讨会上的发言

今天，我们在中国艺术研究院举办当代戏曲表演艺术家研究系列工程——王红丽表演艺术学术研讨会，戏曲界、文化界著名的前辈理论家、评论家（刘）厚生老师、郭老（汉城）等都来参加，说明大家对王红丽的表演艺术研究的关注，对王红丽创作成绩的肯定。我想，以王红丽作为当代一位戏曲表演艺术家个案进行研究很有意义，因为她以舞台表演艺术的创造和戏曲表演艺术团体的经营管理引人注目。她二十多年的舞台艺术实践及经验，值得我们从理论上加以研究和总结；她的高尚艺德值得学习，她带领民营艺术表演团体在改革中开拓进取的精神值得发扬。

改革开放新时期以来，一批艺术家纷纷创办民营艺术团体为公众演出，但基本上都没有能坚持下来，王红丽创办的小皇后豫剧团不仅坚持下来，而且是一直在走这条路，并使这条路越走越宽。不仅戏曲界和普通观众肯定王红丽同志的成绩，李长春等中央领导同志也对她做出的成绩表示肯定。李长春同志在河南对王红丽同志创办的小皇后豫剧团调研时，要求文艺界学习王红丽同志一心奉献人民群众的艺术精神，学习王红丽的小皇后豫剧团在新时期所采用的符合社会主义市场经济体制要求的灵活的艺术表演团体运行体制、机制。王红丽创办小皇后豫剧团的探索很有启示意义，它说明了在我们这个时代，我们所建立的很多艺术表演团体，不是只有国家所有甚至直接经营这一条路，也不是只有靠事业体制来发展这一条路，还有艺术家自主办团、自主经营、自我发展、自负盈亏、自我约束的民营院团发展这一条路。这条路子王红丽走出来了，为我们提供了一个成功的范例。现在我们国家办的艺术院团有2600多个，目前这些院团正在进行体制、机制方面的改革。除此之外，还要加大力量发展社会办的艺术表演院团，只有这样才能满足人民群众对舞台表演欣赏的需求。现在，全国人均每年能看到的国有艺术院团的演出是非常少的，远远不能适应广大人民群众艺术欣赏的需求。我们必须加快加大推动民营艺术表演团体的创办力度。同时我们还要看到，现有的一些民营艺术表演团体，很少能够像王红丽这样探索出越走越宽、成绩越来越显著的经营之路。从民营艺术表演团体经营方面来说，王红丽和她的小皇后豫剧团的示范、启示的意义是非常重要的，也是非常重大的。

王红丽同志不仅走了一条民营艺术表演团体发展的道路，而且她和她的小皇后豫剧团具有很高的艺术水准，一直坚持"为老百姓演最好的戏"，这是她受到广大观众欢迎的根本所在。不管是什么样的体制、什么样的机制经营剧团，老百姓看戏就是要看好戏，看优秀的演出。这一点，王红丽为观众做到了，她为公众奉献了一流的表演剧目。她的《铡刀下的红梅》，我在没有看之前，就有很多人说这个戏很好，很有必要看。当时我想，一个民营剧团演的戏再好，也不会达到国家级艺术院团的舞台艺术水准。但是看过之后，我真是感到震惊，一个民营艺术表演团体演的《铡刀下的红梅》，可以说在舞台艺术上达到了国家级艺术院团的水准，演出了我们戏曲院团最好的艺术水平。《铡刀下的红梅》这个剧目，编剧、导演、作曲、舞美等各方面，都很讲究，它是一个很完整的艺术整体。其中王红丽的表演最为突出，她对人物内心情感的体验丰富而又准确，通过一系列唱、念、做、打的精彩表演，成功塑造出刘胡兰的舞台形象。她的表演具有鲜明的豫剧剧种艺术个性，同时还有一种自然而质朴的民间性，让观众看了感觉很亲切，这是很了不起的。塑造大家熟知的刘胡兰这个革命英雄人物很难处理，但王红丽演出了有自己表演特色的刘胡兰，并且得到观众的认可和肯定，这说明王红丽艺术造诣是深厚的。我想王红丽和她的小皇后豫剧团能够一直经营下来且不断取得新的发展，就是因为她把具有最好艺术水准的表演奉献给观众，观众从内心喜爱她的表演。很多民营艺术表演院团不能持久地发展，有多种原因，其中一个重要的原因就是艺术表演不能一直保持较高的水准。王红丽突破了这个瓶颈。

王红丽同志有很高尚的艺德，她是把她的心奉献给广大的观众，特别是基层的老百姓。她是全心全意为基层老百姓服务，在一些基层的演出，她是公益性不收费用的，这是很了不起的。小皇后豫剧团作为一个民营艺术表演团体，为了生存，它要经营，要开拓市场，要演糊口戏，但同时它又不只为赚钱而演出，不忘为普及戏曲和为困难的基层特殊群体观众进行公益性演出，把经营与公益结合得非常好。她20年来演了7000场，每年就要演300多场。我们国有艺术表演团体一年能演300多场的不多。王红丽一年能演300多场，我觉得这个是很了不起的。她之所以这么受观众欢迎，之所以在社会上有这么大的影响，是因为她不间断地为观众、为老百姓演出。我们以前的艺术家，演出场次都是很多的，如梅兰芳曾连续演出过172场，所以他能够成为大家，能够自创一派。流派的形成，是艺术家的舞台演出在与观众的现场交流呼应中逐渐形成的。艺术家与观众共同创造了流派。演出少，怎么会产生流派？我们地方戏曲发展的希望，就在王红丽同志这样一批优秀的中青年演员身上。

王红丽是非常值得我们尊重的一位德艺双馨的艺术家，她开拓了一条民营院团发展的道路，她把最好的戏曲艺术奉献给人民群众，她以高尚的艺德引领我们的院团建设。总结王红丽的艺术创造经验，特别是小皇后豫剧团改革发展的道路，还有很重要的一条是党委、政府部门的支持、扶持，王红丽和她的小皇后豫剧团的发展，得益于河南省委、省政府和文化主管部门的指导和艺术经济政策的有力支持。这一条值得专门总结，这一方面的经验值得推广。

最后，我祝愿王红丽同志在今后的艺术道路上不断地探索，小皇后豫剧团持续地发展！

（原载于《艺术评论》2012年第2期）

洋溢清新时代气息的中国画语境

——评田黎明的绘画

　　田黎明是一位勇于进行探索性创新的学者型艺术家。他以具有自觉性的文化思考和别开生面的艺术创造实践，开创出中国水墨人物画的新境界，在中国水墨画的时代变革中迈出了一大步，为探索中国画的时代转型和契合时代审美取向的演进做出了重要的贡献。

　　将生活作为衍生艺术形象的本源，而不仅仅是作为传统艺术形式的点缀，将时代生活的新鲜气息灌注于传统笔墨形式之中，艺术家的奇思妙想才能通过形式幻化为呼之欲出的清新的人物形象。田黎明正是从时代精神的气息中寻找到了人物的灵魂，并以创新的笔墨形式，赋予一个个人物鲜活的生命。将现实生活体验与精神层面的思考融为一体，通过艺术形象的独创性创造一种具有深厚文化内涵的人文境界，是田黎明艺术创作追求的基点，这也可以看作他艺术观的本源。田黎明属于"学院派"画家，他有扎实的中国传统水墨技巧，但他不局限于技术本身，而是着力在技巧蕴含的传统文化内核中挖掘和体味。他十分重视前辈艺术家的学术思想和继承，并把自己的思考赋于其中，在教学和绘画实践中加以凝练和提升。正是在此基础上，融会贯通，他才构建起呈现中国画本体特色、中国画气象内蕴和中国画气格于一体的田氏绘画艺术风貌。他所探索独创的融墨法、连体法、围墨法，系统地延伸和发展了中国画传统没骨法，从他的绘画中，我们可以看到，中国画传统水墨的表现力在今天依然洋溢着蓬勃的生命气息。

　　田黎明画中的阳光、空气、水代表了生命存在三要素，这三者在其画中形成了相互照应和相互依存的构成关系，寄托了田黎明对人与人、人与自然和谐共处的美好希冀。田黎明通过清澈的水、纯净的空气、温柔的阳光和质朴的人物营造的情境，使观者能感受到人与自然的真切融会，品味到自然自由自在的生命力，进而获得一种宁静平和的精神体验。"万物负阴而抱阳"，人生、社会、自然都有其阴阳与虚实，我们从田黎明的画中能够体悟这种阴阳虚实的相生相济，它会唤起我们重新回味在生活的开合聚散中承受生命中不能承受之重与之轻，由此，也会体会到田黎明的艺术方式表达的是乐观进取的人生态度。尤其是处在科技为核心的现代化进程将人与人之间的距离迅速缩短的今天，生活节奏不断加快，每个人都在紧张繁杂中忙碌，忽视了对自己心灵的探寻与反省。田黎明绘画恰好给浮躁焦虑的现代人提供了一个心灵的栖息之地，一个可以获得心灵归属感和亲切感的精神家园。

田黎明之所以成为在中国水墨画继承与时代创新中别开新境的具有标识性的一位艺术家，首先是因为他秉持"立足社会，关注民生"的理念，把当下时代的人作为表现对象，注意观察和捕捉时代的精神气息融入绘画之中，他不去写实地表现生活情境，但时代的清新气息却扑面而来；其次，他敢于强调优秀传统文化观念对当前文化语境的启示性，把对传统文化的真切体悟融入绘画的意境营构，鲜活的画面与人文境界的统一，构成了他绘画的独特品格；同样重要的还有，他从中国传统水墨表现技巧与现代新的审美元素的融合中拓展出个性笔墨语言，使他的作品具有了鲜明的"这一个"的艺术风格与特色，以艺术的独创性而令人瞩目。田黎明的艺术实践，反映了一位当代杰出艺术家立足时代、勇于探索创新的艺术情怀，也充分体现了一位当代艺术家正确的艺术主张和有责任感的社会担当。田黎明的艺术追求和体现时代意义的绘画成就，都是值得我们肯定的。

（原载于《阳光·空气·水》，安徽美术出版社2012年版）

冯其庸：寻源问道终不悔

冯其庸先生是民族学术传统和精神的继承者，他的学术人生投射出中国传统知识分子的自强不息与刚健挺拔。冯其庸先生也是与共和国一起成长的学者，在他的身上我们可以看到鲜明的时代特色。他用朴实的学术研究和深邃的哲学思考，忠实而又爱憎分明地记录了波澜壮阔的文化历史，抒发了壮怀激烈的崇高情怀。

醉心学术

出身贫寒的冯其庸先生，自小就深知人生勤奋耕耘的重要，不论是作为耕牧之童，还是跻身学术之伍，都将勤奋的品格保持了一生。

他兼济文献、文学、红学、书法、摄影、绘画、考古、戏曲等等，远远超出了常人的余限，卓然一代文史书画大家。原因何在？翻开冯先生很多的文集自述，可知他很多著述是夜以继日写成的，有的甚至是在旅途中构思动笔的，他的诗画则多在学术研究的间隙创作。因为与冯先生同处一个单位，我常常去看望他。有一次，冯先生身患"缠腰龙"住院，我走进病房时，他正躺在病床上休息，身体因为病痛不能动弹，可手里依然握着一本书，潜心阅读。如今，已经九十高龄的冯先生，仍然笔耕不辍，新作迭出，重新补充、编校的《瓜饭楼丛稿》（35卷）最近就刚刚由青岛出版社隆重发行。可以说没有刻苦自立的精神，没有坚韧不拔的毅力，没有勤奋追求的品格，要想完成1700万字的《瓜饭楼丛稿》是不可想象的。

冯先生说："昔日之我即今日之我也，昔日之牧童耕夫，今日之学界野马微尘，皆一也。"如果没有如此从容自下、虚怀若谷的情怀和扬鞭奋蹄的精神，何以成为今天的学术大家！

求真问美

　　冯其庸先生学术人生的另一特色是求真问美。冯老从学六十余年，逾一甲子，是什么信仰支撑了他一以贯之、持之以恒的探索精神？

　　1963年，他在故宫文华殿看到《五庆堂重修辽东曹氏宗谱》，一面之缘后便一直记挂于心。后来一个偶然的机缘，他见到了《五庆堂老谱》的抄本，便一路追踪查找，从而得到一大批文献资料，丰富了红学研究的史料基础。为验证曹雪芹的祖籍，他四次前往辽阳，并在河北涞水县张坊镇沈家庵村找到了五庆堂的曹家大坟。他说："真实的史料往往经得起任何细节的验证。"

　　我们浏览冯老的文集常常能感觉到，有一种精神气质跃然纸上，这就是他对真理的热爱，对艺术美的沉醉。通观冯老的成果，其中既有严谨缜密、慷慨激昂的求真文字，也有个性独具、风格鲜明的艺术创作。学术贵在求真，艺术贵在扬善求美，冯老以自己的实践再次彰显了学术与艺术相结合的创造价值。

实证求知

　　冯先生是一位善从实践中求真知的学者。冯老认为做学问不能只在书斋里做，尤其是碰到历史、地理方面的问题时，需要真真切切、切切实实地进行调查，需要一定的实证与还原精神。在研究某种社会思潮或文化思想时，特别需要从一定社会历史条件下，分析其特定的经济关系。他曾以《史记·项羽本纪》为依据，调查其所记载的地名及其地理位置，以增加对古籍的历史把握。他以主要精力把《红楼梦》作为研究对象，典范性地运用马克思主义的唯物史观对《红楼梦》的思想蕴涵做深刻的解释。

　　关于治学读书，冯老也有其独到、精辟的理解。在冯老看来，读书既要分类来读，又要连类来读，分类是通读专史专书，是竖读；连类是读通史、综合史，是横读。"凡书都有其独到之处，也有其不到之处。我们取其独到之处而知其不到之处，取其独到处，则只有所得，知其不到处，则明以谋补也。"冯老真是深得读书的精髓。因此，不论是对《红楼梦》历史的考证和形而上的思想分析，还是对项羽之死的考证，对玄奘东归之路的确定，他都认真地做了历史调查或者实地调查。他说不亲历不放心，走过一遍，心里才踏实。正是这种不迷信典籍，对追寻历史真相充满渴望的精神，才让他从征询曹氏足迹一路走到探访玄奘东归的路上。

"不有艰难，何有圣僧。为学若能终身如此，则去道不远矣！"冯先生心仪玄奘，所以他重走漫漫西域长路。冯先生仰慕徐霞客，所以他遍行东南与西北。冯先生信仰马克思主义，所以他坚持实事求是、服从真理。冯先生跋涉不止的人生经历，令人悟出他的为学之道。

冯先生曾用"沧海横流日，书生意气稠。凭将三寸笔，风雨动神州"来概括施耐庵的生平与创作。我们同样可将此回赠给冯先生，以表达对他奉献学术、追求艺术之美人生的由衷赞美。

（原载于《人民日报》2012年2月23日）

纪念王昆同志从事革命文艺工作70周年座谈会发言

尊敬的王昆老师，各位艺术家、各位朋友，今天我们在这里参加王昆同志从事革命文艺工作七十周年暨王昆声乐艺术的研讨会，我代表文化部，也代表蔡武部长，对这个研讨会的举办表示祝贺。

前不久我们在国家大剧院开了王昆同志师生演唱会，这个演唱会非常成功，当时的场面是非常令人激动的，观众的反应十分热烈，很多国家领导人都出席了这一活动，温家宝总理亲自给王昆同志写来贺信，说明了我们党和国家对王昆同志的肯定，也说明了观众对王昆这样一位著名艺术家的热爱。我当时看到确实心里也是非常感动，我认识王昆同志三十多年了，当然之前很年轻了，那时候对王昆的大名真是从内心非常憧憬的。后来到文化部之后听她的歌，像《白毛女》《南泥湾》等这些歌，演唱中表现出的那种艺术的个性，那种纯粹，一个字一个字的，这个是永远难忘的，值得回味的。

我们知道王昆同志是经过战火考验的，也经过在战争年代精神的洗礼，还经历了"文革"这一个困难时期精神的磨炼，这些对她来说都使她变得更坚强，她七十年来一直坚持的，还是为人民歌唱。我感到王昆同志一直在坚持革命文艺传统，同时她也是不断地进行艺术创新的一位令人尊敬的人民艺术家。

王昆同志有三个方面是值得我们来好好地加以总结的。

第一，她对人民的忠诚。这个艺术家能够成为代表一个时代的、受人尊敬的艺术家，有一个根本的灵魂所在，她对观众、对人民大众是忠诚的，但是这种忠诚不是一个概念，她是通过她的每一场演出、每一首作品的演唱，她对待人民的态度，具体体现出来的。刚才金兆钧同志讲的在墨尔本演唱会上的故事，就从细节处说明了王昆同志对于观众的态度。我们也可以看到有很多对比，从这些对比中就更能够看得出来一位人民艺术家对观众、对人民的这么一种真诚。

有一年我在浙江台州，王昆同志在那个地方参加一个演唱会，当时我了解到，像王昆同志这么有名的一个艺术家参加演唱会，报酬比一些年轻的艺术家低很多，但是王昆老师说：我不在乎报酬，我就是想给大家唱歌。因为她有这么一种真诚，所以她的歌声响了七十年，现在还在唱，如果说不是出于一种对观众、对人民的真诚的话，她的歌声早就停止了。她经过战火的考验、精神的洗礼，在困难时期一直地经受磨炼，她一直在为人民歌唱，这是为什么？就是内心对人民的真诚，这一点我想，作为艺术家来说，这就是灵魂。

第二，王昆同志是一位不断坚持艺术创新的，一直在进行艺术革新的人民的艺术家。刚才有同志讲到，她自身的经历就很典型地说明了这一点，在担任东方歌舞团团长期间，她作为一个艺术家能够跨越一个时代、能够跨越自身，成为真正能够被时间认可的艺术家。很多艺术家在很短的时间之内，不能跨越自我，也根本谈不上跨越一个时代，跨越不了，所以最后都消失了。

王昆同志是从人民大众的土壤中，从中华民族的那种深厚的文化艺术的土壤中成长起来的一个艺术家，她经过战火的磨炼，受到革命文艺传统的这种浸染，她铸造了一种为人民、真正为艺术不断追求的精神，所以在一个新的时代她就想到，我的艺术怎么来适应时代的变化，怎么来适应这个时代的观众的要求？她能够发自内心、自觉地产生对艺术的一种变革的追求，所以东方歌舞团那个时候培养了那么多的学生，还一直在舞台上歌唱。春节的时候我们到四川去，观众还那么欢迎他们。刚才讲到像成方圆，一批青年歌唱家都是她培养的，这些青年歌唱家当时被称为一个群体，这个群体代表了当时中国音乐变革的一种新的气象，这些都源自王昆老师，她是一位不断创新的人民艺术家。王老师作为一个著名的艺术家，随着时代的变化、时代的变革、观众的要求，坚持传统，在这个基础上又不断地融汇创新，这个是很重要的，很值得向王昆同志学习。

第三，王昆的思想境界，她的人品。她有着像大海一样宽阔的胸襟，她不仅对待艺术是这样，她对待她周围的人更平易，刚才很多同志都讲到了。跟王昆同志接触，我感到王昆同志真是一位大姐，就是这样的感觉，她近年来跟我们艺术研究院有很多的交往，是我们艺术研究院的硕士研究生导师，她在声乐艺术研究方面的思考是非常认真的，能够传授给她的学生，传授给那些向她学习的青年学子。王昆同志的学生有很多，她作为艺术家的影响和她的为人等原因，使得学生对她有一种亲近。可以说在艺术研究院，学生对她是非常敬佩的，我也感到她没有一个著名艺术家的架子，她也是领导，但是她没有有些领导的那种迂腐，她充满了对艺术追求的那种青春的活力。我感到她永远年轻，她跟我们接触没有代沟，我看到她跟更年轻的二十几岁的年轻人也没有代沟，这就是一个艺术家的胸襟、思想境界、品格，这些也是值得我们好好学习的，这是我自己跟王昆老师接触的一种感受。

我们今天在这个座谈会上，跟这么一位走过了七十年艺术生涯、85岁的老人坐在一起的时候，我们感到非常骄傲。今年正值我们新中国成立六十周年，王昆老师这样的艺术家是我们新中国的艺术发展和创造的标志，她是从革命战争年代，一直从事革命文艺工作，为新中国的创立做出了贡献的这么一位艺术家，从这个意义上说，今天我们召开这个研讨会的意义我想更是非凡。

我借这个机会，再一次祝王昆老师身体健康、艺术常青，谢谢王昆同志！

（原载于《说王昆·王昆说》，中国电影出版社2012年版）

读方骏山水画

　　《倚江南·方骏中国画展》在中国美术馆与观众见面，这不仅是方骏个人半个多世纪以来艺术成就的一次集中、全面的展示，更重要的是，透过展览，让我们可以从一个侧面看到当代美术家以自己继承与创新的不懈探索，展示的当代中国水墨艺术创新的时代面貌。方骏作为我国当代一位具有代表性的艺术家，他的具有鲜明艺术个性的绘画，反映了当代中国传统水墨转型的新尝试、新进展。这次展览，对于喜爱中国山水画的观众而言，会得到契合当代审美取向的审美愉悦，并可以沿着方骏艺术创作的足迹，探寻方骏艺术创作的全貌。

　　方骏的艺术成就，首先在于他突破传统青绿山水的既有程式，努力创造新境，他把"将青绿山水绚丽的色彩和水墨山水清新的韵致融为一体"，作为艺术探索的追求，以自己特有的笔墨技巧的创造与运用，营造出独特的笔墨气象和意境。近代以来，中国绘画始终在东方与西方、传统与现代的融合与对抗中，探索着一条自己的创新之路。任何一位有成就的艺术家都试图在对这样两个课题的回答中形成自己的面貌与风格。完美的答案绝不是照搬与模仿，而是在传统的坚守与新的审美元素的吸收中创造新境。在方骏的山水画创作中，我们更多看到的是"同自然之妙有"的艺术呈现，他的继承与创新的思考与实验都融汇在画面的和谐呈现之中，我们似乎看不到他纠缠于传统和现代之间的痛苦。他从没有为创新而创新，却能够在自己的创作中展现出不同于前人、不同于他人的面貌。这或许是因为方骏成长生活于江南这样一个有着丰富文化遗存特别是中国山水画传统深厚的地域，他能够将自己的根深深地扎进传统，另一方面，更具个性的是他生性沉稳、不事张扬，几十年来一直坚持将精力与时间放在艺术创作当中，从容不迫地进行着自己的艺术尝试。而在南京艺术学院长期的教学工作，也使得方骏养成了理性思考的习惯。他从文化发展的层面去审视中国画的演进，技近乎道，艺术不应脱离时代的发展，而每一个艺术家的探索都应有超越前人的创造。地域文化的影响、时代审美取向的变化都与方骏的思考和创作实践联结在一起，方骏将艺术实践的突破点选在了青绿山水的当代性上。这使他面临两个方面的挑战：一方面，自文人水墨兴起之后，青绿山水常被认为格调不高而使人们忽视了其艺术价值；另一方面，重墨与重色原本就是中国山水在发展过程中的两种途径，在技术层面比较难以做到二者相得益彰。但方骏偏就在此着力，将水墨与色彩的融合作为当代青绿山水的重要呈现形态，而着力在探索墨与色的融合上下功夫。这促使他深入研究青绿山水与水墨山水的异同，在传统皴擦点染的技法技巧上把握二者的融合。长期的思考总结与不断实践，方骏娴熟地把握了墨与色的相互关系，使色彩与水墨在一个画面中层次清晰而又晕染和谐，墨不碍色，水、墨、色浑然，色与墨相辅相成，在艺术家的创造中幻化出色与墨融合的自然神韵。方骏的绘画也由此而最终形成了自己独特的艺术风格。

方骏山水画的另一个重要特点，在于其突出的形象性。方骏画中的山川湖泊、田野屋宇、舟桥松石，无不是江南固有的景致，似乎哪里见过，仔细思量，却只在画家胸臆，是方骏创造的理想与现实交融的此岸世界。这种真实的效果，一方面源于方骏苦心经营、精心描绘，使得他的画面结构严谨，鲜活灵动，从而使画面产生一种真实的形象感；另一方面，更在于方骏正确处理写生与创作的关系，既不凭空捏造山水景物，也不使画面受制于真山真水的束缚，而是在真实景物的基础上加工提炼，正所谓外师造化、中得心源。方骏十分注意学习吸收艺术前辈特别是金陵画派诸大家对待写生的态度和积累的创造经验，将写生与创作的关系回归到传统当中。他不赞成像摄影器材对真实景物分毫不差的记录，而是一再强调绘画的抽象、提炼，严格区分实景真实与写实性的差别。也正因如此，方骏的山水画充满强烈的传统意味。从写实性与真实性的关系出发，方骏又从另一个层面上将自己的山水画面貌与他人区别开来。

在结构谨严、气势灵动恢宏的大幅山水绘画之外，方骏创作中表现的小桥渔翁、秋田屋舍、山村即景、果蔬花卉，也无不清新又别具情趣，铺陈出多样的人生况味，也将他性情中的文人情怀展露无遗。方骏是将对传统的体味、对时代精神的把握及深厚的文学修养和具有个人特质的文人情怀融入其绘画之中，这使得他的作品处处流露出格调雅致，充满着诗情画意。而其中深厚的文人情怀，又让方骏的作品多了一份耐读耐看的意味。"大肚古瓶绘青花，不插红榴插庄稼。人人都说春光好，秋实何尝不入画。"艺术表现题材开阔，重大事件题材自有厚重的内容，但眼前平凡物象，在真正的艺术家笔下，仍有回味无穷的真意，关键是艺术表现的清新和形式之美的呈现，以及艺术家赋予其中的文化品格。

身处今天的都市，浮躁与匆忙，唯有将心安定，才不至于迷失自我。方骏是一位沉静的艺术家，他几十年如一日潜心于绘画和教学。他人生态度的淡定与艺术追求的执着，都令人感佩。方骏作为一位艺术教育家，他用心教学，培养出不少可堪骄傲的优秀艺术人才。在创作上，他把生于斯长于斯的江南美景移入山水绘画，江南的美景也使他的绘画开创出当代的艺术新境。江南美景让人魂牵梦萦，而方骏创造的山水艺术新境，也使人陶醉其中。

（原载于《中国文化报》2013年3月27日）

一个时代的风骨与精神

——作为画家、诗人、学者、教育家的于希宁先生

编者按：于希宁先生（1913—2007）是中国著名花鸟画大师、美术教育家和美术史论家，今年适逢先生百年诞辰。近日，由文化部与山东省人民政府主办的"三魂一心——于希宁诞辰一百周年艺术展"在北京举办。中国艺术研究院院长王文章欣然为展览举行之际推出的《于希宁艺术研究合集》作序。本文选编自该序。

于希宁先生是我国当代卓越的美术家和美术教育家，是具有诗、书、画、印、美术史论全面修养的学者型艺术家，这在当代中国画界是不多见的。

于希宁先生出生于齐鲁文化昌达的潍县，在丰厚的中国传统文化熏陶中成长。中国文化的沃土滋养了他温文尔雅的君子人格、广收博取的宽广胸怀，以及"凭恃国魂怡笔墨，画魂深处寓人魂"的艺术思想，孕育了他坚韧、锲而不舍、倔强自强的性格品质。于老具有博古通今的文化素养，一草一木，一花一树，在于老笔下都成了人格情怀的外化与表露。高尚的精神情操、精湛的绘画技巧和浓郁的文化积淀，使其作品具有了鲜活的生命力和强烈的感染力，这直接体现了于希宁先生的艺术成就，也表征了一个时代的风骨与精神。

熔铸百家出新路

凭借多年的勤奋、刻苦，于希宁先生成为一位博学多能的学者型艺术家。就绘画而言，他也是多面手，始学绘事即遍师诸家，悉心摹写历代名画，无论花鸟、走兽、山水、人物诸种技艺，在青年时都已全面掌握。后着意专攻

花卉，从唐宋经典名作到恽南田、华新罗及陈白阳、徐青藤，皆下过刻苦功夫钻研。在上海求学时，更得黄宾虹、潘天寿、诸闻韵、俞剑华等诸名师指点，为其日后发展奠定坚实基础。他承续前辈大家的创造精神，熔铸百家之长，走出了一条书画相参、诗文相映，具有深厚传统文化底蕴的绘画道路。

于希宁先生的作品，传统功力深厚，于苍劲之中见秀逸，于疏朗之中见典雅，笔墨精到而内涵丰富。其所绘凌霄、紫藤，笔走龙蛇，声势夺人。而牡丹、芍药则有临风含露之致。他笔下的瓜果蔬菜，鲜嫩欲滴，生活气息尤为浓郁。特别是他的梅花，往往整株梅树参天拔地、气势雄浑，笔墨立意不同凡响。其行笔运墨，干湿浓淡、刚柔相济，抑扬顿挫，虚实相间成趣。他曾有专著《论画梅》于1989年出版，书中详述画梅之发展历程、历代画梅名家及作品，进而系统梳理总结画梅技法。其间对梅花精神气质的解读，对画面意境的阐发均别具新意。

画魂人魂扬国魂

于老的书法，自幼即受父辈熏陶，喜爱临池，未尝一日稍有懈怠。他曾学王右军、颜真卿、黄山谷等，运笔工稳圆浑，笔势开张，点画飞动，雄伟峭逸，深得《瘗鹤铭》《松风阁》之风神。他又将书法行笔飘逸洒脱、遒劲有力、清刚跌宕之势融入绘画中，所写老枝铁柯，枯藤芳草，使转有力。其笔墨运动中的丰富而微妙的表现力，正是得力于他对行草、篆籀的多年体悟。书法的造诣及引书入画的实践，表明了先生对笔墨文化内涵和艺术表现语言有独到的理解，这是他对中国艺术气韵生动的深刻诠释。

作为一个画家，于希宁先生很看重诗，他的诗常常是绘画的必要补充——"在这方面我从寻益到受益，从立意到创意，丰富心灵，迁想妙得，从突破前线思路到突破自己思路，诗对我恩惠特多"，他如是解释。诗是人生之必需，故时常吟哦，并于历下结诗社以会友，影响了一批年轻的诗词爱好者，为弘扬中国文化做出努力。《于希宁诗草》汇集的三百多首诗，包括题画诗、游记诗等，多以独特的眼光观察景物，以诗人的情怀吟咏成章。他以诗词题画，抒情写意，寄怀言志，诗与画获得了完美的统一。

在篆刻方面，先生早年之学篆，得力于乡贤陈介祺之《十钟山房印举》，又深得吴昌硕弟子诸乐三的真传。求学期间选取昌化、青田、寿山等石五百余方，日夜操刀孜孜不倦，对秦代古玺、汉官私印作过广泛研究。所治之印，刀法纯熟，古朴大方，直追秦汉，曾得到诸多印学大家的肯定。于老曾先后为黄宾虹、李可染、吴作人、叶浅予、黄永玉等大家治印，《于希宁手拓黄宾虹藏秦汉印拾遗》是于老亲手拓得宾虹先生所藏秦汉印58方，成为印学界研习篆刻及探讨古文字的重要资料。

作为一个学者，不仅要具备为人称道的创造精神和专业技能，还要有垂范社会的思想和精神。先生律己以严，待人以宽，既重视画内功夫，又重视画外修养，认为人品居画品之上。他把中华民族的文化精神、大千造化的神奇灵秀以及画家的精神意念融会一体，即"才德勤修养，三魂共一心"，让画之魂、人之魂、国之魂一体化，让艺术作品成为塑造、弘扬具有中华民族精神气质之美的载体。他的梅花老枝纷披，生意盎然，具有一股昂扬不坠的力量，是他体会的民族气质的集中呈现，也是一个学者型画家风范、骨气、意趣以及个性禀赋的图像化表达。

闳约深美育桃李

于希宁先生于画史、画理、画论方面亦深有研究。1955年至1958年他跟随俞剑华先生研习中国美术史，从传统文化中汲取营养。他考察了鲁豫晋陕甘诸省，对石窟、雕塑、建筑、石刻、壁画做过深入研究，撰写出《北魏石窟浮雕拓片艺术》《敦煌考察报告》《永乐宫混成殿元代壁画考察报告》《殷周青铜花纹沿革初探》等专业论著，为新中国的画学研究提供了珍贵资料。1977年到2007年三十年间，于希宁先生不辞辛劳在大陆各地及台湾、香港，以至日本、新加坡、加拿大、美国等地举办画展和讲学，先后撰写了《论画梅》《于希宁诗草》《手拓黄宾虹藏秦钵汉印选》《于希宁论艺术》等多种著作，还有《从中国画的用笔谈起》《构图中的辩证法》等十几篇专业论文，以及《于希宁画集》《写意画花》《牡丹画谱》《于希宁画辑》《于希宁画选》等几十部教学画册和大型专业画集，在教学、研究和艺术创作上做了许多有益的事。

1936年至1949年间，于希宁先生曾任教于上海奇峰国画函授学校、山东大学农学院等。1950年开始，历任山东师范学院艺术系副教授、主任，山东艺术专科学校副教授、副校长，山东省艺术学校校长，山东艺术学院教授、副院长、名誉院长等，教书育人是其人生的重要组成部分。先生秉承师训，七十年如一日，废寝忘食，诲人不倦，投身于艺术教育事业。正如先生自己所说："艺苑耕耘几十春，喜见桃李已芳芬；回首往事浑如昨，两鬓秋霜仍修勤。"于希宁先生将"闳、约、深、美"提升为教育思想和教学方法，博采众长为"闳"，学志精专为"约"，钻研提高为"深"，心志高远为"美"，以之作为培养艺术人才的教学原则和方法。于希宁先生以过人的襟怀、过人的学识、过人的技能，在艺术教育领域辛勤耕耘，培养了大批优秀的美术人才，桃李满天下，为祖国的文化艺术事业做出了卓越贡献。

（原载于《中国教育报》2013年4月4日；《百年希宁——于希宁艺术研究文丛》（全6卷），山东美术出版社2013年版）

艺海扬帆　急流勇进

——访著名京剧演员刘秀荣

中国京剧院三团重新整理改编演出的王（瑶卿）派名剧《十三妹》，参加了文化部直属院、团1980年新剧（节）目的观摩评比演出，受到了广大观众，特别是青年观众的喜爱。观众为饰演十三妹的刘秀荣精湛细腻的表演，声情并茂的唱、念，洒脱利落的做、打所折服。但是，刘秀荣的表演引起观众的注目，并不是从这里开始的。当她还是中国戏曲学校的学生时，主演的《白蛇传》参加1952年全国第一届戏曲观摩演出，就荣获了表演艺术奖。1959年，她参加维也纳第七届世界青年联欢节，主演《春郊试马》荣获金质奖章。1963年，她主演的《穆桂英大战洪州》拍成戏曲艺术片，在全国公映。刘秀荣还先后到亚洲、欧洲、澳洲几十个国家访问演出，受到各国观众的热情欢迎。但在"文化大革命"中，江青亲自批示把她打成"现行反革命"，她被迫离开京剧舞台将近十年。粉碎"四人帮"后，她焕发了艺术青春，除在北京和河北、河南、天津等地演出外，还去朝鲜、日本、加拿大、美国和中国港澳地区访问演出，被香港《文汇报》赞誉为"文武全才　旦角好手"。她在恢复演出的《白蛇传》《拾玉镯》《香罗帕》《十三妹》等剧目中的表演，唱、念、做、打功夫不仅保持着十多年前的优美风韵，而且表演更臻于完美。她继承传统，博采众长，青衣、刀马、花旦、武旦都擅演，应用表演程式而又大胆创造，因而形成了自己的风格。

最近，我们访问了刘秀荣同志，她住在龙潭湖附近一座居民楼里，当我们来到门前时，她和她的爱人、素以"多才小生"著称的演员张春孝同志一同出来迎接，热情地把我们迎进室内。

刘秀荣和张春孝是一对亲密的京剧伴侣。他们从事京剧舞台艺术都已有三十多年。1947年，两人同在北京四维剧校学戏；1950年，又一同转入中国戏曲学校。当我们知道他俩不仅是同学，而且是同年同月生，在几十出夫妻戏里大都是这一对恩爱夫妻同演时，说："怪不得人家说你们俩是台上比翼鸟，台下连理枝呢，真是'台上恋爱，台下结婚'啊！"

一阵欢快的笑声之后，刘秀荣告诉我们，他们在中国戏曲学校学习的时候，党和政府派了著名的戏曲专家王瑶卿、肖长华、郝寿臣、尚和玉等手把手地向他们传授多年积累的丰富经验。梅兰芳、叶盛兰、韩世昌、言慧珠等艺术家也来给他们说戏、教戏。她在戏校学了几十出旦角戏，都得到名师的亲传。而使她受益最多的是戏曲老教育家、号称"通天教主"的王瑶卿对她的精心培育。那时，刘秀荣身材十分单薄，有的人认为她不适合演戏。可是，有一天吃饭的时候，她正蹲在院子里端着碗吃面条，恰巧当时任校长的王瑶卿从这儿过，对着刘秀荣打量了半天，说："看这小丫头两只大眼多有神，学戏一定有出息。"王校长认准了这棵苗子，从那以后，他让刘秀荣每天上午都到他家学戏。当时，王校长的家是京剧界各个流派聚会交流的艺术圣堂，这给年轻的刘秀荣提供了一个开阔眼界、增长学识的课堂。她不仅亲眼看到王瑶卿为别人说戏、编戏、编腔、排戏，还作为最后一代入室的弟子，受到这位名师的亲自指教。开始先学武戏，打下基础后再学文戏。花旦戏《拾玉镯》《豆汁记》，青衣戏《玉堂春》《孔雀东南飞》，刀马戏《十三妹》等都是跟他学的。而且还学彩旦、小花脸，演媒婆、武大郎等角色。由于进行了全面的基本功训练，戏路宽，功夫扎实，既有唱、念、做、打等技术方面的雄厚基本功，又有文、武、昆、乱等各种戏路的舞台经验，所以后来刘秀荣的表演不仅比较全面地继承了京剧旦角的表演艺术，而且能吸收武生、花脸等其他行当的某些长处丰富自己，水乳交融地融入到她的演技之中。她深有感触地说："当时我这么一个小姑娘，演彩旦、小花脸，真觉得寒碜，不好意思。现在，才真正体会到老师用心的良苦了！"刘秀荣每天上午都到王老先生家学戏，整整三年。这三年中，她不仅学到了很多精湛的技艺，学到了老一辈艺术家对待艺术的精诚之心，而且还学到了老艺术家的创造精神。王瑶卿虽然对京剧艺术造诣精深，但不保守，他为《白蛇传》《柳荫记》设计的唱腔，在三十年后的今天听来仍无陈旧之感，他常说："戏要跟着时代走。"刘秀荣从这里领悟到：演员只有把自己的艺术创作同不断发展着的时代结合起来，才能为京剧舞台增添异彩，在京剧表演艺术形式上做出富有新意的突破。

我们谈到了她最近主演的《十三妹》。这出戏的演出，以它大胆的创新吸引了很多青年观众。《十三妹》是张春孝同志根据王瑶卿编演的《十三妹》重新整理改编的。王瑶卿编演的《十三妹》适应自己的演出条件，戏中念白很多，而唱腔很少，主要是通过念白刻画出十三妹爽朗直率、天真灵敏的个性。剧中十三妹给张玉凤、安骥提亲时，十三妹有一大段独白，王瑶卿在演出时，是以京白的语气念出来的。由于"京白"在发声的轻重高低、抑扬顿挫的气口上，比韵白更不受拘束，因而听起来生活气息浓厚。刘秀荣完全实践了王老先生为京剧旦行在念功上开辟的这条新的途径，并且在别的台词念白上又有新的发展，听起来更像一位少女的口气，因而更符合人物身份。并且她咬字劲、吐字清，字音准确，节奏分明，转折跌宕，能把每个字都送入观众耳内。首先"听得懂"，这是吸引青年观众的重要原因。改编本根据刘秀荣唱、念兼长的特点，设计了很多大段的唱词，由原本的以念白见长的戏变成了唱、念、做、打的重头戏。改编本在原本的开头增加了两场戏，用舞台形象说明十三妹的身世，使戏更完整；并且突出了十三妹见义勇为、为父报仇的主线，使矛盾线索更集中。刘秀荣在演出中戏路变化较大，但她并不因为年龄大了而减戏，而是演得声情并茂，人物个性鲜明，开打得心应手，绰有余力。为了表现十三妹的侠勇，她在表演上突破行当界限，吸收了一些短打武生的动作，如夺刀时轻轻一抬腿，用脚尖挑刀在手，干净利落。特别令人瞩目的是在"能仁寺"一场中，十三妹与众歹徒对打时，先是刀来枪去，令人目不暇给。接着，突然演员的动作全都放慢了，采用了类似电影"慢镜头"的处理，动作看似"慢"，给人的感觉则是紧张激烈。这段设计绝妙的开打，较好地渲染了紧张的舞台气氛。这些武打的设计，不是脱离剧情去打程式，而是表现出了十三妹这个"侠女"的性格，因此给人以统一而又新颖的感觉。

"京剧是通过一套程式化的表演方法真实地反映生活的。程式虽是京剧的特点，但并不意味着表演的死板。演员是用程式表现人物，不是扮上个人物去表演程式。演员要熟练地掌握程式，要把它作为通过认识生活进行创造的手段。"听着她这些关于创造人物的经验之谈，我们自然地想到了她在《穆桂英大战洪州》中巧妙地运用各种戏曲程式，调动一切手段塑造的有血有肉、性格鲜明的巾帼英雄穆桂英。她的表演声情并茂、情在声先，唱腔既刚劲有力又低回婉转；念白清脆利落，字正腔圆；武打的设计是从表现人物关系出发的，一招一式、一举一动都力求符合穆桂英的人物身份、感情和性格。她的水袖功夫不但节奏鲜明、姿态优美，而且紧密结合唱、白内容，耍弄翎子恰到好处，运用翎梢的旋舞震颤，表达了用一般手势所不能表达的感情，使观众鲜明强烈地感受到穆桂英那兴奋、痛苦、愤怒和决断的思想感情。最使人感到出色的是刘秀荣眼神的运用。所谓"眼神是心中之苗""上台全凭眼，用法心中生"。凡是穆桂英的喜、怒、忧、思、悲、恐、惊诸般神态，刘秀荣都能运用眼神传达出来，也就显得她脸上、身上更有戏。刘秀荣不仅能用眼神揭示人物内心的奥秘，而且在舞蹈身段配合运用时，显示出谐和统一的艺术感染力。比如当杨宗保违令出战而又不肯认错时，穆桂英忍无可忍，举起刑签，脱口唱出："将你先行责打……"可是下面却说不下去了。这时，她用犹豫、焦灼和不安的眼神左右瞥顾，似欲寻求别人帮她做出决定，那眼神和嘴角紧张的微搐，以及手中刑签的抖动，鲜明地表现了她内心"打，还是不打"的激烈斗争。最后，狠着心肠唱出："——四十棍！"这时，她先是抿紧嘴唇，接着左手用水袖倏地一掩脸，右手用力掷下刑签。这段表演唱做逼真，很好地运用眼神、水袖、刑签揭示了角色的内在感情。

刘秀荣从事京剧舞台艺术三十多年来，曾演出过大小100多个剧目，塑造了几十个很有光彩的人物形象。她曾在一篇文章里道出了自己的"成功秘诀"："艺海浩瀚，而勤奋，就是一艘帆船，它将载着勇于奋斗、努力探索的人，驶向胜利的彼岸。"几十年来，她全身心地投入京剧艺术，迷在里边，钻在里边，始终不懈。十来岁的时候，就在家中用被单当水袖偷偷学戏。上戏校时，不管三伏炎夏，还是数九隆冬，都是提前一个半小时起床练功吊嗓，从不间断。就连她身处逆境的十年动乱时期，也是坚持练功。那时江青一句话就把她打成反革命，送到干校里监督劳动。繁重劳累的劳动之余，她抓紧时间练嗓练功，结果又被斗一场，说她"贼心不死"。但她想起第一届全国戏曲汇演时，周总理看了她演出的《白蛇传》后非常高兴，合影的时候，周总理亲切而又风趣地招呼她："来，小白蛇，坐到我这里来。"自己奔过去，紧挨着总理，就像依偎在慈父身旁的情景，心里闪起希望的火花，更坚定了将来要为人民演出的决心。明着不让练，就在每天下工的时候，忍着劳累，悄悄地骑自行车跑到五六里外一片树林里去练功、练嗓。那时，张春孝同志和周围的同志给了她坚决的支持，给她打好饭、煎好药，让她腾出更多一点的时间去练功。刘秀荣同志感触很深地说："台上三分钟，台下三年功，没有台下的费劲，就没有台上的不费劲。我的恩师王瑶卿老先生有一句话：'要成角儿，不能当好角儿。'就是说能不能成为一个好角儿，要靠艺术上勤学苦练，不是人家让你当的。我一直用这句话勉励自己。"看过她演出的一些观众，评价她在粉碎"四人帮"后的演出"功夫不减当年"。要知道，这里边刘秀荣同志是付出了多少汗水和心血啊！

刘秀荣同志认为，勤学苦练也有个方法问题。勤学要博采众长，兼收并蓄，才能厚积薄发。艺术手段要靠长期积累，要做艺术上的有心人。苦练，不光练嗓子、练功夫，还要动脑子，"艺中有技，技不同艺"，不要依样画葫芦，要在理解人物和具体深刻的体验上下功夫。刘秀荣同志学习的对象不分行当、角色、长幼，不论对电影、电视剧、舞蹈、小说、曲艺她都有兴趣，从中吸取营养来丰富自己的创造，把一些长处融入到自己的表演艺术中。前面提到的《十三妹》中"能仁寺"一场的武打处理，就是受电影特技镜头启发而设计的。

刘秀荣同志今年已是46岁了。她虽已是中年，但仍然扮相优美，身段灵活。我们最近看她演出的《十三妹》和《拾玉镯》，在前者中的武打动作勇猛敏捷、刚柔相济，在后者中的做工又那么细腻逼真，把个孙玉姣的少女形象演得惟妙惟肖，活泼可爱。我们祝愿她在现在的基础上继续博采众长、融会贯通，形成自己更鲜明的风格。刘秀荣同志想得更远，她谦虚地说：自己的艺术造诣离人民和时代的要求还有很大差距，但一定不辜负大家的期望，一方面自己继续努力攀登艺术高峰，另一方面抽出时间和精力搞好传、帮、带，做好培养青年演员的工作，决心为党的文艺事业做出更大的贡献。（本文与李庆成同志合作，并由本人执笔）

（原载于《长江戏剧》1981年第3期；《戏曲艺术评论集》，
中国戏剧出版社2013年版）

白先勇与青春版《牡丹亭》

"白先勇的文学与文化实践暨两岸艺文合作学术研讨会"在京召开。中国社会科学院文学研究所在台湾文学研究方面人才辈出，成果显著，相信通过这次研讨活动，肯定能够推动中国文学界对白先勇先生更深入的研究，推动进一步加深对台湾文学的理解。

白先勇先生以文学和艺术创作享誉海内外。他以众多优秀的文学作品写出了其父辈一代在台湾的生活以及台湾的世相，他积极实践现代派的创作手法，开启了文学新风尚。白先勇先生还与其同人们创办了《现代文学》杂志，介绍西方现代派文学，开启了新的文学范式，推动形成新的作家群。白先勇先生的文学创作，以语言叙述方式的探索令人瞩目，更以真实的描写定格了一个时代特定人群的生存状态，他的文学创作影响是深远的。

就我个人与白先勇先生的接触而言，尤其他在推动昆曲艺术的当代继承与舞台创新方面作出的努力，令人钦敬。2004年，白先勇先生亲手改编整理戏曲文学经典《牡丹亭》，他把剧本送我的时候，也满怀激情地谈了要以"青春版"的形态重新把剧作搬上舞台。近三十多年来，我看过不少不同整理本的《牡丹亭》舞台演出，它们都以整理者不同的着眼点诠释着这部经典，虽然大都抓住了柳杜爱情及其对封建礼教虚伪腐朽的揭露，但汤显祖原著丰厚的社会内容流失了，筋骨在而血肉薄。当时听了白先勇先生的"畅想"，也被他感染，但到底会是一个什么样子的舞台呈现？在不确定的疑问中等到了青春版《牡丹亭》的上演。它的首演即引起震撼，并一直产生着持续而热烈的反响。这么多年来，还不曾有一部像青春版《牡丹亭》这样整理的古典戏曲得到这么大的成功，它在台湾、大陆和世界巡演，都得到中外观众的热烈欢迎。我曾先后看过六场该剧的演出，不仅是为杜丽娘"生者可以死，死可以生"惊心动魄，也为青春版《牡丹亭》虽经取舍，但却完整而又充分地表现了汤显祖赋予该剧的丰厚内涵的巧妙处理而折服。我觉得青春版《牡丹亭》的演出有三个方面的重要意义：

一是，尊重原著，力争把原著的整体蕴涵全面展现出来。《牡丹亭》这一类的经典作品，既是作者独特性创作的成果，也是人类智慧的结晶，其思想启示的意义与社会、人生认识的意义，只有"历史性"地展现，才会更具有今天的价值。那种从概念性的观念出发，为服务于某种主题而对经典进行取舍的现代化改编是要不得的，那只会概念化地演绎人物关系，使经典无尽的丰厚内涵狭窄化和浅薄化。青春版《牡丹亭》在改编的取舍上小心翼翼，有删减调整，但仍然是"浅深、浓淡、雅俗"独得三昧，无境不新，却对筋骨、血肉纤毫无伤。

二是，在舞台表演上，全盘继承昆曲的表演精粹。该剧大胆起用了沈丰英、俞玖林两位青年主演。年轻演员有朝气，会更好地表现原作的情境，但缺陷是表演技能有所欠缺。白先勇请来王世瑜、张继青两位名满昆曲舞台久负盛名的表演艺术家，从基本功到剧中人物表演的一招一式开始，向两位青年主演传授表演技艺。教得严格、学得认真，传统表演技艺的传承也在青春版《牡丹亭》的排演中完成了。今天我们看沈、俞两位青年演员的表演，唱做沉稳，舒缓有致，情绪饱满，情动于中而形于外，演出百场，纯熟的表演已进入忘我之境。他们的表演是以厚实的传统表演技艺为功底，昆曲的韵味和青年演员无形中赋予表演的符合时代审美取向的新元素，也使青春版《牡丹亭》真正具有了青春的气息和活力。该剧在各个大学的演出气氛热烈自不待言，在剧场的演出也同样吸引了那么多年轻人观看，剧本整理的把握、青年演员担纲以及舞美等的革新都是产生艺术魅力的综合因素。该剧的排演模式，为作为非物质文化遗产的昆曲的当代传承提供了重要的借鉴。

三是，该剧由著名作家白先勇先生策划，白先勇先生本身即具有"品牌"的意义，两岸三地的诸多专家、艺术家共同参与，由苏州昆剧院作为主体进行演出，这种机制是灵活和有效力的。同时，白先勇先生亲自参与该剧的宣传和出面争取社会资金的支持，民间资金的投入，保证了该剧在国内外演出的持续进行。我深知此中有很多的艰难，但以白先勇先生的坚忍，使青春版《牡丹亭》的演出越来越有影响，使中华民族值得骄傲的民族传统表演艺术形式昆曲更放异彩。在推动中华民族非物质文化遗产的传承和戏曲经典的继承创新上，白先勇先生是一个榜样。

（原载于《中国文化报》2013年1月9日）

超越时代　追求个性

——姜宝林先生绘画印象

几次观看姜宝林先生绘画展，那展现在眼前的体现深厚传统笔墨功底而又充盈创新元素的山水，守成法而不拘于成法、洋溢生命气息的大写意花卉，特别是以鲜明的形式构成、展现出强烈现代性的白描现代山水，以及那诸多题材系列中寄寓画家生命情感、呈现独特笔墨形象的"香榧系列"，无论是鸿篇巨制，还是逸笔小品，无不给人以清新的视觉感受、审美的艺术感染和文化意蕴的品味。

姜宝林先生美术创作的形态、风格是丰富多样的，正像他自己所说："我从泼墨山水、积墨山水、白描山水一直到大写意花卉，有着多种艺术面貌。""我的本行是画山水，先画泼墨、积墨，又独创白描现代山水，近20年来，对花卉大写意又情有独钟。"姜宝林先生还就他的创作理念与追求讲过这样的话："既要笔墨，又要现代。笔墨是旧的，越传统越好；形式是新的，越强烈越好。""现代意识与传统笔墨的交融，是我的探索和追求。"姜宝林先生对自己创作面貌的概括和创作理念的阐发，深切地表达了他艺术追求的执着和追求目标的高远。

艺术面貌的丰富性和作品的独特个性，使姜宝林先生的创作因具有鲜明标志性的风格而引人注目。一般而言，艺术面貌的丰富性和风格的多样性，往往会淹没艺术家的创作个性。姜宝林先生的作品"有着多种艺术面貌"，但从他一系列的作品中，却可以鲜明地看到一个共同点，即语言形式的新颖，它不单是笔墨，也更是画面布局、气韵、格调、蕴涵和语言符号等融汇而成的整体艺术的创新，它使人感受到强烈和具有震撼力的视觉冲击。

单纯的形式没有力量，特别是对于中国这样一个有着悠久历史和文化传统的国度而言，几千年的文化浸润与审美积淀，使得人们绝不会满足于单纯艺术形式的演进和标新立异。因为艺术归根到底并不只是视觉的盛筵，而必须唤起人们情感、思想的呼应及满足心灵慰藉的期待。姜宝林先生的绘画散发的强烈艺术魅力，不仅仅在于艺术形式的创新，重要的是他的作品洋溢着来自生活的真情实感。他的画找不到矫揉造作，而是心会神融，直抒胸臆。绘的真情感，画的真性灵。这里不能不说到他年轻时在浙江奉化文化馆工作的十年，令他受益匪浅。他与基层百姓的鱼水之情，使他多年来与乡民、与大自然魂牵梦萦，始终没有脱离"地气"。他对那些质朴的乡民以及自然山水、蔬菜瓜果、田园生活的真挚而深切的情感，使他的创作紧贴生活的本源。他没有躲进文人隐逸的深山，也没有躲进自成一统的阁楼，去潜心构筑虚无缥缈之境，而是以饱含深情的画笔，去描绘身边的美景，他对物写生，画遍了浙东秀美的山川河流、自然景物。直到今天，他仍然坚持以生活中所见之物入画，并从别人不能见到的地方发现独特之美。他的作品所充盈的艺术魅力，直接来源于他对"生活是艺术之母"的真切感悟。生活感动了他，他也以自己赋予作品的真情实感感染了观众。

姜宝林先生作品的艺术魅力，还来源于他创造性的笔墨技法形式语言契合当代人的审美取向。而这种形式语言所依托的传统笔墨，又因他的深厚造诣，而使其作品具有厚实华滋、元气磅礴之气象。他执着传统，师法自然，以笔墨创造个性，笔奇、趣奇、格奇，以质朴、灵动自具个性的创造性笔墨技法，尽显中国传统文人画意蕴和形式美感。姜宝林先生"用古人之规矩格法，不用古人之丘壑蹊径"（清·唐岱《绘事发微》），努力探索"旧笔墨与新形式的契合"。如他的大写花卉，在不失中国传统花鸟笔墨精神的基础上，以香榧及各种野草、野花、野果入画，不拘泥传统文人画梅兰竹菊的题材局限，不仅拓展了当代花卉表现题材领域，并与之相应地创造和丰富了花卉表现形式语言。再如鲜明地呈现在人们面前的白描现代山水，以图像的平面化构成和具有强烈震撼力的现代性，展现了中国画当代转型的一种探索性实验。它的形式元素中无疑吸收了西方现代艺术的观念与表现方式，但主要的发端却是画家从中国画"以线造型"的脉线中萌生而来，并融合他熟稔的传统民间艺术及生活观察中的感悟而创造。这一新的山水图像，被人们称为"姜氏山水"。在任何地方一看即知，这是姜宝林先生具有独创性、标志性的艺术符号。这一艺术创造的景象，既是源自中国画的传统文脉和吸收多种艺术元素，而以笔墨构成的中国画，但它又以体现着西方现代艺术元素的意味，以强烈的现代性而更具国际性的语言。

一个优秀艺术家的创作，从本质上讲是当代艺术观念和时代精神的反映，姜宝林的绘画创作，正是比较真实地体现了我国改革开放时代背景下，深刻的社会变革给文化艺术的发展带来的重大影响。姜宝林先生曾讲："营造新意境，构建新形式，更新观念就成为首要前提。"他敏锐地吸纳新时期改革开放的清新气息，与时俱进的当代追求成为他艺术创作的灵魂。他从1980年前后清新、写实、抒情的江南小景绘画，到大泼墨与白描并进，再到泼墨泼色与白描融为一体，1985年开始着重积墨加宿墨的探索，"并在立体主义倾向比较抽象的平面构成中得到发挥"，后来又以写实手法融入各种笔墨技巧，重在表现审美客体的深厚蕴涵。姜宝林的艺术探索并不是为了花样翻新，他说这是基于：一个时期的探索与追求；来自生活的独特感受；不可抑制的感情。改革开放的深刻变革，赋予艺术家的独特感受和创造激情，无疑是一个优秀的艺术家追求独创性与个性的动力。姜宝林先生在他不同艺术时期所描绘的山水风貌与大写花卉，都秉承着"既要笔墨，又要现代"的艺术理念，以"旧笔墨与新形式的契合"而执着探索，开创出了具有鲜明时代性和独特个性的创作境界。他艺术成长、转换、成熟的30多年间，始终没有脱离创新的主线，他的作品无不显现大气磅礴、生机勃勃、气象万千的精神面貌。可以说，姜宝林的艺术创作历程，正契合着中国改革开放、真正走向世界的全面进程，他的作品体现的当代性、国际性，也是这一社会变革时代进程的精神写照。回首改革开放新时期之初，一些人认为，一个改革开放的现代化社会，不会见容于属于"旧"形式的中国传统水墨，因而谓其为"夕阳艺术"。实践已经证明，这是一种漠视中国传统民族艺术生命力和当代艺术家创新精神的偏见。正是因为许多艺术家顺应社会变革大势而为，努力进行艺术创新，"变则通，通则久"，人们已经看到中国画仍然具有恒久的生命力。姜宝林是以继承创新的探索不知疲倦一路走来，"知前人未到处，到前人未到处"，以自己优秀的作品见证这一艺术转折时期的代表性艺术家，也是以自己创新的绘画语言丰富中国画当代发展的代表性艺术家。从这个意义上讲，姜宝林是应该进入到一个多世纪以来推动中国画创新发展的代表性人物行列的一位艺术家，他独创性的艺术创作成果和他对当代中国画创新的贡献，无疑会在当代中国美术史上占有自己的地位。

姜宝林先生绘画成就的取得，既基于他师有正传、渊源有自及日事翰墨、未尝少倦的勤奋，也与他不逐时流，立志于中国画现代性的探索密不可分。在市场趋利性的影响下，我们看到不少画作尘容俗状、无病呻吟，真令人有滥觞莫拯之忧。正是因为有姜宝林先生这样一批继承传统而又勇于探索创新的艺术家，以自己的画品、人品，在中国画当代新境的开拓中产生着主体性的影响，我想，中国画的当代转型必定会光大前人之绪，不断呈现"山高水长，气韵生动"充满勃勃生机的喜人景象。

（原载于《光明日报》2014年4月15日）

知行合一追梦人

  魏立中的十竹斋以传统木版水印技艺的传承而闻名全国。而五六年前，我国北方地区这一领域的人们还不太知晓魏立中和他的十竹斋。今天说到传统木版水印技艺，北京荣宝斋、上海朵云轩、杭州十竹斋已是三家齐名。而魏立中以这几年连续的传承成果，以十竹斋的作品积累，以不断举办的展览和传承教学的影响，更显示出一种非物质文化遗产传承实践的新锐之气。

  十竹斋木版水印技艺已有近400年的历史，其创造和传承的过程中，积累了丰富深厚的文化遗产和传统手工技艺。但到20世纪80年代末，十竹斋木版水印技艺却走入了濒临失传的境地。也正在此时，年轻的魏立中却以人们难以理解的虔诚和痴迷，投身于十竹斋传统木版水印技艺的研究与传承。2001年，魏立中成立杭州十竹斋艺术馆，决心全面恢复并发展十竹斋传统木版水印技艺。

  在继承、发展十竹斋传统木版水印技艺的探索中，魏立中下的是实功夫。对传统的挖掘、学习执着认真，对刻印制作全过程的每道工序一丝不苟。十竹斋木版刻印复制的《富春山居图》《五牛图》《雷峰塔藏经卷》、唐868年王玠刻本《金刚般若波罗蜜经》《十竹斋笺谱》，及水印版画《二十四节气》《西湖十景水印笺》《杭州西湖全景图》等等，这些作品从刻印刀法、线条、结构、色彩、套印以及材料等方面都体现着地道的传统手工技艺的匠心独运，洋溢着优秀传统文化积淀的深厚气息。这些作品有的是魏立中独立刻印，有的是他领衔刻版，但制作的每一个环节，都有他洒下的汗水。《周礼·考工记》云："天有时，地有气，材有美，工有巧，合此四者，然后可以为良。"顺应天时，适应地气，巧用材料，工艺精巧，在魏立中的心中，古今同理，人不欺天，方有超越的造化。在魏立中的手中，即便是刻印复制传统的作品，绝不是拿来便刻，从题材的选择开始，搜集文献资料、实地考察调研、拜访专家学者、研究论证方案，到各个环节的设计筹划，都下了无数诗外功夫。魏立中刻板技艺的深厚扎实，从他刻画的一百多幅近现代人物头像可见一斑。木、石之上，方寸之间，笔意刀法讲究，技随心到，人物形象形神毕肖。造型、刻画能力如魏立中者，中青年艺术家中实不多见。每次见到魏立中，看他总是风尘仆仆，或考察，或参访，或参展，或讲学……忙碌的汗水，总浸在他的额头。看魏立中刻印的《唐玄奘西行图》，我的脑海总浮起魏立中的形象，心无旁骛，筚路蓝缕，孜孜以求，在传统木版水印技艺的继承创新中坚守前行。术业在勤，功庸弗怠，在坚守与奋进中，魏立中以令人瞩目的成就，不仅显示了木版水印技艺在新时代的生命力，也为它的传承赋予新的希望。

魏立中对于传统木版水印技艺传承的虔诚，首先来源于他对祖先留给我们的这份珍贵文化遗产的喜爱。魏立中1990年入中国美术学院学习绘画和版画，从前辈艺术家那里认识了木版水印技艺，他的学习，从制作这门技艺的使用工具做起，到选题、勾描、分色、刻版、水印……提刷吊耙一干就几个小时。学院教育与传统手工技艺结合的学习，使魏立中从艺术视野、绘画基本功到实用技艺的掌握，都得到全面的训练。而从不同艺术的比较和对十竹斋传统木版水印技艺的深入了解中，他也真正认识了传统木版水印技艺的价值，刻刀下线条虚实变幻的玄妙，水印呈现的中华优秀文化的斑斓，吸引魏立中这位可以在广告设计职场上生活优裕的年轻人以信仰般的虔诚投身于它。在十多年的传承探索中，这个时代的趋利性和浮躁的心态对艺术家的冲击，都与他无缘，魏立中似乎以世外心境埋头前行。由对传统木版水印技艺的喜爱而到对这份宝贵文化遗产传承的自觉，使魏立中的胸襟更高远，脚步更踏实。今年5月中旬，我到杭州时专门去中山北路237号十竹斋艺术馆参观。300余平方米的场地，有展品，但学员的工作台似乎占了主要的空间，国内外的学员正在精心地勾描、刻版。还有一个空间，正有一队小学生在饶有趣味地听讲解并学习印刷，各自拿着自己印出的作品品评。我的印象是艺术馆很小，但空间布置丰富、充实，洋溢着欣欣向荣的生气。参观之后，我问魏立中馆长他的办公室在哪里。魏立中带我们走下地下室。在十来平方米的空间里，不见自然光，一张长条桌，创作、办公兼招待来访客人喝茶，都在这长条桌上。除了出差，魏立中一天中总有几个小时甚至十几个小时坐在这里，特别是人们都下班之后，他以盒饭打发用餐，手握刻刀，很快进入忘我的创作境界。魏立中说："做这一行其实非常辛苦，在湿冷到骨头的江南冬天，雕版时手也一点不能抖。心要定，一刀下去就是一条线，刻错一条就坏了一块版，哪怕是到了最后一条线都要重来。"我问他，在这么封闭狭小的空间中，会否束缚创作。他告诉我，一是尽可能腾出空间用于展览及传承，二是正可以此磨炼自己。这使我想到刘勰《文心雕龙》"神思"所讲"寂然凝虑，思接千载""眉睫之前，卷舒风云之色"，正可谓此也。陶钧文思，贵在虚静，疏瀹五藏，澡雪精神，正是以此，魏立中以自己的境界，在物与欲、技与艺、文与质、用与美的自我修养与创作审美的把握中，不仅以高品质的作品，也以美的情怀，为包括传统手工技艺在内的非物质文化遗产的传承树立了榜样。

近五六年来，魏立中应邀在中国国家图书馆及美、英、法、西班牙等国家举办木版水印技艺的展览和展示，在北京大学和一些院校及不少中小学举办讲座和技艺展示，都引起热烈反响。魏立中把很大一部分精力和时间及经营收益都用在公益性非遗保护的宣传普及工作中，并捐资在中国艺术研究院设立了专门资助学习木版水印技艺学生的奖学金。这些工作给十竹斋的运营带来很大经济压力和困难，但魏立中乐此不疲，在他的心中一切都可舍弃，只为了木版水印技艺的弘扬与传承。魏立中说："十竹斋就像一个孩子，突然来到我的身边，我只是抚养他长大，再目送他远去。"他决心以传承发展的努力，让十竹斋传统木版水印技艺一代代接续下去。他的梦想是将来有一天，能在西湖边上建起一座"杭州十竹斋木版水印技艺博物馆"，让更多的人认知中华民族这份优秀的非物质文化遗产。接近梦想的希望，总在坚持不懈的努力之中。魏立中是一位知行合一的追梦人。其行其达，可嘉可期！

魏立中编撰的《饾版风华》出版之际，他嘱我为之作序。序者，序其篇章之所由作。魏立中对传统木版水印技艺的总结，独到而精辟，我不想赘述，而对其传承中华优秀文化的自觉与执着的印象作了一些记叙，以表达我对这位纯粹的非物质文化遗产传承人的钦敬。

是为序。

（原载于《饾版风华》，浙江摄影出版社2015年版；

《出版人》2016年第3期）

吴为山和他的雕塑艺术

　　中国艺术研究院中国雕塑院建院九周年之际，"匠与意"雕塑展暨中国青年雕塑邀请展在中国雕塑院开展，我们看到院长吴为山和雕塑院顾问、特聘艺术家潘鹤、钱绍武、盛扬、曹春生、叶毓山、田世信、陈云岗、李象群、王少军、吕品昌、王中、殷晓峰、霍波洋、鲍海宁、景育民、程兵等著名雕塑家的代表性作品，也看到李峰、郅敏、柳青、孙龙本、李继飞、张崴、尚荣、邓柯等一批优秀青年雕塑家的作品。老、中、青雕塑家作品的集中展示，以独特的艺术追求、鲜明的艺术风格和强烈的时代精神令人瞩目。展览以"匠与意"为主题，整体性、学术性地呈现中国雕塑院建院九年以来，在雕塑创作、学术研究和人才培养方面所做出的努力和贡献。在院长吴为山的带领下，雕塑院不断进行理论创新和创作实践，一批学术成果出版，一批优秀作品问世，一批青年雕塑家茁壮成长，推动中国当代雕塑艺术境界不断提升。在学术研讨会上，来自理论界、美术界的专家学者一致表示：中国雕塑院作为重要的学术机构，它引领和倡导了中国艺术家对中国传统文化的传承与拓展，探索和创作具有当代中国文化精神的艺术表达，不断发扬促进具有中国精神的艺术创造力，中国雕塑院的雕塑家从传统文化中取得养分，将创作成果转化与回馈社会。

　　回顾中国雕塑院走过的不平凡的九年历程，不能不谈到著名雕塑家吴为山做出的重要贡献。新中国成立之初，建立一个专门的雕塑创作机构，是当时那一代雕塑家们的夙愿，但因种种原因没有实现。中国进入改革开放新时期之后，中国雕塑院的建立，可以说是"应运而生"。吴为山则以其创作的国内外影响，以其在坚守中国精神、中国气派基础上，倡导时代风格、国际视野的文化理念，以其"诗风荡洋，文气堂堂""形神兼备、气象万千"，独具意象风格的"写意雕塑"的艺术主张和成功实践，也以其在南京大学雕塑研究所所长任上的建树，而成为中国雕塑院的首任院长。九年一瞬间，但雕塑院在吴为山院长的领导下，老、中、青三代雕塑艺术家和艺术理论家同心同德，开拓进取，如今已建设成为有凝聚力、感召力和影响力的具有国际性声誉的雕塑艺术平台，雕塑院的许多展览和理论研讨活动，已在引领我国雕塑艺术创作的发展，推动建立具有中国影响力的国际艺术评价体系方面发挥作用。特别是吴为山的一系列作品，已在国际上展示出中国当代雕塑艺术创作的独特面貌。

在中国雕塑院建院九周年之际，我们不仅看到吴为山作为院长对雕塑院事业发展的贡献，更可喜的是也看到吴为山作为一位雕塑家，他以不间断的创作，不断推出新的一系列作品，而这些作品在审美品格的把握和艺术创造意境的开掘上，都有令人眼前一新之感。记得2008年年初，我在南京参观侵华日军南京大屠杀遇难同胞纪念馆主题雕塑并主持学术研讨会，当时看了吴为山创作的纪念馆主题雕塑《家破人亡》《逃难》《冤魂呐喊》和《胜利之墙》，深深为作品思想和艺术的震撼力所感染，久久不能自已。这组作品深刻形象地再现了中华民族近代史上被外来侵略者凌辱、屠杀的一个不可忘却的记忆，同时也形象地表达了最后的胜利属于正义的奋起反抗的不屈的中华民族。作品不去正面表现屠杀，但父老乡亲逃难路上的悲惨情景，扶老携幼、家破人亡、冤魂呐喊，一幕幕场景，都使人如见刀光血影，那惨不忍睹的屠杀场景如在目前。侵略者对善良人性的毁灭，不能不激起参观者内心强烈的震撼！吴为山的南京大屠杀遇难同胞纪念馆主题雕塑的创作，将个人情感体验与民族情感、人类普遍情感融为一体，以独特的出人意料的大胆构思，借鉴中国传统雕塑、雕刻技法和艺术精神，吸收西方雕塑艺术元素，运用表现与再现、写实与写意融汇统一的表现手法，以再创造的独具个性特征的意象风格，丰富而又强烈地揭示了受害者的痛苦、挣扎、不屈、奋起，作者对他们内心情感和外化形态的把握十分准确、统一。在当时观摩这组主题雕塑后的学术研讨会上，我曾指出，这是堪称我国当代最高艺术水平的为数不多的雕塑作品，从世界范围来看，这样的作品在当代雕塑中也属杰作，它将作为这个时代雕塑创作的标志性作品留给后世。

在我国当代雕塑家中，吴为山创作作品的数量也是惊人的，已有近五百件作品问世。题材从孔子、老子等古代圣贤，毛泽东、邓小平等老一辈革命领袖人物，到作为题材主体的近当代文化名人，还有稚童、妇女、老人等普通人的形象。吴为山以充沛的激情在自己的表现对象上倾注力量，挖掘人物具有深度的精神世界，赋予冰冷的材料以灼热的灵魂，赋予瞬间静止的造型以中国文化生动的人文精神。他的作品呈现着一种敦厚的"中国气质"，这种气质是无形的，却似乎是从人物的身心中洋溢出来，不管作品的人物是静止的，还是运动着的，神情静穆的还是灵动的，都有一种厚度。我们正是从这种厚度中解读出吴为山作品追求的"中国精神、中国气派、中国风格"。我在2008年评论吴为山创作的《史实力作，写意精神——吴为山的雕塑艺术》一文中，认为在雕塑手法上，吴为山借鉴西方现代雕塑经验，将中国传统美学的写意精神和绘画上的写意元素引入雕塑造型，抛弃烦琐的细节，捕捉形与神的统一，因此他的雕塑无论从"再现"的角度看还是从"表现"的角度看，都显得特别传神。吴为山的雕塑与西方人的雕塑拉开了距离，也与当下偏于西化的中国雕塑颇有不同，他以自己独创性的艺术形象，形成了人们所认知的独特的艺术风格。在近十年以后的今天，吴为山更以大量的优秀作品奠定了具有独特个性、独特面貌的个人风格。他的作品立在那儿，人们一望即知：这是吴为山的作品。创立具有广泛认知的独特个性风格，是一个时代杰出艺术家的必备条件，但仅此并不够，他的作品还须同时具备很高的文化品格和时代应该达到的最高艺术境界。吴为山可说是一位三者兼备的雕塑家。2010年，香港中文大学因吴为山的艺术创作成就授予其荣誉院士，指出吴为山"走在艺术发展的前沿，为雕塑开拓新视野，界定新定义"。著名艺术家熊秉明曾说："艺术家往往创作能敏捷挥就者，难刻画深入；能苦心经营者，少一呵而成之妙。为山作品神速痛快又能供人长期反复玩味，其用思灵活多出人意表。"著名艺术评论家邵大箴说吴为山的雕塑作品"不仅有刚柔相济的鲜明个性，有含蓄而强烈的艺术感染力，而且有深厚的人文精神"。著名科学家杨振宁说吴为山大大小小的每一件雕塑作品，都洋溢着真、纯、朴的特点，"打造了一个神似与形似之间的微妙平衡，而这种平衡正是中国艺术的立足之本"。不久前，俄罗斯国家艺术科学院在授予吴为山金质奖章时评价"吴为山从中国伟大的传统文化中获得灵感，创作感动世界的作品"。我认为这些评论和肯定，从不同的角度指出了吴为山雕塑创作的本质，即从中国文化的深厚内涵和当代多元美学趋向（包括外来元素）中寻求形与神把握的平衡点，以形写意，以意见神，以神领形，以浑朴之形，寓灵动之魂，在契合当代中国审美意趣演变的形式美感把握中，去塑造个性化的艺术形象。正如吴为山自己所讲，要在"诗风荡洋、文气堂堂""形神兼备、气象万千"的独特意象风格中实践文化理想和艺术追求。

吴为山的创作以独特的艺术个性、朴厚的文化品格和神妙的艺术境界得到普遍肯定，其作品应邀在英、法、意、加、日、韩、荷等国家的重要艺术机构和纽约联合国总部展出，他以雕塑创作的成就获得英、法、俄等国的重要奖项和荣誉，他的"中国雕塑"在美、英、意、韩、丹等国的重要艺术殿堂或场所永久陈列。应该说，吴为山为中国当代雕塑以自己的面貌在世界艺坛占有一席之地而做出了重要的贡献。

吴为山的艺术成就并非凭空而来。是我们这个时代为艺术家创造了思想和艺术自由驰骋的阔大空间，正是在这样的时代背景下，吴为山在中国改革开放的新的时期，才能够以勤奋的努力去问道习艺，撷采中外，融汇古今，自成一家。吴为山在创作实践的同时，注重理论概括，他的《视觉艺术心理》《雕琢者说》《雕塑的诗性》等专著及《写意雕塑论》《雕塑与中国人文精神》《模糊与传神——从人物精神的塑造谈起》《我看中国雕塑的风格特质》等论文及他的一系列艺术评论，与他的创作呈现的艺术面貌一起，为中国雕塑的当代发展提供了具有独创性的借鉴。我想，他结合创作实践对中国传统艺术精神新的阐释和发扬，一定会对我国当代雕塑的创作产生积极的影响。吴为山艺术造诣全面，其书法、中国画、油画等也有很深的造诣，厚积薄发，文化厚度、理论识见和多种艺术表现力的积累，使他以自己的雕塑艺术作品，成为我们这个时代具有代表性、标志性的一位艺术家。

吴为山正值中年，艺术创造力也处于最旺盛的时期。中国美术馆馆长和中国雕塑院院长的工作重任，无疑会对他的创作产生影响。但吴为山似乎对管理与创作的关系处理得游刃有余，这两个机构都呈现着充满活力的职能状态，吴为山新的雕塑作品也不断问世。可以想见，他是把节假日甚至睡眠的时间用在创作上。来日方长，相信吴为山会以不断攀登艺术高峰的坚韧和执着，以意气风发的创作状态，将更多的新作品奉献给我们的时代。

（原载于《艺术评论》2017年第1期）

辑四

文林会心

五十年奋斗结硕果

——贺武汉市楚剧团建团 50 周年

由黄孝花鼓衍变而来的楚剧是一个年轻的剧种，只有不到百年的历史。而楚剧真正确立自己的个性，是以《葛麻》的演出为标志。之后，楚剧又有了《狱卒平冤》《养命的儿子》这些在全国有重要影响的剧目，它使楚剧的名声远播，使楚剧的风格更加鲜明，使楚剧有了持续不竭的观众。五十年的奋斗，穿越风云，走过坎坷，以汗水浇灌出累累硕果。延续一个剧种并使之在时间的前行中更具鲜活的生命力，是武汉市楚剧团做出的重要的文化贡献。值此武汉市楚剧团成立五十周年之际，是应该表示衷心祝贺的。

我与楚剧团的联系，是从《狱卒平冤》起，看了剧本，深深被吸引，便把它发表在当时我主持的《交流剧本》上，看了演出，为之惊叹，不仅为艺术的精湛，也为整个演出体现的剧团的严谨精神。从此，楚剧团演出的每一个剧目和它的发展情况，我都时时关注着。《养命的儿子》《穆桂英休夫》在京演出，我都参加了座谈会。看楚剧的演出，评论楚剧团的剧目，都有一种亲切感。一方面是因为剧目优秀感人，另一方面是楚剧团的同志们艺术创造的智慧和热情，拼搏奋斗、一往无前的献身精神，都使我钦敬。楚剧团探索总结出自己的创作和发展之路，是靠了"葛麻风格"和"楚剧精神"，"葛麻风格"就是创作上坚持由《葛麻》奠定的"平民化、地方化、通俗化、生活化"的基本风格，而不断丰富发展起来的鲜明的剧种艺术个性；"楚剧精神"就是坚持无私奉献的集体主义精神和吃苦耐劳的工作作风。楚剧团的"葛麻风格"和"楚剧精神"，是在坚持"二为"方向和"双百"方针，在不断创造的优秀剧目中体现出来的，是在为城乡群众成千上万场的演出中体现出来的。一个剧种只有坚持其他剧种不能替代的自己的独特风格和特点，这个剧种才不会泯灭或同化，观众才会"另眼相看"；一个剧团只有坚持团结奉献、奋斗发展的团体精神，这个剧团才会具有不竭的创造力和鲜活的生命，武汉市楚剧团五十年的发展道路，代表了新中国创立的新的文艺团体发展的正确道路。

武汉市楚剧团在过去的50年中，既创出剧目精品，又闯出市场，近几年每年大都演出200余场，既给农村的观众也给城市的观众送去精神享受和欢乐。这个团的建设成果，应该说是武汉市文化建设的标志性成果。盖一座物质的大厦不易，长成一棵累累硕果的精神文化大树更难。时代在发展，武汉市楚剧团的继续前行，仍然需要"葛麻风格"和"楚剧精神"，但也更需要社会主义市场经济条件下完善的经济政策的保障和扶植，需要社会的关注和支持。相信武汉市楚剧团一定会努力坚持先进文化前进的方向，不断为人民贡献出优秀的精神食粮。

（原载于《中国文化报》2001年11月17日）

《袖珍写本道光指谱》序

两年前，泉州地方戏曲研究社送来《明刊戏曲弦管选集》《清刻本文焕堂指谱》两部书稿的清样，要我为之作序。鉴于这两部海外孤本来之不易，堪称珍本，具有重要的文化传承意义和学术研究价值，它为中国现存的古老乐种泉州南音，提供了"悠久音乐历史、多元文化特征"的文献根据，不同凡响。于是欣然为之写了一篇短文，表示我个人的赞赏和支持之意。是年年底，这两部书由中国戏剧出版社出版发行，在海内外音乐文化界引起热烈的反响。

现在，泉州地方戏曲研究社又送来泉州弦管《袖珍写本道光指谱》书稿清样，要我再次作序。我一看书稿，感到惊奇和喜悦。所谓《袖珍写本道光指谱》是手写于清道光二十六年（1846）的泉州南音指谱，是79岁高龄的弦管老先生吴抱负于六十年前从弦友手中购得，珍藏至今。

"指谱"共47套，分四小卷，每卷页面面积都略小于一张普通名片，用工整的毛笔字写了曲词、工谱字、琵琶指法符号，部分指谱还用红笔标点了撩拍符号。它收藏在一个精制的红木匣中，匣盖浮雕"琵琶指南"四个楷字。得益于这个宝匣的呵护，这套古谱历经160个春秋，才能够幸存至今，让今人通过它看到博大精深的南音文化的精妙之处。

其一是，这匣古谱或可称为"袖珍匣装道光写本"，这是我们迄今所能见到的南音曲谱中体积最小的一部，恐怕也是古今中外难得一见的微型曲谱。它强烈表现了原创者（其人已无可考）追求弦管艺术精致化的文化精神。正是这种精神使历代弦管人视南音为天籁，它也一直保持着较高的文化品格，因而泉州南音才能较好地延续汉唐古乐的血脉和保存深厚的文化底蕴。

其二是，海内外南音文化圈各种手抄曲谱何止上千上万，但普通纸张写本都经不起时光的消磨，能历世百年左右的抄本已难能可贵，160年前的写本，可以说是凤毛麟角，"道光指谱"是迄今发现的最早的一部，弥足珍贵。

而更可宝贵的是它开宗明义标明为"琵琶指南"和"琵琶指法"，明确它一是琵琶谱，二是作"指南"用的，为弦管"指谱"正名释义。它既有音位，又有指法，还有撩拍、工记谱，并有标示高低音符号，一目了然，相当严密。它的记谱方法，甚至比晚它23年雕版印行的《清刻本文焕堂指谱》更为完整。而且与《明刊戏曲弦管选集》中272首曲（只标撩拍符号未刻工）是一脉相承的，证明泉州南音独家用"工六思一"对应"宫商角徵羽"五音记谱由来已久。因此可以说，泉州弦管"道光指谱"的发现，为研究中国古代音乐记谱方法又增添了一部重要史料，它的发现和出版对研究"敦煌古谱"等同类曲谱具有重要的比较参照价值。

其三是，《明刊戏曲弦管选集》《清刻本文焕堂指谱》的出版和"道光指谱"的发现并将出版，有力地说明中国古代优秀的音乐文化何等丰富多彩、何等精妙绝伦，而其积淀又何其深厚。但世事变迁，物换星移，有许多珍贵的文化瑰宝，已经不存于世，还有相当可观的文化遗产则流失海外或沉沦民间。消失的已无可挽回，而流失海外和沉沦民间的则有争取回归与深入钩沉的可能。泉州地方戏曲研究社这次又从民间寻访发现"道光指谱"即再次证明了这一点。

泉州是座历史文化名城，是著名的戏曲之乡，泉州有保护传统文化的可贵传统。从2002年开始，泉州市人民政府即启动了泉州南音申报世界"人类口头和非物质遗产代表作"工作；2004年，泉州市又被文化部确定为全国四个"保护民族民间文化遗产综合试点城市"之一。因此，对于保护非物质文化遗产，泉州市肩负着前导和示范的责任。可喜的是，泉州市历届政府和宣传、文化主管部门，都十分重视对传统文化艺术的保护和振兴工作，业绩可观，成果累累。更令人感佩的是，泉州更有许多热爱并无私奉献于地方传统文化研究和保护的文化人，他们中有的在职，有的已离退休，有青壮年，也有耄耋老人。泉州地方戏曲研究社就是研究和保护传统文化很有代表性的一个团体。该社成立二十年来，先后整理编校出版了有关传统戏曲的书籍28部，计1200多万字。《明刊戏曲弦管选集》《清刻本文焕堂指谱》就是他们两年前从海外和台湾搜求得来的孤本，经精心编校出版的。而《清刻本文焕堂指谱》的出版，又引出了"道光指谱"的现世。因民间艺术家以《清刻本文焕堂指谱》与"道光指谱"对照切磋技法，使参与《清刻本文焕堂指谱》整理编校的戏曲专家郑国权先生得到讯息，深入民间，得见"道光指谱"这一瑰宝。泉州地方戏曲研究社又很快组织力量整理制作，行将出版。从事《袖珍写本道光指谱》编辑整理工作的，多数是七八十岁的老人，他们不计报酬，其敬业精神、工作效率和高质量的成果，都令人感佩和赞叹。

谨借此机会，向保存和奉献出"道光指谱"的吴抱负先生，向泉州地方戏曲研究社的老朋友，致以崇高的敬意！

（原载于《袖珍写本道光指谱》，中国戏剧出版社2005年版）

中国油画院成立寄言

在新的社会发展时期，中国艺术研究院正在建构起艺术科研、艺术创作、艺术教育三足鼎立的发展格局，以期逐渐建成世界知名的艺术科学研究中心、艺术教育中心和国际艺术交流中心。

正是在这样的背景下，中国油画院在中国艺术研究院开阔深厚的学术土壤上诞生。以写实画派为主体而又兼及各种艺术风格、流派，以院内画家为基础而又聘任全国著名的优秀油画家共同参与，组建成中国第一个也是目前唯一的专门以油画创作、研究、教学为职能的实力雄厚、阵容强大的中国油画院，标志着中国油画艺术在新时期的发展，会以艺术家更密切的交流、更深入的学术探讨、更具整体性而又各具独特个性的群体展示令世人瞩目。

油画艺术从西方传入中国一百余年，中国民族的艺术元素逐渐融入其中，使其呈现出与西方油画不同的神采。在时代的进程中，中国油画不断丰富、发展，呈现出形式语言的多样性。艺术美的真谛，从来都在于人的内心情感的真实表达和人的精神境界的提升。这样的作品，需要艺术家对形式之美、形式之奇、形式之新的执着追求，更需要艺术家纯净心灵的浸润和对艺术理想的坚守。以著名艺术家杨飞云为院长的中国油画院的油画家们正是在这一点上显现出自己的精神力量。他们以自己独特的审美追求和认真的艺术表现，在当今艺术多元的呈现中，展现着自己独特的艺术风采，呈现着独特的艺术价值。

我相信，在这样一个以中国艺术研究院为深厚学术背景的广阔学术平台上，中国油画院的艺术家们一定会以自己的精品力作为我国当代油画艺术的新发展作出有力的推动。

2007年9月26日

（原载于《中华文化画报》2007年第11期）

正大气象

——"中国艺术研究院美术创作院院展"寄语

中国美术创作院是直属中国艺术研究院的专业美术创作机构，成立已有近三年时间，这里正在聚集起一个具有一流创作水平和研究水平的美术家群体，他们在其以继承创新为本、以风骨盈健为魂和以正大气象为格的艺术追求中，开展了各种形式的美术创作、研讨和展览活动。中国美术创作院日益扩大其在中国美术界影响的同时，也正在以自己的创作面貌展现出一种当代中国文化性格的恢宏广大的艺术精神。

以"正大气象"为题的中国美术创作院院展，作为中国美术创作院定期举办的学术性创作展，更集中地展示着该院的创作追求与艺术风貌。这一展览既强调表达当代人文精神，也注重延伸历史文脉；既有重大历史事件的叙事性描述，也有当代日常生活的展现；既体现全院的整体风格，也凸显画家的创作个性，刚健柔美相映、明丽浑厚互显，气象蔚然，辉光乃新。因而，可以说它是一个具有创新追求与学术深度的绘画展览。

展出的作品多是鸿篇巨制，宏大的画幅不仅展开了壮伟的表现空间，更承载着丰厚的思想内蕴，从而在形式与内容的统一中，呈现出堂堂的正大气象：大画幅、大画面、大视野、大旨趣、大意境。而这一切又无不体现出作者的艺术胸怀，他们以自己的努力去承续绵延千年的绘画传统，吸纳吞吐八荒、纵横古今的精神气度；他们立足发展前进的当代中国，用绘画的艺术形式描绘着当代变化的万千气象。他们用堂堂正正的大作品，表达着对于传统的高度尊敬与对现实的热切关注。因而，"正大"的绘画是一种有责任的绘画，它体现出当代中国画家将当下体验与民族文化传统相衔接，将个人感受与民族振兴伟业相联结的艺术良知与使命意识。

在中华文化实现历史复兴、构建和谐社会、创造先进文化的当今之世，我们应该自觉地摈弃那种酸腐、萎靡、颓废、轻薄、庸俗的表现，既不以奇巧炫世，也不以粉黛媚人，而以一种和谐充盈的内在生命世界的跃动，激发自己以独具的个性去描绘当代中国的时代风貌。因此，中国美术创作院以"正大气象"为题的院展已不仅仅是一种绘画风格的表现，它更标志着当代中国艺术家的艺术胸襟与文化气度。

中国美术创作院是一个国家级的美术创作、研究机构，而且它以中国艺术研究院多学科的雄厚艺术资源为依托，有自己独特的创作优势；但它成立不久，艺术积累仍需要时间来沉淀。但也正是因为它成立时间短，不拘一定之规，一直努力秉承着多元开放的创作理念去发展，因而，它以一种含蓄容忍的人格精神，渐显着它的"有容乃大"。中国美术创作院面对着广阔的成长空间，其创作的题材、风格、追求也是开阔的，每一位画家彰显着独特的艺术个性应是其艺术发展的最高境界。绘画品格不以尺幅大小论定，中国美术创作院以"正大气象"为题的院展主要体现的是它的一种美学追求，这当然也表现了它创作面貌的整体方面。院展表达的是在对传统文脉的延续中，实现当代中国美术的创新，因而，它更是着眼于未来的。我们有理由相信，随着时间的推移，充盈着"正大气象"的中国美术创作院院展，以其作品的鲜明体现，会作为当代中国美术的重要标志之一而被写入历史——不止是一个展览名称，而且更应是一个绘画史概念。本于立意而归乎用笔，我们期待着中国美术创作院以高质量的创作和独特的个性表达来体现这一点。

值此中国美术创作院院展首展之际，在献上我祝贺之忱的同时，也表达我的殷切期望。

（原载于《文艺报》2007年6月28日）

方寸之间　异彩纷呈

——《中国艺术研究院篆刻艺术院作品集》序

翻开《中国艺术研究院篆刻艺术院作品集》，看到的是传统素养深厚又各有独特个性追求的二十多位当代著名篆刻家的作品。工稳、端重、清隽、秀丽、飞扬、雄强、豪放、朴拙……风格不同；不管是实用印，还是艺术印，都源有所本，但守成法而不拘成法。时代的审美趋向所催生的绚烂多彩的当代艺术元素，不露痕迹地融合在这些作品的黑白虚实及笔画线条之中。所以他们的作品不是前人篆刻的翻版，而是洋溢着时代气息的新的创造。从这些作品中虽可见风格源流，但其精神意趣、笔意刀法，都给人新的审美感受。

中华民族优秀传统艺术的发展，既要继承，也要创新。刻板地复制，只能走向渐行渐远的衰亡；而没有根基的创新，即便炫目于一时，也同样会走向枯萎。这本作品集的作者，都是中国艺术研究院中国篆刻艺术院的顾问和研究员。多年来，他们篆刻艺术创作的成就体现了艺术继承与创新的一种自觉性的结合。古人把有笔、有墨、有刀、有石作为评价篆刻艺术的一个标准。严谨的创作态度、高超的技法及其蕴藉深广的艺术内涵，使这本作品集中的每幅作品，大都具有方寸之内丰富奇妙而耐人审视的艺术效果。这些作者的作品所以受到社会的肯定和人们的喜爱，我想主要的原因大概在此。

中国篆刻艺术源远流长，先秦、两汉即已流行，唐以后印学渐兴，宋、元、明、清及近代篆刻名家辈出，将璀璨的篆刻艺术列为中国优秀的主体传统艺术之一当之无愧。在今天世界多元文化竞争并存，我们建设当代新文化的同时，珍视和继承中华民族的传统文化艺术显得格外重要。因此，中国艺术研究院于2006年6月建立了目前我国第一家以篆刻艺术创作和研究为专门职能的艺术机构——中国篆刻艺术院。它成立的时间不长，体现其职能的许多工作正待开展。但一年多来，其弘扬中国印学的重要作用已经开始显露出来。我相信，在中国艺术研究院艺术科研、艺术创作、艺术教育三足鼎立发展格局的框架下，中国篆刻艺术院一定会为不断提升当代篆刻艺术品格，加强篆刻艺术的研究，并为推动中国当代篆刻艺术的创作出现一个新境界做出应有的贡献。

为作品集的出版表示祝贺，为中国篆刻艺术院的发展表达期望，写了以上的文字，是为序。

（原载于《中国艺术研究院篆刻艺术院作品集》，

荣宝斋出版社2007年版）

山水琴韵在　余音永绕梁

——《弦歌雅韵》序

　　王迪先生编著的《弦歌雅韵》由中华书局出版，为之高兴，为之欣慰。不由忆起先生的音容举止，忆起先生操琴演奏的情景，仿佛历历在目。王迪先生是我国著名的古琴家、民族音乐学家。她自幼受业于九嶷派古琴大师管平湖先生门下，深得琴艺真传。后入中央音乐学院作曲系学习，1953年毕业后到中国艺术研究院音乐研究所从事古琴研究五十余年。王迪先生琴艺精湛，学术深粹，人品敦厚，受到人们的敬重。

　　2000年年底我到中国艺术研究院工作才认识王迪先生，那时她已退休。有一天，一位朴实平易的老人走进我的办公室，送我一份她写的关于古琴艺术传承、推广设想的材料，并自我介绍说她叫王迪。然后向我讲起她的设想，她讲得很慢，但真诚、恳切，动情处有些气喘。从她的讲述中，让人深切感受到这位老人对古琴艺术的挚爱，以及她的生命与古琴艺术不可分离的那种联系。后来，又有几次与王迪先生这样的交谈，都给我很深刻的印象。

　　2003年5月，我作为团长，与王迪先生等几位全国著名的琴家赴澳门举办古琴音乐会；2004年7月，筹办王迪先生等著名琴家参加的在全国政协礼堂华宝斋举办的古琴演奏会，这两次活动，都使我有机会聆听先生的古琴演奏和琴歌演唱。先生操琴的优雅，吟唱的韵致，都使我至今难忘。先生乘鹤西去近两载，今见先生遗稿整理出版，又似见先生娓娓而谈，似见先生翩然操琴吟唱，亲切之感油然而生。

　　王迪先生作为新中国成立后从中央音乐学院走出的第一代民族音乐研究的学者，为抢救、挖掘许多濒临失传的民族音乐精粹竭尽心力。王迪先生曾参加编著《古琴曲集》《历代琴人传》《琴曲集成》《古指法考》《中国乐器介绍》《广陵散初探》《中国古代歌曲70首》《中国名歌222首》以及《音乐百科词典》琴人、琴曲、琴歌部分，并编辑出版《中国音乐大全》中我国九大琴派已故演奏家古琴曲和《管平湖曲集》。王迪先生特别是在传承和发扬古琴九嶷派演奏风格，继承、总结、完善古琴大师管平湖先生的琴学遗产，在古琴艺术的丰富尤其是琴歌的挖掘、整理和创作、推广方面，做出了重要的贡献。琴歌是古琴艺术的重要组成部分。古琴艺术作为中国器乐艺术的集大成者，其内涵主要包括琴制（形制与制作）、琴弦、琴谱、琴曲、琴歌、琴史、琴论、琴派、琴人、琴社等。其中琴歌又称"弦歌"，弹唱合一，歌词取材于古诗词或移植民间曲词、民歌。琴歌是中国诗歌与音乐的完美结合。琴歌形式是古琴艺术演奏的另外一种境界，弦与歌相和相融，往往使人更得乐境之形，更入意境之境。传说孔子对诗三百篇皆"弦歌之"。儒家师徒"琴歌不辍"的形象，一直影响到后世文人士大夫的生活方式。琴歌作为古琴的一种弹唱形式，应该是有久远的历史。近百年来，古琴艺术受到多种社会因素的制约而逐渐衰落，琴歌的知音更是日渐稀少，对琴歌的发掘、研究也显得十分冷落。难能可贵的是，王迪先生在潜心古琴艺术研究和演奏的同时，一直注意琴歌的发掘、积累。1956年，她参加全国古琴音乐的普查、收集工作，除收集散失在民间的琴谱外，还收集到七首琴歌，她深感发掘抢救琴歌艺术已是刻不容缓。自此，她把很多精力放在琴歌的发掘、收集和"复活"上。在管平湖先生的指导下，她尝试琴歌的打谱工作，发掘整理了《黄莺吟》《长相思》《胡笳十八拍》等琴歌。其中，《胡笳十八拍》曾在1959年中国音乐家协会组织的演唱会上吟唱，受到观众的欢迎。十年"文化大革命"，琴歌的发掘整理被迫中止，1978年王迪先生重新回到工作岗位，以忘我的热情重新投入琴歌艺术的研究和整理。此后的时期，是她古琴艺术研究的高峰时期，她陆续发掘整理了数百首琴歌。1979年起，她着力推动琴歌的演唱与普及，产生了广泛的社会影响。1982年她与中国音乐学院共同组织"华夏之声"古典诗词音乐会；1990年赴香港参加亚洲艺术节"古琴名家汇香江"活动；1991年至1992年，应美国哈佛大学音乐系邀请赴美讲学；2001年在台北举办《琴歌琴韵》音乐会，两次赴台湾演出和讲学。这些活动，使她几十年倾心古琴艺术及发掘整理琴歌的积累得到展现的机会。2001年以后，由于古琴艺术被联合国教科文组织公布为世界人类口头和非物质遗产代表作，王迪先生有了更多参加演出、讲学的机会。2002年在北京大学举办"古韵新声——琴歌箜篌演唱会"以及之后出国参加学术会议，赴澳门和在全国各地的演出，王迪先生的琴歌弹唱，给琴歌演唱形式带来了更新、更旺盛的生命力。香港《新晚报》在一篇评论中说："琴歌婉转动人的旋律，仿佛把我们带到了遥远的古代，使我们感触到几千年来无数名人志士和劳苦大众的喜乐和悲哀，一种爱祖先、爱山河、更爱今天的感觉油然而生。"

社会的认同，带给王迪先生内心的喜悦，她忘记了生病之躯，以更多的时间和精力，加紧对琴歌的整理工作。她继续拜访琴人，收集资料，做深入研究。我们从《弦歌雅韵》中读到的《我对东皋禅师琴歌之浅见》一文，就是她收集和研究流传海外资料研究的心得。王迪先生还从《东皋琴谱》中选撷了一些琴谱、琴歌进行定谱再创作，整理出不少旋律优美、易于演唱的琴歌，也都收在这次出版的《弦歌雅韵》中。王迪先生认为，由古琴曲与诗词结合边弹边吟唱，不同于西洋声乐的美声唱法，也不同于民歌唱法，古韵行腔，琴曲天籁，最能体现古琴艺术神韵。她在重视整理传统琴歌的同时，也尝试以古诗词与琴曲结合创作琴歌，因此，《弦歌雅韵》收入的凝聚了她心血和情感的《钗头凤》《沈园》等作品，都以古琴神韵和浓郁的古曲演唱风格得到演唱家和欣赏者的喜爱。由此可见，《弦歌雅韵》既是稽古，也是创新之作。

20世纪70年代中期，王迪先生曾选择部分易于吟唱的琴歌教学，逐句逐段地为学员讲解歌词的内涵和情境，示范吟唱的韵致和音乐的处理，通过教学，培养了一批优秀的琴歌演唱家。1983年王迪先生编著出版了《琴歌》，也是为了让更多的人传承琴歌。这一次《弦歌雅韵》的出版，则是在《琴歌》和近二十年来王迪先生新的研究、创作成果基础上的精编。王迪先生治学严谨，说这本书是她心血的凝结，一点都不过分。她曾说：琴歌的整理、发掘和创作，如能结集出版，就算我垂暮之年为琴坛做点贡献吧。王迪先生一生低调，作为全国著名的琴家，她生前却没有给自己录制一盘演奏CD，更没有摄像制品。她的女儿邓莹在写给我的一封信中说，王迪先生为了她的工作和事业一丝不苟，"过分认真"，一生重视人品、专业和名誉，除琴歌外，最重视的就是整理管平湖的资料，她认为她有义务把老师的艺术风格传承下去。作为九嶷派的大家管平湖的弟子，她对得起老师，对得起学生，却对不起自己，使后人难寻她承上启下的艺术成就和作用。基于此，邓莹女士和出版社在《弦歌雅韵》中不仅收入了反映王迪先生发掘、整理和创作成果的琴谱、琴歌和她写的文章，而且把她住入医院前录制的24首尚未编辑制作的自己演唱的琴歌也制成CD，附在书后发行。有谱、有声、有文章，可以让读者全面领略王迪先生琴歌的艺术风格和韵致。

　　读过这本书，我们会充分感受到，对于古琴艺术的保护和传承而言，《弦歌雅韵》是值得我们珍视的宝贵财富。

　　　　　　　　　　　　（原载于《弦歌雅韵》，中华书局2007年版）

植根传统　变古求新

——《中国艺术研究院中国书法院作品集》前言

在新的社会发展时期，中国艺术研究院正在建构起艺术科研、艺术创作、艺术教育三足鼎立的发展格局，以期逐步建成世界知名的艺术科学研究中心、艺术教育中心和国际艺术交流中心。

中国书法院正是在这样开阔的文化背景下，在中国艺术研究院深厚的学术土壤中应运而生。中国书法历史悠久，在用毛笔书写汉字的实用基础上发展起来。数量浩瀚的汉字千变万化的字体结构为书法艺术创造了无尽的发挥空间。汉字在象形基础上发展演变，在描摹事物的过程中既体现实用价值，也逐渐显现审美的要求。在书法艺术由自发走上自觉的发展中，"纯俭之变，岂必古式""纤微要妙，临事从宜"表达的通变求新的艺术观念，使书法艺术在形成和发展中时出新意，书体辈出，气象神妙，可谓溢韵流彩，千古益彰，成为中华民族优秀传统艺术中的主体性艺术之一。

中国书法不仅是中华民族文化遗产中的瑰宝，也是世界艺术殿堂中的一朵奇葩，确实值得作为人类创造的精神文化遗产来珍视。在当今艺术多元化形态纷呈的格局中，书法艺术能否传承和弘扬，特别是计算机替代汉字书写的趋势下，书法艺术会不会泯灭？以及在当代如何继承与发展体现中华民族文化精神和民族文化心理及审美取向的书法艺术，已经作为时代的课题摆在我们的面前。为了继承传统书法艺术和推动当代发展，新中国成立五十多年来第一个具有独立建制专职从事书法艺术创作研究的中国书法院，于2004年11月在中国艺术研究院成立。它的成立，标志着书法艺术作为中华民族优秀传统艺术，在当代的发展应该具有主体性的地位。中国书法应扎深根于传统，生发新时代的枝叶繁花，带来当代书坛—新的气象。

中国书法院自成立以来，实行开门办院的宗旨，广聘高才，流派并举，曾聘请启功先生担任中国书法院首任名誉院长，现任名誉院长为沈鹏先生，欧阳中石、冯其庸、刘炳森、朱乃正诸位先生担任中国书法院顾问；聘请王镛先生担任中国书法院院长；同时先后聘请了在国内学术领域具有很高成就和影响力的书法家、书法理论家担任特约研究员、研究员和副研究员，共同搭建一个广阔开放、实力雄厚的书法创作和理论研究平台；三年多来，书法院先后主办和参与主办了几十次大型专题展览及研讨活动，在国内外书坛产生了广泛的影响；编辑出版学术书刊、积极开展书法教学，在艺术创作、学术建设和青年人才培养等方面发挥了重要作用。中国书法院在推动我国当代书法艺术发展方面已取得了很多大家公认的成绩。

这本书法作品集，汇集了中国艺术研究院中国书法院三十多位研究员、副研究员以及特约研究员的优秀之作，充分展示了中国书法院作为国家级的书法创作研究机构的整体实力，呈现出当代中国书法家的艺术素养与文化气度，彰显了每位书法家独特的艺术风格和审美追求。他们植根传统，变古求新，大都既有深厚地道的传统功底，又体现出时代发展的审美取向变化。多样的风格中，有的平和简静、风骨清逸，有的苍浑古朴、狂放雄劲，大都讲求执笔用意，追寻境界格调。他们的创作，大体上显现了我国当代书法艺术创作的一个面貌。

从中国书法史我们可以看到，每一个书法艺术高峰期，都有表达那个时代文化精神和代表那个时代文化创造气魄的书法大家和代表作。今天，能继承与发扬前人优良法度，又有独特创新风格的大家大作还少。我相信，中国书法院及其书法艺术家们本着"植根传统，面向当代，学术至上，探索创新"的艺术精神，依托于中国艺术研究院深厚的学术平台，不断努力，必将为中国书法艺术的繁荣与发展做出应有的贡献。

（原载于《中国艺术研究院中国书法院作品集》，

河北教育出版社2008年版）

《非物质文化遗产概论》再版序言

近七八年来，我国的非物质文化遗产保护工作卓有成效地全面展开，取得了令世人瞩目的成绩。我国的非物质文化遗产保护工作已由以往的单项的选择性的项目保护逐步走上全国整体性、系统性的全面保护阶段。这一方面是因为非物质文化遗产保护工作在国际范围内普遍得到重视；另一个更重要的方面，是近些年来我国对文化的认知，特别是对历史文化遗产的认知，更具包容性的眼光。人类文化的深厚性，是与人的整体性发展的要求相适应的。以人为本的社会，必然尊重文化的多样性。而对非物质文化遗产的保护，正是适应了这样一种必然的要求。

人们对非物质文化遗产保护的认识，有一个逐步深化的过程。20世纪六七十年代，由于大兴水利工程和旅游业的兴起，在世界范围内因此而毁掉的古迹要远多于两次世界大战对古迹的破坏。埃及在尼罗河上游修建了阿斯旺水坝，致使两座千年神庙毁于一旦，就是其中一个突出的例子。为了保护人类文化与自然遗产，使之免于毁灭，1972年11月16日，联合国教科文组织在巴黎通过了《保护世界文化和自然遗产公约》。该公约规定保护的对象是自然遗产和文化遗产。公约中提到的"文化遗产"只包括"文物""建筑群"和"遗址"三类，显然它并不包括非物质文化遗产。非物质文化遗产，是人类通过口传心授而世代相传的、无形的、活态流变的文化遗产。由于这种无形的、活态流变的文化遗产深藏于民族民间，是一个民族古老的生命记忆和活态的文化基因，因此它体现着一个民族的智慧和民族的精神。人类这一伟大的精神创造，其内容和内涵要比物质遗产更为丰富多彩，更加博大深厚。2003年10月17日，联合国教科文组织第三十二届大会通过了《保护非物质文化遗产公约》，该公约详细地界定了非物质文化遗产的概念以及它所包括的范围。在世界范围内开展抢救和保护非物质文化遗产，这是人类为保护自己的精神家园而开展的一项极其伟大的文化传承工程。

中国幅员辽阔、历史悠久、民族众多，所拥有的非物质文化遗产确实是绚丽多姿、异彩纷呈。中国的非物质文化遗产渊源于中华五千年文明，深深植根于民族民间，是中华民族身份的象征，是培育中华民族认同感的宝贵资源，是促进民族团结、保持国家统一的坚实基础，是凝聚全国各族人民的重要力量。保护好、利用好中国的非物质文化遗产，对于民族精神的凝聚和延续，对于实现中华民族的伟大复兴，都具有不可估量的重大作用。

中国自古就有保护非物质文化遗产的传统，我国文学史上第一部诗歌总集——《诗经》对民间歌谣进行记录整理，就是一个很好的例证。这些土风歌谣与其中的正声雅乐及宗庙祭祀的舞曲歌辞汇集为一，汉代以后竟逐渐成为士子无不研读之"经"。它在收集、整理和保护传承民族民间文化方面所形成的传统，对中华文化的发展有着深远的影响。新中国成立以后，特别是改革开放新时期以来，以"十大中国民族民间文艺集成志书"等为代表性成果的非物质文化遗产抢救工作取得了重要的成绩。但真正意义上的非物质文化遗产保护工作的深入开展，还是最近几年的事情。以2001年我国的昆曲艺术被联合国教科文组织公布为世界"人类口头和非物质遗产代表作"为开端，以2003年文化部、财政部、国家民委和中国文联联合启动实施的为期十七年的"中国民族民间文化保护工程"为标志，我国的非物质文化遗产保护工作逐步开始走上全面的、整体性的保护阶段。

2005年3月，国务院办公厅印发了《国务院办公厅关于加强我国非物质文化遗产保护工作的意见》；同年12月，国务院颁发了《国务院关于加强文化遗产保护的通知》。这两个文件的颁发，对于唤起全民族对祖先留下的宝贵的非物质文化遗产的保护意识，增强中华民族文化的认同感和自豪感，起到了重要的作用。2006年元宵节，由文化部等国家九部委联合主办、中国艺术研究院和中国国家博物馆承办的"中国非物质文化遗产保护成果展"在中国国家博物馆成功举办，社会反响热烈。紧接着，在2006年6月10日，我国迎来了第一个"文化遗产日"，引起了全社会的广泛响应。在今天，非物质文化遗产保护意识已日益深入人心。

在全社会普遍重视非物质文化遗产的保护并取得重要成绩的情况下，我们应清醒地看到，现代工业的迅速发展、现代交通的拓展和延伸、计算机网络的密集化、全球经济一体化的趋向、农村人口不断向城市迁徙和结集、旅游业发展的持续高涨等，使我国非物质文化遗产保护出现了更多的困难，保护工作形势十分严峻。人们在创造新的文化的同时，也在消解着珍贵的传统文化遗产。为了进一步增强全社会保护非物质文化遗产的自觉性，提高人们对于非物质文化遗产及其保护工作意义的认识，让非物质文化遗产的保护工作真正走上科学化、规范化、法制化、合理化的轨道，我们很有必要重视和加强对于非物质文化遗产基本理论问题的研究，加强对于非物质文化遗产保护工作中出现的各种理论与实践的问题的思考和总结。什么是非物质文化遗产？它到底有什么样的价值？今天我们下这么大的力气来保护它究竟有什么意义？怎样区分非物质文化遗产与物质文化遗产以及自然遗产、文化景观遗产、自然与文化双重遗产等多种遗产类型的关系？非物质文化遗产本身如何进行科学的分类？中国和国外保护非物质文化遗产的历史与现状如何？应该怎样对我国丰富多彩的非物质文化遗产进行科学、合理的保护，而不是盲目地、非科学地甚至是破坏性地保护？等等。这些问题是目前非物质文化遗产保护工作中迫切需要从理论上进行回答的问题。

抢救和保护非物质文化遗产是一个十分浩大的、极其复杂的文化传承工程，其难度确实是非常之大。实施保护工作，首先要对全国非物质文化遗产项目进行普查，其次是在普查和科学认定的基础上，建立起国家、省、市、县四级非物质文化遗产名录体系，按照"保护为主，抢救第一，合理利用，传承发展"的保护方针和"政府主导、社会参与，明确职责、形成合力；长远规划、分步实施，点面结合、讲究实效"的原则，以非物质文化遗产项目和传承人为核心，最终建立起科学而有效的非物质文化遗产保护和传承的机制。像这样一个长期而复杂的文化系统工程的实施，离不开切实的科学的理论指导。同时，非物质文化遗产保护的理论建设，也应是整个保护工程的一个不可或缺的组成部分。

正是在这样的背景下，《非物质文化遗产概论》由中国艺术研究院的学者历经两年的时间编撰完成，并由文化艺术出版社于2006年10月出版，这在非物质文化遗产基础理论研究领域，无疑具有开拓性的意义。鉴于目前全国各地高校开设了民族民间艺术的相关课程，非物质文化遗产课进入大学课堂，亟须高质量的专业教材，本书的作者根据近两年来我国的非物质文化遗产保护工作新的发展的启示，对原书做了认真的修订，交由教育科学出版社作为教材出版。参加本书编撰的中国艺术研究院的学者，参加过近年来举办的一系列国际性的非物质文化遗产保护学术研讨会，并参与了保护工作的实践和专题性的调查研究，有比较深入的理论思考。同时，在本书编撰的过程中，也得到非物质文化遗产领域许多著名专家学者热忱的支持及提供许多很好的意见。可以说，这本书是集体智慧的结晶。

本书站在历史与文化的总体高度，从国际国内两个视角，全方位地、系统而深入地回答了人们面对非物质文化遗产保护所关心的一系列问题，而且还切实地为非物质文化遗产抢救和保护工程提供了宏观的解决问题的思路。本书第一版问世两年多以来，对于启发人们更深入地思考有关非物质文化遗产及其保护工作的理论问题，对于科学地进行非物质文化遗产保护的实践，已经发挥了十分积极的作用。可以说，这样系统的概论性著作的问世，对于非物质文化遗产学乃至文化遗产学这样一些应时而兴、急切需要、很有前途的新兴学科的创立和发展，作出了积极的尝试和有益的探索。尽管这种尝试和探索没有止境，但迈出第一步，总是重要的。

是为序。

2008年8月10日

（原载于《非物质文化遗产概论》，教育科学出版社2008年版）

《当代戏曲发展轨迹》序

汉城先生年届九十，大家尊称他郭老。这不仅是因为他年高的缘故，汉城先生作为我国当代著名的戏曲理论家、戏曲史学家、教育家、剧作家和诗人，著述育人，成就卓著。郭老早在抗日战争时期就投身于革命文艺工作，新中国成立后五十多年来，他一直主要从事戏曲研究，是戏剧界德高望重的忠厚长者。我与郭老相识已三十年，这三十年中，我有很长一段时间是从事戏剧工作，与郭老有较多的联系。后来调到中国艺术研究院工作，虽然郭老已经离休，但我到他家去看他，或他到院里来参加学术活动，却是经常见面。郭老身体硬朗，精神矍铄，每每谈起中国艺术研究院的改革发展，谈起戏曲艺术创作、研究的现状和学术建树的构想，给我以很多的鼓励和启发。

最近，文化艺术出版社要出版郭老的戏曲研究论文集《当代戏曲发展轨迹》，郭老提出要我作序。这部二十余万字的书中论述的戏曲的审美特征、百花齐放与"三个并举"、现代化与戏曲化、戏曲的改革与建设，大部分内容都从郭老的文章读到过或在许多座谈会的发言中听他讲到过，这些对我国当代戏曲发展具有重要指导意义的理论思考，使我在戏曲艺术学术研究和实际工作中都受益匪浅。但为郭老的书作序，对他的这些理论思考作概括性的阐述，则非我能力所及。因此，这部书的出版推迟了很长时间，但郭老的坚持，使作为后辈的我深感一种内心相通的亲切，最后答应下来。重读书稿，并再次翻阅前年出版的《郭汉城文集》，心中忽然悟到，毫无疑问，选入郭老《当代戏曲发展轨迹》的文章都是他针对戏曲艺术发展中的现实问题作出的理论解答，"文为时而著"，它对戏曲艺术现实发展的指导意义不言而喻。但是，不止于此，郭老所以有独到见解，从根本上说，是他坚持实事求是的学风使然。一直从事戏曲研究五十余年，从不"时云亦云"，对戏曲艺术价值、戏曲艺术功能的客观评判，曾经何其难哉！但郭老的学术探索却一直是建立在对戏曲艺术客观评判基础上的，所以才会以其科学性为人们所尊重。记得戏曲理论家傅晓航先生在前年《郭汉城文集》出版座谈会上的发言中曾说：《郭汉城文集》使他感触最深的，是文集体现的坚持真理和实事求是的精神。"文革"前的十七年，在戏曲研究中很少有人不受极左思潮的影响，在这一时期，不少名家、大家所写的文章，今天也很难再拿出手了。然而在我看来，恰好是这一时期汉城先生的文章最好看、最耐看，可以说是思想性、艺术性兼优。这实在是太难能可贵了。傅晓航先生的话，很真切地说明了郭老戏曲理论研究为什么有价值。我深以为然。《当代戏曲发展轨迹》也同样体现着郭老坚持真理的探索精神，由此而生发的独特见解，会使读它的人得到智慧。

郭老在新中国成立后历任中国戏曲研究院剧目研究室主任、中国戏曲学院附设戏曲研究所所长、中国艺术研究院副院长兼党委副书记、国务院学位委员会学科评议组成员、中国戏剧家协会副主席、中国戏曲学会副会长、文化部振兴京昆艺术指导委员会副主任、《中国戏剧》主编等。他是传统戏曲继承革新历程中一位重要的承上启下的开拓者，是现代中国戏曲理论科学化体系的创建者之一，是新中国成立后第一批以马克思主义理论为指导从事戏曲理论研究学者队伍中的领军人物。他担任艺术行政领导职务，不计较个人得失，为戏曲理论体系的奠基工程奉献出自己的组织才干和学术智慧。从20世纪50年代戏改开始，他坚持用马克思主义唯物论、辩证法的观点"一分为二"地看待传统戏曲剧目，实事求是地坚持自己的学术主张，经受过多次错误批判而不改求实的治学精神。20世纪70至80年代，他与张庚共同主持完成了中国戏曲"志""史""论"的编写工作，他们主编的《中国戏曲通史》《中国戏曲通论》《中国戏曲志》及《中国大百科全书·戏曲曲艺》卷，是新中国戏曲理论的奠基性著作，为现代中国戏曲理论体系的建立奠定了坚实的基础，在国内外产生了广泛影响。

作为戏曲理论家、戏曲史学家，郭老与张庚老一起把对中国戏曲理论的研究纳入学术规范。他的理论研究以辩证唯物主义、历史唯物主义思想为指导，突破了传统研究方法上的考证学视野和研究手段单一的局限，又克服了漫评杂谈式的主观随意性，从而使戏曲理论研究具有了科学性和哲学思辨性。其次，郭老以哲学和历史作为戏曲理论研究的文化基础，他把作家、作品置放在中国文化思想发展的历史长河中，置放在当时的社会背景下，当作一种历史的文化的现象来考察、分析，因此，他的理论有很强的历史纵深感。同时，他非常强调戏曲理论建设的系统性，对戏曲艺术本体及戏曲艺术现象，不仅仅囿于戏曲艺术本身去孤立地看待，而是善于从其内部与外部的联系，从其过去、现在与未来的纵向发展中寻找规律性的特征，避免了认识上的片面性。

作为戏曲批评家，郭老十分重视戏曲艺术的美学特征。他强调戏曲艺术作品与人物形象要给观众以"美感享受"，始终坚持在美学范畴评价戏剧创作的批评原则。郭老把自己的戏曲理论研究方法应用于他的戏曲批评之中，为现代戏曲批评开辟了新路，为当代戏曲艺术的健康发展做出了贡献，也为后来者树立了典范。他是分析鉴赏中国戏曲剧目的一流专家，无论是对古代的经典之作的剖析，还是对当代新剧目的评析，都能以独到、准确、深刻的艺术分析，得出令人信服的结论，其戏剧批评闪烁出不同一般的学术光芒。郭老在戏剧批评中强调戏剧要以生动的人物形象给观众带来美感并起到艺术潜移默化的作用；强调戏曲艺术独特的审美特征，他指出中国戏曲最大的特点是艺术辩证法，从事戏曲理论研究与创作都要遵循戏曲的本质规律；强调戏曲与人民群众的密切联系，他指出，中国戏曲所以不断发展、绵延至今，其根本原因是它深深扎根于人民群众中，戏曲与观众是在双向交流中衍变的，今天的戏曲遗产一定意义上是人民选择的结果，尊重戏曲传统十分重要。他强调要从戏曲艺术发展的客观规律出发，把握戏曲本体的审美特性，对戏曲创作、戏曲现象做深入的艺术分析，要从理论上揭示戏曲的本质，在评论中体现艺术发现的深刻性、准确性，避免理论的肤浅和批评的概念化、随意性。同时郭老对戏曲人民性和现实主义精神的辨析，指出中国戏曲遗产精华与糟粕共存的整体认识，都对我们今天正确对待和继承借鉴戏曲遗产具有重要的认识意义。

作为戏曲剧作家，郭老继承了中国古代戏剧家"创作与理论并重"的传统，他的剧作体现了自己的美学思想，也体现了理论与实践相结合的治学精神。郭老自己的戏曲创作改编，从选材上对文人的文学本与民间舞台演出本同样重视，他的《海陆缘》《合银牌》《青萍剑》《琵琶记》等剧作都是根据古典剧作和传统戏改编的，产生了较大影响。郭老不是闭门书斋，而是身体力行，积极参与当代的戏剧创作、指导和评论。多年来，他与张庚、刘厚生等老一辈戏剧家走遍了祖国南北西东，与剧作家、演员、导演等座谈切磋，在戏剧界到处有知音，到处有朋友。

作为戏剧教育家，郭老曾指导过我国第一批戏曲研究生，他带出一批批戏曲专业的专科生、本科生、进修生、硕士生、博士生。他还经常和他的学生们共同署名发表文章或作品，这也是他帮助青年学者、带学生的一种方式。他还和许多剧作家、导演和演员成为朋友，以通信、谈心、座谈等多种方式，使许多剧作家和他们的作品得到提高，使许多演员在自己的艺术实践中受益。

作为学者型诗人，郭老的诗词，既严于格律，又富有现代感和中国气派，体现了他对艺术、对生活、对自然的敏锐感受力，显示了他作为艺术家的才情和创造力。

前年出版的四卷本《郭汉城文集》包括了他的戏曲研究论文集、戏剧批评集、诗集、剧作及"对郭汉城及其作品的批评"的附录，囊括了郭老半个世纪以来戏曲理论研究和艺术创作的全部精华和理论发现的奥妙，为我们提供了戏曲研究、艺术创作上的多方面启示和教益。郭老与张庚老带领中国艺术研究院戏曲研究所的老一辈研究人员，以戏曲史论研究的辉煌成果，成为新中国戏曲理论体系创立的奠基者，也为中国艺术研究院积累了深厚的学术传统，这些都是应该让我们记住的。

在《当代戏曲发展轨迹》出版之际，衷心祝愿郭老健康长寿！

（原载于《当代戏曲发展轨迹》，文化艺术出版社2008年版）

《中国评剧发展史》序

翻阅《中国评剧发展史》的初稿，首先感觉到撰稿者们是在唯物主义科学史观的指导下，在认真研究评剧的发展历程。评剧是一种社会艺术实践活动，是喜欢评剧的几代人勤于探索追求，共同创造的。一个剧种的形成与发展，是特定的历史时期特定社会环境及文化环境的产物。书中详略得当地描述这种艺术创造活动的过程，就形成了这部评剧艺术史。

其次，研究艺术史，不仅要探索艺术发展进程中总体性的普遍规律，而且要发现其中各个发展阶段的特殊规律，并且还要揭示特殊规律与普遍规律之间的内在关联，从而理解、阐释艺术史表象，进而透过表象洞悉其中实质性的规律。戏曲剧种史是复杂的艺术现象，指出和总结在艺术发展历程中某些既互相排斥又互相关联的偶然性与必然性，甚至一果多因、一因多果的艺术现象，揭示其艺术规律，是很重要的。本书撰写者们勇于探索，条分缕析，对评剧分期研究，发展线索梳理得很清晰，经归纳总结，突出揭示了剧种史与社会文化环境的依存关系。

再次，对艺术史总结书写，让艺术发展过程的历史经验，引起当今及今后从事艺术工作人们的注意，从中获得借鉴，是一部艺术史应具有的价值。艺术史论的价值是客观存在的。艺术史论与艺术创作实践的关系是相互依存的。从前的艺术史可为当今及未来作为借鉴，而今天的艺术实践到明天，就可成为新的艺术史。此外，民族艺术的发展，需借鉴艺术史论的总结。包括评剧在内的戏曲艺术，从近二十年的发展过程来看，虽然继承与创造的成就令人瞩目，但存在对艺术史论研究相对漠视的现象，对成功与失败都疏于进行理论性总结，因此造成艺术发展中重复一些比较初级的失误，实在发人深省。从某种意义上来说，世纪之交的戏曲危机，其中对戏曲史论研究重视不够，不去深入概括总结艺术本体的规律，以艺术上的盲目性去从事艺术创作实践，应该是一个重要原因。《中国评剧发展史》的理论探索与概括，不仅可以对评剧艺术的科学发展起到指导作用，也对剧种发展史的研究提供了很有启示的借鉴。

从1958年胡沙先生《评剧简史》问世，1997年陈钧先生《评剧音乐史》出版，到如今的《评剧发展史》初稿完成，加上许多论文和专题研究，应该说评剧艺术史论的理论建设已初见概貌。评剧史上涌现的一大批群众喜闻乐见的优秀剧目，特别是当代许多优秀中青年演员在评剧舞台上焕发风采，说明评剧创作演出与理论研究相辅相成。评剧艺术充满希望的发展前景，正呈现于评剧艺术家和理论工作者的共同努力之中。

《中国评剧发展史》作为一部评剧史学专著，全面系统而又立论清晰地阐述了评剧形成和发展的历史，指出了评剧发展的基本规律。特别是作者以发生期、形成期、繁荣期、衰落期、复兴期、沉寂期、新时期七个阶段，来概括评剧发展的历史分期，并以此作为叙述评剧发展史的构架，这种概括的独特性给人以鲜明印象，而书的叙述结构又给人以脉络清晰之感。尤为可贵的是，书中以丰富的史料，来说明立论的准确，既有可读性，又具有生动性。在诸多戏曲剧种史专著中，《中国评剧发展史》是不可多得的既具有思想性、学术性，又以丰富的史料和生动的叙述，吸引人爱读的一本书。

任何艺术形式及其表现的内容，都产生于一定的文化背景。该书在揭示评剧形成的社会历史环境和文化环境方面，是以宽阔的视野审视历史史料，指出"现代工业城市的发展，是评剧诞生的摇篮，也是哺育评剧成长的母体"；而辛亥革命民主思想的传播，也使评剧以新的思想内容在与群众的结合中，促进了自身的发展。评剧作为综合性的舞台艺术，是由多种艺术元素结合而成，其中主要以音乐的独特性，构成剧种的本质特征，该书在对评剧艺术整体发展的揭示中，突出了对评剧音乐、声腔及其演出规律的揭示，也使得对"史"的叙述，更贴近评剧艺术发展的本体规律。

总之，该书通过对评剧发生、发展过程及其艺术呈现形式和表现内容的总结归纳，描述其发展历程中的兴盛变化，揭示其发展和艺术创造的基本规律，清晰地绘制出了评剧传承创新的艺术史画卷。该书既是评剧发展史的概括，也是评剧艺术理论的艺术总结，对评剧艺术今后的发展，有重要的创作实践和理论探索的借鉴意义。

评剧是北京地区流行的主要剧种之一，也是中国有较大观众覆盖面的重要戏曲剧种之一。作为北京的艺术理论研究工作者，进行《中国评剧发展史》的编撰，既是一种责任，也是对中国剧种史研究的贡献。我相信，戏曲理论界和众多评剧艺术家及广大观众，都期待着这本书的出版问世。

（原载于《中国评剧发展史》，旅游教育出版社2008年版）

《中国画的精神家园》序

在艺术理论与艺术创作领域，近几年来涌现了一批思想敏锐、富于开拓精神的青年人，由于他们的努力，艺术理论和艺术创作得以在较高的文化层面上展开，从而在整个社会文化活动中，起到了相应的作用。唐建以其宽广的学术视野与活跃的艺术创作，从艺术理论与艺术实践两方面不断深入探索，不断互为阐释并生发新意，显得格外引人注目。

唐建是20世纪60年代后出生，在艺术创作与理论方面都颇有建树的中国当代青年画家。多年来，他含辛茹苦而又意气风发地劳作、耕耘，以其厚重的学术功底，勤奋的艺术实践，活跃在当今中国画坛，成为在中国画创作、教学与理论研究上颇有建树的青年艺术家。唐建现为中国政法大学人文学院教授、艺术系主任，曾先后在国内外举办了十余次个人画展，出版了多部个人画集和理论著作。他善于将特定文化内涵和学术理念融入创作之中，注重艺术理论与实践的结合。他的论文集可以看作是他对中国艺术传统与当下艺术实践的一种梳理、研究与分析，同时也是他将艺术实践不断思考、提升的理论著述。在论文集中，诸如"形神""意境""繁简""线"等传统命题，他都提出了自己的独特思考与见解。

唐建在艺术理论中坚持"传统与创新"并重的艺术观念，并在其艺术实践中坚持体现这种艺术理念。他注重一边从古今中外艺术传统中学习优秀的品质，为我所用；一边坚持有所突破、有所创新。他认为："如果我们像徐悲鸿先生所讲的那样，'古法之佳者守之，垂绝者继之，不佳者改之，未足者增之，西方画之可采入者融入'，能够从中国古代儒、道、释文化思想中汲取营养，必能创造出更加辉煌的新时代的中国画来。"这可以看作是他最为执着追求的艺术理念。再比如在《我看八大》的文章中，他提出："我们从崇拜中学习伟大的精神，在其中构筑自我风格的大厦。一句话，我们在对大师的崇拜中接近大师。"由此可见，他对传统的艺术态度是："有承有破""法自我立"。

唐建的创作既遵循文人画的路径，坚持笔墨传统，又融合西画造型，吸收素描技巧。他在中外艺术传统氛围内熏陶受益，但又不愿简单地承继中西画的艺术传统，而立志有所突破、创新。他认为，只能通过对既有模式重新加以提炼与组合，并在此过程中大胆地吸收古今中外的文化成果进行新的创造，中国画才能在新时代有所作为。显然，唐建的艺术观念有突破性，不过他的这种突破性是建立在对传统尊崇、热爱和有深刻认识的基础之上的，是一种要把新旧传统向前推进的、带有建设性的突破。他对中外艺术有冷静、理性的分析，他深知传统文人画的优长与不足以及"五四"之后中国画发展的艰辛曲折。在他的画作面前，我们为他准确、生动地把握对象的形、神，为他挥洒自如地运用线、墨、彩，为他表现的鲜活的物象而心生赞叹。唐建笔下的物象具体、丰满而生动，意境沉静而淡远，中国画写意手法反映现实的写实能力，在他这里得以鲜明地彰显。

从他的画中，我们可以看出他走的是传统中国画的路子，其中宋元以来的文人画对他影响较大。特别是梁楷的酣畅淋漓、徐渭的奔放洒脱、八大的空灵简约、吴昌硕的苍劲古拙、齐白石的质朴情趣，都深深地影响了他，他努力把传统精粹的元素融化在自己的作品中。无论是山水画还是花鸟画、人物画，他都非常注重对艺术精神本质的表现，其作品的意味为观众艺术欣赏拓展了空间。与此同时，他又特别强调绘画作品的形式感，善于把握作品的整体气势。他的画写意而重法度，勾皴颇存古雅，染墨幻化意趣，赋色多见灵机。无论花鸟、山水、人物，内容丰富，风格清新，脱俗见雅，形神兼备。唐建在写意与写实的融合中，在笔力与墨韵、线与皴的创造中，在语言手段的虚实变化中，施展自己的才智。他的画有耐人审视的品格，也有亲和生动的趣味，并洋溢时代的清新气息。唐建的艺术实践体现了他所追求的"承继传统"的同时进行"突破创新"的艺术观念。可以说，正是丰富的艺术实践带动了他对艺术理论不断深入地思考与研究，同时，不断深入地思考又提升了他的艺术实践。理论与实践的相互转化、深化，互为滋养，是唐建艺术理论探索和创新的鲜明特点。

艺术理论既要有独立的、自成系统的探索，又不要丢掉宝贵的现实品格。作为艺术家又兼是艺术理论研究者的唐建，坚守了这两个方面的责任。艺术理论和实践都要尽可能地对画家和大众产生影响，既要研究基础理论问题，又要眼睛向下，面向画坛，研究艺术创作和艺术发展的现实问题；既要研究画坛思潮的变化，又要研究时代审美趣味的变化。这些，在唐建的艺术理论研究与艺术实践中都给予了充分的关注。

可以说，近十年来，艺术创作和艺术理论的主要成果之一就是在自身的发展过程中，充分显示了精神自由、学术自由、创造自由的可贵。作为艺术理论家和艺术家，除了应该有很厚实的专业造诣外，最主要的还是要有正直的人格，独特的思想，创新的见解，深刻的思考能力。只有如此，艺术理论和艺术创作才会真正出现百花齐放、百家争鸣的局面，才会让人们从中真正感受到自由创造的无穷力量。我们可以看到一些年轻的理论家与艺术家为此作出的贡献。唐建作为一位艺术创作与艺术理论紧密结合的实践者，便是其中一位勤奋有为的具有独立思考品格的艺术家。而他的论文集也正是这种具有独立品性的艺术思考的结果，我们可以从中感受到很多作者独特思考的智慧显现。

（原载于《中国画的精神家园》，中国政法大学出版社2008年版）

为漓江山水立传

——《黄格胜研究文集》序

2006年10月中旬在桂林参观黄格胜先生的画展，200米长卷《漓江百里图》那淋漓挥洒、大气磅礴的笔墨气象和喷涌的生命激情，使我震撼。笔墨传统的魅力和创新探索的尝试，赋予桂林奇秀山水以勃发的生机。画家笔下的桂林山水比自然山水更雄强、更诡异，一览难尽。一年多过去，《漓江百里图》的笔墨意象在我脑海中仍然十分清晰。《漓江百里图》是黄格胜在1985年创作的，现在看起来，清新之气依然扑面而来。长卷200米，但它的意义不在超长的篇幅和众多的景致，而是打破了漓江山水原本给人片段式的印象，能够以一种整体的方式出现——晨午暮夜、阴晴雨雪中漓江山水的万千变化，被作者以全景的方式悉数描绘。很多人看见这件作品，会觉得黄格胜画的漓江，与其他画家笔下的漓江不同。黄格胜是土生土长的南方人，他不拘泥于精巧和细致，执着地要画出家乡山水的大美。黄格胜不再是对漓江简单的模拟，他在尝试突破，他画出了现代人眼里的漓江，而这个漓江是雄壮、厚实、质朴和变化的，是活的漓江。

在《漓江百里图》后，黄格胜没有停止脚步，他尝试着更深入地去理解漓江。一次次地下乡写生，一遍遍地艰苦磨砺，大量的反复实践，使他练就了对景创作的绝活儿。他不是仅仅用眼睛绘画，更是用情感绘画——漓江的一草一木被他画入笔下，皆是漓江的生命。他的画变得充满生气而精神倍增。画面是山、是水，是树木、是房舍，即使是在没有人物的情境中，也使我们感受到浓郁的生活气息和人的存在。他画漓江的景物、风土人情，于是，就有了《漓江百景图》。因为用情，黄格胜的艺术更进一步，如果说在画《漓江百里图》的时候，黄格胜还在努力创造风格的话，那么到了《漓江百景图》，黄格胜已经在用自家自法挥洒笔墨了。看着这样的作品，可以明白是漓江滋养和抚育了黄格胜，黄格胜反过来，在用他的勇猛精劲和饱满深情赋予漓江不同凡响的时代气息。黄格胜以几十年的艺术积累，融汇地域文化、生活气息、笔墨传统与创新的元素，形成了自己独特的具有标志性的绘画符号。而这种具有标志性的艺术风格是鲜活的，唯其独特与鲜活，黄格胜也成为我们这个时代的一位美术大家。

但是黄格胜不满足自己一个人纸上的漓江，他还要带领同好一同打造更有人文价值的漓江，所以就有了轰轰烈烈的"漓江画派"。这些年来，除去忙碌的教学任务和频繁的社会活动，黄格胜还拿出大量的时间和精力扑在"漓江画派"的事业上。他自己不仅亲力亲为，有非常多的优秀创作，还极力向社会推介广西其他优秀的画家，尤其对年轻人的成长提携，更是不遗余力。而且黄格胜思维开阔，做事果断，不喜欢拐弯抹角和斤斤计较，非常有人格魅力，很多人才愿意与他一起打拼天下，他的身边总是不缺乏朋友、帮手和志同道合者。这就是黄格胜的心胸，他不仅擅饮，还有海量的包容，作为"漓江画派"的领头人和广西美术的领导者，他对广西美术的促进，是众人皆知的。有天时、地利，还有最重要的人和。"漓江画派"在中国美术界能够拥有现在的影响力，黄格胜功不可没。

黄格胜和他的同道拿出前辈李可染为"祖国河山立传"的气魄，在为漓江山水立传。因为这个抱负，很多的工作、很多的任务都等待他去完成。但即使如此，我们仍然能够看见他持续不断的艺术创造力。可见黄格胜不仅志向高远，还不忘画家的本分，依旧脚踏实地地握紧画笔，下乡写生，闭门创作，从不懈怠。这使得他的成绩在同辈画家中非常突出。黄格胜已经不单是位美术教授、美术机构领导者和美术活动组织者，更是一个以绘画方式存在的文化自觉者。因为对脚下这片热土的爱，因为对中国绘画的无比自信，他正以自己的每时每刻，无怨无悔地实践着我们这个时代的文化理想。

这本书汇集了多位专家对黄格胜艺术的评论，他们从不同角度解析了黄格胜绘画形态、艺术之美及其艺术创造的价值。但文字之外，很多文章还写出了黄格胜对漓江山水的那份情感，相信读者会感受到这特别的深意。

是为序。

（原载于《黄格胜研究文集》，文化艺术出版社2008年版）

中国工艺美术大师技艺成长史的全景展现

——《中国工艺美术大师全集》序

工艺美术有着悠久的历史、高超的技艺和丰富多样的风格，它是中华民族造型艺术的重要组成部分，还曾是传统农耕社会里最重要的技术力量。工艺美术密切关联着制度、礼仪习俗、生活方式、审美理想，所以是过往文明的物质与精神载体，历朝历代的手工艺人为中华文明史谱写了极具智慧和灵性之光的灿烂篇章。新中国成立之后，国家重视手工艺人的劳动，当代工艺美术品大量出口，曾行销世界170多个国家和地区，不仅换回了大量外汇，而且向外输出了我们灿烂的民族文化。

工艺美术的强大生命力在于它兼具实用、审美、收藏等多种社会功能。自有人类社会伊始，工艺美术就既是物质生产，又是精神创造；既是经济，又是文化。许多工艺美术品类有着坚韧的生命力，如同一条文明的巨流绵延数千年不止，始终以美的形式服务于人们的生活。

工艺美术之可贵，在于它风格上多姿多彩，在品质上往往是唯我独有、唯我独精。我国的工艺美术有着自己的技术体系和造物哲学，在世界上以技艺精湛、民族风格独特而享有崇高声誉。各地的工艺美术在技艺和风格上又表现出鲜明的地方文化特色，如江南工艺的秀润雅致、北京工艺的富丽整饬、广东工艺的绮丽多彩等等，它们统一在民族风格之下，形成"万紫千红总是春"的繁荣局面。

客观地说，在"经济技术一体化"的时代，人们基本的生活需求完全可以通过新技术和新经济来解决，传统工艺美术的物质生产已不占主流地位。人们之所以仍然需要古典家具、艺术陶瓷、刺绣、漆器、玉雕、木雕……是因为它们与千篇一律的机器造物相比，凝聚着更多的文化积淀和艺术韵味。优秀的工艺美术品是天工与人工的完美结合，它可以让我们感恩自然、怀念传统、感受人性的温暖。更何况当代工艺美术在继承传统基础上，顺应时变，不断吸收其他艺术门类的营养，已建立起一种崭新的审美风尚。富贵、高雅、单纯、明快、清新的当代工艺美术品适应着不同人群的需要，不仅现实地构成了人们身边的物质生活环境，同时还不断地影响着人们内在的精神。

如今，把工艺美术仅仅当作是经济行为的片面认识基本得到扭转，它的文化属性和非物质文化遗产属性得到广泛的社会认同。譬如自1979年至今，国家有关部门分五批共授予了365位手工艺人"中国工艺美术大师"称号，这是国家给予这一群体的最高荣誉；1997年国务院正式颁布了《传统工艺美术保护条例》，全国各省、市、自治区结合实际情况也制定了保护与发展的具体办法；2006年文化部颁布了"首批国家级非物质文化遗产保护名录"，其中超过四分之一的项目是属于传统手工技能；近年来，越来越多的省市开始把工艺美术看成是可持续发展的文化创意产业资源……

为推动工艺美术事业在新的历史时期的新的发展，总结"中国工艺美术大师"这一最优秀群体的创作经验，展示他们精湛的创作成果，弘扬我国的工艺文化，中国艺术研究院与北京今日美术馆共同策划拟在近几年内连续出版大型丛书《中国工艺美术大师全集》，并于2007年9月正式启动了这项出版工程。

本丛书从获得"中国工艺美术大师"荣誉称号的手工艺人中选取符合条件的研究对象，每卷独立推出一位大师的研究，全景再现大师的生平事迹和艺术成就。整套丛书保持风格的连贯性和研究水平的一致性。各卷的主要内容包括大师口述史、专家对大师艺术成就的评述、大师作品、大师创作年表几个部分，有条件地附录大师作品的收藏和拍卖记录。

每一位中国工艺美术大师的成长都经历过数十年的技术磨炼，他们向读者娓娓讲述学艺的艰辛、创作的甘苦，还有鲜为人知的技术细节和个人传奇。这些珍贵的人生体验和艺术经验是一般理论家难以想象出来的，而这正是重构历史最可倚赖的材料，最可珍惜！专家评述部分是在完成大师口述史的基础上，站在时代高度对大师毕生所取得的艺术成就作出客观评价。大师作品图片的采集面涵盖不同时期，尽量选择那些能反映大师个人技艺成长史的典型作品。本丛书的编辑力图实现学术经典性与生动可读性的统一。

我们有幸邀请到国内工艺美术界的多位著名专家学者担任本丛书的编委，并从全国范围内遴选出相关的年轻学者担任撰稿人。希望该丛书的出版能弥补以往工艺美术领域理论研究的不足。在一个重视文化保护与发展的思想解放的时代里，理应改变把手工技艺视为"小道末技"的旧观念，大力总结和弘扬优秀的工艺美术文化。为后人留下一部可信的史书，是编委会同人的共同愿望。

是为序。

（原载于《中国工艺美术大师全集》，四川出版集团、

四川美术出版社2009年版）

带给你生命的活力

——《汪易扬书画作品集》序

汪易扬先生年逾古稀，但他的精神气韵、言谈步履，都透出一种年轻人才有的豪迈、敏捷，似乎看不到岁月曾留给他的诸多磨难、坎坷。而观看他的画，听他创作的歌曲，那艺术创造的新鲜气息，那催人激情奔涌的旋律，都使人感奋。汪易扬先生出生于福建厦门鼓浪屿，从小酷爱音乐和书画艺术。在他以后的人生经历中，读书、参军、当编辑，音乐和美术创作都是他生命的一部分。特别是在受到不公正待遇下放河北馆陶县的21年中，不堕其志，更把生命倾注在音乐、美术创作和培养辅导群众业余文艺队伍中。丰富的人生经历和人民生活的赋予，使他的音乐作品具有鲜明的民族特色、生活气息，并给人以一种具有浓厚内涵的情感体验。他的"狂草人物画"，融音乐节奏、旋律于笔墨之中，酣畅、简洁、准确的狂草线条勾勒的创作意象，给人以强烈的感情冲击。汪易扬先生以独特的生活体验和人生感悟，以不懈的艺术创新追求，为人们奉献出独具个性的音乐、美术作品。他的豁达心胸、宽阔视野、青春活力、火热激情和艺术创作活力源自哪里？他自己说："一心一意想为祖国和人民多做一些力所能及的贡献。"并说，"但愿我所创作的书画和音乐作品，能带给你生命的活力。"这朴素的语言，却是他发自心底的人生誓言。努力去实践这人生誓言，使他脚步不停，身体健康；使他创造不止，硕果累累，并保持思想和创造的青春活力。

我钦佩汪易扬先生在人生挫折中磨炼出坚韧，在艺术创造的长途中不断摆脱因循，努力创新。祝愿汪易扬先生永葆艺术创造活力，收获更多的硕果！

（原载于《汪易扬书画作品集》，中国文联出版社2009年版）

尽善尽美的境界

——"星云一笔字书法展"前言

几年前，应星云大师之邀，与文化、艺术、哲学界和教育界的学者在钓鱼台国宾馆餐叙。席间，星云大师讲起两岸文化的同根同源，讲起梦中思乡之情，那沉郁恳切之音容，令人至今难忘。星云大师作为佛界高僧的爱国情怀与推进两岸文化交流的热忱，素令人钦敬。星云大师耄耋之年，应中国艺术研究院和中国美术馆之邀，在中国美术馆举办"星云一笔字书法展"。展览的举办，会让大陆书法界的朋友们和广大观众看到大师特殊的一面：作为书法家的高僧，或作为高僧的书法家。

书法，作为中国传统文化的一朵奇葩，自先秦传承至今，名家各擅胜场，可谓异彩纷呈。而书论书评与书法相伴相生，评骘各有眼光，立论各有境界。虽说评论不必拘于道法而贵在真诚，但我不敢妄评大师的书法造诣。古代书法品评的标准，无疑仍然是今天人们审视书法艺术的基本尺度。但当代审美取向演变的影响，也是人们看待书法艺术高下的一个因素。但不管如何，我以为孔子当年"尽善尽美"的法则至今仍然是艺术的至境，是很难达到的境界。可是，我看大师的书法时，却想到了这四个字。

赵朴初先生生前经常说："佛教是文化。"佛家文化与儒家文化、道家文化等共同构成博大精深的中国传统文化。大师所书写的内容，全部是佛家劝人向善、积极乐观、通达湛然的哲理、格言、警句。其中蕴含的佛法大意和人生境界，是东方智慧最凝练的表达，是历代大德的精神遗产，有助于塑造当代人的健康人格和帮助良好道德的养成，有助于丰富人们的精神世界，有助于我们构建和谐社会。这样的内容，可谓"至善"。

大师罹患眼疾之后，为了弘法利生，与书法结缘，反而独辟蹊径，卓然成家，独创"一笔字"，堪称当代书法界的奇迹。拜读大师的笔意时，可以深刻体会到佛家"八万四千法门"但"法无定法"的道理。

大师的字超越了一般的书法理论和要求，不但无笔无锋，无经营位置，甚至无势无骨、无横竖撇捺，但却神采生动，气韵流畅，法象自然，适眼合心，让人联想到禅的境界："青青翠竹，皆是法身；郁郁黄花，无非般若。"在那超越了俗世"规矩"和"方法"的如行云流水般的墨迹中，有一种鲜活灵动之美和深刻的禅意。古人把一种最自然、最没有雕琢痕迹、最没有烟火气的艺术作品称为"逸品"，并将其置于"神品""妙品"之上。这样的艺术，可谓"尽美"。看大师的书法，想到苏轼在《小篆般若心经赞》中说的那句话："心忘其手手忘笔，笔自落纸非我使。"大师目力不及，听笔所至，心手相忘，才有了天然绝逸之美。

去年，"中国书法"已被联合国教科文组织批准为"人类非物质文化遗产代表作"。弘扬中华文明，是两岸中华民族子孙的共同责任。中国艺术研究院与中国美术馆举办"星云一笔字书法展"，这是两岸文化交流的重要内容，无疑将促进两岸人民的兄弟情谊，并对中华传统文化的继承与发扬起到有力的推动作用。

2010年3月25日

（原载于《中华文化画报》2010年第6期）

《中国传统节日》前言

　　现在，当新年元旦的钟声敲响，中国人民都会与世界各国人民一道，欢庆这个一年一度、辞旧迎新的盛大节日。这是我们融入全球化的一个象征性标志。不过，作为中国人，人们还在心底迎接着另一个属于我们自己的"年"——春节，即旧历年或叫农历年、阴历年。本来，在古代中国，"年"就是指阴历的"除夕"即腊月三十；"元旦"（又称"元日"）则是指阴历的正月初一。在进入近代社会之前的中国传统社会，"除夕"与"元日"这两个紧相连接的重要节日，才是一年一度旧岁与新岁的交接盛典，才是人们辞旧迎新的隆重节日。"一夜连双岁，五更分两年"，"爆竹一声除旧，桃符万户更新"。这两副广为流传的对联，对于"除夕"与"元日"节日功能的概括可谓确切。在清王朝的统治被推翻后，中华民国政府公布公历1月1日为"元旦"，而将阴历正月初一改称为"春节"，但在中国人的意识中仍葆有一个心结，就是农历的除夕与春节，才是属于自己的"大年"。特别是在广大农村地区，只有欢度除夕与春节，才算是真正"过年"。这表明，起源于农业社会的许多传统节日，历经千百年岁月积淀，既作为传统文化的基因，也作为人们对传统文化的记忆，在人们的精神和情感层面刻下了深深的印痕。置身于工业文明和信息时代的今天，人们既要跟进全球现代化的演进，也更需要与呈现为文化多样性的传统节日的精神、情感和生活方式的联系。

　　节日是相对于平日而言的。节日本指节气时令中两节气的交接之日。起源于古代农业社会的不少传统节日同民俗活动与节气时令的结合有关。中国传统节日是源自人们生活中的共同需要而通过积淀形成的传统礼仪、仪式、游艺等为重要内容的各种方式，在特定时空关系中利用相应的物质载体表达思想、信仰、道德、理想等的群体活动的日子。同时，这些表达多是以人们乐见的风俗和艺术的方式来进行的。传统节日呈现的形态，构成了其周期性、民族性、群众性、地域性及综合性民俗文化事项的基本特征。

中国的传统节日，形式多样，内容丰富，是中华灿烂文化的重要组成部分，是我国无比丰富的非物质文化遗产宝库中的瑰宝，它作为中华民族传统文化的重要表现形态，凝结着中华民族的智慧，寄托着中华民族的感情，积淀着中华民族的历史，蕴含着中华民族的精神与文化，是维系国家统一、民族团结、家庭和社会和谐的重要精神纽带，也应是发挥当代社会主义先进文化影响力的重要载体。在中华民族的历史发展进程中，传统节日深深融入人们的生活和精神、情感世界，激发着民族的生命力、创造力和凝聚力，推动着中华文化历久弥新、不断延续发展。因此，大力弘扬传统节日文化，推动传统节日在与新的发展着的时代的融合中呈现旺盛的生命活力，是传承中华民族优秀文化传统和当代文化创新的必然要求，也是维护和保障中华民族文化与生活方式多样化的必然选择。

随着我国非物质文化遗产保护工作的推进，春节、清明节、端午节、中秋节、重阳节、雪顿节、傣族泼水节等各民族的近50个传统节日及节庆活动被分别列入第一批、第二批国家级非物质文化遗产名录保护项目。传统节日在增进民族文化认同、增强国家凝聚力、人民群众共享文化成果和维护人类文化多样性中的积极作用，已被越来越广泛地认同。特别是2007年12月，经国务院常务会议通过，国务院公布《关于修改〈全国年节及纪念日放假办法〉的决定》，并自2008年1月1日起施行。该决定将清明、端午、中秋三个传统节日增设为国家法定假日；原春节放假三天不变，但放假时间由原来的正月初一至初三改为除夕至正月初二。实际上除夕也就同时列入了假日。把传统的民族节日确定为国家法定假日，对于整个国家的社会生活和广大民众的生活方式来说意义非凡。社会和民众有了一个生活节点，人们通过历史的记忆和现实具有丰富内涵的节日形式呈现，与自身的文化及社会和国家加强认同。这对于全民正确认识传统节日宝贵的文化价值、积极参与节日活动、努力保护节日文化传统、注重节日文化资源的运用与创新，都具有深远影响。

今天我们重视传统节日的当代延续和弘扬传统节日文化，一方面，是由于时代的发展和进步，我们的国家正在生发着一种建立在文化自信基础上的传承优秀文化传统的文化自觉；另一方面，是一个不能不正视的社会背景，即由于工业化和城市化迅速推进，信息化与全球化传播途径疾速发展，传统节日赖以存在的社会环境日渐狭窄，外来文化的影响和人们追赶时尚的文化取向，使得传统节日的影响和吸引力日渐弱化，特别是越来越多身处城市化进程中的年轻人更热衷于过"洋节"，而对民族的传统节日日益淡漠乃至陌生。即使是过着传统节日，也往往流于表面化的形式，或只注意少量的节日文化符号，而不再顾及蕴含于这些节日之中的深厚的文化内涵和凝重的精神情感。

　　传统节日弱化的境况，除了当代社会现代化进程的原因之外，还有一个重要的原因是在过去的一个世纪里，在以西方为师的现代性、现代化的总体历史语境中，包括中国传统节日在内的中国传统文化，遭到我们有意无意的轻忽与冷遇。进入新世纪，我们的国家和整个中华民族愈益走向文化传承与文化创新的自信与自觉，对我们的国家和民族的文化发展，对我们的社会和谐和人的全面发展有益的东西都应传承下来，已成为一种共识。弘扬传统节日文化，延续传统节日并赋予其当代的生命活力，是全社会的责任。这是一个系统工程，应从多方面来促进。我认为其中一个重要的基础性的方面是要充分挖掘传统节日的文化内涵，并让人们特别是青少年充分了解它。同时，也只有在挖掘其文化内涵的基础上，才能使传统节日在当代社会发展的进程中更好地体现历史记忆的价值，才能以文化记忆的魅力及具有准确象征意义的标志性符号，吸引人们特别是青少年参与其中。弘扬和延续以至发展传统节日的另一个重要方面，是要努力将传统节日的文化资源转化为当代人的生活方式或生活的实用产品。如浙江嘉兴市的人们普遍热情参与赛龙舟、插艾草、吃粽子、纪念伍子胥等内容的端午活动，真正把具有丰富而独特文化内涵的端午节当成自己充实的节日。与此相联系，这里是全国粽子最大的产地，年产粽子25亿个，占全国年产量的一半以上。我想我们通过努力挖掘传统节日的文化内涵，开发传统节日的文化资源（还有像年画、剪纸等），就会从文化影响力和日常生活两个方面吸引人们欢欢乐乐过传统节日。只有当人们主动地、自发性地成为传统节日的主人，传统节日才会因人们对历史和文化记忆的共享和人们带给它的当代性而具有生机和活力。

　　最近，一个偶然的机会，我读到了中国人民大学附属中学2009届高三年级的同学们就"节日文化"这一话题写出的一组作文。从这些作文中，我看到了这些中学生对于"节日文化"的充满灵性的感悟和不乏智慧的沉思。其中一篇作文说，单纯的假期并不能让传统文化走回每个国人心中，对于传统文化而言，最坏的结局不是在时空中散落，而是我们的后人宣称着传统，但却没有人真正了解文化的内涵——传统文化终成为形式主义下的一个牺牲者。还有一篇作文说，靠谁来拯救这些传统节日？绝不应仅仅依靠法定节假日来救，应该去拯救这些宝贵的节日的，是我们自己。

这些年轻的中学生充满热情和文化关切的思考，使人深感欣慰。可以看出，中国传统节日在总体趋向淡化演变的境况下，近年来，经过全社会各方面的持续不懈的推动，对于包括传统节日在内的优秀传统文化的传承与保护意识已越来越深入人心，整个社会包括青年人在内文化传承的自觉意识得到加强，对于是否应该传承、保护以及怎样传承、保护这些珍贵的传统节日和传统节日文化，已引起越来越多的人的关注，很多人也有了越来越深入、全面的思考。

在这样的背景下，我认为我们的学者们一方面要通过考察中国传统节日历史渊源、类型与演变，来阐释传统节日的社会文化功能和价值；从继承性、民族性、时代性的统一来研究传统节日的延续与发展；从传统节日的呈现形态入手，来思考基于其文化内涵的立体性、整体性保护原则，以及如何从移风易俗的渐变入手，在扬弃中传承传统节日文化的精髓。另一方面，我们的学者们要应时之需，以具有知识性、趣味性、可读性的文字，向社会大众特别是年轻人提供有关传统节日文化的系统的、可信的知识，让他们更多地了解传统节日特别是传统节日的文化内涵。正是基于这样的考虑，我们组织编写了这本《中国传统节日》。

丰富多彩的中国传统节日绝不是一个春节可以代表，也不止被新增为国家法定假日的清明、端午与中秋，本书从众多的中国传统节日中选取了11个具有全国性影响的重要节日，即春节、元宵节（上元节）、清明节、端午节、七夕节、中元节、中秋节、重阳节、腊八节、小年、除夕加以介绍。需要说明的是，本书所介绍的春节，是狭义上的春节，特指大年初一即农历的"元旦"（元日）至元宵节（上元节）前这一段时间，而把腊八、小年、除夕、元宵（上元）节分别作为独立的节日来叙述，以便对其历史文化内涵能有一个完整的概括。关于我国各少数民族那些影响深远、内涵丰厚、形态多样的重要传统节日，我们准备另编一本书来做专门的介绍。

本书对于11个重要传统节日的介绍，最大的特点，是把这些传统节日放在今日非物质文化遗产及其保护的视野中进行。此外，清晰梳理这些节日产生与演化的过程，全面概括这些节日的主要仪式、习俗，深入探寻这些节日蕴藏的文化内涵，也是本书追求的目标。假如本书的编写能够有助于广大读者了解、熟悉这些传统节日，使广大读者由衷地喜爱并热心参与这些真正属于大众自己的节日，在这些节日中感受中国优秀传统文化的魅力，享受节日带给我们的发自心灵深处、真切而又自然的快乐，作为本书的编著者，我们会感到幸甚之至。

2010年元旦

（原载于《中国传统节日》，中央编译出版社2010年版）

《捡起金叶》序

在今天，非物质文化遗产保护已经是一个世界性的话题，并且也已经是一个具有普遍性的实践课题。近十年来，我国的非物质文化遗产保护取得了令世人瞩目的成绩，起步较晚，但进展快，成效大：全国性的普查已基本完成，摸清了家底，知道了保护的对象；在普查的基础上，国务院公布了第一、第二批国家级非物质文化遗产名录，现已建立起国家、省、市、县四级非物质文化遗产名录保护体系，并以项目和传承人为核心，开始形成科学的非物质文化遗产保护和传承的机制；按照保护对象的不同性质，探索实施包括整体性、生产性和文化生态保护区等方式在内的多种有效保护方式；加强国际合作，加入联合国教科文组织《保护非物质文化遗产公约》，并积极申报联合国教科文组织公布的世界"非物质文化遗产名录"，中国已成为入选该名录项目最多的国家；加强立法保护，不少省、市、自治区已公布了非物质文化遗产保护的地方法规，全国人大也正在推进国家立法进程。除此之外，或许是更重要的一点，是全社会参与非物质文化遗产保护的意识普遍增强，加强非物质文化遗产保护，已成为社会公众的共识。

我国非物质文化遗产保护取得的成绩，可以说是新世纪开端的十年中，我国文化事业发展中被全社会广泛认同的一项重要成绩。这项成绩的取得，与党中央、国务院的重视是分不开的。胡锦涛总书记在党的十七大的报告中提出重视非物质文化遗产保护；温家宝总理2007年6月9日到中华世纪坛参观非物质文化遗产保护专题展，指出保护非物质文化遗产，就是传承民族文化的文脉。这些都对我国科学有效地保护非物质文化遗产起到了重要的推动作用。同时，社会公众热情参与保护，特别是作为非物质文化遗产传承主体的传承人、传承团体和作为保护主体的政府相关机构、各级各类非物质文化遗产保护机构及与保护相关的社区与民众的积极参与，在推动我国非物质文化遗产保护中发挥了主体性作用。其中，一大批专家学者的参与，对我国非物质文化遗产保护工作的科学有序推进，起到了重要的保证作用。田青就是这批专家学者中有突出贡献的一位。最近，他把自己发表的有关非物质文化遗产保护的文章结集，将交文化艺术出版社出版。他把这些文字送我翻阅并要我作序。翻阅这些文字，看到很多都是听他在研讨会讲过，或在报刊上发表时即读过的，再读当然感到亲切。读这些文字，不由想起往事中的一些镜头。

2002年我国向联合国教科文组织申报古琴艺术为第二批"人类口头和非物质遗产代表作"时，申报文本及音像资料上报后，教科文组织秘书处反馈回需修改和补充的意见，要求三天后即要重新报回。接到"意见"后的当天晚上，我召集中国艺术研究院内外的有关专家研究修改方案，到凌晨一点多才确定下来。当时联系制作音像资料的机房，只有中央电视台的机房设备能达到工作要求。但电视台的机房只有晚上十二点以后到早上九点的时间段可以借用。机房不能人多，考虑田青既是音乐方面的专家，又会音像制作，便提出可否由他及英语翻译等当晚去电视台连续"作战"，完成工作任务。当时，大家已经从下午连续工作到深夜，劳累可想而知。让一位著名的学者去做这么具体的事情，我有些顾虑。但田青非常坚决爽快地答应立即去电视台加班。七八年过去，当时的情景却历历在目。还有一件事情，2006年元宵节之前在中国国家博物馆筹备"中国非物质文化遗产保护成果展"。春节放假后筹展却要在元宵节开幕展出，筹展时间只有十来天。做这样大型的展览，也就只能加班夜以继日布展。一天下午我到现场，看到田青在指挥布展，有气无力的样子十分疲惫。一问才知从昨天晚上一直干到当天下午就没有离开现场休息……

读田青的文字，脑海中却浮现起这些真实的影像。田青将文集命名为《捡起金叶》，大概是希望人们珍视非物质文化遗产。这一个"捡"字，我也把它看作田青自己珍视和推动非物质文化遗产传承具体工作的记录。他说："能够把已经被边缘化的民间音乐、民间歌手推到主流媒体，让我们祖先传给我们的艺术瑰宝'重见天日'……比我自己写一篇'科学''准确'的文章更有意义。"读他充满智慧和有独特发现眼光的文字，想起他的知与行，他举荐盲人民间音乐家和牧羊歌手、组织"非遗"展演兼做主持人，及作田野考察，还有去做那一件件具体而微的事情，都是为了把"非遗"的"金叶"捧给社会和大众。田青是一位学者，也是一个"非遗"保护的实践者。文集中的一篇篇文字，大都是作者在从事保护实践中思考的总结，从不同的角度写出，集合在一起，却可以让读者体会到"非遗"的面貌，探寻到"非遗"的某些本体性的特质。也正因为作者的不少文字是"应时而写"，有感而发，因而在工作实践中产生了良好的社会反响。如因作者的强调而在音乐界纷纭一时的"原生态"一词，作者赋予了其匡正"民族唱法"走入雷同模式的针对性而为人称道，并在一定程度上推动了"民族唱法"发展方向的调整。我读这些文字，深切感受到田青的智慧，他观察事物的独特眼光和对"非遗"保护的热情与激情。

我国的非物质文化遗产保护，已进入整体性的全面保护阶段，科学保护任重道远。守护人类共同的精神家园，是我们每一个人的责任。应当看到，我们处在一个追求人类物质生活现代化的时代，"文化的现代化"也已成为不少学者关注和研究的一个课题。文化的与时俱进是一个规律。我们可以从政治文化、经济文化、社会文化、生态文化、国际文化领域及个人文化领域等明显地看到文化生活、文化内容、文化制度、文化观念及文化形态的许多变化。但文化发展不是线性的变迁，也不完全是由低向高的演进，社会的现代化进程中，人们更需要精神文化生活的丰富性，因而文化的变迁是多元、多途径和多样性的。在文化现代化的进程中，文化选择对社会的持续发展和全面发展具有决定性的意义。具有悠久文明历史的中国的现代化，从文化方面而言，绝不会是单一的选择，因之非物质文化遗产的保护和传承，对于处于现代化进程中的中国更为重要。文化现代化的核心是文化创新，文化创新可以从非物质文化遗产中汲取营养，而非物质文化遗产作为优秀传统文化绚丽多彩的呈现形态，其本身也给人们的精神无尽的滋养。有人预言："在未来的100年里，文化变迁将改变全球。"无疑，在现代化的进展中，文化的变迁与发展将会超过任何历史阶段。文化创新会为人类的文化宝库增添更多的珍宝，而非物质文化遗产保护，也会为人们的精神家园保持良好的生态。我们每一个人都应该以一种文化自觉参与非物质文化遗产保护，田青为我们作出了榜样。

2010年4月27日

（原载于《捡起金叶》，文化艺术出版社2010年版）

《荔镜记荔枝记四种》序

在第四个文化遗产日期间，我收到一包寄自闽南文化生态保护区泉州市的书稿清样，厚重一沓，900多页。书稿拟名为《明嘉靖，清顺治、道光、光绪刊本系列——荔镜记荔枝记四种》。

四种明清刊本戏曲影印汇编出版的缘起，是泉州地方戏曲研究社今春在当地民间发现的一部刊于清道光辛卯（1831）的《荔枝记》戏文。这部戏文是前所未闻的海内孤本，十分珍贵。它是梨园戏的传统剧目《陈三五娘》在清代的刊刻本。梨园戏是中国硕果仅存的几个古老剧种之一，已列入第一批国家级非物质文化遗产名录。福建省梨园戏实验剧团1954年整理上演的传统戏《陈三五娘》，在华东戏曲汇演中，一举获得剧本一等奖等六项大奖，轰动剧坛。当时的一些评论，就曾经指出这种优秀的传统剧目，必定有其深厚的文化底蕴与悠久的历史渊源。但当时泉州戏剧界能找到的历史记忆，只是老艺人的口述记录，没有更直接的历史凭证。1956年，欧阳予倩、梅兰芳两位戏剧家访问日本，获得日本天理大学图书馆赠送的一套《荔镜记》书影，回国后由中国艺术研究院的前身中国戏曲研究院复制，梨园戏实验剧团购得一套，但后来毁于"文化大革命"中。《荔镜记》就是《陈三五娘》在明代的刊刻本，全部用闽南方言写成。英国汉学家龙彼得教授，也在他任教的牛津大学图书馆发现了一部与天理本同版本的《荔镜记》。他研究后认为，《荔镜记》是中国"早期罕见的方言文学"，其戏文初创年代大概在公元1500年左右。在欧阳予倩、梅兰芳1956年访日之前的1954年，台湾大学从事闽南方言研究的吴守礼教授，已通过日本朋友的帮忙，寻觅到天理大学图书馆所藏《荔镜记》的副本，又获得龙彼得教授赠送的牛津本《荔镜记》缩微胶卷，以作为校勘闽南方言的重要根据。随后几年，吴守礼教授又从日本的老师和法国的友人处，分别获得清顺治本和光绪本《荔枝记》的书影，并陆续做成"校理本"油印行世，功不可没。

作为《陈三五娘》的故乡泉州，在改革开放以前，不但没有存留《荔镜记》，也不知道世上还有顺治本《荔枝记》，更不知道隔海对岸的吴守礼教授有一系列的书影和校理本。直到20世纪90年代，泉州地方戏曲研究社着手征求资料、准备编纂"泉州传统戏曲丛书"时，才先后获得龙彼得教授赠送的《明刊闽南戏曲弦管选本三种》和台湾朋友提供的《荔镜记》系列书影及其方言校理本。依据这些宝贵的资料，加上剧团原有的老艺人口述记录本和华东获奖本，经过认真的校订，汇编为该"丛书"的首卷，于1999年秋出版。这卷"小梨园剧目"，集中展现了古老梨园戏自16世纪以来一个看家剧目《陈三五娘》的形成、发展、变化的基本面貌，和一脉相承的顽强生命力，让人们看到这个泉腔戏曲继承宋元南戏遗响并经历过坎坷与变革而成长壮大的历史轨迹。

但事情没有到此为止。一部清道光辛卯年刊刻的《荔枝记》，意外地在当地民间被发现。这部泉州"见古堂"1831年刊行的《荔枝记》，其重大意义在于：嘉靖本《荔镜记》刊于1566年，顺治本《荔枝记》刊于1651年，相距95年，而光绪本则刊于1884年，距离顺治本则长达233年。这么漫长的岁月，《荔枝记》的刊行传承似乎是完全中断了！今天幸得有了道光本《荔枝记》，它告诉我们，传承并没有中断，这段历史不是空白。道光本《荔枝记》起到了承上启下的作用。

再从这四种刊本的内容来看，它们不是一部明刊本在清代不同年代的重版，而是不同年代的刊本都有所变化、有所修改，更接近于演出实际，具有活态的性质。当地梨园子弟阅读刊本的唱念道白，感到与当年从梨园老师傅口中听到的完全一样，十分亲切。这就让人们欣喜地看到，一个植根于人民群众中的古老剧种，一部优秀的传统戏曲，是经得起历史长河的风浪，永远生生不息的。

为了使这系列珍贵戏曲史料让大家共享，泉州地方戏曲研究社在当地政府和文化部门的支持下，决定把四种明清刊本书影汇编成书出版，以便于读者在书斋案上能集中览读原来珍藏于东洋、西欧以至流散在民间收购破烂者手中的难得一见的古刊本。该书编者又考虑到刊本有漫漶不明之处及方言俗字难以解读，还特地附上道光本《荔枝记》新做的点校本和原来点校的三个校订本于各自的书影之后，以资参照。编者同时把嘉靖本《荔镜记》上栏的"新增勾栏"的点校本也汇编于后。这个"勾栏小戏"的主人公陈三及其跟随安童，正是《荔镜记》《荔枝记》中同名的主仆。宋元时期的"勾栏瓦舍"，向来少有文献记载其具体演出内容，更少有完整的小戏曲。而这个"新增勾栏"的戏曲诸元素却相当完整，又"增"在《荔镜记》上面，主要人物又同名同姓。这种巧合，是否意味着它们之间存在血缘关系，值得认真加以研究。

非常感谢泉州地方戏曲研究社的朋友们。他们又一次从民间发现珍贵的资料，并及时周详地加以编校制作，为大家提供一部不可多得的戏曲文献，也为保护与抢救非物质文化遗产做出新的贡献。

泉州地方戏曲研究社成立近25年，是一个由文化界离退休老干部组成的团体，其中几位主要工作人员都曾经直接或间接地为梨园戏剧团工作过，热爱、关心梨园戏和泉州的文化事业，自觉地致力于保护与抢救非物质文化遗产工作，成果丰硕。他们编校的《明刊戏曲弦管选集》《清刻本文焕堂指谱》和《袖珍写本道光指谱》及《泉州弦管精抄曲谱》，我都应约为之写过序言和题过词，以表示对他们工作的热忱支持和诚挚的敬意。他们编纂的"泉州传统戏曲丛书"和《明刊戏曲弦管选集》《清刻本文焕堂指谱》，分别荣获文化部第二届文化艺术科学优秀成果奖一等奖和三等奖，并受到福建和泉州市人民政府的奖励与表彰。如今他们几位编校者都是80岁上下的老人，但仍然兢兢业业、孜孜不倦，又取得新的成果，做出新的贡献。他们对中国优秀传统文化的虔敬之心、奉献之殷，不能不使人心中敬意油然而生。感念之余，谨为之书序。

2009年6月30日于北京

（原载于《福建艺术》2010年第4期；《荔镜记荔枝记四种》，
中国戏剧出版社2010年版）

《〈临川四梦〉评注》序

    明代伟大的戏剧家、文学家汤显祖，为后人留下卷帙浩繁的诗文创作和代表中国戏曲创作高峰的"临川四梦"（《牡丹亭》《紫钗记》《邯郸记》《南柯记》）。这些宝贵的文化财富，特别是以《牡丹亭》为代表的戏曲作品，在今天仍然活在戏曲舞台上，以强烈的思想和艺术的感染力折服观众，成为历久不衰的戏曲艺术经典。汤显祖曾在他的《七夕醉答君东》的一首诗中写道："玉茗堂开春翠屏，新词传唱《牡丹亭》。伤心拍遍无人会，自掐檀痕教小伶。"[①]汤显祖若看到今天其剧作仍然被搬演且为年轻观众喜爱的情形，他那"曲高和寡"的慨叹，应当不会再有。

    汤显祖的"临川四梦"，其题材出自唐人小说，虽写梦境，却是以梦境写人生，以虚幻写社会。他在《合奇序》中说："予谓文章之妙，不在步趋形似之间。自然灵气恍惚而来，不思而至。怪怪奇奇，莫可名状。非物寻常得以合之。"[②]汤显祖主张戏曲创作"以意趣神色为主"，神情合至，不为音律束缚。正是他的"绝异古今画格，乃愈奇妙"般的文字，抒发了他对当时政治和礼教的具有强烈震撼力的批判。他的创作对当时和后世的戏曲创作都产生了重大的影响。清代戏曲作家洪昇就称他的《长生殿》是一部"闹热《牡丹亭》"。

    几百年来，昆曲和各地方剧种，对汤显祖的剧作都有移植搬演。而且，早在17世纪，《牡丹亭》就已传播到海外。自20世纪以来，多种外文译本的《牡丹亭》相继出版，研究汤显祖及其剧作的外国学者也日益增多，且研究成果多有真知灼见。我国著名戏曲理论家郭汉城先生1983年就曾指出："外国有

[①] 徐朔方笺校：《汤显祖全集》，北京古籍出版社1998年版，第791页。
[②] 同上书，第1138页。

莎士比亚学，中国已经有红楼梦学，也不妨有研究汤显祖的'汤学'。"①

中国进入改革开放新时期以来，逐步以开阔的胸襟和开放的眼光审视民族的历史文化遗产，并以科学的态度对待优秀的历史文化遗产。《西厢记》《牡丹亭》《长生殿》《桃花扇》等等享誉世界的民族戏曲经典重又得到珍视。这些珍贵的历史文化遗产不仅不再被摒弃，更重要的是，人们不再以"阶级分析"的立场，不再以服务于政治的态度，也不再以单一的社会学的方法去看待和理解这些人类文化的珍宝。因此，研究者、剧作改编整理者都以审慎的态度注意从整体上去把握这些剧作，从艺术本体着眼去揭示剧作的思想蕴涵，从这些剧作内容的丰富性和戏曲艺术的形式之美，来完整地传达这些伟大的剧作家们曾经试图带给人们的心灵震撼。

近几年来，由旅美华裔著名作家白先勇先生整理的《牡丹亭》演出本，就是整体再现汤显祖原作的典范。"青春版"昆曲《牡丹亭》由苏州昆曲剧院的青年演员沈丰英、俞玖林主演，在大陆和台湾地区及欧美巡演，引起轰动。之后，白先勇和他的团队又将《玉簪记》搬上昆曲舞台。这标志着以《牡丹亭》为代表的中国经典戏曲正从"美丽的古典"走向"青春的现代"。它说明，中国的古典戏曲仍然可以与今天处于现代化进程中的人们特别是年轻人产生思想、情感和审美的共鸣。

进入21世纪，保护历史文化遗产，维护世界人类文化的多样性，已成为国际性的共识。我国的昆曲艺术已被联合国教科文组织公布为首批世界非物质文化遗产代表作，《牡丹亭》作为昆曲上演最多的剧目，它集中地体现了昆曲艺术的精粹性和它作为非物质文化遗产的突出价值。《牡丹亭》是如此，包括汤显祖其他剧作在内的中国民族经典戏曲，就文化记忆传承而言，实际上都具有同样的文化意义。最近，江西抚州市委宣传部的同志告诉我，他们将把"临川四梦"合集新评注出版。"临川四梦"（或谓"玉茗堂四梦"）校注、评注版本早已有出版，但是，在汤显祖诞辰460周年之际，由汤翁家乡的宣传文化部门来组织新的评注本出版，却有特别的意义。汤翁地下有知，应感欣慰。

汤显祖有诗云："远色入江湖，烟波古临川。"古临川辖境相当于今抚州市以南的盱江及宜黄水流域，西至乐安县境。时事变迁，辖境或有屈延，古

---

① 《汤显祖研究论文集》序，中国戏剧出版社1984年版。

临川大体即今抚州一地。在这片神奇的土地上，曾产生过许多中国文化史上的杰出人物，仅在宋明两代，就有彪炳史册的大家晏殊父子、曾巩、王安石、陆九渊、谭纶、汤显祖等。当代著名学者钱仲联在《临川才子论集序》中说："临川市，江西一名城也。昔王羲之、谢灵运先后为之守，拟岘之台，清风之阁，五峰之堂，胜迹流传。祝穆称'其俗风流雅儒，乐读书而好文词'。"如此人杰地灵之所，孕育了伟大的戏剧家汤显祖。与汤显祖相联系的还有这里丰厚的民间戏剧资源。南丰傩舞、宜黄古腔、广昌孟戏都是被称作戏剧"活化石"的遗存。在当今保护民间戏曲的田野调查中，专家们在广昌县"盱河戏"中还发现了与浙江海盐的民间音乐"骚子歌"相似的音调，并初步研定"盱河戏"中保留了海盐腔的音乐曲牌。抚州的专家学者和有关的部门机构，把对汤显祖的研究与对临川乡土文化的研究，作为一个整体看待，"临川文化"现象的研究，已成为专家学者关注的对象，并已有不少专论问世。我想，我们今天正处在一个文化创新的时代，创新的前提是继承。只有重视将蕴含着中华民族特有精神价值、思维方式和文化意识，体现中华民族生命力和创造力的民族优秀历史文化遗产传承下来，我们的文化创新才会有雄厚的基础。抚州的同志们组织新评注"临川四梦"出版，会把新时期汤显祖研究的学术成果融汇其中，并与"临川文化"现象研究的新发现结合起来，以汤显祖故里对汤翁的独特理解，把新评注本"临川四梦"奉献给广大读者。

据悉，联合国教科文组织有关机构将于2016年隆重纪念世界三大文化巨人——西班牙的塞万提斯、英国的莎士比亚和中国的汤显祖逝世400周年。可以预见，汤显祖及其"临川四梦"会在21世纪的世界戏剧舞台上得到"还魂"与"回生"。

"烟波楼阁春如海，明日临川更绝伦。"祝愿汤显祖故里焕发出更加蓬勃的文化生机与活力。

是为序。

2010年9月26日

（原载于《〈临川四梦〉评注》，中国戏剧出版社2010年版）

时代心象

——中国艺术研究院中国画院第二届院展的意义

中国艺术研究院中国画院成立于2004年，迄今已走过近六年的发展历程。它刚成立时，名称为"中国艺术研究院中国美术创作院"，涵盖了中国画、油画、雕塑等艺术门类。之后，随着油画、雕塑等分离而成立独立的创作机构，中国美术创作院成为单一的中国画创作机构，因之更名为"中国艺术研究院中国画院"。在这六年间，中国画院的艺术家们立足时代、继承传统、勇于探索、开拓创新，创作了一批具有鲜明时代特点和很高学术品位的优秀作品；在这六年间，创作院的艺术家们埋头创作，踏实治学，夯实基础，增进学养，树立起弘扬民族美学、追求正大气象的高尚艺术观；在这六年间，创作院的艺术家们牢记使命，贴近实际，贴近生活，贴近群众，为中国画表现时代面貌和中国画艺术当代转型的探索作出了令人瞩目的努力。

以"时代心象"为主题的中国画院第二届院展，是中国画院继2007年第一届院展圆满成功之后的再次全面展示。本次院展不仅集中展览当前中国画院画家们的优秀作品，同时还汇集了中国艺术研究院院聘研究员的最新力作，应该讲是一次当代中国画创作的整体展示。

中国画作为我国传统的主体艺术之一，历久弥新，它所包含的价值不仅仅在于皴擦点染一类的笔墨技法，更在于它体现着中华民族崇尚自然、追求和谐的精神境界。从这一层面上来说，中国画领域的画家对于传统的尊重与传习有着非常重要的意义。只有对中华民族的传统文化和精神旨趣以及中国画的笔墨形式有了很好的继承和理解，才可能在新时代对中国画的发展有所创新；尤其是在我国改革开放和现代化进程加快的今天，中国画艺术更应当很好地继承并发扬光大。如何做到笔墨当随时代，实现中国画在当代的艺术转型，这是从事中国画创作的画家们的责任，也是时代对所有优秀中国画家提出的要求。本次院展即是通过一批具有深厚传统笔墨基础和鲜明时代特色的绘画创作，来诠释新时代中国画的存在意义。同时，让更多人了解中国画的精妙笔法和博大内涵，在艺术欣赏中感受中国画的艺术感染力和艺术表现之美，从中国画的艺术表现中体味中国优秀传统文化的精髓。从创作的笔墨追求和审美欣赏的双向角度，不断推动中国画在当代的发展。

此次展览以"时代心象"为题，旨在表明这次展览能够反映中国画技法的当代传承与创新，能够以自身艺术表现反映社会进步中当代人们思想观念的变革、精神世界的变化和生活状态的演变。同时中国艺术研究院通过第二届院展也促进中国画院的画家去更积极学习，更深入思考，更勤奋创作，更自觉地关注时代、关注民生、关注生活、关注自然，从而在创作中深刻而又形象地表现时代面貌。中国画院的艺术家们为此作出了努力。从这次院展中，不仅可以看到他们高品格的艺术追求和水墨技巧的探索，也感触到很多作品中蕴含的人文思考和力图表达的社会意义。在这里，我要特别指出的是，中国画院是为院内外优秀画家搭建的一个共有的平台。六年来，通过展览、研讨、教学等方式的交流，院内的画家和中国艺术研究院院聘的研究员，共同推动着中国画院的不断发展，也共同为中国美术创作的提升显示出引导的作用。

中国艺术研究院中国画院三年前的第一届院展，题名"正大气象"，本次院展为"时代心象"，我们所看到的是一个生气勃勃的中国画院明确的艺术追求，那就是深深根植本体基础之上的鸿朗博大的审美追求和继承传统、不断探索、笔墨当随时代的创作追求。如果说第一届院展展现了画院正在起飞的雄姿，那么本次第二届院展所呈现给我们的，则是一个艺术阵容整齐、蒸蒸日上的中国画院。

（原载于《中华文化画报》2011年第11期）

艺术的本质是创造

——"刘国松创作大展：八十回眸"前言

中国美术界和许多观众仍然清晰地记得刘国松先生1983年2月在中国美术馆举办大型个展的情景。那次展览轰动一时，不仅因为随后三年他的作品展在大陆18个重要城市连续巡展，重要的是因为当时在整个中国社会改革开放的时代背景下，中国画坛正酝酿和萌发自身变革的强烈冲动，从传统母体中孕育而又与新的时代的审美取向相契合的中国画的当代形态是一种什么样的境象？刘国松先生以传统的中国山水画理念与技法和现代抽象观念融为一体的新奇的画法，引起人们的惊奇和赞叹。此后几年刘国松先生在台湾和各地的展览，更引起人们的关注。吴冠中谈对刘国松作品的印象说："我的印象是：突兀，梦幻，蜕变。动、静不相克，奇变与单纯穿插，画面既厚重，亦轻盈，此情此景何处寻，谁知。"黄苗子说刘国松的绘画"冷和暖、动和静、传统和创新、现实和超现实、幻和真的对立统一，处理得如此和谐，叫人只能想到梦，但不是古人和外国人，是一个现代中国人的梦"。

两位艺术大师评论刘国松先生的绘画，都谈到梦幻般的印象。如梦如幻、亦虚亦实，楮素之上缥缈幻化的朦胧之美，时空无限的意象之美，天然造化的自然之美，既带给人们强烈的视觉冲击，也带给人们中国绘画的新视觉经验。正是这令人眼前一亮的梦幻般的水墨画世界，为当时寻求变革的中国画坛创造了一个可以预示前景的"影像"。28年后的今天，我们来看当代中国美术的万千景象，特别是它呈现的主体性的创新变革脉络的时候，仍然可以比较清晰地看到刘国松先生开风气之先的观念变革和形式创新带给中国绘画的影响。

放眼世界，中国现代水墨创造的影响，已引起国际艺术界的关注。我们从后起的著名艺术家和现代水墨当下艺术形态来看，则可以更鲜明地看到刘国松先生原创性水墨的影响。中国画的基本的审美原则下，它艺术创造的呈现形态多种多样，那些达到极致的经典作品都别有创造蹊径。中国画的继承与创新也有多种路径可循。而刘国松先生以自身创作的成果和创新的境界，以自己的方式，为20世纪80年代初中国绘画界的创新尝试树立了信心，也以他自己成功的艺术探索，为中国现代水墨的发展注入了充满活力的元素。

刘国松先生说"艺术的本质是创造"。他走着坚韧开拓的无止境的艺术道路。今天，刘国松先生已是八十老人。从在中国美术馆举办个展后的近三十年中，他仍然在坚实的艺术创新中前行，他的作品更充沛地洋溢着中国的文化精神，更自信地表达着他的审美理想，吸收中国传统艺术的精髓而又融汇西方艺术创新元素，从创作观念、绘画方法与技巧，甚而工具材料，都在他独特的创造中交相融汇，以物我相融的挥洒，营造出现代水墨的清新绘画境界。近二十多年中，刘国松先生的绘画在大陆也有展出，最近期的是2007年在北京故宫博物院武英殿举办的"宇宙心印：刘国松绘画一甲子"个展，这些展览和对刘国松先生作品的研讨，使人们更深入地了解了其作品的内涵和意义。我们从"西藏组曲""九寨沟系列"中以及《吹皱的山光》《诺布朗瀑布》《汨罗江水》等他近二十多年中创作的一系列作品，都可以看到浑厚、奇特、清新、灵动的种种意象及参差交错而又虚实相生幻化的精神气韵，画面精心营构，却似自然造化而成，不由人不叹服艺术家的高妙技艺。清人包世臣《艺舟双楫》有评右军书法语："同自然之妙，有非力运所能成。"宋人苏洵论文曰："风行水上，涣，此天下之至文也。"我观刘国松先生绘画，有异曲同工之妙。看这些作品，觉得似有灵动的魂魄隐于画面充沛的气韵之中，观之荡人胸襟。

这次"刘国松创作大展：八十回眸"，将展出他自1949年至2011年间的作品一百六十余件，观众既可以从中比较完整地看到他艺术创作寻觅探索的脉络，更可以比较完整地看到其艺术创造成就的全貌。他还精选出各个创作时期的代表作《冰川的叹息》《雪网山痕皆自然》《春波荡漾熊猫海》《小雪》《法界（三联屏）》《宇宙即我心之5》《四季系列之16》《日之蜕变之30》《莲之蜕变》《羌寨》捐赠给祖国。刘国松先生距首次在中国美术馆举办个展28年之后的本次回顾大展，必将以他中国绘画特别是现代水墨探索之路的蹊径异彩，以中国传统艺术当代转换的神妙绘画语言和表达的时代精神，以他呈现给我们的美的艺术世界，使人流连忘返，沉醉其中。我们仍会强烈感受到他艺术的震撼力和不竭的创新精神。

　　刘国松祖籍山东青州，出生于安徽蚌埠。少年坎坷，但聪颖勤奋，喜欢画画。从17岁以同等学力考入台湾师范大学艺术系，即走上艺术之路。他说自己是个北方人，却在南方成长；是个东方人，却在西方成名。他在全世界举办过八十余次个人作品展及多次参加重要团体展，世界重要的美术馆和博物馆都收藏其作品。这样一位"东西南北人"，却怀着强烈的爱国爱土之心。他是改革开放后第一位来大陆举办画展的台湾画家。他与艾青、李可染、吴作人、刘海粟、吴冠中、黄苗子、黄胄、程十发、叶浅予等艺术大师和后辈艺术家结下的真挚友情，他为两岸文化交流付出的热忱和努力，都使人感动和感佩。我一直敬佩先生的艺术和为人。1983年2月在中国美术馆观看他作品展的震撼至今记忆犹新。后来，他一直把自己的文集和创作资料寄给我。虽然忙，却没有忘记浏览和细读某些部分，并一直关注着刘国松先生的艺术活动。与刘先生的接触，觉得他的创作激情与才情是和从容与厚道合而为一，据说他年轻时是以锋利的辩才著称，而今则多是淡定。而他的平易、朴实，更使人产生对这位杰出艺术家的尊重。

　　刘国松先生杰出的艺术创新和具有时代标志性的艺术作品，已经奠定了他在当代中国美术史的重要地位。先生身体健朗，创新不已，他曾说："突破自己，不与世俗妥协，也不与自己妥协。"其行也，其达也，必将以不拘成法之不断开拓而愈加展现异彩，化出新境。刘国松先生八十回眸大展之时，命我为他的画集作序。对他的作品，不敢作门外之评，只能把感想写出，作为一个钦敬他艺术的观众的感想，当作书的前言。

2011年2月27日

（原载于《人民日报》2011年4月10日；《刘国松·八十回眸》，

人民美术出版社2011年版）

《中国世界文化和自然遗产历史文献丛书》序

  世界文化和自然遗产是人类文明和大自然演化的历史遗存，是大自然和祖先赐予我们的珍贵财富。它承载着厚重的历史，展现着自然造化的奇观，前者是人类文明的载体，后者是大自然演化进程的见证。对于我们多数人而言，面对世界文化和自然遗产地，亲临其境只能是心向往之，在现实中是难以实现的一种美好愿望。但了解世界文化和自然遗产形成的历史，认识它的独特的艺术、科学、技艺及人类学、社会学、文学、宗教等的价值，自觉地爱护、保护这些人类创造和自然演化的不可替代的宝贵财富，应是每一个人的责任。对于从事专业研究或实际保护工作的人们来说，这更应是一种自觉的意识和自觉的承担。摆在我们面前的《中国世界文化和自然遗产历史文献丛书》，就是为了让人们翻开中国的世界文化和自然遗产名录时，也能够从有关历史文献的阅读中，看到它们的历史和今天的面貌；从遗产地的历史渊源和它们与社会、文化等的联系中的时代变迁，深入了解它们的历史地位、价值，并从这些历史记载与今天现状的比照中，去体会保护的意义和思考科学保护的途径。

  我们知道，联合国教科文组织1972年在巴黎通过了《保护世界文化和自然遗产公约》。这一公约的通过，标志着世界范围内对保护文化与自然遗产严峻形势和急迫性的充分关切。该公约从价值判断的角度明确了"自然遗产"和"文化遗产"的界定范围及判定的标准。1987年，中国的泰山申报世界文化遗产名录，联合国教科文组织在考察泰山后，认为泰山是将文化与自然融合为一体，是具有独特的自然和文化双重价值的遗产。由此，引起联合国教科文组织重新认识和评价自然与文化延续的关系。因此，在该年的世界遗产申报评审中，中国的泰山以世界文化与自然双重遗产的身份被列入世界遗产名录。也从此开始，联合国教科文组织在世界文化和自然遗产的评审中，增加了"文化与自然双重遗产"这一新的种类。但它不是文化和自然遗产的并列，而是象征着人类文明的创造与自然遗产的和谐相融。到1992年，世界文化和自然遗产的评审又扩展到"由人类有意设计和建筑的景观"等具有重要保护价值的遗产范围，这一由联合国教科文组织第十六届世界遗产大会提出来的概念，也成为世界文化与自然遗产名录涵盖的一个方面。从以上的情况可以看出，当代人类社会对保护自身所处环境和自身文明创造成果重要性认识的不断深化。到2003年联合国教科文组织第32届大会通过《保护非物质文化遗产公约》，更说明世界范围内对人类物质和非物质文化遗产保护的全面认知，也说明当代社会对这些珍贵遗产的保护，已经走上了一个比较自觉的阶段。

我国对物质和非物质文化遗产的保护历来十分重视，并且在两方面都取得了显著的成绩。就保护文化和自然遗产而言，1985年，第六届全国人大常委会第十三次会议批准了联合国教科文组织1972年通过的《保护世界文化和自然遗产公约》，中国正式成为世界遗产公约的缔约国，显示了我国积极加强国际合作，珍视和保护本国文化、自然遗产的态度。在中央、省、市各级政府相关部门的努力下，我国积极申报世界文化和自然遗产。至2010年为止，我国列入世界文化和自然遗产40处，其中包括文化遗产26处，自然遗产8处，文化与自然双重遗产4处，文化景观2处。在拥有世界文化和自然遗产的国家中，我国名列前茅。同时我国还是拥有世界遗产类型最齐全和文化与自然双重遗产数量最多的国家之一，真正是名副其实的世界文化和自然遗产大国。仅北京一地就拥有周口店、长城、故宫、天坛、颐和园和十三陵6处世界文化遗产，其数量在全世界历史文化名城中位居前列。

在积极申报世界文化和自然遗产的同时，我国在保护方面的工作也不遗余力。中国的世界文化和自然遗产作为人类文明创造的结晶和人类认识大自然演化的历史见证，首先是属于自己的国家和民族的，但它们也是人类共同的精神文化财富，具有永恒和无法估量的价值。我们的首要任务就是要很好地保护这些遗产的真实性和完整性，这是实现当代人与子孙后代共享遗产资源的唯一正确的选择，也是人类社会可持续发展的基础保证。为了更好地保护我国的世界文化和自然遗产，我们就要以具有国际视野的眼光，借鉴国外一切有益的经验，进一步完善我国法律、法规和相关制度建设，积极探寻适合中国国情的遗产保护和管理制度，采取一系列切实措施，提高保护和管理水平，正确处理好保护、继承、弘扬与合理利用的关系，使我国的世界文化和自然遗产得以世代保护，永续传承。

要更好地保护我国的文化和自然遗产，有必要全面、深入地了解各历史时期遗产所在地人文与自然环境的变化情况，这些内容往往在相关历史文献中有比较详细的记载。但由于长期以来人们关注的重点是对世界文化和自然遗产地近现代人文和自然资源以及当代文化景观的保护和利用，而对遗产地历史文献的全面深入研究未能得到足够的重视。对文化和自然遗产历史演进和变化的深入、系统研究的疏略和缺失，不能不说是一个遗憾。其中的一个原因就是遗产地相关历史文献分散，不易翻检查寻，使得搜集、整理这些历史文献有一定的难度，这就不能不从客观上影响和制约了我国世界文化和自然遗产的进一步研究和保护工作的开展。有鉴于此，四川大学、北京大学等高校相关学者以数年之力，编纂了《中国世界文化和自然遗产历史文献丛书》。这是我国第一次对已经列入世界文化和自然遗产名录的遗产地相关历史文献进行的一次全面、系统的整理，同时也是世界各缔约国中第一次将本国世界文化和自然遗产地相关历史文献进行的全面、系统的整理。《丛书》体例严谨，内容丰富，收录了不少珍稀文献，这为人们更好了解以及研究和保护我国世界文化和自然遗产，构建了一个内容丰富的文献资源库。因此，该《丛书》的出版，必将有力地推动我国世界文化和自然遗产研究、保护和合理利用工作的深入开展。

今天，当我们面对自然遗产的时候，美国著名生态学家莱切尔·卡逊在1962年揭露批判现代工业文明引起的严重环境污染时讲的那句警醒世人的话："万物复苏繁茂生长的春天走向寂静"，仍在我们耳边回响。今天，"人类中心主义"思想影响正在逐渐消退，人与自然和谐相处的生态文明成为人们的追求和向往。保护好自然遗产不仅为人们认识大自然的演化提供见证，而且也是我们坚持可持续发展战略和科学发展观的不可推卸的责任。而文化遗产作为中华文明创造的结晶，我们面对它们的时候，不仅会为之骄傲和自豪，更使我们对创造民族文化更加灿烂辉煌的未来充满信心。我们的祖先创造了独树一帜的古代人类文明，今天在保护好它们的同时，人们在思考如何创造与新的变革的时代相称的具有代表性标志性的文化杰作。新的时代已经具备了这样的基础条件，当代文化杰作的诞生已经成为国家和民族的期待。我想，《中国世界文化和自然遗产历史文献丛书》除了它自身的文献价值之外，也会带给我们对今天生态文明建设与文化创新的重要思考。

是为序。

（原载于《中国世界文化和自然遗产历史文献丛书》，

上海交通大学出版社2011年版）

"中国非物质文化遗产代表作丛书"总序

伴随着新世纪的开始，我国的非物质文化遗产保护工作已走过了十几个年头。短短的十几年时间，中国的非物质文化遗产保护取得了令世人瞩目的成就，总体上呈现出持续健康发展的良好局面。

一是符合我国国情的非物质文化遗产保护体系初步建立，非物质文化遗产保护理念逐渐深入人心。在党中央、国务院的高度重视下，在各级党委、政府的大力支持和社会的广泛参与下，在各级文化部门的共同努力下，我国的非物质文化遗产保护体制、机制从无到有，逐步建立起来，并已发展为比较健全的四级名录保护体系和传承人保护制度。在进行全国非物质文化遗产资源普查的基础上，国务院已公布了三批共1219项国家级非物质文化遗产名录，文化部公布了三批1488名国家级非物质文化遗产项目代表性传承人。各省、市、自治区也公布了省级保护名录项目8566项，代表性传承人9564名。我国的非物质文化遗产保护，已从十多年前的单个的项目性保护，走上了整体性保护、科学保护和依法保护阶段。非物质文化遗产的重要价值和保护的意义越来越被人们所普遍认知和理解，人们越来越珍视优秀传统文化，全社会对非物质文化遗产保护工作的关注程度、参与热情越来越高，全社会已经逐步形成保护非物质文化遗产的文化自觉。

二是《中华人民共和国非物质文化遗产法》的颁布实施，为非物质文化遗产保护提供了坚实的法律保障。围绕着贯彻落实《中华人民共和国非物质文化遗产法》，非物质文化遗产保护的法制建设、规章制度建设得到了进一步加强。现在，全国已有十多个省、市、自治区出台了地方非物质文化遗产保护条例。

三是非物质文化遗产保护方式方法和方针、原则逐步完善和确立。在总结保护工作实践经验的基础上，我们逐渐认识到非物质文化遗产所具有的恒定性和活态流变性的基本演变规律。并在此基础上，认识到对于非物质文化遗产的科学保护，既不是使它凝固不变，也不是人为地使之突变，而是要让它按照自身的规律去自然演变。非物质文化遗产保护要遵循其本体规律。近些年来，我们提出的抢救性保护、整体性保护、生产性保护等多种针对不同类型项目实施的保护原则与方法，在保护实践中取得明显成效。同时，在准确认识、总结和把握非物质文化遗产本质特征的基础上，确立了保护工作的十六字方针："保护为主，抢救第一，合理利用，传承发展。"确立了保护工作的原则："政府主导、社会参与，明确职责、形成合力；长远规划、分步实施，点面结合、讲求实效。"保护方针和原则的确立，对非物质文化遗产保护工作的健康发展起到了重要的指导作用。

四是资金投入进一步加大，机构队伍基本建立。截至2011年，不包括地方财政资金投入，仅中央财政已累计投入非物质文化遗产保护经费14.3876亿元；2012年，中央财政转移地方非物质文化遗产保护经费增长至6.2298亿元。全国31个省、市、自治区均成立了省级非物质文化遗产保护中心，16个省、市、自治区文化厅（局）成立了非物质文化遗产处（室）。非物质文化遗产保护工作机构和队伍基本建立。

五是非物质文化遗产宣传展示活动丰富多彩。近十年来，北京和全国各地陆续举办了一系列非物质文化遗产项目展演及保护成果展，对于社会公众认知非物质文化遗产及其保护的意义起到了重要的促进作用。近两三年来，主要的展演活动如2009年文化部在北京农展馆举办的"中国非物质文化遗产传统技艺大展"，2010年在北京展览馆举办的"巧夺天工——中国非物质文化遗产百名工艺美术大师技艺大展"，2011年在中华世纪坛举办的"中国非物质文化遗产传承人师徒同台展演"，2012年年初文化部等部门在北京农展馆举办的"中国非物质文化遗产生产性保护成果大展"等都引起轰动，增强了公众对非物质文化遗产保护的关注和参与意识。

六是国际合作和交流不断加强。2004年，经全国人大常委会批准，我国第一批加入了联合国教科文组织《保护非物质文化遗产公约》。我国在四川成都成功举办了三届国际非物质文化遗产节。截至2011年11月底，我国入选联合国教科文组织非物质文化遗产名录项目总数达36项，成为世界上入选项目最多的国家。2012年年初，联合国教科文组织亚太地区非物质文化遗产保护国际培训中心在中国（北京）正式成立，这表明了国际社会对我国非物质文化遗产保护工作的充分肯定。

在充分肯定我国非物质文化遗产保护工作成绩的同时，也必须看到，非物质文化遗产保护工作仍然存在不少困难和问题：一些非物质文化遗产项目后继乏人、生存濒危的境况还没有得到根本解决，仍存在传承人年老体弱，人走歌息、人亡艺绝的现象；在保护工作中，重开发、轻保护、轻传承的问题仍不同程度地存在，过度开发、盲目开发非物质文化遗产资源的现象仍有发生；一些地方对保护工作认识不到位，保护工作不落实的情况依然存在。因此，我们应该头脑清醒，思想明确，进一步增强非物质文化遗产保护工作的紧迫感和责任感，认真研究解决保护工作中存在的突出问题，真抓实干，从而推动非物质文化遗产保护工作持续、扎实、深入的开展。

最近，文化部主要从国家级非物质文化遗产代表性项目保护规划的实施及保护措施落实情况、国家级代表性传承人传承情况，以及保护专项资金使用情况三个方面，对非物质文化遗产保护工作中存在的问题进行督促检查，以便找准问题，有针对性地采取有效措施加以调整。我相信，只要我们坚持求真务实的态度，把各项保护措施落到实处，我国的非物质文化遗产保护工作就会越做越好。

在概要回顾总结近年来我国非物质文化遗产保护工作的基本情况和经验的同时，我们也在思考一个问题，那就是我们保护工作的基础，或者说我们科学把握非物质文化遗产保护工作的规律，不断取得保护工作成绩的基础是什么，我想，首要的就是对非物质文化遗产项目的科学认知。今天，我们在非物质文化遗产得到全面整体性保护的情况下，更需要继续对具有代表性的项目进行认真、科学的梳理和分析，进一步探究它的文化渊源，揭示它的价值，总结它的存在形态和演变历程，以及研究如何在把握本质规律的基础上对其进行科学保护。这样的调查、分析和梳理，可以充分展示非物质文化遗产的独特魅力，让更多的人了解、认识非物质文化遗产的精粹性及其杰出的文化、艺术、历史和科学价值，由此引导人们正确认识非物质文化遗产及其保护工作，逐步形成非物质文化遗产保护的文化自觉，关注、重视或主动参与到非物质文化遗产保护工作中来。正是基于此，我们组织专家学者或从事非物质文化遗产保护的实践者编撰出版了这套"中国非物质文化遗产代表作丛书"。2005年，浙江人民出版社也曾邀我主持编撰一套"非物质文化遗产丛书",迄今已出版二十多本。这次经作者重新修订后纳入现在这套丛书,由文化艺术出版社出版,其项(书)目的选择,则是根据国务院公布的国家级非物质文化遗产代表作名录确定,每个项目独立成书,分批出版。第一辑收录中国非物质文化遗产代表作20项,内容涉及传统音乐、传统戏曲、传统工艺、传统技艺等多个领域。它们形式各异,但都以其厚重的历史、鲜明的特征在中华文明的深厚积淀中留下了鲜明的烙印,并长久地影响着中华民族文化基因、精神特质乃至生活方式;如同一朵朵奇葩,千姿百态、绚丽斑斓,与其他文化遗产共同构成中华文化的悠久博大、辉煌壮丽。

这套丛书的作者来自全国各地,都是该项目研究的专家学者或项目的传承人,其中不少作者是项目相关领域的权威学者。他们根据自己多年的实地调查和深入研究,本着严谨的态度和专业精神,详尽梳理每一个项目的历史渊源和沿革流变、分布区域和存续状况,细致描述它们的呈现形态,包括风格流派、技艺特征及其代表性传承人和代表性作品,并对其历史、文化、艺术、科学等价值进行深入的阐发。这套丛书力图以学术的权威性、叙述的准确性和可读性成为广大读者全面了解中国非物质文化遗产的优秀读物,它的出版不仅有助于中国读者认识和了解祖国优秀的文化遗产,也为世界人民认识和了解中国文化打开一扇窗口。

是为序。

2012年5月6日

(原载于"中国非物质文化遗产代表作丛书",

文化艺术出版社2012年版)

为农民工塑像

　　表现现实生活，反映时代精神，描绘站在时代前列的新人形象，是当代艺术家不可推卸的社会责任。"同在蓝天下——为农民工塑像当代中国画主题创作展"，正是当代美术家以自己手中的画笔，艺术地反映农民工的社会生活，描绘他们的生存状态，表现他们内心的情感，展现他们的精神境界的一次美术创作实践。

　　农民工是改革开放和社会主义现代化建设伟大实践的生力军。参与此次创作的美术家们以高度的社会责任感和使命感，自觉尝试用中国画的形式表现农民工的形象和精神风貌，真实记录他们在现代化建设中的奋斗足迹，着力描绘他们鲜活的人生状态，生动展示他们创造历史的辉煌业绩。美术家们把这次创作看作是时代赋予艺术家的光荣使命，看作是他们施展才华，通过新的艺术探索，在新的题材表现领域创造时代精品的难得机遇。他们以不同的方式深入农民工的生活，在建设工地和农民工工作的不同场所与农民工一起劳动，在农民工的家中一起畅谈，走进农民工的内心世界，了解农民工的所思所想，体察农民工的喜怒哀乐，与农民工交朋友，在心灵上与农民工沟通。美术家们深深地为农民工这个新的社会群体所感动，他们以自己的体验和感受，从不同的角度为农民工传神写照，用画笔彰显农民工勤劳质朴、积极向上的优秀品质，讴歌农民工吃苦耐劳、不怕困难的奉献精神。我们从展出的作品可以看到，美术家们以饱含感情的笔墨，为我们塑造了一个个血肉丰满、真切感人的农民工形象。

　　"笔墨当随时代"，当代中国画创作尤其是人物画应当画出新时代的风采，创造出新时代的人物形象。农民工作为新时代特定群体有着独特的时代面貌。他们从世代生活的农村来到城市，城市化进程的大潮给他们带来实现美好理想的希望，也给他们带来迷惘、困惑甚至困境。但他们在祖国改革开放现代化进程的挑战和机遇中，以自己的拼搏和奉献，为国家的强盛和人民不断走向富裕年复一年地贡献着力量，并在这样的进程中也改变着自己的命运。农民工的奋斗历程和命运的变迁，从一个重要的侧面反映着我们国家波澜壮阔的发展和日新月异的变化。从一定意义上讲，为农民工塑像，也是为我们改革开放现代化建设新的时代塑像，也是为这样一个伟大时代中人民群众奋发有为、自强不息的时代精神写照。但从艺术创作的角度讲，农民工群体不是一个概念，其艺术形象应当是异彩纷呈的由万千具有不同艺术特征的人物形象构成的艺术群体。以传统的中国画的艺术形式来表现这样一个新的题材、新的主题，对参与创作的美术家而言，挑战是两方面的，首先是要了解、理解和熟悉农民工群体的生活、内心世界；另一方面是如何以传统的水墨形式去准确地描绘这样一个群体。虽然中国人物画创作已经积累了不少表现当代人物形象的艺术经验，但表现这样一个新的题材领域无疑仍然需要开拓性的尝试，比如仅就农民工所处的现代化进程中的城市环境而言，就需要新的艺术尝试来表现，尤其是符合新的时代审美取向的艺术表现和当代艺术语言的水墨形式转换，都需要参与创作的美术家们进行深入的探索。

我们欣喜地看到，在"同在蓝天下——为农民工塑像当代中国画主题创作展"中，出现了一大批思想性、艺术性相统一的充满清新艺术气息的优秀之作。美术家们以各自的独特视角，以多种多样的表现手法，充分展现了中国传统水墨难以想象的丰富的艺术表现力。美术家们的坚守，使传统形式的美感得到张扬；他们的创新尝试，又进一步丰富了传统水墨表现新题材的时代语言。不管是对火热的建设工地的描绘，还是人物普通生活情景的表现；不管是对人物外在生存状态的反映，还是对人物内心情感世界的揭示，都体现了美术家们对农民工生活的真实体察和感悟，表达了作者对农民工形象的钦敬之情。美术家们或工笔刻画，或挥洒写意，有宏伟与雄壮，也有细腻与柔美，通过不同的艺术风格和艺术追求，用画笔真实地表现了农民工的生存状态和精神风貌，形象地反映了农民工的喜怒哀乐。应当说，这次创作和展览是美术家们坚持"以人民为中心的创作导向"，自觉"贴近实际、贴近生活、贴近群众"，以自己精心的艺术创造，向时代和人民群众交出的一份优秀答卷。不管是有深厚造诣的著名美术家，还是朝气蓬勃的青年美术家，都同样以严肃认真的态度对待这次创作，在塑造当代新人形象和探索与反映的时代相适应的表现形式和绘画语言两方面都取得了可喜成果。这次创作展览从总体上讲是当代美术新创作一个十分重要的收获。同时参与创作的美术家们还在创作和深入生活的过程中，从农民工身上深切感受到时代建设者的博大胸襟和忘我情怀，并用自己塑造的艺术形象，以"同在蓝天下"的深情，表达了对农民工群体的深切关怀。

伟大的时代需要反映时代生活的艺术，需要昭示时代精神的艺术形象。我们要以不竭的艺术探索表现人民群众的伟大创造。我们与农民工同在蓝天下，同在一块土地上，同奔一个目标，也同圆一个梦想，那就是中华民族的伟大复兴。农民工和艺术家以不同的方式，共同描绘伟大祖国现代化建设最新最美的图画。在此次"同在蓝天下——为农民工塑像当代中国画主题创作展"的推动下，相信更多表现现实生活、塑造站在时代前列的新人形象的优秀作品会不断涌现。

是为序。

2012年5月6日

（原载于《同在蓝天下——为农民工塑像》，

文化艺术出版社2012年版）

注重艺术本体创造　深刻反映时代精神

为了迎接和庆祝党的十八大胜利召开，文化部从2012年8月到10月在北京举办"讴歌伟大时代，艺术奉献人民——2012年全国优秀剧目展演"。为了从理论上总结演出剧目艺术创作得失，进一步推动舞台艺术创作繁荣，我们召开"2012年全国优秀剧目展演艺术创作座谈会"，请专家学者通过艺术评论和讨论，促进艺术发展。

2012年全国优秀剧目展演是我们当前舞台艺术创作的集中展示。119台参演剧目，涵盖所有艺术门类，其中绝大部分剧目是经过市场和观众双重检验的优秀剧目。现在已有40台剧目上演，可以说是精品荟萃，异彩纷呈，观众反响非常热烈。

参加展演的这些剧目，总体上思想性、艺术性和观赏性统一，有强烈的思想震撼力和艺术感染力。为什么会有这样的艺术效果，我想主要在于，戏曲、话剧、儿童剧、歌剧、舞剧、音乐剧等各种门类，在艺术表现上都注重发挥艺术本体的优势，充分体现演员舞台表演的艺术魅力。不靠舞美的堆砌，也不靠灯光的炫目，而是注重发挥演员舞台表演的表现力，以综合艺术各门类元素的统一去创造舞台艺术的整体性之美。只有如此，舞台艺术才有可能具有艺术形式之美和艺术的感染力，才能体现艺术价值。舞台艺术作为表演艺术，比如戏剧，演员的表演是中心、是主体，其他的艺术元素一旦进入戏剧的整体，它们原来所具有的赖以独立存在的特质就要改变，不是张扬自身，而是根据剧情的需要去服从和烘托演员的表演，不能妨碍演员表演。这些演出都发挥了艺术本体的优势，把演员的表演放在中心位置。像京剧《廉吏于成龙》，尚长荣先生饰演于成龙，唱念做舞，非常精彩，把表演要素发挥得淋漓尽致，从剧情出发，非常集中地展示了京剧的形式美。我们在被《廉吏于成龙》深刻的思想内涵触动的同时，也为京剧的形式之美陶醉。再如王红丽创建的小皇后豫剧团，坚持不懈服务基层，努力追求艺术品质，创排的豫剧《铡刀下的红梅》已演出1800多场。这部戏虽然没有参加这次展演，但这周末也要在北京演出，我以前看过两次，是一部非常好的戏。《铡刀下的红梅》题材不新，讲的是大家熟知的刘胡兰的故事，但剧本创作很有新意。刘胡兰作为普通的农村姑娘，在革命斗争中得到锻炼，成为坚强的宁死不屈的革命战士，成长历程写得合情合理，戏结构紧凑，导演处理好，表演上充分发挥豫剧唱、做利落、酣畅淋漓的演唱风格，王红丽的表演准确把握人物内心情感，情动于中而形于外，以戏曲形式表现女英雄刘胡兰，多有表演程式的革新和创造，看了这部戏，感到很震撼，被该剧的感染力深深折服。

上面谈的只有注重发挥艺术本体特别是演员表演的优势，才能真正展现舞台艺术的魅力。这一点实际上体现了目前我们对各门类舞台艺术本体艺术价值的一种自信，只有深刻认识各舞台艺术门类的特性、规律、价值，才能做到如此。目前的这种舞台艺术发展趋势是可喜的。但与此不可分割的是舞台艺术创作要能够反映时代精神，塑造新的人物形象。从展演中已演出的剧目来看，无论是现实题材，还是历史题材，其深刻性和真实性都非常突出。尤其是现实题材，时代性非常强，准确表现时代精神，塑造了不少鲜明的站在时代前列的新人形象。

党的十七届六中全会指出，要在艺术上热情讴歌改革开放和社会主义现代化建设伟大实践，生动展示我国人民奋发有为的精神风貌和创造历史的辉煌业绩。这一点非常重要，艺术创作要表现包括历史题材在内的多样性题材，但要特别强调重视反映现实生活。改革开放30多年来，在现代化进程中经济社会生活发生了巨大的变化，深深影响到每一个人。将这一波澜壮阔的变革搬上舞台，是我们艺术工作者应承担的责任。我们的艺术创作，既要引领时代发展，又要提升人的精神境界。一些剧目如话剧《郭明义》《生命档案》，塑造了站在时代前列的生动感人的人物形象。这些形象有生活中的真实人物原型，但在舞台创新上作了概括、典型化的处理。这些人物形象很真实，他们的精神、思想、感情，对观众的心灵有很大的冲击和洗礼。描写平凡人物的作品也有优秀之作。话剧《搬家》叙述了改革开放30多年来一家人的几次搬家，表现了改革开放给人们生活带来的改变，以及在搬家中人与人之间关系的变化、思想观念的交锋、变换，相互理解的加深，真实反映了改革进程中人们的思想面貌。河北梆子《女人九香》写一个女孩子嫁入婆家，和一家人一起改变村子的面貌，发展现代化生态农业。但美好理想的实现并不顺利，波澜骤起，曲折跌宕，观众在妙趣横生的戏剧情节和人物关系的矛盾纠葛中，认识到农民要摆脱贫困，走上富裕，不仅要有改革开放、学习先进技术的观念，还必须抛弃自身千百年来小农经济下形成的狭隘、猜忌、封闭的小农意识，否则现代化进程路上寸步难行。这样的剧目，以形象的戏剧演绎，表达了深刻的思考，耐人寻味。

2012年全国优秀剧目展演是文艺工作者当代舞台创作的总结和展示。在党的文艺方针的指引下，广大文艺工作者必将继续深入生活，精心创作，以更好更多的艺术精品奉献人民群众。

（本文系在2012年全国优秀剧目展演艺术创作座谈会上的发言，
见2012年9月12日文化部网站）

建设队伍　继承创新　推动发展

——在"中国当代工艺美术双年展学术论坛"上的发言

　　首届中国当代工艺美术双年展4月16日在国家博物馆开幕，引起观众的热烈关注。出席开幕式的观众有一千多人，说明大家对工艺美术作品的喜爱，也说明人们关心当代工艺美术创作的发展。

　　工艺美术的发展包括两个方面，一个是现代工艺美术的发展，一个是传统工艺美术的发展。前者主要表现在新材料、新工艺的运用，以及设计创意的时代性。后者当然主要指运用传统的材料进行的手工艺创造。尽管材料和工具都会有或多或少的改变和提高，但以手工为主的技艺呈现仍是其核心。今天我讲的工艺美术主要指的是传统的工艺美术。

　　工艺美术的发展，与我们国家现代化进程中市场对作品的需求、需要有关系，广大公众对于传统工艺美术产品需求的市场很强大。这种需求从根本上推动工艺美术的发展。我为什么这么讲呢？就是因为我们工艺美术的发展离不开时代的需要，离不开公众的需要，我们工艺美术的发展就是为了适应这个时代的需要；同时在适应公众和社会需求基础上创造具有时代性、代表性的精品，这是我们工艺美术界的一个责任。

　　当代工艺美术的发展，首先要壮大和建设一支优秀的艺术家队伍。应该说，当代工艺美术发展人才辈出。只有建立起一支好的人才队伍，当代工艺美术的发展才有深厚的基础，所以我们要重视队伍建设。队伍建设首先就要尊重工艺美术大师以及非物质文化遗产传承人，还有那些没有称号但具有很高创造技艺的艺术家。队伍建设要尊重这些艺术家，要充分发挥他们"传帮带"的作用。队伍建设就是要建设起一支跟这时代的工艺美术发展和社会公众需求相适应的这么一支很好的队伍。他们要有扎实深厚的传统工艺的技艺功底，要有创新的探索精神，要有静下心坐得住的工作态度。建设队伍还有一个有关部门要为这支队伍和当代工艺美术的发展提供和营造一个更好的发展环境的问题。现在从文化部角度来讲，就是在重视非物质文化遗产保护的基础上来推进中国工艺美术的发展。现在中国工艺美术馆新馆正在筹建之中，今天在座的常沙娜先生等工艺美术界德高望重的专家、学者、艺术家参与了中国工艺美术馆新馆的筹建工作，现在已进入了建筑设计方案评审阶段。新馆的建设，将为我国当代工艺美术的发展奠定一个重要的基础。新馆的设计要充分体现"民族性""当代性"和"实用性"，这三者应该在具体的设计中和谐统一地体现出来。在设计建设阶段，中国工艺美术馆要抓紧收集优秀作品、培训员工、筹划展陈方案等一系列准备工作。

当代工艺美术创造，不管是侧重于实用性或艺术性的作品，都越来越重视实用性和审美性的结合，其艺术、文化内涵都得到更大的重视。因此，文化部门参与主导推动当代我国工艺美术的发展是势所必然的。各级文化主管部门都应从推动文化发展和非物质文化遗产保护的角度，重视为工艺美术的发展创造良好的环境。去年6月1日实施的《非物质文化遗产法》，其中就有对传统工艺美术保护的内容，我想中国"非遗法"的颁布也会为工艺美术的发展创造和营造一个好的环境。当然从政策方面来讲还需要制定很多的细则，包括知识产权的保护，包括对工艺美术家传承的扶持措施，等等。总之，推进中国工艺美术发展的基础是加强队伍建设，我们要从多方面重视这一问题。

第二个方面，我认为当代工艺美术的发展要把握好继承和创新的关系。工艺美术传统技艺，如果没有了传统，那就是"无源之水、无本之木"，不可能很好地发展。我听杨坚平先生讲，苏绣的常沙娜设计的花卉，秀美鲜活，栩栩如生，绣的针法很好，丝线的光泽表达出了光影和质感，丝线作为材料，会因绣法的高下不同而具有不同的表现效果。同样的材料，技艺不高绣出来就黯淡平板，没有鲜活的立体效果。所以，继承传统技法十分重要，一些细微的技艺实际上构成了工艺美术非常丰富的内涵，是那些技艺精湛、令人叹为观止的优秀作品不可或缺的要素。

现在在市场经济背景之下，我们的产品要盈利当然是很重要的，刚才我讲市场需求，就是强调它的经济效益，不能排弃它属性里的商品属性。但我们从传承方面讲，不能被商品属性所左右、所主导。如果说被商品属性所主导，那我们就本末倒置，所以作为我们艺术家来讲，首先要把握的就是在传承方面怎么样体现艺术创造最本质的文化内涵、艺术内涵，这要靠传统技艺表现出来。传统技艺就靠掌握技艺的大师的传承，只有不断传承，继承传统，年轻人才能在传统的基础上进行新的创造。所以有两个方面，一个是继承的问题，一个是创新的问题，这二者都要重视，不可偏废。继承就是在传统土壤上扎根，创新是在传统土壤上开新花结新果。每一个时代都在发展，时代发展带来了人们审美取向的变化，我们看今天的工艺美术品，它跟古代、跟近代是不一样的，人们审美眼光有时代的差异。当然很好的东西它有恒久的生命力。但是我们今天仍需要新的创造，对经典的仿制、仿作也需要，但是我们不能全部去仿制。所以我们就要研究，每一个时代都有代表那个时代最经典的作品，我们要思考能够创造什么样的作品代表我们这个时代？我想，一方面，我们个体的艺术家要展开想象的翅膀，在艺术创造的星空里遨游，以自己最擅长的技艺创造时代的精品；另一方面，有关部门和机构，包括一些传习所，一些研究所和其他一些部门要组织专家艺术家攻关进行创造。我们历史上产生的很多工艺美术的杰作与当时宫廷的组织有关系，把关也把得很严。我们今天有关部门从经费投入、条件保证方面做一些工作，艺术家放手创造，力求创造代表我们这个时代最高水平的、体现我们这个时代审美取向的杰作，让后代人看到今天我们这个时代的人创造的最好成果。但是这个不是很急的事情，大家有这个意识，我想"水到渠成"。

只要我们努力，我们就会为后人创造代表我们这个时代的最好的工艺美术品，这是我们的责任。

前面我主要谈的具有高超技艺的工艺美术门类，但同时还有很多民间类型的工艺美术，像剪纸等很多了。民间的这些技艺类型也代表了我们民族的最基础的，可以说最基层的"民间智慧"的一种创造结晶，这种创造精神闪耀着我们民族创造智慧的火花。

如果忽视了这一部分，当代工艺美术的发展也会失去了"根"和"本"。工艺美术类型很丰富，我们要重视每一个门类，民间的这些东西永远不能忘记。特别是在今天的现代化进程中，我们更应该去珍视民间的艺术。

当代工艺美术的发展，需要协调各方面的力量去推动，我们要共同携手，努力推动我国当代工艺美术的繁荣发展。

2012年4月17日

（原载于《中华文化画报》2012年第5期）

《戏曲艺术评论集》自序

中国戏曲以共同的演剧体系而又具不同剧种个性的绚丽形态，在不断吸收融汇中壮大着更新变革的能力，历千百年而仍然活跃在当今的艺术舞台上。它以自由时空的结构原则和演员为中心的非自然生活形态的表演，呈现着高度的虚拟性和程式化，以及文学、音乐、舞蹈、美术等艺术元素的综合性特点。

戏曲虚拟性、程式化的表演并非着眼于动作的模仿，而是强调情动于中而形于外，赋予形式以丰富的内心情感体验，运用技术性的技巧来表达剧中人物情感和创造人物个性，要求超乎形真，贵在神似。梅兰芳大师曾说京剧表演是"有规律的自由动作"，戏曲表演要求的是既遵守艺术规则又自由运用，正所谓从心所欲不逾矩。观众心目中戏曲舞台上一个个生动、形象、活泼，呼之欲出的人物形象，大概正由演员的如此表演而来。

而戏曲的综合性要求的是调动一切艺术手段来服务于演员的表演，从而塑造个性鲜明的人物形象，并传达戏曲艺术的形式之美显示的独特的审美魅力。文学、音乐、舞蹈、美术等艺术形式，本来都是以各自独立的呈现形态，来表达本体的存在意义。但它们一旦作为艺术元素进入戏曲舞台，构成其赖以独立存在的特质便不复存在，这些艺术元素都必须服务和服从于戏曲舞台上以演员为中心的表演，所以只是说戏曲是综合性的艺术还不够，还要强调综合性的艺术元素都要统一于演员虚拟性、程式化的塑造人物个性的表演。如此，戏曲舞台的整体艺术才是统一和谐的，正所谓戏曲谚语中的"一棵菜"之说。

戏曲演员的表演是这么重要。王国维讲中国戏曲是以歌舞演故事，而戏曲的这一重要特征，最终是靠演员的舞台表演来呈现的，但仅讲以歌舞演故事也还不够，包括音乐剧在内的一些艺术形式也同样具备这样的基本艺术特征。而构成戏曲舞台艺术核心的演员表演，基本上都是包容在程式之中，这一点，世界上包括戏剧在内的其他艺术形式无可与中国戏曲比拟。虽然戏曲的认识功能同样是唤起观众对于生活真实的强烈共鸣，但它不是靠生活化地、自然形态地去直接创造生活幻觉，而是通过程式化而非生活化的歌、舞、音、美，通过演员高度技术性的唱、念、做、打的表演，以及高度夸张，写意化的化妆、服装等非幻觉的表现形式达到的。特别是演员的表演，音韵、亮相、台步、工架……唱、念、做、打都必须讲究高度的形式之美。这一切都表现着戏曲艺术坦白承认是在演戏的美学原则。创造人物，塑造个性，虚拟化、程式化的表演，坦白承认是在演戏，而又能让观众完全进入戏剧情境，悲喜而不自胜，为剧情、人物感动之时，又可陶醉于形式之美的欣赏。这些矛盾、对立的种种不可能性，都可完美地统一于戏曲舞台艺术。

中国戏曲以艺术的精粹性和独特的演剧体系而在世界剧坛独树一帜。异彩纷呈的剧种个性，不同行当、不同流派、不同风格及中外古今不同题材的剧目，构成了同一演剧体系下由繁若群星的艺术家创造的璀璨夺目的艺术长廊。戏曲内容与形式的博大，它与观众的广泛联系，使之成为真正雅俗共赏、不同文化层次观众都可与之结缘的艺术形式。我曾在一篇文章中写过："尽管戏曲发展的长河中也有泥沙糟粕顺流而下，但它的博大、精湛、艺术创造的妙境，无论用什么词来赞美，我认为都名副其实。"

三十多年前，从我在文化部艺术局戏剧处工作开始，随着对戏曲艺术接触时间的积累，使我对戏曲艺术的认知不断加深，它独具的艺术魅力，也使我非常喜欢欣赏京剧、昆曲及各个地方剧种的演唱。尽管我也非常喜欢话剧、歌剧、交响乐等艺术形式，但戏曲欣赏一直带给我许多工作中的乐趣。在繁忙的行政工作之余，或因研究的兴趣，或因报刊的约稿，或因艺术家朋友的嘱托，拉拉杂杂写了一些戏曲评论，包括一些理论专著的评论（序言），今汇集在一起，由中国戏剧出版社出版。这些文章三十多年中断断续续写出，或评论舞台剧目，或评论艺术家的表演，或评介戏曲专著，或表达对戏曲本体及戏曲未来发展趋势的看法，尽管每篇文章都有特定的评论对象，但总体上都表达了我对戏曲艺术一直不减的挚爱和对戏曲当代发展的关注。

当代戏曲艺术面临发展的困境，这是不争的事实，记得20世纪80年代初即有人因此而断定戏曲是"夕阳艺术"，并见诸当时的《中国戏剧》。现代社会的高度技术化和商业化，市场经济体制背景下社会的趋利性，使人们对效率、速度、经济利益的追求更加凸显，现代生活方式决定了人们特别是年轻人更容易接受零距离感知的艺术，而对戏曲的欣赏需要耳濡目染，建立起与其演剧规则相协调的特殊感觉定式，才能懂得欣赏戏曲，并可能因此而终生喜爱戏曲。但现代生活节奏都不太可能给观众一段这样的认知时间。可以说，生活节奏的快捷性，艺术方式的多元化，审美取向的多向性，娱乐价值的消费性，都使当代戏曲艺术的发展走向产生犹疑。因此，只有那些对戏曲艺术不甚了解的人，才会对戏曲艺术的未来命运作出简单的断言。只有真正了解中国戏曲千百年发展嬗变的历史，并对其发展现状作出全面的而不是以偏概全的深入分析，才能对其未来的发展趋势作出科学的判断。我们应该看到，中国戏曲从形成到融汇发展，经历的是曲折的历程，不断的更新变革使其一直葆有不绝的生命力。当代以京剧为代表，以地方戏剧种的丰富性构成的博大的戏曲艺术体系，其艺术的表现力足以为戏曲的当代发展提供继承创新的无尽资源，戏曲艺术坚持自身赖以独立存在的本质特征而又博采融汇，一定会以与时代的审美取向相协调的变革创新永葆生命力。我们回顾新中国成立以来戏曲艺术的发展，尽管在"文革"时戏曲艺术受到禁锢，但"文革"前后五十多年来在传统剧目改编整理、戏曲现代戏和新编历史剧的创作与演出上，戏曲与时代同步发展的艺术表现力，特别是它表现和反映时代的创新能力，都得到了充分的张扬。我坚信戏曲艺术具有在新的历史时代传承与创新发展的强劲实力。当然，戏曲艺术自身的继承变革，要靠优秀的戏曲艺术表演团体来实现。要大力支持国有戏曲院团和民营院团的发展，戏曲院团一方面要得到国家完善的艺术经济政策的有力扶持，另一方面要在改革中实现科学有效的经营。在国家推动文化大发展大繁荣的背景下，戏曲艺术一定会与时代和观众一同前进。

2013年2月19日

（原载于《戏曲艺术评论集》，中国戏剧出版社2013年版）

艺术创造是她的生命追求

——《奇虹导演构思》序

张奇虹同志是我国当代一位承上启下的著名戏剧导演。

张奇虹从1946年于华北联合大学文工团演《兄妹开荒》开始，到1953年，已在几部话剧、歌剧中扮演主角。1954—1959年赴苏联莫斯科卢那卡尔斯基戏剧学院导演系学习，回国后有10年的时间在中央戏剧学院任教。从1979年调入中国青年艺术剧院开始，主要从事戏剧导演工作。张奇虹导演的戏大概有几十部，我看过的有《威尼斯商人》《十二个月》《风雪夜归人》《死亡天使的名单》《原野》《一个死者对生者的访问》《火神与秋女》《詹天佑》《海边有个男儿国》《这里一片绿色》《红雪》等。从张奇虹的艺术经历可以看出，六十多年来，她一直与戏剧结缘，特别是改革开放新时期以来，她以旺盛的艺术创造力，导演了话剧、儿童剧、歌剧、戏曲等不同题材、不同风格的大量戏剧作品。就我看过的戏而言，真可说是每部作品都有独具匠心的艺术处理，她精心的艺术创造让人看到导演建构艺术境界的大手笔。

研究三十多年来张奇虹同志导演的戏剧作品，可以窥见我国改革开放三十多年来戏剧舞台艺术创造的概貌，那就是无论从反映生活的思想深度和广度，还是艺术表现的题材、样式，风格流派的多样性、探索性，以及两者构成的思想和艺术的震撼力、感染力方面，都呈现了一个前所未有的艺术创造的百花齐放、绚丽多彩的局面。无疑，首先是改革开放为艺术家们的创作提供了良好的社会环境，而艺术家们的独具个性的创造，又为时代的艺术增添了异彩纷呈的绚烂色彩。改革开放三十多年中，张奇虹每一年或两三年都有一部新作品问世，每一部作品都以新的创造引人注目，其中《十二个月》《风雪夜归人》《海边有个男儿国》《西游记》等已成为深受观众欢迎、常演不衰的保留剧目。可以说，张奇虹以自己的导演艺术创造，奠定了她作为我国改革开放新时期一位具有代表性、标志性戏剧导演的地位。

张奇虹的导演艺术创作和她对中国戏剧创新发展的奉献精神都值得充分肯定。张奇虹的导演艺术造诣精湛，她善于处理不同戏剧题材的深厚功力及导演艺术手法的丰富性令人称道。比如《威尼斯商人》《风雪夜归人》《一个死者对生者的访问》三部戏的处理，《威尼斯商人》注重戏剧情节的曲折跌宕推进，层层剥笋，环环相扣，让人在清晰的人物关系演进中感受讽刺的深刻性。《风雪夜归人》注重戏剧情境的渲染和营造。《一个死者对生者的访问》则在多时空变化中，以现代的戏剧手法揭示人物内心情感。对这些不同戏剧题材整体风格基调的准确把握，是以导演处理手法的丰富性来实现的。看张奇虹的戏剧，从戏的整体把握到人物、情节、细节的处理，从无单调之感。

张奇虹导演的戏剧题材丰富多样，既有表现外国生活的题材，又有中国历史题材和现代题材，还有神话、童话题材。现代题材中又有反映当代生活的题材和革命历史题材。她的导演处理既服从于剧作的内容，又以新颖大胆的艺术构思，使戏更具可看性，从而使剧作的内容和人物的形象更有视觉冲击力和感染观众的力量。张奇虹从导演上对戏剧题材的娴熟把握和导演手法的丰富性，来源于她对中国民族戏曲的熟悉和对民族艺术审美传统的深入了解，也来源于她对国外戏剧艺术规律的理解。布莱希特的戏剧手法，特别是斯坦尼体系，对她的影响是深刻的。但张奇虹非常值得我们学习的就是她从不照搬哪一种戏剧手法，而是博采众长，融会贯通，为我所用。她导演的这么多部戏剧，导演处理风格的统一性、丰富性，都充分说明了一个成熟的有独创性的艺术家，不会照抄照搬，而是以自己对艺术的理解，在以往艺术经验的基础上，不断探索和创造新的艺术境界。

张奇虹把戏剧看作自己的生命，为中国戏剧的创新发展奉献了全部心力。她从事戏剧艺术工作六十多年，可以说从未在学习和创作中止步。现在她年事已高，但我们看她近几年导演的神话剧《西游记》（一、二、三部），其舞台和人物处理的创新性令人惊叹，可以看出她仍然迸发出的艺术创造激情和处在舞台艺术前沿的创新精神。这部戏在全国儿童剧汇演中得到评委们的一致高度评价，更得到孩子们的喜爱，现在已成为中国儿童艺术剧院的保留剧目。张奇虹同她这一代的许多艺术家一样，以自己的全部身心奉献于艺术创造，艺术是她们的生命追求。当然，她们不属于为艺术而艺术的艺术家，她们也是把自己的创作作为奉献给人民大众欣赏的艺术品去努力的。她们有一种时代的责任感和使命感。我们从张奇虹的艺术创作经历和创作成果可以鲜明地看到这一点。我与张奇虹同志相识已有三十多年，她曾多次邀我去看她导的新戏，并共同探讨戏剧创作问题。时光荏苒，但今天她的艺术创造活力仍然不减，真让人为之高兴。《奇虹导演构思》出版之际，张奇虹同志让我为之作序。虽然忙于日常事务，但仍然匆匆写了以上的感言，以表达对张奇虹同志艺术创造和艺德的钦敬。

2012年8月18日

（原载于《奇虹导演构思》，文化艺术出版社2013年版）

《张长森文学作品集》序

张长森兄是我钦敬的一位朋友。

不仅是我，文化领域凡与他比较熟悉的人，都对他的睿智、幽默、热情，分析问题的深刻和工作的严谨给予很高的评价。

张长森兄让我钦敬，首先是他驾驭工作大局的能力。他从一个文学青年到山东省文化厅副厅长、厅长，在这个位子上一干30多年。文化工作曾是意识形态的敏感领域，"文化工作危险论"的说法曾流行了很多年。从20世纪70年代初起的30多年间，文化领域曾有多少波澜沉浮；改革开放以来，文化体制改革又有多少潮起潮落？在山东这样一个文化大省的文化厅长位子上，会需要怎样的心力驾驭文化的航船，穿越波峰浪谷，持续地推进文化建设？个中甘苦，大概只有身在其中者才能体会。这么多年来，山东从艺术创作、公共文化服务体系建设、文化遗产保护等方面，都在全国有令人瞩目的成就。不少次全国文化厅局长会上，张长森厅长发言简洁明了，但他的思考，都会给人以启发。从山东多少年来持续稳健的文化发展和张长森厅长实事求是、敢言直言的真知灼见中，很多人会思考文化艺术到底应该以什么样的思路和方式来发展来管理。

张长森兄让我钦敬，还有他待人的热情与直率。他身上，比较典型地体现着山东人的真诚、热情和直率。他心里想什么，都写在脸上。我的印象中，张长森像很多领导干部一样，每天都是上班下班，陷在没完没了的工作之中，他没有打牌、唱歌之类的业余爱好，也没有体育活动，工作是他的唯一爱好。他对自己工作要求严格，批评人有时不留情面。但他又有很细心的一面，对他工作范围内的每一位同志的个人发展，遇到的困难，包括家庭生活中的困难，他都放在心上。特别是对老艺术家的创作、教学和具体生活困难等要求，他都千方百计想办法去解决。山东的很多老艺术家对他有很深的感情，无疑都是从30多年的工作相处中积淀下来的。

张长森兄是一个敢讲真话的有原则的人，处人处事远非八面玲珑应付裕如，而在一个岗位上工作30多年，退休之时还得到大家真诚的拥戴与肯定，仅靠有工作能力是难以做到的。我想，大概很重要的是他在人生历程的曲折中历练的淡定使他有了定力。人之心胸，有欲则窄，无欲则宽；人之心气，有欲则馁，无欲则刚。从一个文学青年一举而为省文化厅副厅长，非己之想也，是时势之推也。既不因此而张皇，也不因此而忘形，我仍是我，脚踏实地，正派做人，不做凌云之思，亦不做趋炎附势之事。长森兄正是因着老老实实做人，踏踏实实做事，才一路长久地走来。汉代张衡在他的《归田赋》里说："苟纵心于物外，安知荣辱之所如。"持达观、超脱的人生态度，荣辱也就置诸脑后了。在张长森文化厅厅长任上，也曾有过组织部门拟安排他到仕途更开阔的工作岗位之时，但长森兄却婉谢了。有了这份超脱和淡定，所以工作抓得起，荣辱放得下。

张长森给大家的印象，是一位单纯的文化领导管理干部。其实，他的文化修养，特别是文学素养是很高的。从我们重新读到的他20世纪50年代末到60年代初创作的这些小说中，可鲜明地感受到这一点。这些作品发表在当时的《人民文学》《萌芽》《人民日报》等重要报刊上。五六十年后的今天看来，这些作品不脱稚嫩，又有思想的概念化，但洋溢其中的生活气息、生动鲜活的乡土语言以及刚刚走上文学之路的一位青年的内在激情，在今天仍有一种感动人的力量。青年张长森生活、劳动在农村，熟悉那些朝夕相处的淳朴的农民，比如在《成山爷训牛》这篇作品中，他描写的成山爷这位农民如何训牛的细节，没有生活的人是难以想象的。他描写的成山爷像对待孩子一样对牛犊的爱，读来也令人深深感动。一个20多岁的农村青年的创作，很难摆脱当时那样的社会环境的局限。实际上不少成熟的作家也很难摆脱这种局限。正是这种局限造成的思想概念化，使得这些作品在今天已难具有思想的意义。但正像作者所说，这些作品，记录了"一个农村青年从热爱文学创作到走向社会的心路历程"。当然这些作品也可以让读者从一个角度去看到当时农村社会的一个侧影，还可以让我们反思文学从本质上反映社会的永恒议题。读这些作品，我也想象，假如长森兄30多年前不在文化行政工作岗位，而继续他的文学创作，在改革开放的思想进程中，他开阔的思想，与他洋溢的才情和很好的文学语言能力结合，一定会在不断突破思想观念的束缚中创作出具有震撼力的优秀之作。

当然，人生历程往往非自己所能安排，长森兄在文化领导管理岗位的成就，也堪称是一张人生满意的答卷了。

愿长森兄保重身体，健康长寿！

（原载于《张长森文学作品集》，明天出版社2015年版；

《艺术评论》2015年第9期）

《南京云锦图典》序

　　《南京云锦图典》在南京云锦研究所建所60周年前夕出版，全书系统地展示了南京云锦在各个历史时期的珍贵代表作及表现云锦图案、纹样、色彩的多幅图片，并配以简明的文字说明，形象地反映了南京云锦技艺近1600年来的演变发展脉络。全书内容丰富、资料翔实，且许多资料是首次面世，翻看令人眼前一新。这既是一部记录和展示南京云锦作为中国传统文化艺术精粹的巨著，也是研究我国丝织工艺不可多得的史料。同时，这部图典对文化遗产保护、文物鉴赏、艺术设计等，也都有重要的参考价值。

　　在我国古代的丝织物中，"锦"是代表最高技术水平的织物，它有悠久的历史。公元417年东晋时期在建康设立了专门管理织锦的官署——锦署，这被看作是南京云锦正式诞生的标志。南京云锦传统工艺独特，它用提花木机织造，必须由提花工和织造工两人配合工作，织造材料由金线、银线、铜线和蚕丝、绢丝、各种鸟兽羽毛等构成。如果要织78厘米宽的锦缎，它的织面上就需有1.4万根丝线，所有图案的组成就要在这1.4万根线间穿梭。从确立丝线的经纬到最后织造，整个过程的复杂性至今仍无法用现代化机器来替代。南京云锦图案精美，富丽典雅，天章云锦，绚丽多彩，它浓缩了中国丝织技艺的精华，以美如天上云霞而得名。

　　作为非物质文化遗产的传统手工技艺，南京云锦木机妆花手工织造技艺具有典型的代表性。因此，南京云锦木机妆花手工织造技艺于2006年列入中国首批国家级非物质文化遗产名录，并于2009年入选联合国教科文组织"人类非物质文化遗产代表作名录"。但对一般人而言，可见的是南京云锦的富丽多彩，而对其令人难以想象的传统手工织造技艺的珍贵性，却并不了解。记得在2004年由中国艺术研究院主办的非物质文化遗产保护国际学术研讨会上，南京市政府和南京云锦研究所的同志在发言中向代表们展示携去的云锦织品，有的代表即对南京云锦技艺作为非物质文化遗产的价值提出疑问。从那以后，中国艺术研究院（中国非物质文化遗产保护中心）主办或承办的历次非物质文化遗产保护成果展或传统手工技艺展上，都会看到所长王宝林带领该所的传承人，在那由1924个机件组成，长5.6米、宽1.4米、高4米的传统大花楼木织机上操作织造的现场表演，这样的展示和现场讲解，甚至也出现在文化部主办、中国艺术研究院（中国非物质文化遗产保护中心）承办的法国巴黎中国非物质文化遗产节上。正是南京云锦研究所不辞辛苦的这些展示，让国内外的人们形象地看到了南京云锦织造技艺的独特性、复杂性、珍贵性，唤起人们从心底生发出对中华民族传统手工技艺的珍视。

新中国成立以后，党和国家非常重视南京云锦的传承发展。1954年，南京市成立了"云锦研究工作组"。我国著名工艺美术专家陈之佛教授担任研究工作组组长。1956年10月，周恩来总理指示："一定要南京的同志把云锦工艺继承下来，发扬光大。"1957年，经江苏省政府批准正式成立了南京云锦研究所。近60年来，特别是近十几年来，南京云锦研究所为主体，带动南京云锦行业传承发展，使新中国成立初期濒临消亡的南京云锦织造工艺逐渐恢复并创新发展，在继承传统技艺的同时，还恢复了失传的"双面锦""凹凸锦""妆花纱"等工艺，复制了汉代"素纱禅衣"、宋代"童子戏桃绫"、明代"妆花纱龙袍"等珍贵文物，并搜集整理大量云锦图案和画稿，征集了900多件云锦实物资料。南京云锦研究所在继承中保护，在保护中发展，还通过生产日用的云锦高档服装面料、少数民族服饰及人们的日用工艺品，使南京云锦在生产性保护中路子越走越宽。今天，南京云锦研究所不仅使生产出精美绝伦的古代织锦的传统手工技艺得以延续，还通过探索创新，以更多的技艺技法，织造出符合当今时代人们审美取向的织品，满足人们生活和收藏需求。

近10多年中，王宝林所长和他的同事们为南京云锦传统手工技艺的传承、保护和创新发展做了大量的工作。这些工作所以卓有成效，我想，是与他们始终坚持科学保护的原则和正确遵循非物质文化遗产的传承规律分不开的。科学地保护非物质文化遗产，既不是随意改变它按照自身规律展开的自然演变进程，也不是使之静止、凝固、不再发展，而是保护它按照自身发展规律去自然演变。南京云锦的保护正因为是建立在尊重客观规律的基础之上，才能够一直保持稳健而持久的健康发展态势。

全面落实《非物质文化遗产法》，做好"非遗"保护工作，重在建立健全非物质文化遗产的传承机制，要以传承人为核心，以持续传承为重点，而开展扎实的保护工作，要像南京云锦研究所做的这样，非物质文化遗产保护不是为了留住历史，而是要传承技艺，并要在着眼继承优秀文化传统的基础上，进行文化创新。

南京云锦传统织造手工技艺的保护，为我们提供了非物质文化遗产保护的宝贵经验。《南京云锦图典》的出版发行，不仅可以让我们形象地了解中华传统手工技艺创造的绚烂奇葩，而且可以从中学习、借鉴非物质文化遗产保护的有益经验，这是从事非物质文化遗产保护工作者一件值得高兴的事情。

相信南京云锦研究所在新的发展阶段，会继续努力探索，为南京云锦的继承、保护、创新、发展做出新的贡献。

祝南京云锦不断锦上添花！

2014年10月19日

（原载于《南京云锦图典》，南京出版社2015年版）

观看《记住乡愁》的感想

由中共中央宣传部指导、中央电视台拍摄的百集大型纪录片《记住乡愁》，开始在中央电视台播出。它以开阔的视野、深入的触角，多角度、多方位地展现我国具有典型性的传统村落风貌，挖掘积淀其中的深厚传统文明基因，以文化人，以德润心，以亲切而真实可见的方式，表现生活于传统村落的当代人的生活方式、生产方式、人际关系，在历史性与当代性的联系中，形象地表达了"立足中华优秀传统文化，培育和弘扬社会主义核心价值观"的重要意义。《记住乡愁》以抒情诗般的记叙，流淌在观众的心中，给人以情感的感染和心灵的震动，它把中华优秀传统美德的一粒粒珍珠，串联成一条熠熠闪光的项链，闪耀在观众的心中。《记住乡愁》给我的深刻印象是，一个重视重现历史文化传承和时代创新的民族，必将是一个未来充满无限希望的民族。

百集系列片《记住乡愁》中的百村，从物质存在形态上讲，百村百貌。村落布局、建筑样式、自然环境，形态各异。无疑，这些传统古村落历史悠久，传统文明积淀深厚。这些在今天被视作"非物质文化遗产"的优秀传统文明，以活态的方式在生活其间的当代人身上传承下来，体现出来。

《记住乡愁》系列片的制作者正是将固态性村落与活态性文明传承相统一，将历史性与当代性相统一，将中华传统美德与当代社会主义核心价值观建设相衔接，将镜头对准在传统古村落中生活的当代人，表现他们对历史文明的活态传承，而这些活态传承则大都是以平凡而又不平凡的、饶有兴味的讲故事的方式叙述出来，使观众感同身受，如临其境，不知不觉沉浸其中，深受感染。这些生活在传统村落里的当代的人们，在祖辈的文化传承中传递着中华优秀传统文化和优秀传统价值理念。专题片的制作者们显然是作了深入的挖掘和思考提炼，从强调百村在文化传承方面各不相同的特点出发，更加突出和鲜明地表现百村在优秀传统文明传承上的不同特点或不同侧重点，所以会使各集看起来各不雷同，但又会从整体上构成中华优秀传统文化传播的相对完整性。从生活在传统古村落中的当代人身上体现的传统文明，让我们看到传统文明与社会主义核心价值观建设的紧密联系。这启发我们应该十分重视立足中华优秀传统文化，挖掘优秀传统文化资源，弘扬和培育社会主义核心价值观的工作。

习近平总书记在2013年12月召开的中央城镇化工作会议上指出："让居民看得见山，看得见水，记得住乡愁。要融入现代化元素，更要保护和弘扬传统优秀文化……要注意保留村庄原始风貌，尽可能在原有村庄形态上改善居民生活条件。"习近平总书记以高远的人文情怀深刻指出我国城镇化建设，不仅仅在于改善人居环境，更在于延续传统文化精髓的美丽乡愁。我们应该以一种时代的担当和文化自觉来承担这样一种责任。《记住乡愁》百集系列片的制作，从文化的角度，以一种时代的担当和强烈的文化自觉，把有历史记忆的环境——传统古村落记录下来，把活态地洋溢其间的人们的情感、思维方式、精神向往也形象地记录下来，我相信，它不仅对于弘扬中华民族优秀传统文化和对于物质和非物质文化遗产的保护具有重要的价值，而且对于我国的城镇化建设也会有重要的启示意义。

由《记住乡愁》百集系列片也想到我国的城镇化建设。我理解，乡愁不仅要留存在传统古村落生活的人们中间，新农村城镇化建设，还应包括城乡一体化建设，也要让人们记得住乡愁。"乡愁"既要延续人们的历史情怀，也要满足时代发展中人们新的文化诉求（现代元素）。因此，城镇化进程，不能只关注人们生活的物理空间改善，更不要忘记文化空间的建构、精神家园的稳固，以及人们记忆的延续和创造力的激发。德国哲学家海德格尔曾提出诗意的栖居，对我们应有借鉴意义。我10多年前去新加坡，新加坡建设的总规划师刘太格，当时也是新加坡国家文化委员会主席，与我谈起该国的建设规划时，他告诉我，新加坡看起来高楼林立，其实规划中非常用心地保留了许多使原住民能保留文化记忆的环境空间。他还告诉我有一处靠近大海的海滩，往上是一个村庄，住地的居民世代在海滩上结网、晒鱼，孩子们在这里嬉戏。原规划在村庄与海滩之间要建现代化酒店，这就必然消弭原住民的历史文化记忆。后来他们改变了规划，至今保留了原来的空间环境。我想，水泥森林与划一的单调中是不可能寻找到诗意和乡愁的。当然，乡愁也不仅是诗意的流淌，它还有人生的艰辛与坚持，还有人生的奋斗与创造。期待《记住乡愁》会陆续让人们有更全面的感受。

　　最后，我想说的是，非物质文化遗产保护工作在城镇化建设中大有用武之地。"非遗"保护领域的学者要首先在把握非物质文化遗产演变的恒定性规律的同时，还要基于非物质文化遗产"在适应周围环境，以及与自然和历史的互动中被不断再创造"的活态流变性，不断探索符合"非遗"自身规律的各种保护实践方法，使我们的非物质文化遗产保护成果更好地应用于城镇化建设，使我们的"乡愁"既要保留和延续，也要使它的内涵在顺应时代发展、实现中华民族伟大复兴中国梦的历史进程中不断地被再丰富。我想，这也是《记住乡愁》百集系列片给我们的联想之一。

（原载于《中国文化报》2015年3月10日）

《京剧艺术大师梅兰芳研究丛书》总序

今年是梅兰芳艺术大师诞辰120周年。为了总结他的艺术成就，回顾他卓越的艺术创造，学习和继承他的艺术遗产和高尚精神，中国艺术研究院在院图书馆和梅兰芳纪念馆珍藏的丰富文献资料的基础上，编辑出版《京剧艺术大师梅兰芳研究丛书》，其中包括：

1. 《梅兰芳演出剧本选集》

2. 《梅兰芳演出戏单集》

3. 《梅兰芳演出曲谱集》

4. 《梅兰芳往来书信集》

5. 《一代宗师梅兰芳》

6. 《齐如山谈梅兰芳》《父亲梅兰芳》《忆艺术大师梅兰芳》《梅兰芳若干史实考论》《品梅记》《梅兰芳京剧艺术研究》

上述书籍之外，《梅兰芳访美京剧图谱》也将同时增订再版。以上书籍中有许多资料是第一次公开面世，如"演出戏单"和"往来书信"等。还有第一次翻译出版的1919年梅兰芳首次访日演出后由日本汇文堂出版的日文版《品梅记》，还有法籍华人傅秋敏博士根据其1998年在法国出版的法文版专著《梅兰芳戏剧艺术研究》和博士论文翻译撰写的《梅兰芳京剧艺术研究》等。这套系列丛书的出版，会从梅兰芳表演艺术本体及社会人文历史的变迁中，从艺术史的角度整体性地反映出梅兰芳与京剧及社会演变的关系。这些文献资料的出版，相信会为研究一代京剧艺术大师梅兰芳开拓更加宽阔的社会人文视野。

梅兰芳作为一代创立完整表演艺术体系的京剧艺术大师，首先是他在艺术上深入继承传统，并勇于改革创新，发展、提高了京剧旦角乃至京剧艺术的整体水平，形成了具有标志性、代表性的京剧梅派艺术。他出身梨园世家，从小经过严格的戏曲艺术基础训练，11岁登台演出，20岁左右即形成轰动性的舞台艺术影响，但这时也是他进行艺术革新尝试、创演时装新戏的开始。正是他继承传统又发展传统，锐意革新，在不断超越前人和超越自己的过程中，把京剧旦角艺术开创到前所未有的艺术高峰。

梅兰芳作为一代具有广泛性群众影响的京剧艺术大师，不仅是因为他具有精湛的表演艺术，更因为他品德高尚，德艺双馨。他把为观众演好戏放在心中至高无上的地位；他扶危济困，提携同仁，待人诚恳，仁爱宽善。正是他对广大观众的无私奉献，才赢得观众的竭诚拥戴。

梅兰芳作为享誉世界的京剧艺术大师，还因为他以建立在对京剧艺术深入理解基础上的文化自信，抱着极大的热情，筚路蓝缕，在世界艺术舞台上努力传播京剧艺术。梅兰芳于1919年、1924年、1956年三次去日本，1930年去美国，1935年和1952年两次去苏联访问演出，其精湛的表演无不引起巨大轰动。这些演出，特别是1930年的访美演出，梅兰芳和他的剧团做了艰苦、细致的筹备，个中艰辛，外人难以体会。梅兰芳以自己的表演，真正让世界了解了中国戏曲的独特魅力，打破了当时欧美戏剧界把写实主义戏剧视作唯一正统舞台艺术的格局，增强了中国人对以京剧为代表的中国戏曲艺术的自信力和自豪感，加强了中西文化艺术的交流。

梅兰芳作为中国人爱戴并引以为自豪的京剧艺术大师，还因为他在民族危亡之际，将个人安危置之度外，蓄须明志，不为敌伪演出，以大义凛然的爱国情怀，彪炳青史，为人景仰。梅兰芳先生正是以这样的气节，表现了一位艺术家对祖国和人民的真挚情怀。

梅兰芳大师为我们留下了珍贵的艺术遗产和精神遗产，在今天我们按照习近平总书记提出的立足中华优秀传统文化，培育和弘扬社会主义核心价值观而努力之时，梅兰芳大师的艺术遗产和精神遗产尤其值得我们珍视。梅兰芳曾是中国艺术研究院前身之一的中国戏曲研究院的首任院长，使我们作为今天中国艺术研究院的一员，更对梅兰芳大师怀有一种特殊的感情。在他诞辰120周年之际，我们整理编辑出版《京剧艺术大师梅兰芳研究丛书》，正是表达对他留下的这份丰富戏曲遗产的珍视，以及对他艺术实践和思想精神的研究、继承和弘扬。

（原载于《京剧艺术大师梅兰芳研究丛书》，
文化艺术出版社2015年版）

艺术作为生活方式

——吕品田绘画作品展前言

  吕品田多以"艺术理论家"的面貌为大家所熟悉，这次他的画展则展现了其兼有的"艺术家"身份。品田曾向我说起，年轻时志在绘画，用功甚勤。只是世事改变人生，后来走上了专注学术的研究道路。然而科班训练的素养和强烈的创作兴趣，使品田在理论研究和繁重的科研与教学组织工作之余，始终没有放弃作画。他以画画为调节、为休息，将艺术作为生活甚至生命的一个重要部分。

  理论从来要与实践相结合。艺术研究更是有其特殊性，它需要创作实践这个具体的"抓手"，要求与之保持紧密的交流与互动。理论家兼有创作能力，艺术家具有理论修养，两脉打通，于艺术的精进大有裨益。中国艺术研究院的优良学术传统就是注重研究和创作相结合，黄宾虹、王朝闻、冯其庸等前辈学者都在艺术创作上成就卓著。得益于学风熏沐和表率影响，中国艺术研究院的很多著名学者、艺术家在研究、创作两方面都同时取得重要成就。吕品田作为这一传统的践行者，其在美术理论、工艺美术理论和艺术学研究等方面，都以自己的研究成果表现出深刻的创新性和洞察力，其理论研究的影响在艺术学界具有广泛性的认知。品田的理论素养，为他的创作的价值取向、艺术的把握和探索、品格境界的追求奠定了坚实的基础。

  我赞赏这个展览的题目——艺术作为生活方式。大道不离日常，艺术理应寓于生活。生活中的艺术，亲切真实，正是平凡视角、人民立场。生活需要艺术，艺术精神能引导我们超越世俗功利，鼓足动力，追求理想。

  品田作为中国艺术研究院常务副院长兼研究生院院长，工作实干；作为艺术理论家，是纯粹的学者。作为同事、同道，我与他在工作和学术上交流较多，但对其艺术创作了解不够，这次画展让我系统地看到了他的画作。在我看来，他的画恰如其人，朴实厚重，热情明快，精神充盈其中，气韵洋溢于外。画面布局用心而不刻意，笔墨有成法而不拘泥，用笔不取巧、不藻饰，坦荡大方，随性书写，处处可以感受到畅怀的淋漓，观之有"池塘生春草"般本乎自然、妙手天成之感。高韵逸气，畅人心怀。

人生能与艺术相伴何其有幸，能在艺术之中敞开胸怀，并把一份所得传达给更多人，应是品田莫大的快乐。

2016年7月

（本文系作者为2016年7月29日广东美术馆"艺术作为生活方式

——吕品田绘画作品展"题写的前言）

寻源问道　传承经典

——《昆曲艺术大典》总前言

2001年5月18日，昆曲被联合国教科文组织宣布为首批"人类口头和非物质遗产代表作"（2006年4月联合国教科文组织《保护非物质文化遗产公约》生效后纳入《人类非物质文化遗产代表作名录》）。作为中华民族奉献给人类的文化瑰宝，昆曲以其完备的演剧体系和独特的舞台面貌，集中呈现着中国戏曲艺术完美的综合性和表演的精粹性，并以其饱含传统文化风韵的独特气质，突出地体现着中华民族艺术遗产的历史、文化价值。

重视和保护、传承包括昆曲艺术在内的文化遗产，是时代赋予我们的不可推卸的责任。当今中国经济、政治、社会、文化、生态文明建设追求全面协调可持续发展，文化建设摆在了突出位置。在大力推进文化创新的同时，保护、传承非物质文化遗产已经成为一种文化自觉。正是在这样的意义上，《昆曲艺术大典》的编纂适逢其时。

《昆曲艺术大典》被列为《国家"十一五"时期文化发展规划纲要》"重要文化遗产保护"出版项目。它是迄今为止最大规模、最具系统、最为全面的昆曲艺术整理与研究工程，由中国艺术研究院主持编纂。为了高质量地完成这一工程，中国艺术研究院以本院戏曲研究所的研究人员为主体，成立了《昆曲艺术大典》编纂委员会和编辑部，组织院内外一百余位专家学者参与编纂，前后历经十余年时间，终于接近完成这一工作。为了做好《昆曲艺术大典》的出版工作，安徽出版集团时代出版传媒股份有限公司成立了《昆曲艺术大典》编辑出版委员会和出版编辑部。双方紧密配合，共同为《昆曲艺术大典》的编纂和出版工作做出了不懈的努力。《昆曲艺术大典》坚持"原典集成与百科式呈现相结合"的编纂理念，将学术性融入整体性、系统性和科学性的体例框架构建与呈现之中，对浩繁的文献数据进行细致的汇集、甄别、梳理，虽然在校勘、订正、释要、编撰方面付出了难以计数的艰辛的工作，但始终坚持"述而不作，作而不显"的修撰方式，充分尊重昆曲艺术遗产本真形态，准确把握昆曲艺术的本体规律，以历史理论典、文学剧目典、表演典、音乐典、美术典、音像集成六个部分及索引，集中展现昆曲的艺术成就和文化遗产，以期完整地表达昆曲作为中国戏曲艺术最具代表性剧种之一所具有的突出意义，为昆曲艺术和中国戏曲艺术的理论体系建设奠定坚实的基础。

一

中国戏曲源远流长，在不断的继承创新中，逐步形成了以表演为中心，集文学、音乐、美术等为一体的综合性舞台艺术体系。中国戏曲由不同戏曲剧种构成，它们既具有以歌舞演故事的基本共性，又具有音乐声腔和表演规范的各自特色。这些各具特色的戏曲剧种样式的形成和衍变，既依赖于诗词、舞蹈和民间文学的营养，更离不开诸多音乐声腔和民间音乐的孕育。中国昆曲就是在南、北曲音乐的基础上，与昆山一带的语音和音乐相融合而诞生。由于昆山音乐家顾坚对南曲（南戏）的歌唱和改进，至明初遂有"昆山腔"之称。明嘉靖中期，戏曲音乐家魏良辅在民间艺人的帮助下，总结北曲演唱艺术，吸取海盐、弋阳等腔的长处，对昆腔加以改革，并总结唱曲理论，建立了号称"水磨调"的昆腔歌唱体系。之后，又经戏曲作家梁辰鱼等人不断的丰富发展，昆腔在自身艺术实践中，逐渐凝练成极富个性的声腔体系，并在艺术不断发展的过程中，成为舞台演出中个性鲜明的一种戏曲剧种样式。

在昆曲的发展演变中，昆曲清唱是其艺术形态之一，并且是其发展初期较长时间中的一种主要形态。随着昆曲向综合性的舞台艺术形式发展，在保持其清唱形态的同时，昆曲舞台演剧逐渐成为主体形态。这两种形态始终遵从以"曲"为本位的创造原则，彼此借鉴，相互促进。那些在昆曲演变过程中曾经出现的多种称谓，如昆山腔、水磨调、吴歈、官腔、雅部等，随着它在时代变迁中的融汇发展和人们审美取向的更新，逐渐被"昆腔""昆剧"和"昆曲"这三个名称替代，而"昆曲"一词因本质性地概括了其艺术的核心内涵，而成为人们对此种艺术形式最常用的一种称谓。

在六百余年的发展进程中，昆曲艺术呈现的风格是多样的，并以独特鲜明、典雅华丽的唱、念、做、舞，成为中国古典戏曲艺术的最高典范。同时，昆曲既活跃于宫廷的舞台和士大夫阶层的厅堂，又广泛流播于民间，真可谓雅俗共赏。在艺术上，其演剧法则和艺术规范，影响到众多的地方声腔剧种，涵育出许多更具地方色彩的戏曲样式。昆曲在辉煌的发展历史中取得了高度的艺术成就，革新并丰富了独具特色的中国戏曲美学思想和演剧体系，形成并积累了丰厚的文化遗产，为中华民族戏曲表演艺术的不断演进，提供了宝贵的资源。

二

近代著名学者王国维在揭示中国历代文学的兴替时指出："凡一代有一代之文学，楚之骚，汉之赋，六代之骈语，唐之诗，宋之词，元之曲，皆所谓一代之文学，而后世莫能继焉者也。"（王国维《宋元戏曲史·序》）这很能够说明文学艺术随着时代流变而日益更新的规律。其中所讲的元曲，囊括了散曲和杂剧艺术，作为有元一代最具代表性的艺术形态，其生命力一直延续到明代中叶。而在明代，又出现了发展成熟的戏剧文学样式——传奇，成为新一代以南曲艺术为主要特征的舞台文学。

需要指出的是，南、北曲艺术在不断衍生发展的过程中，除了不断摆脱乡土特征、逐渐吸收融汇其他艺术形态，并在此过程中不断形成自身的艺术规则之外，还不断地融汇仕宦文人的审美趣味。明顾起元《客座赘语》载叙明代万历前后北曲、散乐、杂剧及南曲弋阳、海盐诸腔和昆腔的递变，说："今又有昆山，较海盐又为轻柔而婉折，一字之长，延至数息，士大夫禀心房之精，靡然从好，见海盐等腔，已白日欲睡，至院本北曲，不啻吹篪击缶，甚且厌而唾之矣。"这反映出当时娱乐审美的日益精致和不断更迭。由北曲而南歌，由杂剧而南戏，由弋阳诸腔而"昆山"独胜，正显示了明代中叶以来更趋繁荣的戏曲艺术成熟发展的态势。

地域化的昆山腔经过魏良辅等人的音乐改良和梁辰鱼的剧本创作，逐渐形成了"自吴人重南曲，皆祖昆山魏良辅，而北词几废"（明沈德符《万历野获编》）的局面，并且在更加阔大的地域空间流播开来。在这个"南曲声低屡变腔"（明李东阳《宴长沙府席上作》）的风尚中，昆曲形成"在南曲，则但当以吴音为正"（明王骥德《曲律·论腔调第十》）的地位。这既得益于魏良辅"转喉押调，度为新声"（清余怀《寄畅园闻歌记》）的创设之功，同时也与魏良辅周围大批曲师伶工的推广、传播、改良、增饰密切相关，当然也与官方社会、文人阶层接受新声、染指创作乃至独尊专宠有着密切的关系。明代万历以后，昆曲逐渐成为宫廷外戏演出的主要内容，明史玄《旧京遗事》称："外戏，吴歈曲本戏也。"从昆山地区特色化的声腔，到进入宫廷的"外戏"，昆曲从明初酝酿期开始的二百年间，吸收了南、北曲的艺术精华，以其兼具音乐美、文学美和传承底蕴的个性化艺术表现，从南、北诸声腔中脱颖而出，逐渐成为明清两代戏曲审美的主流。

从明代万历时期到清代嘉庆、道光年间，昆曲（包括昆弋腔）始终是宫廷戏曲娱乐的主要样式。昆曲在宫廷殿堂的长期演出，伴随着它在士大夫厅堂、城乡戏台的持续搬演，实现了昆曲艺术形态的精致化表现，确立了昆曲唱、念、做、舞的规范性，奠定了它以最完备的演剧体系超然于各地声腔艺术之上的基础。

昆曲的这种地位最鲜明地体现在艺术规范化、伶人苏籍化、班社体制化、审美文人化等方面。艺术规范化，指的是昆曲艺术在兼融南北音乐最高成就之后，逐渐在表演、音乐、文学、舞美等方面形成规范化的艺术准则，由此成为明清两代影响最为广泛的程序化戏剧。伶人苏籍化，指的是昆曲从业者在以传统乐户、散乐为基础的乐人群体之外，形成了以苏州地方平民为主体的演员群体。昆曲形成后的数百年间，昆曲的传承者以苏籍为主，这就构成了昆曲艺术传承的重要特点。班社体制化，指的是昆曲艺术在班社演出中，基于昆曲在礼乐文化格局中的重要地位，长期以来保持着官方管理的特征。即便到了地方花部戏曲艺术逐渐勃兴的时代，苏州地方政府仍然用行政命令的方式，维持着苏州梨园专尚昆曲的职业特点，以保证内廷官班和地方班社昆曲演出的延续和维持较高的艺术水平。审美文人化，指的是深受中国传统礼乐文化影响的文人士大夫，一直将昆曲视作体现身份、寄寓情趣的娱乐方式。他们一些人或者通过组织家班演出，或者致力于创作昆曲文学底本等，为昆曲艺术审美涂染上浓郁的文人色彩。

昆曲艺术在形成和发展的过程中，形成以上这些主要艺术特征。这些特征彰显着昆曲艺术的文化品格，也彰显着中华民族传统艺术的风范。因而，昆曲艺术成为中国戏剧艺术的典型代表。正缘于此，昆曲在宫廷和士大夫那里，被列作"雅部"，张扬着国风大雅的文化气质，同时又保持着厅堂娱乐的文人趣味；在社会大众眼中，昆曲则被当成"大排场"，被看作"褒忠扬孝""勉人为善、去恶济世之良剂"（清程大衡《缀白裘·序》），担负着高台教化的神圣功能。这一状况，造就了明代后期以来地方声腔艺术以"昆"为师的局面。诸多地方戏曲艺术直接搬用和借用昆曲文学、音乐、舞蹈、排场等方面的艺术法则，实现了从地方小戏到地域大戏的飞跃。昆曲在它从明万历以后繁盛发展的二百余年间，活跃于宫廷和民间，雅俗兼涵，在繁盛中创造了可宝贵的艺术经典，为后人留下了丰厚的艺术遗产。

清代中叶以后，昆曲艺术趋于保守，唯"先辈法度"（清杨掌生《长安看花记》）马首是瞻，始终维持着"切究南北曲"（清杨掌生《梦华琐簿》）的音乐规范，"不屑为新声以悦人"（《长安看花记》）。因此，在地方戏曲蓬勃发展的艺术潮流中，昆曲艺术走向衰落。到20世纪上半叶，纯粹的昆班、昆伶日益减少，除了用文字记录下来的丰富的音乐、表演艺术遗产之外，昆曲的经典艺术曾一度主要凭借着昆剧传习所培养的"传"字辈艺人，以及散处于其他声腔剧种的戏曲艺人勉力维持。

不过，昆曲在鼎盛期以后所一直秉持的"力返雅声，复追正始"（《梦华琐簿》）的传承主旨，虽然与时代前进的步伐相左，却显示出恪守固有文化品格的顽强精神。昆曲艺术在走过它的鼎盛年华以后的近二百年的传承历程中，可以说充满了艰辛和曲折，甚至一度奄奄一息。中华人民共和国成立后，在政府的关怀和扶持下，昆曲艺术随着新的专业院团的相继建立而逐步复苏。在挖掘和继承传统的同时，昆曲艺术院团也力求通过艺术创新获得新的艺术生命力，例如20世纪五六十年代现代戏创作的尝试，八九十年代贴近时代风气的戏曲改革，21世纪以来进行过多次实验的舞台大制作，以及台湾地区新创剧目编演的探索。这些创新有得有失，但都显示了昆曲艺术追随时代前进步伐的努力。近些年来，昆曲经典剧目的整理演出渐成趋势，经典折子戏的演出也绽放异彩。昆曲以深厚的艺术魅力，彰显着其作为中国古典戏曲艺术最高典范的独特价值。

三

昆曲六百余年的形成、发展、演变和成熟过程，既是昆曲作为一个艺术体不断丰富、壮大的过程，也是昆曲作为一个文化形态不断积累、凝练的过程。大要言之，昆曲艺术遗产集中地体现在它的历史理论、剧目文学、表演法则、音乐形态和舞美呈现五个方面。

众多的中国戏曲声腔在追溯发展历史的时候，往往因文献不彰而难以尽显其历史底蕴，这既缘于戏曲长期以来被作为文艺的"小道"而难以进入文人的视野，也与戏曲声腔向来缺乏系统的理论梳理密切相关。昆曲名列"雅部""官腔"，以独特的艺术风貌引领风骚数百年，它拥有丰富的声腔、演剧理论，这在中国戏曲艺术中至为难得。从李开先《词谑》、王世贞《曲藻》之类的笔记杂著，到其他数量众多的咏剧诗词、日记尺牍、行会碑刻、家班史料等等，都直观地反映了数百年间人们对于昆曲的印象和记忆。中国戏曲理论史上集大成的理论文献，从王骥德的《曲律》、吕天成的《曲品》、祁彪佳的《远山堂曲品》和《远山堂剧品》、李渔的《闲情偶寄》等，直到近代吴梅的《奢摩他室曲话》《曲学通论》等，立论都以其时的昆曲作为参照，由此奠定了昆曲艺术理论的基础，建立起较为系统的昆曲曲学、剧学和美学理论。清代以来昆曲对于地方声腔剧种的滋养和影响，也使这些理论总结较好地贯穿到地方声腔之中，孕育出更加丰富的中国戏曲理论。昆曲的历史经验与艺术理论，是明清戏曲理论的核心内容。

昆曲秉承了唐诗、宋词、元曲的文学传统，将传奇剧作搬上舞台，逐渐积累形成了文词典雅、声韵流丽、情节曲折的舞台文学宝库。明清时期的传奇作品几乎都可以作为昆曲演出的底本，而昆曲的唱演也使众多的案头剧作真正变得血肉丰满，产生出征服观众的艺术魅力。以梁辰鱼《浣纱记》为发端，汤显祖的"临川四梦"、洪昇的《长生殿》、孔尚任的《桃花扇》等传奇都成为昆曲演出史上的经典。数量众多的昆曲演出本展现出不同时期、不同地域、不同阶层的创作者对思想、文学意蕴和审美旨趣的不同追求。许多剧作以其强烈的人民性，闪耀着跨越历史时代的思想光辉。自明至清，伴随着众多昆曲折子戏演出本选集和剧作选集如《群音类选》《缀白裘》《六十种曲》等的刻印流传，昆曲艺人、清唱曲家手抄的昆曲文本也大量涌现。通过它们，昆曲在清曲演唱和本戏、折子戏演出中所依据的文学文本面貌清晰地呈示在人们面前。用"词山曲海"来概括昆曲历史上积累下来的文学遗产，实在是再形象不过了。

昆曲的表演艺术始终坚持中国戏曲口耳相传的搬演传统，同时借助文字和符号描述的方式，记录了大量的表演文本和表演经验，这种多样并举的独特的传承方式，成为昆曲积累丰厚表演艺术遗产的重要基础。昆曲的诸多舞台创作经验、审美原则和文化精神及精湛技艺，都融汇在艺人们创造的舞台艺术形象中。他们的艺术创造，集中体现了昆曲表演的情韵风神。中国戏曲表演体系的完备性和表演技艺的精湛性，是表达中国戏剧精神最重要的手段。而昆曲表演以歌舞并重的方式，实现了剧情戏理与技巧程序的完美统一。齐如山概括的中国戏曲表演艺术的规则——"无声不歌，无动不舞"（齐如山《齐如山回忆录》），在昆曲艺术中有着最典型、最完美的体现。

昆曲的音乐洋溢着阳春白雪的高雅气质，却又能做到雅俗共赏，无论是其曲学规范，还是声乐演唱，在明清两代一直代表着音乐欣赏的最高旨趣。在昆曲音乐发展的历史上，不但存在着"锡头昆尾吴为腹，缓急抑扬断复续"（明潘之恒《鸾啸小品》）这样的地域风格，而且也出现过异彩纷呈的众多个性化的唱腔流派；不但承沿着"至严不相犯"（清龚自珍《书金伶》）的清工和戏工两个传统，而且也表现出北曲和南曲声韵风格的差别；不但积累了使用京语、官话以扩大流播影响的艺术经验，而且孕育出与地方声腔同台共演后所形成的唱演风格。所有这些都对昆曲音乐的发展起到了一定的促进作用，最终将昆曲音乐艺术推向成熟和辉煌。毫无疑问，准声定谱、按律填词的音乐格局，正是昆曲音乐在变异和保守之间谨守规则的产物。张次溪《燕都名伶传·杨隆寿》有云："昆曲为古音遗响，安可绝传乎？"本着此颇的信条，历代昆曲艺人和曲家凛遵声律的规范，世代相守，不为时俗所移，由此成就了昆曲音乐遗产的精神内核。从魏良辅到王骥德、沈璟、殷溎深、徐大椿、吴梅、俞粟庐等历代曲家，通过对昆曲音乐规律的不断总结，构建了完整的昆曲音乐体系，遗留后世的《南九宫谱》《南词新谱》《北词广正谱》《九宫大成南北词宫谱》《遏云阁曲谱》《昆曲大全》《集成曲谱》《粟庐曲谱》等集成性的曲谱，以及民间数以千计的手抄曲本和当代借助科技手段记录原声的昆曲音像资料，真实地展示了昆曲音乐的面貌，为中国戏曲史、音乐史乃至文化史留下了宝贵的文献和资源。

昆曲舞台美术的形成与数百年间文人厅堂、宫廷内府和民间戏台等演出场所及环境密切相关。在此背景下，时代风尚、社会习俗等因素逐渐渗透到尊尚雅致的昆曲中，并通过舞台美术具体呈现出来。明清时期的昆曲演出由于得到宫廷、官方和文人士大夫优厚的物质支持，曾经探索过多样的舞台美术样式，尤其是宫廷昆曲，曾对昆曲脸谱、扮相、场面、砌末、剧场等进行淋漓尽致的张扬发挥，创造出规模宏大的舞台场面，尽显了富丽堂皇的风格。不过，这些舞台效果的尝试最终让位于简洁、凝练、写意的艺术呈现，舞台时空随演员的表演而变化。一张红氍毹，可以使观众看到万千境界。

昆曲凝聚的艺术结晶和积累的文化遗产，凭借丰富的内容和独特的价值，成为中国戏曲史上一个辉煌灿烂的艺术高峰。

四

无疑，我国的戏曲理论积淀是丰富而又珍贵的，但它同中国传统艺术理论一样，在呈现方式上，大都表现为史论与品评互融，重视技艺描述，不大追求严整的理论体系建构。近代以来，一些人包括不少著名学者用西方的价值范式和标准衡量中国戏曲，甚至以此否定中国戏曲理论，因此也导致了长期以来，中国戏曲艺术理论体系在建构和发展中，一直以西方戏剧理论的建构模式为参照，未能完整揭示自身独特的演剧规律和审美原则，以及自身的文化精神和民族文化底蕴。

昆曲艺术同样如此，一方面在它形成和发展的过程中，有文人和士大夫阶层的广泛参与，在留下大量经典剧作的同时，也留下了大量的理论数据。昆曲自身的演剧体系完整、独特而又丰富，是具有鲜明中华民族文化特色的中国戏曲艺术体系的核心内容，但在理论体系的梳理和构建上，还需要我们在深入研究昆曲艺术本体和它的丰厚理论遗存基础上，以自身艺术评判标准和艺术价值体系，对其作出科学而又完整的总结。

《昆曲艺术大典》坚持以文献原典的选汇为主体，全面凸显昆曲的历史文化风貌。昆曲在长期发展中，积累了大量的历史记载、艺术评论、舞台实录、文本文献、音像资料，这是其他任何一个戏曲剧种难以比拟的。这些独具特色的文化遗存，既形象、生动地展现了昆曲的艺术面貌，也代表了中国戏曲艺术结晶性的积累。《昆曲艺术大典》客观地汇集昆曲艺术的文献原典，并进行有序的文献整理，不但为戏曲文献学的完备提供了依据，也为中国戏曲遗产的规范化整理提供了参照。

《昆曲艺术大典》坚持昆曲本体的全面展示，整体性地表现昆曲作为综合艺术的独特风采。昆曲艺术作为非物质文化遗产，既包含文本记录的固态形式，更涵盖历史传承的活态遗产。昆曲艺术的这些特征既呈现在入编《昆曲艺术大典》的卷帙浩繁的曲谱、舞台文献和其他资料中，也反映在数量很大的录音录像和几千幅图片中。这种立体的展示，全面而极尽精微地呈现出昆曲在数百年间的艺术创造，为昆曲艺术的继续发展提供了可供参考的丰厚资源。

《昆曲艺术大典》坚持以昆曲传承者为主体的理念，将昆曲艺术创造和传承的主体意识突出加以体现。长期以来，无论是学术界，还是艺术界，考察昆曲艺术时多立足于对其组成分支如历史、文学等的研究和考察，保护昆曲艺术遗产时多着眼于昆曲艺术的外在呈现内容，如局限于表演程序、表演规则等外在形态，而在一定程度上忽视了昆曲表演艺术的传承主体——昆曲艺人在昆曲创作、发展、保护中的价值和作用，因此也忽视了昆曲艺人心目中对于昆曲的判定和认识。实际上，在数百年的昆曲历史上，在文人和官方张扬昆曲艺术，奉献出数量巨大的昆曲剧目、理论研究著述的同时，昆曲艺人们既从事辉煌的舞台创造，也通过他们的记录和呈现，积累了数量可观的昆曲艺术文献，如标识身法动作的昆曲身段谱，记录音乐演唱的工尺谱，展示舞台调度的昆曲总纲，指导行当创造的昆曲单头，乃至数量巨大的全贯串、总本、安殿本等艺人抄本，以及借助近现代记录手段保存的录音、录像等，所有这些都展示了昆曲艺人对于昆曲艺术的理解和裁定。特别是其中的音像记录，形象地再现了昆曲舞台上曾经出现过的音声姿容，尤其值得后人珍视。

《昆曲艺术大典》从历史理论、文学剧目、表演、音乐、美术、音像六个方面设定编纂框架，虽不能纤毫无遗地呈现昆曲艺术在学术体系中的面貌，却能够比较完整地描绘出昆曲艺术遗产的基本形态。这六个方面各以自具系统的完整结构，蕴含了昆曲艺术的丰富内容，将昆曲的历史存在与现实状况、艺术形态与社会生活、学术整理与艺术传承兼收并蓄，不仅使读者可以看到昆曲艺术发展进程中某一时段的凝固印记，同时也可以看到昆曲艺术在历史流变和活态传承中清晰的纵向脉络。

　　总结昆曲艺术的传承发展，从它的形成和兴盛，再从衰落到柳暗花明的曲折历程，都显现着中华民族重视文化遗产保护的态度，以及在对历史遗产的扬弃中坚持文化变革创新的精神。特别是昆曲走过它的繁盛期而逐渐衰落以来，社会有识之士仍然积极地通过文献数据的整理等诸多方式，尽力维持昆曲艺术遗产的承续。中华人民共和国成立以后，政府主管部门组织以中国戏曲研究院为代表的相关研究机构，对中国戏曲的优秀遗产进行调查、发掘、整理、研究和保护，并以各地昆曲艺人为基础队伍建立起专业的表演院团。正是在这样的背景下，有了昆曲艺术院团的独立建制，培养了各院团第一代昆曲学员；有了全国南北昆曲艺人的汇演、交流和合作，开始了对传统剧目的整理演出和新编剧目的创作演出。进入20世纪80年代，国家文化部成立了振兴昆曲指导委员会，为昆曲艺术在新时期的保护和创新做了许多重要的工作。尤其是近十多年来，昆曲艺术走上持续稳定的发展阶段。国家财政从2005年起，每年投入1000万元人民币作为扶持昆曲专项资金，昆曲艺术的优秀遗产随着"国家昆曲艺术抢救保护和扶持工程"的推进，得到全面的保护和继承。

　　回顾六百余年昆曲艺术形成、发展的历史，以及近六十多年来昆曲艺术遗产保护的历程，可以清楚地看到：今天我们正在进行的《昆曲艺术大典》学术工程，实际上是此前数代人不断努力发展和传承昆曲艺术的延续；同时，它也将成为后世的实践者不断继承发展昆曲艺术的基础。《昆曲艺术大典》的编纂，是为昆曲艺术存档，为优秀的民族传统艺术存档，并为它的传承弘扬铺路砌石。这是我们保护和传承昆曲艺术必须做好、而且也一定能够做好的一项重要工作。

2015年12月26日

（原载于《昆曲艺术大典》，安徽文艺出版社2016年版）

《梅兰芳访美京剧图谱》（增订版）前言

《梅兰芳访美京剧图谱》是梅兰芳于1930年到美国访问演出时携带的全面介绍京剧艺术的图画卷，每幅图下都做了详细的中英等文字说明，演出时挂在观众厅，让美国观众在看戏之前了解中国京剧艺术的相关知识，为欣赏中国京剧打开了方便之门。图谱分门别类，内容丰富，画工精湛，形象生动，全面、系统、立体地介绍了中国京剧艺术，具有很高的文物价值、艺术价值和历史价值。

梅兰芳是一位杰出的京剧表演艺术家，是20世纪中国戏剧舞台上涌现的一位世界级的艺术大师。他曾于1919年、1924年和1956年三次访问日本，1930年访问美国，1935年和1952年两次访问苏联，每次访问演出都在当地掀起了中国戏曲和中国文化的热潮，为促进中外文化交流做出了卓越贡献。无论是在国内，还是在国际上，梅兰芳都被誉为艺术美的化身。在梅兰芳访美之前，欧洲的写实戏剧已经走到极致。西方人对东方戏剧，特别是对中国的戏曲艺术知之甚少。梅兰芳访美第一次将神奇的中国戏曲艺术展现在西方人面前，在有限的舞台上，以唱、念、做、舞的表演，给观众以无限灵活的时空认同和美的感受。梅兰芳之子梅绍武在《我的父亲梅兰芳》一书中记叙了著名文艺评论家布鲁克斯·阿特金逊（J. Brooks Atkinson）当时对梅兰芳访美演出的评论："梅兰芳和他的演员所带来的京剧几乎跟我们所熟悉的戏剧毫无相似之处……这种艺术具有它独特的风格和规范，犹如青山一般古老。""如果你能摆脱仅因它与众不同而就认为它可笑的浅薄错觉，你就能开始欣赏它的哑剧和服装的精美之处，你还会依稀觉得自己不是在与瞬息即逝的感觉相接触。你也许甚至还会有片刻痛苦的沉思：我们自己的戏剧形式尽管非常鲜明，却显得僵硬刻板，在想象力方面从来没有像京剧那样驰骋自由。"西方的观众从梅兰芳充满诗情画意的表演中领悟到中国戏曲的魅力。在中国传统观念中，戏曲演员被称为"戏子",戏曲被看作"把戏",五四新文化运动中的革命派也把中国戏曲批得体无完肤。但使盲目崇尚西方戏剧的人没有料想到的是,美国人不仅充分肯定和极其欣赏中国传统的戏曲艺术,而且美国著名大学还授予梅兰芳文学博士学位,表达对中国戏曲艺术价值的尊重。

梅兰芳访美演出无疑取得巨大成功,原因首先要归结于他不懈的艺术追求所达到的精湛的艺术境界。但同样离不开的一个原因是梅兰芳在一批热心京剧艺术的同人支持下,赴美之前在国内做了周详、细致的筹划与准备工作。其中起关键作用的一位人物是齐如山。受家庭影响,齐如山从小博习经史,19岁进同文馆学习德文和法文,后经商游历欧洲。民国初年,齐如山结识梅兰芳,开始了为梅兰芳编剧及改革旧戏的生涯,两人合作一方是知无不言,另一方是从善如流,因而成为终身师友。

梅兰芳声名鹊起后,其表演艺术逐渐赢得外国友人的赞赏和兴趣,美国公使芮恩施(Paul Reinsch)在一次演说中提到"欲中美国民感情益加亲善,最好是请梅兰芳往美国去一次"做文化交流。梅兰芳与齐如山原本就有将中国戏曲介绍到海外的愿望,在此启发和触动下,更加坚定了决心。由此直至访美成行,期间经历了七八年的艰辛筹备。访美的准备总体上可以分为前期的筹划和临行前的准备。长期以来,齐如山利用自己的社交圈和梅兰芳的影响力,在招待各国使节和海外访客时都尽力宣传中国戏曲和传统文化;不断将梅兰芳的演出照片和各种材料提供给海外报社,以扩大其在国外的知名度,还向燕京大学校长司徒雷登及美国驻华使馆公使等人咨询了解如何成功运作在美演出。在此基础上进行访美前的诸多筹备工作,包括书面宣传工作、剧目改编和排练、行头乐器等器物的选择、访美款项的筹措等等。

为了简单明了地向外国观众介绍中国戏曲,齐如山特意组织绘制了这批精美的介绍京剧艺术的画轴。根据《齐如山回忆录》的记载,画轴主要由一位姓孟的画师绘制,脸谱部分则由侯喜瑞等净角先画在脸上,再由画师绘出,每卷图下均注有中英等文字说明。

经过长期精心筹备和排练,梅兰芳访美演出团定下了演出剧目要保持传统国粹风格的基调,要以重新整理的传统剧目、崭新的行头、传统的乐器伴奏吸引海外观众。经过精益求精的筛选,组成了包括王少亭、刘连荣、朱桂芳、姚玉芙、李斐叔等7名演员和徐兰沅、孙惠亭、马宝明等8名乐师在内的只有二十几人的演出团。演员一人需兼演多个角色，甚至乐队成员也在必要时粉墨登场。为有助于访美期间的交流，剧团还准备了富有中国文化色彩的瓷器、手工绣品、笔墨、图画、扇子、剧照等各种礼物。

1930年1月，梅兰芳一行乘坐"加拿大皇后号"经日本、加拿大远赴美国。到美国之后，梅兰芳聘请了正在美国讲学的南开大学教授张彭春担任总导演，再次对演出剧目加工，选定了三组演出剧目，第一组：《汾河湾》《青石山》、"剑舞"（《红线盗盒》片段）、《刺虎》；第二组：《贵妃醉酒》《芦花荡》、"羽舞"（《西施》片段）、《打渔杀家》；第三组：《汾河湾》《青石山》《霸王别姬·巡营》、"杯盘舞"（《麻姑献寿》片段）。经过反复精心排练后，每一组剧目演出，加上报幕、幕间音乐、叫帘、休息时间都恰好是120分钟。梅兰芳剧团访问了西雅图、纽约、芝加哥、华盛顿、旧金山、圣地亚哥、檀香山等城市，共演出72场。每处演出，剧场都布置一新，门前悬挂宫灯，厅内则挂满纱灯，美国工作人员也身着特制的中国服装。舞台上是红缎绣花幕，两边外檐龙柱上是手书的对联：

四方玉会凤具威仪，五千年文物雍容，茂启元音辉此日；
三世伶官早扬俊采，九万里舟轺历聘，全凭雅乐畅宗风。

朱红描金、富丽堂皇的垂檐、宫灯、旧式戏台、门帘、台帐、隔扇等营造出辉煌精致而又古朴典雅的富有中国特色的文化氛围，令美国观众叹为观止。梅兰芳的每一次表演都赢得了热烈而持久的掌声，每一段演出结束后，热情的观众都要叫帘十几次，上台排队要求握手的观众更是水泄不通。

剧团所到之处均受到美国政界、商界、新闻界、文艺界、学界的隆重接待和热烈欢迎。许多美国著名文艺评论家纷纷著文进行评论。每到一处，《纽约时报》《纽约世界报》《纽约通知报》《纽约晚邮报》《芝加哥每日论坛》《洛杉矶审查报》等都登载了不少对梅兰芳大篇幅的采访和报道。梅兰芳访美演出引起热烈反响，是以精湛的演出为主体的多种因素综合作用的结果，其中京剧图谱对于向美国观众介绍和普及京剧知识，让美国观众形象地了解京剧艺术无疑起了很好的作用。

梅兰芳访美前所绘制的京剧图谱画轴经国剧学会保存，新中国成立后由中国戏曲研究院（中国艺术研究院前身之一）收藏。中国艺术研究院在2006年编辑出版的《梅兰芳访美京剧图谱》只收录了行头、冠巾、古装戏衣、脸谱、舞谱、切末、兵械部分。中国艺术研究院由恭王府搬入现址前，限于条件，院藏文献资料分几处保存，多年无法开箱整理。全部文献资料汇集于新址图书馆后，在对院藏文献资料的重新整理中，才寻找发现了访美图谱中的剧场、乐器、扮相谱、乐谱部分。这次《梅兰芳访美京剧图谱》增订版将新发现的部分加以补充出版，使读者能够看到完整的《梅兰芳访美京剧图谱》。这对于读者形象地了解梅兰芳和京剧表演艺术，对于戏曲理论工作者全面研究梅兰芳京剧表演艺术体系的形成，对于京剧乃至戏曲艺术工作者记取和学习前辈艺术家忠诚于艺术事业、不断努力攀登艺术高峰，都有重要的意义。

2015年10月

［原载于《梅兰芳访美京剧图谱》（增订版），

文化艺术出版社2016年版］

《近现代名家画集——宋彦军》前言

　　宋彦军是我国当代一位优秀的青年中国画人物画家，他的作品以独特的鲜明个性而引人注目。2006年，他29岁时即以《都市丽影》荣获第六届中国工笔画大展金奖；2008年，他31岁时入选全国政协主办的"当代中国画优秀作品展——河南十人作品展"，成为当时全国政协主办的全国分省区著名艺术家进京系列展览中最年轻的艺术家。此后，他不断推出洋溢鲜明时代气息的优秀作品，成为当代一位有重要影响力的青年中国画人物画家。

　　宋彦军的作品给人的突出印象，是散发着鲜明的时代精神和清新的艺术气息。宋彦军最先以表现现代都市青年题材的作品引起人们的注意。他说，都市青年人那飞动着的青春，那种奔涌着的生命活力，那一阵阵银铃般的欢笑，那一抹清澈又明丽的美，都时时撞击着自己的胸怀。他（她）们是新的时代不可或缺的形象代言人，正是因为他（她）们的存在，钢筋水泥的都市才多了七彩光晕。因而，宋彦军以自己手中的画笔去表现他（她）们。以《都市丽影》为代表的一批表现现代都市青年的作品，无分蓝领、白领，他（她）们的工作、学习及日常生活的多个侧面，都在宋彦军的笔下展现为生动、丰满的形象。我们正处在一个机遇和挑战并存的时代，新时代的年轻人，正张开心中希望的风帆，满怀青春的理想追逐新的梦想。他（她）们洋溢的朝气和奋进的脚步，正是我们时代的希望。宋彦军的都市青年题材绘画，以独特的人物形象，带我们进入一个丰富的跃动着的世界，并且使人强烈地感受到了年轻人这样一种奋发的时代精神。

　　宋彦军是一个有责任感的艺术家，他描绘的对象，基本都是他的同代人，都市和乡村的年轻人，以及由农村进入都市的特殊群体——农民工。传统工笔人物的技法，在表现古人尤其是仕女方面积累了深厚的传统。要表现新的当代人物，既需要吸取、借鉴传统技法，更需要寻找和创造新的绘画语言。宋彦军正是以为时代塑像、为同代人塑像的责任感和抱负，发掘当代人的内心情感，描摹当代人的形貌意象，以新的笔墨创造去探索，营造了一个清新的艺术世界。

宋彦军的绘画所以生动而具打动人心的力量，便是因为他努力以艺术探索去追求人物的形似和神韵，追求形、骨、神三者并重的审美趣味。宋彦军很注重线条造型，他画作中人物的张力，很多是以其洒然落笔、流畅准确的线条而来。他注重运用线条造型，同时，把传统线条造型与素描造型的方法、人体解剖学及透视法等有机地融合，使人物造型立体准确，也使中国画讲求笔法和气势神韵的审美追求愈加突出。宋彦军笔下的人物，无论驻行坐立、向背顾盼种种形态，画来以笔取直，清雅流利，人物形象洋溢一种内孕的力感。即便是人物纤毫可见的长发和衣饰褶纹，也线色清润，不见重滞。正因其人物形象明秀不失浑朴、不失灵动，才卓卓然有清朗神气。画中人物的这种形神气质，正是当代都市青年的时代气象。

少数民族人物是宋彦军笔下常见的另一类人物形象。这一类人物形象与现代都市青年不同，尽管他（她）们同样散发着清新的艺术气息，但人物造型从面貌、形态、衣饰等方面都显示出更多的纯朴、敦厚、从容、雅致。今天，中华民族大家庭中的不同民族，是平等、团结、互助的相互关系，共同携手奋进在中华民族复兴的现代化进程中。以绘画的艺术形象，去表现当代不同民族人们的生存状态和精神面貌，是艺术家的一个重要创作课题。宋彦军十多年来一直关注于此，并以艺术的创新探索努力实践，他笔下的少数民族人物形象，也以其独特性而受人们关注。宋彦军以自己的关注点切入这一题材，在表现人们的日常生活景象中，着重对人物形象的刻画，揭示他们的内心情感和精神风貌，揭示普通人的那种真善美。我们从他的画作里诸多的不同民族人物形象中，看到的是勤劳、质朴、善良、纯真，对今天生活的信心和对未来的向往。宋彦军描绘少数民族人物，尤其注意线之轻重、墨之浓淡的把握，重视以笔墨写人物，辅之深浅相宜的设色，人物精神气韵跃然纸上。他的不少少数民族人物作品，是以树木花石等作背景衬托，构图用心，延展了画面内涵，人物与情境神合相生。

宋彦军作为一位青年艺术家，所取得的艺术成就值得称道。但我知道，他并没有因此而放慢脚步。笔墨虽出于手，实根于心，灵机妙绪，端赖造化。

造化的基础，还在于艺术家对社会生活的真切体验，对描绘对象的深入观察，以及艺术把握的准确、生动。宋彦军深知于此，他以广采博取的态度读书学习，积累学识，深入生活，涵养性情，并注意在向传统绘画汲取营养的同时，吸取现代艺术元素，融汇在自己的笔墨创造之中。宋彦军绘画的文化品格和盎然生气，应来源于此。作为中国艺术研究院中国画院的画家，宋彦军有机会与云集于中国艺术研究院的许多著名学者和艺术家如李希凡、冯其庸、郭汉城、范曾、刘梦溪、莫言、田黎明、吴为山、朱乐耕、杨飞云等请教、学习。作为后辈，他从这些大家的治学、创作境界和人生追求以及一些具体的指导中获益匪浅。宋彦军年纪正轻，且努力奋进，不断攀登新的艺术境界，相信他会持之以恒，艺术创造前景无可限量。

2016年9月26日

（原载于《近现代名家画集——宋彦军》，

天津人民美术出版社2017年版）

筚路蓝缕　玉汝于成

　　潮汕作为历史文化名城之区，中原文化与古代南粤土著文化和海外文化融合发展，形成具有鲜明个性的文化体系，以文化底蕴深厚、文化传统独特、文化资源丰富而闻名于世。潮汕文化以对传统的坚守和由此而积淀的文化自信中萌生的那种胸襟开阔包容、锐意创新的精神，构成了潮汕文化的内核。正是因了这神奇的文化沃土，才从这里走出了那么多领风气之先的英雄才俊。

　　潮汕人有万千值得自豪的理由珍视和维护这洋溢着先人创造智慧的精神文化家园。杨坚平先生正是一位将毕生精力贡献于此的佼佼者。如今，他已年逾八十，但神清体健，亲自汇集整理自己多年的传统工艺设计创作和非遗作品收藏，举办"杨坚平潮汕非遗传统工艺设计·收藏展"。许多散落民间、疏于纪录、易于流失的非遗珍品呈现在人们面前。从这些展品中，人们不仅可以看到一位一生奉献于传统文化技艺创造的著名老艺术家的拳拳之心，并可从这些展品中，寻找到家乡亲情、乡土文脉、民族文化之根。还可从这些文化底蕴深厚的人文魅力空间中，进一步激发我们的民族文化自豪感和文化自信心。

　　此次展览品类丰富，精品汇萃，这源自杨坚平先生不凡的审美眼光和持之以恒的搜集。杨坚平先生从十多岁起即学习和从事传统工艺美术创作。从国画、油画、版画的创作实践和多种传统工艺作品的设计，到传统工艺建设工程和作品展览与学术活动的策划、组织，传统工艺美术理论研究著述等，孜孜以求，数十年如一日。

　　在这里，尤其应提杨坚平先生关于潮汕地区及广东工艺美术的研究，扎根本土，从探索历史演变和总结现实状况出发，材料翔实，言之有物，理论概括准确，对传统工艺美术的当代发展具有很强的借鉴和指导意义。特别令人感动的是，近些年来，杨坚平先生不顾年事已高，仍与他夫人吴红暖女士一起，帮助不少工艺美术家筹办展览、研讨和举办扶贫等公益活动，四处奔波，无私奉献，为她人作嫁衣，乐此不疲。正可谓栉风沐雨，薪火相传；筚路蓝缕，玉汝于成。难能可贵的是，他以自身在不断的艺术探索实践中养成的独特审美眼光，坚持不懈地搜集、保存不同品类的传统工艺作品。即便是在那将传统优秀文化遗产视若敝屣的年代，杨坚平先生仍以虔诚之心，用心搜集保存散落民间的传统工艺作品。因此，我们才看到今天展览中金漆立体、多层镂通工艺精湛的潮州木雕，看到构图严谨、金碧雄浑特色鲜明的潮绣，看到精巧秀丽、手法多样的潮州剪纸，以及陶塑、泥塑、麦杆贴画、竹丝编织画、漆画、朱泥壶、铁枝木偶……这些作品或以精湛的艺术创造、独特的审美魅力，或以实用功能与审美功能融合的典范性引人注目，有美感，有意味，琳琅满目，美不胜收。

在现代化进程快速发展，文化衍变全球化的趋势中，树立文化自信，以文化创新坚持自身文化价值观，挽回物质生活与精神生活的失衡，这已成为人们的共识。我想，徜徉在标志优秀传统文化创造结晶的展品之间，一定会得到如春风之舒、如时雨之润的感受。祝展览圆满成功。

2017年5月16日

（本文系"杨坚平潮汕非遗传统工艺设计·收藏展"致辞）

附：王文章主要作品目录

1. 王文章，侯样祥总主编：《徽班进京二百周年振兴京剧观摩研讨大会纪念册》，文化艺术出版社1991年版

2. 王文章著：《艺术体制改革与管理初探》，华夏出版社1993年版

3. 王文章主编：《兰苑集萃——五十年中国昆剧演出剧本选》（四卷），文化艺术出版社2000年版

4. 王文章，侯样祥主编：《中国学者心中的科学·人文》（上、中、下），云南教育出版社2002年版

5. 王文章主编：《侯宝林表演相声精品集》，文化艺术出版社2003年版

6. 王文章主编：《京剧大师程砚秋》，文化艺术出版社2003年版

7. 孙家正主编，王文章副主编：《周而复文集》，文化艺术出版社2004年版

8. 王文章主编：《澳门艺术丛书》（五卷），文化艺术出版社2005年版

9. 王文章主编：《相声名家表演精品丛书》（七册），文化艺术出版社2005年版

10. 王文章主编：《中国先进文化论》，文化艺术出版社2005年版

11. 王文章主编：《非物质文化遗产概论》，文化艺术出版社2006年版

12. 王文章主编：《中国非物质文化遗产保护论坛论文集》，文化艺术出版社2006年版

13. 王文章主编：《梅兰芳访美京剧图谱》，文化艺术出版社2006年版，文化艺术出版社2016年增订版

14. 王文章主编：《中国少数民族戏曲剧种发展史》，学苑出版社2007年版

15. 王文章，吴江主编：《小学生京剧100问》，中央编译出版社2008年版

16. 王文章主编：《非物质文化遗产保护与田野工作方法》，文化艺术出版社2008年版

17. 王文章主编：《中国传统节日》，中央编译出版社2010年版

18. 王文章，吴江主编：《中国京剧艺术百科全书》（上、下卷），中央编译出版社2011年版

19. 王文章主编：《中国非物质文化遗产代表作丛书》，文化艺术出版社2012年版

20. 王文章主编：《第三批国家级非物质文化遗产名录图典》（上、下），文化艺术出版社2012年版

21. 王文章，吴江主编：《弘扬传统节日文化现状与对策》，文化艺术出版社2012年版

22. 王文章著：《艺术当代性论评》，生活·读书·新知三联书店2013年版

23. 王文章著：《戏曲艺术评论集》，中国戏剧出版社2013年版

24. 王文章著：《非物质文化遗产保护研究》，文化艺术出版社2013年版

25. 王文章主编：《中国艺术学大系丛书》，生活·读书·新知三联书店2011—2013年版

26. 王文章主编：《京剧艺术大师梅兰芳研究丛书》，文化艺术出版社2015年版

27. 王文章主编：《第二批国家级非物质文化遗产名录图典》，文化艺术出版社2016年版

28. 王文章总主编：《昆曲艺术大典》，安徽教育出版社2016年版

29. 王文章总主编：《中国工艺美术大师全集》，安徽美术出版社2014—2017年版

30. 王文章主编：《昆曲艺术图谱》，文化艺术出版社2017年版

31. 王文章著：《汇真集》，北京时代华文书局2017年版

32. 王文章主编：《中国艺术研究院学术文库》，北京时代华文书局2011—2017年版

图书在版编目（CIP）数据

寻源问道 / 王文章著. —北京：中国文史出版社，2017.10
（政协委员文库）
ISBN978-7-5034-9669-1

Ⅰ.①寻… Ⅱ.①王… Ⅲ.①文化遗产—保护—中国—文集Ⅳ.① G122-53

中国版本图书馆 CIP 数据核字（2017）第 256543 号

责任编辑：金　硕

出版发行：**中国文史出版社**
网　　址：www.chinawenshi.net
社　　址：北京市西城区太平桥大街 23 号　邮编：100811
电　　话：010—66173572　66168268　66192736（发行部）
传　　真：010—66192703
印　　装：北京地大彩印有限公司
经　　销：全国新华书店
开　　本：787×1092　1/16
印　　张：27　　　　插页：1
字　　数：427 千字
版　　次：2018 年 1 月北京第 1 版
印　　次：2018 年 1 月第 1 次印刷
定　　价：68.00 元